Nicolas Vanier
Gold unter dem Schnee

Zu diesem Buch

In seinem neuen Bestseller spürt Nicolas Vanier dem Schicksal derer nach, die Ende des 19. Jahrhunderts kamen, um ihr Glück zu machen: wie der junge Dockarbeiter Matt, für den bereits die Überfahrt nach Skagway zum lebensgefährlichen Abenteuer wird. Nach einer Affäre mit der Saloontänzerin Blanchette zieht Matt sich mit seinen Schlittenhunden in die Einsamkeit einer Blockhütte zurück. Erst im Zweikampf mit der Natur und an der Seite der Indianerin Nastasia erfährt er, wonach er wirklich gesucht hat … »Mich hat diese Geschichte immer schon in ihren Bann geschlagen: diese Expedition von mehr als 50 000 Menschen, die über Nacht alles zurückließen, um in Alaska Gold zu finden, an einem Fluß namens Klondike.« Nicolas Vanier ist vom Norden fasziniert, seit er denken kann, und wie sein Idol Jack London hat er die Weiten Kanadas und Alaskas, über die er so mitreißend schreibt, selbst erlebt und durchlebt.

Nicolas Vanier, geboren 1962 im Senegal, ist Abenteurer und Schriftsteller zugleich. Seine Erlebnisberichte standen lange auf den Bestsellerlisten. Zwischen den Expeditionen lebt Nicolas Vanier mit seiner Familie als Züchter von Schlittenhunden in der französischen Sologne. Zuletzt erschienen »Der letzte Trapper« nach seinem gleichnamigen Film und »Abenteuer in der Schneewüste«. Auf deutsch erschienen auch »Die weiße Odyssee«, »Das Schneekind«, »Der Sohn der Schneewüste« und »Der weiße Sturm«. Weiteres zum Autor: www.nicolas-vanier.com

HIESCH

Nicolas Vanier
Gold unter dem Schnee

Eine abenteuerliche Geschichte
aus der großen Zeit Alaskas

Aus dem Französischen von
Antoinette Gittinger und Reiner Pfleiderer

Mit 34 Abbildungen

Ein MALIK Buch
Piper München Zürich

Von Nicolas Vanier liegen in der Serie Piper vor:
Die weiße Odyssee (3467)
Das Schneekind (3720)
Der Sohn der Schneewüste (4012)
Der weiße Sturm (4311)
Gold unter dem Schnee (4865)

FSC

Dieses Taschenbuch wurde auf FSC-zertifiziertem Papier gedruckt. FSC (Forest Stewardship Council) ist eine nichtstaatliche, gemeinnützige Organisation, die sich für eine ökologische und sozialverantwortliche Nutzung der Wälder unserer Erde einsetzt (vgl. Logo auf der Umschlagrückseite).

Ungekürzte Taschenbuchausgabe
Januar 2007

Titel der französischen Originalausgabe:
»L'or sous la neige«

erschienen im Verlagsprogramm Malik
Umschlagkonzept: Büro Hamburg
Umschlaggestaltung: Birgit Kohlhaas
Umschlagabbildungen: Corbis (Vorderseite oben und Rückseite) und Nicolas Vanier (Vorderseite unten)
Autorenfoto: Jon Van Zyle
Satz: seitenweise, Tübingen
Papier: Munken Print von Arctic Paper Munkedals AB, Schweden
Druck und Bindung: Clausen & Bosse, Leck
Printed in Germany
ISBN-13: 978-3-492-24865-5
ISBN-10: 3-492-24865-9

www.piper.de

Für Gaëlle, das kleine Mädchen,
das die Welt von oben sehen wollte …

1

WER ES NICHT BESSER WUSSTE, WARTETE IN DER MITTE der großen Halle. Die anderen suchten sich wie in der Lotterie eine der zwölf Reihen aus.

»Gehen wir zum Kaffeeverladen«, schlug Matt vor.

Matt und Silvey bahnten sich einen Weg durch die Menge der Gelegenheitsarbeiter, die zu Hunderten herumstanden und einen Job im Hafen zu ergattern hofften. Dafür gab es mehrere Vorgehensweisen. Man konnte den Aufseher an jeder Schlange oder Reihe beobachten und versuchen, an seiner Miene oder an den Zeichen, die er seinen Leuten machte, zu erkennen, ob er Gelegenheitsarbeiter einstellen wollte oder nicht. Oder man konnte versuchen, den Hafenarbeitern Auskünfte zu entlocken, doch dabei hatte sich Matt schon die Finger verbrannt. Für falschen Bescheid hatte man ihn um einige Dollar erleichtert.

Seither vertraute Matt seinem Instinkt und stellte sich auf gut Glück in eine Reihe, ohne auf die Gerüchte zu hören, die von den Hafenarbeitern verbreitet wurden. Silvey und er hatten bereits zweimal Kaffee verladen, und der Vorarbeiter, ein gewisser Michener, ein untersetzter, aber kräftiger Mann, hatte sie wiedererkannt, was von Vorteil war. Wenn die Ampel von Grün auf Rot wechselte und alle ihre Arbeitserlaubnis hinhielten, nahmen die Vorarbeiter meist die zuerst Gekommenen. Wenn sie jedoch jemanden kannten, gaben sie ihm häufig den Vorzug, vor allem so zuverlässigen Burschen wie Matt und Silvey, die niemals Ärger machten. Die beiden gehörten nicht zu der Sorte, die sich vor der Arbeit drückte oder nur dann einen besonderen Eifer an den Tag legte, wenn es galt, Überstunden zu schinden.

Matt war der Sohn eines Farmers. Im Alter von zwanzig Jahren hatte er diese ganz eigene Welt entdeckt, die er mit einer Mischung aus Neugier und Entsetzen betrachtete. Alle Hafenarbeiter waren im Grunde Halsabschneider und zum Schlimmsten fähig. Eines Abends hatte Matt mit eigenen Augen gesehen, wie drei Hafenarbeiter einen Kumpel zusammenschlugen und ins eiskalte Hafenbecken warfen.

»Sie nehmen viele«, bemerkte Silvey.

»Das sehe ich«, erwiderte Matt und zuckte die Schultern, »aber das bedeutet nicht, daß auch aufgefüllt wird.«

Matt und Silvey sprachen den Jargon der Hafenarbeiter. »Nehmen« bedeutete, daß der Vorarbeiter Hafenarbeiter anheuerte, »auffüllen« besagte, daß er die Trupps mit Gelegenheitsarbeitern ergänzte.

Allmählich rückten sie vor. Die Ampel stand noch auf Grün, als sie lautes Stimmengewirr hinter sich hörten. Es kam von der anderen Seite der Halle.

»In der Reihe von Clopps wird mächtig aufgefüllt. Laß uns hingehen!«

Silvey stürzte auf die rote Ampel zu, doch Matt packte ihn am Arm und hielt ihn zurück.

»Wir kommen in jedem Fall zu spät! Wir sind viel zu weit hinten, wir müßten…«

Er kam nicht dazu, den Satz zu beenden. Vor ihnen schaltete die Ampel auf Rot. Die Gelegenheitsarbeiter zückten die Ausweise, und Michener sammelte sie ein. Silvey hatte Matt die kostbarsten Sekunden des Tages gestohlen. Ihre Chance war vertan. Michener hatte seine

Leute komplett, mehr als sieben oder acht Ausweise würde er bestimmt nicht einsammeln. Matt wurde wütend und wollte seine Wut schon an Silvey auslassen, als er Micheners Blick auffing, in dem es schalkhaft funkelte. Instinktiv trat er mit Silvey einen Schritt vor, während die meisten Männer zur Schranke zurückströmten, die die Mitte der Halle von den leicht erhöhten Gängen trennte, in denen die Vorarbeiter ihre Leute rekrutierten. Mit dem Finger auf dem Schalter, der das Licht löschte, zählte Michener noch einmal die Ausweise oder tat zumindest so. Dann trat er einen Schritt vor, zögerte kurz und griff nach den Ausweisen von Matt und Silvey.

Matt puffte Silvey hocherfreut in die Seite. Sie hatten Arbeit, und das bereits zum zweiten Mal in dieser Woche. Ein Gelegenheitsarbeiter, der mit seinem Ausweis in der Hand neben ihnen stand, warf ihnen einen finsteren Blick zu.

»Das ist Betrug, ich war vor euch dran. Er hat eure Ausweise genommen. Er hätte meinen nehmen müssen.«

»Hör mal, mein Kleiner, jeder muß zusehen, wo er bleibt. Wir haben seit Wochen nichts mehr gekriegt.«

Der Mann packte ihn am Kragen.

»Nenn mich nicht *mein Kleiner* …«

Silvey ging sofort dazwischen.

»Hört auf, habt ihr den Verstand verloren? Sie nehmen uns noch unsere Ausweise weg!«

Er hatte recht. Der Mann ließ Matt los und ging murrend davon.

Die Halle leerte sich, und auf den Kais, die fahles Dämmerlicht erhellte, brach Betriebsamkeit aus. Im Morgennebel waren die dunklen Umrisse mehrerer Schiffe zu erkennen, die an den drei Hauptkais festgemacht hatten. Ihre Maste wiegten sich im Auf und Ab der sanften Dünung.

Matt und Silvey gingen ins *Dromms*, Treffpunkt der Gelegenheitsarbeiter, wo nur hin und wieder ein paar Matrosen und Hafenarbeiter ein Glas tranken. Abends boten mollige, nicht mehr ganz junge Mädchen ihre Dienste an. Nach dreiundzwanzig Uhr artete alles in eine einzige Sauferei und Prügelei aus.

Der Wirt, ein Schotte von imposanten einsfünfundneunzig und kahl wie ein Stein, empfing sie mit breitem, geschäftstüchtigem Lächeln.

»Ihr habt heute morgen also Arbeit gefunden?«

»Ja, wieder beim Kaffee.«

»Es gibt Schlimmeres. In welcher Reihe? Bei Michener?«

»Wie hast du das erraten?« wunderte sich Silvey.

Der Wirt sah ihn mitleidig an.

»Hör mal, Kleiner, ich bin jetzt zwanzig Jahre hier. Ich weiß, woher der Wind weht!«

»Ich behaupte ja nicht das Gegenteil. Ich wollte nur wissen, wie du darauf gekommen bist.«

»Laß gut sein, Kleiner. Hier gelten gewisse Regeln. Die erste lautet: Mach die Augen zu und versuch erst gar nicht zu verstehen. Bleib dumm, damit fährst du besser.«

Sie setzten sich an den Tresen, wo Blanquette ihnen Kaffee servierte. Niemand wußte, seit wann oder warum das schöne Mädchen so genannt wurde. Sie trug stets ein rotes Tuch um den Kopf, gehalten von einer kleinen Spange aus Walroßelfenbein, die ihr ein Matrose von den Kodiak-Inseln mitgebracht hatte. Nie hob sie ihre Stimme. Ihre Miene wirkte immer gelangweilt, und ihr Blick war stets in die Ferne gerichtet, als träume sie von unerreichbaren Dingen.

Blanquette hatte die beiden jungen Männer gern, auch wenn sie Matt, den hochgewachsenen Braunhaarigen, etwas lieber mochte als Silvey mit seinem rostroten Haar und seinem kindlichen Gesicht, was seine Reize etwas beeinträchtigte. Er war fast so groß wie Matt, bis auf ungefähr ein bis zwei Zentimeter, wirkte aber mindestens fünf Zentimeter kleiner, vermutlich weil er korpulenter und nicht so athletisch gebaut war. Doch Silvey hatte intelligente braune Augen. Er gehörte zu der Sorte geradliniger Jungs, denen man gern vertraute. Es würde nur noch ein paar Jahre dauern, bis sich sein ganzer Charme entfaltet hätte, während Matt ein überaus attraktiver junger Mann war. Die Kellnerin war ihm schon zwei- oder dreimal erlegen.

Drei Gelegenheitsarbeiter betraten den düsteren Raum, der von Öllampen erhellt wurde, die auf den Pokertischen und dem Tresen standen.

»Blanquette, drei Rum.«

Matt erkannte einen der Männer, mit dem er einmal Stoffballen auf ein Schiff nach Dyea geschleppt hatte.

»Habt ihr Arbeit?«

»Ja, beim Kaffee. Und ihr?«

Die drei Neuankömmlinge warfen sich verschwörerische Blicke zu.

»Natürlich haben wir Arbeit. Gestern, heute, morgen…«

»Sogar die Profis werden nur von Tag zu Tag angeheuert. Ihr könnt doch gar nicht wissen, ob ihr morgen genommen werdet…«

»Wer sagt denn, daß wir für drei Dollar die Stunde irgendwelchen Kram auf Schiffe laden?«

Matt machte eine vage Bewegung mit dem Kinn und wandte sich ab, womit er zeigen wollte, daß er keine Lust hatte, diese Unterhaltung fortzusetzen. Die drei anderen schienen enttäuscht, weil er sie nicht weiter ausfragte. Mit lauter Stimme sagte einer von ihnen:

»Wieviel haben wir heute verdient, Dick?«

»Sieben, acht, vielleicht zehn. Wir arbeiten schließlich nicht für nichts und wieder nichts!«

Die Männer brachen in schallendes Gelächter aus. Sie hatten zuviel getrunken und suchten Streit.

»Komm, Silvey, wir gehen!«

Matt legte ein paar Geldstücke auf die Theke. Als er schon an der Tür war, rief einer hinter ihm her:

»Du Hurensohn!«

Das Blut stieg ihm ins Gesicht. Mit zusammengepreßten Lippen und vorgeschobenem Kiefer fuhr er herum und stürzte sich auf das Schandmaul. Noch bevor der Mann in Deckung gehen konnte, versetzte Matt ihm einen Fausthieb. Der zweite bekam einen Fußtritt in den Bauch, daß er sich vor Schmerzen krümmte. Unterdessen hatte sich Silvey um den dritten gekümmert, der bereits reglos am Boden lag, weil sein Kopf unter Silveys Knie klemmte.

Das Ganze hatte nur wenige Sekunden gedauert, so daß der Wirt des *Dromms* keine Gelegenheit hatte einzugreifen. Die drei auf dem Fußboden stöhnten und wanden sich.

»Raus alle miteinander!« brüllte der Wirt.

Matt und Silvey verließen die Bar, ohne darauf zu warten, daß die drei Kerle wieder zur Besinnung kamen.

Sie gingen ihres Weges, als ein hochgewachsener Mann mit hagerem, knochigem Gesicht auf sie zutrat. Sie machten sich wieder auf Ärger gefaßt, doch der Mann suchte keinen Streit. Offenbar hatte er mit den drei anderen nichts zu tun.

»Ich muß mit euch reden.«

»Wir kennen dich nicht.«

»Ich sagte, ich muß mit euch reden. Ich habe Arbeit für euch. Da sind Hunderte von Dollar zu verdienen.«

»Kein Interesse.«

Der Mann wühlte in seiner Tasche, nahm zwanzig Dollar heraus und reichte sie Silvey.

»Das ist ein Vorschuß. Seid um zwanzig Uhr hier, zwanzig Uhr.«

Er machte auf dem Absatz kehrt. Sie versuchten gar nicht erst, ihn aufzuhalten.

»Hier ist etwas faul«, meinte Matt und starrte verblüfft auf das Geld.

»Oberfaul, aber Geld hat er«, erwiderte Silvey.

»Sollen wir hingehen?« fragte Matt, der nicht wußte, ob er Lust dazu hatte.

2

FÜR DAS AUSLADEN DER KAFFEESÄCKE WURDEN DREI Gruppen gebildet. Die erste mit vier Männern band im Laderaum des Schiffs die Säcke zusammen, eine zweite nahm sie an Deck entgegen, nachdem Matt und Silvey sie an den Seilen mit der Winde nach oben geholt hatten. Die letzte und wichtigste Gruppe schließlich, die Michener persönlich leitete und die aus der Hälfte der Männer bestand, schleppte die Säcke vom Deck zu den Kais und lud sie auf Pferdewagen, die sie zu den Lagerhallen karrten. Der Reeder vergewisserte sich, daß die Arbeit ordentlich ausgeführt wurde, und begab sich dann zu den großen Gebäuden, die am äußersten Ende des Hafens die Bucht von San Francisco überragten. Sofort arbeiteten die Männer langsamer, um Überstunden zu schinden. Matt hatte keine andere Wahl, als sich ihrem Tempo anzupassen, obwohl er lieber acht Stunden zügig durcharbeitete als herumzutrödeln, was ihn viel eher ermüdete.

Er sah nicht gleich, daß Michener plötzlich das Seil festhielt, das er zurückwerfen wollte, um der Gruppe im Laderaum den nötigen Durchhang zu lassen, den sie für das Befestigen der Säcke brauchte.

»Hast du mit dem Mann gesprochen?«

»Mit welchem Mann, Sir?«

»Den ich zu dir geschickt habe.«

»Der sich heute abend mit uns treffen will?«

Michener nickte.

»Hm ... ja, aber was will er von uns?«

Michener schien die Frage überhört zu haben.

»Woher kommst du eigentlich?«

»Aus Wyoming, Sir. Wir hatten eine Farm in den Bitterroots.«

»Eine gute Grizzly-Gegend, nicht wahr?«

»Wir mußten immer wieder welche töten, wenn sie unsere Kühe gerissen haben.«

»Hast du Kühe gehabt?«

»Ich nicht, aber mein Großvater.«

»Und deine Eltern?«

»Mein Vater ist tot. Meine Mutter lebt auf der Farm meines Großvaters.«

»Was hast du dann hier verloren?«

»Mein Großvater wollte nicht, daß ich die Farm übernehme. Er hat jemanden eingestellt, und für zwei war kein Platz.«

»Verstehe.«

Michener musterte ihn mit durchdringendem Blick.

»Und er?«

Er deutete auf Silvey.

»Ist ein Freund. Ich wohne bei ihm in Untermiete.«

»Verstehe. Du hast Glück, mein Junge.«

»Weil ich einen guten Freund habe?«

»Das meine ich nicht.«

»Was meinen Sie dann, Sir?«

»Großes Glück«, sagte Michener wie zu sich selbst.

Matt verstand nicht, und Michener schien nicht gewillt, ihm auf die Sprünge zu helfen.

»Ich wäre gern an eurer Stelle«, war das einzige, was er noch sagte, bevor er zum Kai zurückging.

Sie hatten schon fast zwei Überstunden herausgeschlagen, als Michener die Hafenarbeiter zusammenrief. Die

Gelegenheitsarbeiter hielten sich abseits, aber Matt hörte zu. Er wußte ohnehin längst, was sich zusammenbraute. Das Ende der zweiten Überstunde war fast erreicht, und wenn eine dritte angebrochen wurde, mußte sie voll bezahlt werden, denn es galt der allgemeine Grundsatz: »Jede angefangene Stunde zählt ganz.« Doch wenn Michener sich mit dem Reeder gut stellen wollte, durfte er den Bogen nicht überspannen, was er den Leuten erklärte. Aber die sahen das Ganze natürlich anders.

»Sie hätten uns eher sagen müssen, daß wir die dritte Stunde nicht bezahlt bekommen«, maulte einer, »dann wären wir schneller fertig geworden.«

»Klar doch«, pflichtete ihm ein Vorarbeiter bei, der Tabak kaute.

Michener regte sich auf. »Ich konnte doch nicht ahnen, daß sich der Reeder den Laderaum ansehen würde!«

Der Vorarbeiter spuckte seinen Tabak aus und machte sich sofort wieder an die Arbeit. Es hatte keinen Sinn, weiter zu diskutieren. Außerdem hatten sie heute gut verdient. Selten genug bekam man beim Ausladen von Kaffeesäcken Überstunden bezahlt. Sie beeilten sich und griffen kräftig zu, um die letzten Säcke zu entladen.

Matt und Silvey kassierten ihren Lohn, unterschrieben die Quittung und wollten gerade das Schiff verlassen.

»Ich erwarte euch im *Mirror*«, rief ihnen Michener zu, als er sie mit einer Gruppe Hafenarbeiter überholte.

Matt und Silvey sahen sich verwundert an.

»Dann müssen wir wohl hingehen«, bemerkte Silvey.

»Natürlich. Wenn Michener uns einlädt, besteht keine Gefahr. Außerdem kann es nicht schaden, wenn uns die Vorarbeiter der anderen Reihen sehen.«

»Wirklich seltsam«, brummelte Silvey.

Matt zuckte die Schultern. Silvey mißtraute immer allem und jedem. Matt liebte solche Situationen. Sie reizten ihn. Er hatte bereits viel zu viel Zeit auf der Farm vertan, auf der nie etwas passierte. Es war an der Zeit, daß er erwachsen wurde und sein Leben lebte. Mit zwanzig hatte er noch nicht viel gesehen, und er war bereit, einiges zu riskieren.

Sie gingen an den großen Lagerhallen für Holz und Eisen entlang, die erleuchtet waren. Es ging zu wie in einem Bienenstock. Die Hafenarbeiter brüllten durcheinander, und die Seilwinden quietschten.

Hinter den Lagerhallen überquerten sie einen breiten Sandweg. Auf der anderen Seite in der Nähe der Hafenmeisterei stand eine Reihe von Bruchbuden. In der größten befand sich das *Mirror*, das im zweiten Stock über ein paar Zimmer verfügte, in denen sich die Hafenarbeiter für Geld mit leichten Mädchen vergnügen konnten. Zur Zeit sorgte eine junge Japanerin für einiges Aufsehen. Sie war ein echtes Maskottchen, für das alle schwärmten.

An der Tür versperrte ihnen ein kräftiger Kerl den Weg, trat aber beiseite, als er sie erkannte, und nickte.

»Michener ist hinten an der Bar.«

Sie bedankten sich und gingen an den Hafenarbeitern vorbei, die sie mehr oder weniger unverhohlen musterten.

»Hierher.«

Michener hatte sie entdeckt und erweiterte den Kreis, der sich um ihn gebildet hatte, um Platz für sie zu machen. Er reichte ihnen zwei Gläser Rum, wartete, bis die anderen ihre Gespräche wieder aufnahmen, und sagte dann leise: »Wenn ihr den anderen getroffen habt, müssen wir uns unterhalten.«

»Den anderen?«

»Den Mann, den ich euch geschickt habe. Kommt danach in die Frontier Street 102. Das ist kurz hinter dem Lagerhaus der Nordwest.«

»Wir werden da sein.«

Mehr wollte Michener ihnen nicht sagen. Er wandte sich wieder seinen Kumpanen zu und stieß mit ihnen an. Matt und Silvey tranken ihre Gläser aus, bedankten sich bei Michener für den Rum und verließen das Lokal.

»Die Geschichte gefällt mir nicht«, sagte Silvey.

»Was für eine Geschichte? Du weißt ja noch nicht mal, worum es geht!«

»Um ein krummes Ding, das ist doch klar.«

»Warten wir's ab.«

»Das gibt Ärger, du wirst schon sehen.«

»Silvey, du gehst mir auf die Nerven. Wenn du Angst hast, geh ich allein.«

»Ich habe keine Angst. Das weißt du ganz genau, oder bist du auf den Kopf gefallen?«

»Was hast du dann?«

»Ich traue dem Braten nicht.«

»Wir werden auf der Hut sein.«

Silvey schien nicht überzeugt. Bisher war alles gut für ihn gelaufen. Er studierte Jura an der Universität von San Francisco, und einer der zahllosen Bekannten seines Vaters hatte ihm die heißbegehrte Arbeitserlaubnis im Hafen besorgt. Die Gewerkschaft verteilte im Sommer nur wenige dieser Ausweise, um die Arbeit, die in der Urlaubszeit liegenblieb, von Hilfskräften erledigen zu lassen. Silvey hatte sich nicht überanstrengt, aber an sechs halben Tagen genausoviel verdient wie die meisten seiner Freunde mit ihren Ferienjobs in einem Monat. Und da er noch bei seinen Eltern wohnte, brauchte er im Gegensatz zu Matt kein Geld für Miete und Essen auszugeben. Er sparte auf ein kleines Fischerboot, mit dem er sonntags rausfahren wollte. Größere Ambitionen hatte er nicht.

Bevor Matt durch die Umstände gezwungen wurde, seiner Heimat den Rücken zu kehren, hatte er sich nie vorstellen können, eines Tages die Farm zu verlassen. Als er jedoch einsehen mußte, daß ihm nichts anderes übrigblieb, überkam ihn große Traurigkeit. Er liebte die Farm. Und er liebte Jessica, die Tochter des Buchhändlers aus Duboy, einem Dorf, das sechs Kilometer entfernt lag. Zumindest glaubte er es, denn er kannte keine anderen Mädchen, und er hatte mit ihr die Freuden der Liebe entdeckt. Doch kaum hatte er sie verlassen, erlag er den Reizen einer Kellnerin, als er unterwegs in einer Bar haltmachte. Diese erfahrene Frau hatte ihm den Kopf verdreht, und in ihren Armen vergaß er Jessica schnell.

Sein Weg führte ihn nach San Francisco, obwohl er nicht sagen konnte, warum er sich für diese und keine andere Stadt entschieden hatte, und er beschloß, die Farm zu vergessen und seine Gewissensbisse zu begraben. Kaum in dieser Stadt angekommen, deren unvorstellbare Größe ihn überwältigte, gewann er die Überzeugung, daß ihm ein anderes Schicksal bestimmt war. Zufällig fand er im Hause von Silveys Eltern ein Zimmer und lernte den jungen Mann kennen, der ihm eine Arbeitserlaubnis besorgte. Seither waren sie unzertrennlich, sehr zum Leidwesen von Silveys Eltern, die in dem »kleinen Farmer« einen schlechten Umgang für ihren Sohn, den Studenten, sahen.

»Da ist er.«

»Er ist nicht allein«, flüsterte Matt.

Sie wollten gerade ins *Dromms* gehen, als sie die Männer auf sich zukommen sahen. Der schlanke, fast magere Mann, den sie bereits kannten, war in Begleitung eines stämmigen Kerls mit kantigem Gesicht, niedriger Stirn und aufgeworfenen Lippen.

»Guten Abend, Jungs. Bleiben wir draußen. Hier sind wir ungestört.«

Silvey blickte sich besorgt um. Matt versetzte ihm einen Stoß mit dem Ellenbogen.

»Ich heiße Reid, und das ist Hoxey.«

Sie gaben sich die Hand. Hoxey schien keinen Hals zu haben und wirkte im Gegensatz zu dem hochaufgeschossenen Reid wie eine einzige kompakte Masse.

»Kommen wir zur Sache«, sagte Matt ungeduldig.

»Du bist genau, wie man mir erzählt hat«, grinste Reid.

»Meinst du Michener?«

Reid überging die Frage und sagte leise wie in einem Beichtstuhl: »Hoxey war auf der *Excelsior,* die gerade aus Alaska zurückgekehrt ist.«

»Ich habe sie am Hafen gesehen«, erwiderte Matt.

»Und hast du die Zeitung gelesen?«

»Nein.«

Reid reichte ihm die *Call* und den *Chronicle* vom 15. Juli 1897, also vom Vortag, und zeigte ihm die Kurzmeldungen, in denen stand, daß einige Goldsucher auf der *Excelsior* große Mengen Gold aus Alaska mitgebracht hätten.

»Und weiter?«

»Sag du es ihnen.«

Hoxey blickte sich um, neigte den Kopf ein wenig zur Seite und flüsterte in vertraulichem Ton:

»Noch ein Schiff wird in Seattle eintreffen: die *Portland.* Ich habe gesehen, wie die Männer in Alaska an Bord gegangen sind. Auf dem Schiff befindet sich mehr als eine Tonne Gold.«

Hoxey hatte die letzten Worte besonders betont, und das blieb nicht ohne Wirkung. Die beiden jungen Männer rissen neugierig die Augen auf.

»Und woher stammt das Gold?«

»Genau darum geht es«, sagte Reid. »Hoxey weiß, woher das Gold stammt. Er hat mit den Männern gesprochen, die es gefunden haben. Er hat ihre Eigentumsurkunden gesehen. Da oben gibt es noch tonnenweise Gold zu holen. Aber man muß zu den ersten gehören.«

»Und wo ist ›da oben‹?«

Matts Herz schlug bis zum Hals.

»Im tiefsten Alaska. Der Rest bleibt bis auf weiteres mein Geheimnis.«

»Ist es weit bis dahin?«

»Sehr weit, eine strapaziöse Reise von mindestens zwei Monaten.«

Matt begann zu begreifen, worauf das Ganze hinauslief. Silvey gab keinen Ton von sich.

»Gibt es da oben denn niemanden, der sich das Gold holt?«

»Ein paar Trapper, aber die sind nicht der Rede wert, und Gold gibt es mehr als genug.«

»Aber warum machen sich dann nicht alle schleunigst auf den Weg? Die Sache ist doch allgemein bekannt, oder nicht? Wenn sogar die Zeitungen darüber schreiben.«

»Die haben nichts begriffen«, spottete Hoxey. »Die glauben, es geht um einen normalen Goldfund.«

»Wer sind die?«

»Die Journalisten, die diese lächerlichen Kurzmeldungen geschrieben haben. Die haben gar nichts kapiert. Es handelt sich um eine riesige Entdeckung. Glaubt mir, wenn die *Portland* in den Hafen einläuft, bricht hier das Goldfieber aus.«

»Wann kommt sie?«

»Sie müßte bald da sein. Sie hätte noch vor der *Excelsior* eintreffen müssen.«

»Und wie wollt ihr es anstellen, daß ihr zu den ersten da oben gehört?«

»Wir gehen morgen abend an Bord der *Second Best*, die in Skagway anlegen wird.«

»Der Kapitän ist ein Freund von Michener«, verriet Reid.

»Morgen?«

»Morgen.«

In Matt begann es zu brodeln. Er wollte sich diese Chance nicht entgehen lassen, endlich das große Abenteuer zu erleben. Dafür war er nach San Francisco gekommen. Er hatte es geahnt.

3

REID UND HOXEY WOLLTEN EINE MANNSCHAFT ZUSAMmenstellen. Man mußte zu viert sein, um mit einer Tonne Ausrüstung und Proviant pro Person den White-Paß oder den Chilkoot zu überqueren und dann ein Boot zu bauen und den Yukon hinunterzufahren.

»Warum wir?«

»Kein Hafenarbeiter will seinen Job aufgeben«, erklärte Reid. »Das ist ihnen zu riskant. Die Arbeit bedeutet ihnen viel. Und ich weiß nicht, wo ich sonst ein paar tüchtige Männer auftreiben könnte. Hoxey kennt hier niemanden.«

»Aber warum bist du nicht gleich dort geblieben?« fragte Matt, mißtrauisch geworden.

»Ich habe keinen Cent gespart«, antwortete Hoxey. »Um eine Expedition auszurüsten und dorthin zu gelangen, braucht man Geld. Im Innern Alaskas gibt es nichts. Nichts außer Eis, Schnee ... und Gold.«

»Und ich«, sagte Reid, »habe ein paar Dollar beiseite gelegt und bin bereit, sie zu investieren. Ich übernehme die Hälfte, Hoxey ein Viertel und ihr teilt euch das andere Viertel.«

»Aber warum wir?« wiederholte Matt verblüfft.

»Michener hat euch empfohlen. Er sagt, ihr seid kräftig und macht keinen Ärger. Solche Leute suchen wir.«

Hoxey nickte. Matt gab sich unschlüssig.

»Wir geben euch morgen Bescheid. Wir denken darüber nach.«

»Dafür ist keine Zeit. Entweder jetzt oder nie.«

»Ich sage jetzt schon nein!« unterbrach ihn Silvey.

Matt drehte sich nach seinem Freund um. Silvey machte ein ebenso entschlossenes wie ängstliches Gesicht.

»Gebt mir einen Augenblick«, bat Matt und zog seinen Freund zur Seite.

Er schüttelte ihn kräftig, wie um ihn aufzuwecken.

»Das ist ein ganz großes Ding, Silvey, ich spüre es.«

»Ich sage nein, und dabei bleibt's. Ich will mein Jurastudium zu Ende bringen und werde mich auf keinen Fall auf diese Geschichte einlassen und mir in Alaska die Eier abfrieren!«

Matt öffnete den Mund, um ihm zu antworten, besann sich jedoch. Er wollte aus Silvey etwas machen, was der gar nicht war. Würde er einen Schneesturm überstehen?

Die beiden anderen wurden ungeduldig und drängten sie.

»Beeilt euch. Wir warten auf euch im *Dromms.* Vielleicht sehen wir uns schon mal nach ein paar Männern um, die weniger Muffensausen haben.«

Ein ohrenbetäubender Lärm drang aus der Tür, als Reid und Hoxey die verrauchte Bar betraten. Matt und Silvey sahen sich an.

»Du wirst es machen, nicht?«

»Natürlich. Was hält mich davon ab?«

»Das ist der große Unterschied zwischen uns beiden.«

Matt nickte zustimmend.

»Ich wünsche dir viel Glück«, sagte Silvey lebhaft. »Ich hoffe, wir sehen uns eines Tages wieder.«

Sie gaben sich die Hand. Matt warf einen Blick in Richtung *Dromms*, als zögere er noch. Silvey wollte offensichtlich so schnell wie möglich verschwinden.

»Wir sehen uns morgen früh.«

Matt nickte ihm zu und betrat das *Dromms.* Er stieß die schwere Tür auf und ließ, bevor er eintrat, den Blick durch den verrauchten Raum schweifen.

Blanquette trug mehrere leere Flaschen und kam auf ihn zu.

»Sag mal, Blanquette, weißt du was über Leute, die auf der *Excelsior* mit Gold aus Alaska zurückgekommen sind?«

»Ja! Zwei oder drei Kerle haben sich darüber unterhalten.«

»Das ist alles?«

»Du weißt doch, im Hafen wird viel geredet. Lauter haarsträubende Geschichten.«

Ein Kerl mit einer Alkoholfahne kam hinzu und drängte sich an Blanquette. Matt stieß ihn zurück. Der Kerl machte eine obszöne Geste in seine Richtung und trat torkelnd an einen Tisch, wo er sich erneut ein Glas eingoß.

»Matt, ich liebe dich sehr.«

»Ich dich auch.«

»Komm heute abend zu mir, wenn du willst.«

»Ich verschwinde morgen.«

»Ein Grund mehr.«

Sie entfernte sich. Matt ging in die Ecke, in der Reid und Hoxey sich unterhielten.

»Bist du allein?«

»Ja.«

»Das haben wir geahnt, und Michener auch.«

»Michener?«

»Er sagte, du würdest mitkommen, aber der ›Federhalter‹ nicht«.

Mit »Federhalter« bezeichneten die Hafenarbeiter die Hilfskräfte, die studierten und die später einmal Schreibtischarbeit verrichten würden.

»Das ist also kein Problem?«

»Bei einem solchen Unternehmen wäre es höchstens ein Problem, einen Jungen dabeizuhaben, der dauernd rumjammert.«

»Dann reichen also drei?«

»Wir versuchen unterwegs noch jemanden aufzutreiben.«

»Und wie sieht es mit dem Anteil aus?«

»Du bekommst die Hälfte von fünfundzwanzig Prozent.«

»Damit bin ich nicht einverstanden.«

»Was schlägst du vor? Wir bezahlen schließlich alles und leiten das Ganze.«

Matt pfiff auf die Anteile. Er diskutierte aus Prinzip. Er wollte aus der Stadt herauskommen und die wilden Weiten Alaskas sehen.

»Ich bekomme fünfzehn Prozent. Wenn wir einen vierten finden, bekommt er zehn«, schlug Matt vor, denn er hielt es für wichtig, von Anfang an das Gesicht zu wahren.

»Es sei denn, er investiert Geld!«

»Schlag ein!«

Sie gaben einander die Hand.

»Gegen elf stechen wir in See. Sei um neun am Kai 2, in der Nähe der abgebrannten Lagerhalle. Wir werden die Ausrüstung und einen Teil des Proviants an Bord bringen.«

»Wir nehmen alles von hier mit?«

»In Dyea gibt es kaum etwas.«

»Was ist Dyea?«

»Ein Strand in der Nähe von Skagway. Dort legen die Schiffe an.«

»Also um neun. Ich werde da sein.«

Er verabschiedete sich.

Zehn Minuten später suchte Matt nach der Hausnummer 102 in der Frontier Street.

Es war ein recht hübsches Haus am Rande des eleganten Viertels Beillesis. Durch die geschlossenen Fensterläden drang Licht. Er zog an der Kette, worauf im Innern des Hauses eine Glocke anschlug. Michener öffnete ihm lächelnd die Tür. Er trug einen roten Morgenmantel.

»Du bist allein?«

»Ja, Silvey will nicht mitkommen. Wie Sie vermutet hatten.«

»Ich habe nichts vermutet. Ich kann beobachten. Das ist alles.«

Matt sah sich im Haus um. Es war sauber und geschmackvoll eingerichtet, was er von einem Reihen-Aufseher nicht erwartet hatte. Michener schüchterte ihn nicht mehr ein. Doch es war weder der Morgenmantel, in dem er wie ein dickes Baby aussah, noch die Tatsache, daß er hier zu Hause und Privatmann war, was ihn vom Sockel holte. Es war die Abenteuerlust, die Matt beflügelte. Er sprach mit dem Aufseher, zu dem er bisher furchtsam aufgeschaut hatte, wie mit seinesgleichen.

»Fragst du dich, weshalb ich dich herbestellt habe?«

»Sagten Sie nicht, ich hätte Glück, daß ich diese Reise machen kann?«

»Ja, denn ich kann es nicht. Ich habe eine schwerkranke Frau und zwei kleine Söhne.«

»Tut mir leid für Ihre Frau ...«

Trotzdem blitzte es vergnügt in Micheners grauen Augen.

»Aber ich werde an euch denken. Ich habe schon immer gewußt, daß man da oben sein Glück machen kann.«

»In Alaska?«

»Ich kannte einen gewissen Frank Dinsmore, einen Yankee aus Auburn, der den gesamten hohen Norden durchstreift hat.«

»Den gesamten?«

»Das ist so eine Redensart. Er hat fünfundzwanzig Jahre seines Lebens damit zugebracht, in diesem Land der Stille seine Spuren zu hinterlassen. Er hat in Hunderten von Flüssen und Bergen nach Gold gesucht, mit seinen Schneeschuhen, seinem Kanu und seiner Goldpfanne. Er schlief winters wie sommers in einem Schlafsack aus Hasenfell unter freiem Himmel. Ein toller Bursche!«

»Und er hat nichts gefunden?«

»Doch, am Ende hat er eine Goldader entdeckt.«

»Und wo?«

»Das weiß ich nicht genau. Er hat sie ausgebeutet und ist nach Hause zurückgekehrt. Letztes Jahr ist er im *Commercial Hotel* in San Francisco gestorben, als er gerade eine neue Expedition vorbereitete.«

»Hatte er nicht genug Gold angehäuft?«

»Doch. Er war reich, aber er sagte, den wahren Reichtum habe er nicht in den Minen gefunden.«

Michener verstummte. Nachdenklich schien er sich an die Worte des alten Goldsuchers zu erinnern. Matt respektierte dieses Schweigen. Er glaubte zu verstehen, was Frank Dinsmore gemeint hatte, denn er vernahm mit großer innerer Erregung diesen Ruf des Nordens. Nichts anderes zählte jetzt mehr für ihn. Er wollte das Nordlicht sehen, beim Einbruch der Dunkelheit die Wölfe heulen hören und unter seinen Füßen das dicke Eis spüren, das Flüsse und Seen bedeckte.

»Hier sind dreihundert Dollar, du wirst sie brauchen.«

»Aber ich …«

Michener fiel ihm ins Wort.

»Schlag es mir nicht ab. Ich will dir helfen und teilhaben. Wenn du zurückkehrst, gibst du mir das Geld wieder und den Anteil, der mir zusteht. Sagen wir zehn Prozent deines Gewinns. Es freut mich, wenn ich weiß, daß ein Teil meines Geldes auf die Reise geht. Ist das okay?«

Matt sah ihm in die Augen, tat so, als prüfe er das Angebot, und lächelte. Er konnte es nicht zurückweisen.

»Es ist okay!«

Er streckte die Hand aus, um die Geldscheine zu nehmen, aber Michener hielt sie fest.

»Eins noch. Frank sagte, man braucht Hunde.«

»Hunde?«

»Ja, Malamuten. Er sagte, sie seien das Geheimnis des hohen Nordens. Hunde, die einen Schlitten ziehen, mit dem man sich fortbewegt. Kauf von dem Geld in Dyea oder sonstwo Hunde.«

»Aber ich kenne mich mit Hunden überhaupt nicht aus!«

»Dann wirst du es lernen. Frank hat das immer wieder betont. Glaub mir, wenn er es sagt, dann ist es hundertprozentig wahr. Du weißt nichts von diesem verdammten Land voller Wölfe und Schnee, und ich auch nicht, also hör auf den guten alten Frank.«

»Hunde?«

4

ES WAR SCHON SPÄT, ALS MATT ZUM DRITTEN MAL AN diesem Tag ins *Dromms* kam. Michener hatte ihn aufgehalten. Er hatte noch lange von seinem alten Goldgräberfreund erzählt und über seine Arbeit im Hafen gesprochen, die ihn anödete. Seit dreißig Jahren stellte er Gelegenheitsarbeiter ein und verlud Säcke. Seit dreißig Jahren ging er ins *Mirror*, um ein Glas oder zwei zu trinken, und stand an sechs von sieben Tagen morgens um fünf Uhr auf, um zur Arbeit zu gehen. Seit dreißig Jahren führte er dieselben Handgriffe aus …

Matt verstand ihn, um ein Haar wäre er genauso geworden. Wenn er auf der Farm geblieben wäre, wäre sein Leben im immergleichen Trott verlaufen: pflügen, eggen, säen und ernten, und dann alles wieder von vorn, endlos.

Zu dieser späten Stunde bot das *Dromms* einen trostlosen Anblick. Ein paar Betrunkene hingen noch herum. Blanquette winkte ihm zu. Sie freute sich aufrichtig, ihn zu sehen.

»Ich dachte schon, du seist abgereist.«

»Doch nicht, ohne mich zu verabschieden!«

Sie wühlte in ihrer Tasche und beförderte einen Schlüssel zutage, den sie ihm heimlich in die Hand drückte.

»Die letzte Tür hinten rechts. Ich komme in fünf Minuten nach. Die paar Gäste kann Greg auch ohne mich bedienen.«

Matt stieg die alten, wackligen Stufen der Treppe hoch. Er ging in Blanquettes Zimmer am Ende des Ganges. Es war schmucklos, aber sauber. Er entkleidete sich und schlüpfte unter die Bettdecke, die nach Pfefferminze roch. Er hatte seit langem mit keiner Frau mehr geschlafen und wartete ungeduldig auf Blanquette. Es dauerte nicht lange, bis sie auftauchte. Als sie ihre Kleider ablegte und ihn ohne Scham und Zurückhaltung ansah, wurde er unwillkürlich rot vor Freude. Sie war immer noch verdammt gut gebaut, vielleicht etwas füllig, aber mit prachtvollen weißen Brüsten. Sie setzte sich auf ihn, er umfaßte ihre Brüste mit beiden Händen, knetete sie voller Verlangen, während sie sein Glied in sich einführte und dabei vor Genuß seufzte. Auch sie hatte nicht so häufig Sex mit Männern und nutzte die Gelegenheit, ihn gleich mehrere Male zu lieben.

Sie lag erschöpft und still auf ihm, als er sie fragte:

»Sag mal, wie heißt du eigentlich richtig?«

Sie schien nachzudenken, als ob sie es vergessen hätte.

»Ich sag's dir nur, wenn du es morgen als Geheimnis mit auf die Reise nimmst.«

Er küßte sie, um ihr zu versichern, daß er es für sich behalten würde. Sie flüsterte ihm ins Ohr:

»Ganz einfach Mary.«

»Mary, du wirst mir fehlen.«

»Ich tu mal so, als glaubte ich dir.«

Mary ließ ihn gar nicht erst darauf antworten. Sie wollte jede Sekunde mit ihm genießen und versuchte erneut, seine Lust zu wecken, und es gelang ihr.

Blanquette weckte Matt im Morgengrauen, nachdem er erschöpft, aber befriedigt von ihrem Körper, den er mit so viel Wollust erkundet hatte, endlich eingeschlafen war. Sie küßte ihn lange und huschte wortlos aus dem Zimmer. Er erhob sich, stieg die Treppe hinunter und ging durch den Schankraum, den er kaum wiedererkannte, da er ihn sonst nur proppenvoll und lärmend erlebt hatte. Blanquette war nirgends zu sehen. Er ging hinaus. Ein leichter Nieselregen breitete einen feuchten Schleier über den Hafen, der die Kais in Nebel hüllte. Er schlug den Kragen seiner Jacke hoch und eilte durch die Gassen zu Silveys Haus. Über eine Außentreppe gelangte er in sein Zimmer. Er verstaute seine Habseligkeiten in dem Sack, mit dem er gekommen war, legte ein paar Geldscheine für die Miete, die er noch schuldete, aufs Bett und machte sich auf den Weg zurück zum Hafen. Draußen hatte es, wie so oft bei Ebbe, aufgehört zu regnen.

Matt mochte das Wasser nicht, erst recht nicht das Meer, und die Vorstellung, wochenlang bei hohem Seegang vor den zerklüfteten Küsten Alaskas zu schaukeln, machte ihm genausoviel Angst wie die Aussicht, auf einem selbstgezimmerten Boot den Yukon hinunterzufahren. Doch als er die Männer sah, die gerade Arbeit bekommen hatten, wollte er für nichts auf der Welt mehr mit ihnen tauschen.

Er winkte einem, mit dem er am Vortag zusammengearbeitet hatte.

»He, Mick, hast du Silvey gesehen?«

»Er arbeitet in Micheners Reihe, Baumwolle entladen. Bist du nicht dabei?«

»Ich gehe an Bord. Ich habe einen Job auf der *Second Best*.«

»Besser bezahlt?«

»Nein, aber ich will die Welt sehen.«

»Du meinst ein Land! Du willst Alaska sehen, Schnee und Eis, so weit das Auge reicht.«

»Entschuldige, aber ich muß weiter. Mach's gut!«

Mick zuckte die Schultern und sah ihm hinterher.

Matt kam zu früh, doch seine beiden Geschäftspartner waren bereits da.

»Du bist pünktlich, das ist gut!«

»Red nicht mit mir wie mit einem braven Schuljungen, sonst läuft das nicht mit uns.«

»Hast recht«, gab Reid zu. »Wir haben einen langen gemeinsamen Weg vor uns, da sollten wir uns besser vertragen.«

»Mit mir treibt man keine Scherze.«

»Das hat Michener schon gesagt, und dem vertraue ich.«

»Wo sind denn die Sachen, die verladen werden müssen?«

»Da gibt's ein Problem.«

Matt runzelte die Stirn. Bei dem Wort »Problem« leuchtete Argwohn in seinen hübschen braungrünen Augen auf.

»Sie müßten schon längst da sein!«

Matt gab mit einer verärgerten Geste zu verstehen, daß er mehr erfahren wollte. Mit unsicherer Stimme fuhr Hoxey fort: »Ich habe die Sachen gestern abend einem Kerl übergeben, der sie heute morgen herbringen sollte.«

»Wer ist es?«

»Ein Mann aus dem Balls-Viertel, bei dem ich Packsättel für die Pferde gekauft hatte.«

»Was für Pferde?«

»Für den White-Paß wollte Reid Pferde kaufen.«

»Wir brauchen Hunde.«

Die beiden Kumpane blickten ihn mit großen Augen an. Mit einer Handbewegung wischte Matt das Thema vom Tisch.

»Also, wo wohnt der Kerl? Wo arbeitet er?«

»Am Bahnhofsplatz. Er ist Sattler und führt Transporte mit seinem Pferdewagen aus. Er heißt Dixon.«

»Also los, gehen wir zu ihm!«

Matt seufzte resigniert und warf einen Blick auf die Kais, die sich allmählich belebten.

»Ihr bleibt hier. Ich gehe zum Bahnhofsplatz, ihn suchen. Falls er sich verspätet ... ist es besser, wenn ihr hier seid.«

»So können wir's machen«, nickte Reid, den die autoritäre Art des jungen Mannes und die ganze Situation ein wenig aus der Fassung gebracht hatten.

Matt wandte sich sogleich an einen Fuhrmann, der mit drei Pferden dastand und wartete.

»Kannst du mir eins vermieten?«

»Nein, ich krieg gleich Arbeit. Wende dich an Jim da drüben.«

Er deutete auf einen jungen Mann mit einem Pferdekarren. Matt lief auf ihn zu.

»Bringst du mich zum Bahnhofsplatz?«

»Kannst du bezahlen?«

Matt nickte.

»Macht vier Dollar für eine Fahrt, und zwar gleich.«

Matt gab ihm das Geld. Zehn Minuten später setzte ihn der Mann auf dem Platz ab, auf dem Händler ihre Stände errichteten. Matt trat auf einen Mann zu, der Kartoffelkisten stapelte.

»Ich suche einen gewissen Dixon. Er arbeitet hier als Sattler.«

Der Mann betrachtete seine zerkratzten Pranken und rieb sie aneinander, dann schnitt er eine Grimasse und zog die Nase ein wenig kraus.

»Auf diesem Markt gibt es keinen Sattler namens Dixon.«

»Sicher?«

»Ganz sicher! Ich arbeite seit zehn Jahren hier. Einen Dixon habe ich noch nie gesehen.«

Der Mann schwieg einen Moment und schüttelte langsam den Kopf.

»Gibt's ein Problem?«

»Ein ernstes sogar. Ich fürchte, einer meiner Kumpel

hat sich von ihm übers Ohr hauen lassen. Der Kerl hat unsere gesamte Ausrüstung gestohlen.«

Matt erzählte ihm, was er wußte, ohne ins Detail zu gehen. Nach einem kurzen Moment des Zweifelns begannen die Augen des Mannes zu blitzen.

»Ich weiß, wer es war. Der ist längst über alle Berge. Der Kerl kommt aus Seattle und hat eine Erbschaft gemacht. Hat sich wohl was hinzuverdient.«

»Eine Erbschaft?«

»Ja, er besaß alle möglichen Sachen von einer Farm. Er hat sie hier verramscht.«

»Mein Kumpel hat ihm Satteltaschen abgekauft. Dixon hatte ihm angeboten, die Sachen zum Hafen zu bringen. Eine ganze Wagenladung Material und Proviant war das.«

»Der ist längst über alle Berge. Du könntest ihn auf dem Weg nach Seattle finden.«

Matt bedankte sich. Er wußte jetzt genug und kehrte zum Hafen zurück, wo seine beiden Kompagnons warteten.

»Was ist?«

»Auf dem Bahnhofsplatz gibt es weder einen Dixon noch unsere Sachen. Dein Schlauberger hat sich aus dem Staub gemacht!«

Hoxey rollte verstört die Augen.

»Das waren Sachen im Wert von sechshundert Dollar!« rief Reid entsetzt.

»Ich werde meine fünfhundert Dollar Ersparnisse in unser Unternehmen stecken«, schlug Matt vor, »allerdings unter der Bedingung, daß die Gewinne in drei gleiche Teile geteilt werden. Wir brauchen keinen vierten Partner, zu dritt ist es sogar einfacher, Entscheidungen zu treffen.«

Der Große und der Dicke blickten sich an, denn die Autorität, die sich dieser junge Mann anmaßte, überraschte sie. Sie hatten ihn schließlich wegen seiner Kraft, aber auch wegen seines Alters ausgewählt, weil sie annahmen, er würde sich leicht fügen.

»Was willst du damit sagen?«

»Bei Uneinigkeit entscheidet die Mehrheit. Bei drei Leuten gibt es kein Patt.«

»Wenn du Geld einbringst, ändert das natürlich alles«, räumte Reid ein.

»Da wäre noch eine Bedingung.«

Hoxey und Reid warteten.

»Wir kaufen für die Beförderung keine Pferde, sondern Hunde.«

»Hunde?«

»Ja, Hunde. Sie sind das Geheimnis Alaskas.«

Dann fügte er hinzu:

»Also einen Anteil von einem Drittel und die Hunde. Entweder – oder.«

Sie diskutierten zwar noch eine Weile, vor allem Reid, aber im Grunde hatten sie keine andere Wahl. Sie besaßen nur noch vierhundert Dollar, und in Skagway, wo sie jetzt alles besorgen mußten, schnellten die Preise in die Höhe.

5

DIE SECOND BEST WAR EINER DIESER GROSSEN DAMPFER auf der Route Seattle–Alaska. Der Kapitän, ein Mann namens Ross, fuhr seit fünfundvierzig Jahren durch die gefährlichen Küstengewässer. Er beförderte Waren aller Art und drei Kategorien von Passagieren. Die erste Klasse verfügte über geräumige Kabinen am Oberdeck, die Passagiere der zweiten Klasse teilten sich zu viert eine Kabine mit Doppelstockbetten und einem Bullauge, und in der dritten Klasse schliefen jeweils fünfzehn Personen in Schlafsälen zu beiden Seiten der Laderäume unterhalb der Wasserlinie und unweit der Maschinen, die einen Höllenlärm machten.

Reid hatte Plätze in der zweiten Klasse reserviert. Weil das Schiff ausgebucht war, konnte Matt sie mühelos an drei Männer verschachern, die nur noch Plätze in der dritten Klasse bekommen hatten. Dieses Geschäft führte zu einem ersten ernsthaften Zusammenstoß mit Hoxey und Reid, die nicht drei Wochen »mit dem Gesindel in den dreckigen Laderäumen« zubringen wollten.

»Reid, wir haben einfach nicht genug Geld«, gab Hoxey schließlich zu.

»Und an wem liegt das? Sei du mal ganz ruhig! Du schuldest mir sechshundert Dollar.«

Betreten ließ Hoxey den Kopf hängen. Matt ging energisch dazwischen:

»Ich weiß nicht, ob ich mit euch zusammenbleibe. Ihr scheint mir der Sache nicht gewachsen zu sein.«

Während seine Kompagnons ihn noch verblüfft anstarrten, schaffte er seine Sachen aus der Kabine. Im selben Augenblick tauchten die drei Männer auf, mit denen er das Geschäft gemacht hatte.

Reid kam aus der Kabine und maulte:

»So weit kommt es noch, daß der Junge uns Vorschriften macht!«

Matt, der es gehört hatte, erwiderte. »Aber zum Glück kann ich euch euer Geld zurückgeben.«

Reid stopfte es murrend in seine Tasche und stieg die Treppe zur dritten Klasse hinunter.

Die meisten Passagiere auf dem Dampfer waren Tagelöhner aus Vancouver, Seattle und San Francisco, die Ross & Raglan für den Lachsfang angeheuert hatte. Viele würden in Konservenfabriken Fische ausnehmen und Kisten packen, andere sollten den Tinglit-Indianern assistieren, die das Unternehmen angeworben hatte, um an den besten Plätzen die Netze auszulegen.

»Du wirst schon sehen«, sagte Hoxey, während er mit Matt wieder hinaufstieg, um auf Deck Luft zu schnappen, »diese Leute werden sich aufs Gold stürzen und den Fischfang sausen lassen.«

»Ist der Fund, den du meinst, denn wirklich so außergewöhnlich? Man hat doch schon immer Gold in Alaska gefunden, oder nicht?«

»Aber noch nie so viel, das kannst du mir glauben. Bis zu zwei Dollar pro Pfanne!«

Matt verzog skeptisch den Mund. Er hatte keine Ahnung, ließ es sich aber nicht anmerken.

»Wann wurde die Stelle denn gefunden?«

Hoxey berichtete es ihm. Ein gewisser Robert Henderson hatte drei Jahre lang in einem Fluß im Indianergebiet geschürft und in der Zeit von der Jagd und vom Fischfang gelebt. Eines Tages überschritt er die Wasserscheide zwischen diesem und einem anderen Fluß, dessen Namen Hoxey auch Matt nicht verraten wollte. Er entdeckte ein Vorkommen von acht Cents pro Pfanne. Er überquerte einen Paß und kehrte mit einem Kanu in das winzige Dorf Sixty Mile zurück. Dort ging er zu einem gewissen Joe Ladue, dem Besitzer des Handelskontors, der ihm das Startkapital zum Schürfen gegeben hatte. Sofort machten sich alle Männer aus dem Dorf auf den Weg, um sich an dem Fluß ein Stück Land abzustecken. Henderson hingegen fuhr mit ein paar Männern erneut den Yukon hinunter bis zu einem seiner Nebenflüsse (Hoxey hielt auch diesen Namen noch geheim). An der Mündung dieses Nebenflusses traf er einen Fischer namens Carmacks, der mit einer Indianerin verheiratet war. Henderson berichtete ihm von seinem Fund, und Carmacks wollte, daß er ihn und die Siswash-Indianer, bei denen er lebte, dorthin führte. Henderson lehnte ab, er wollte lieber seine Freunde aus Sixty Mile bevorzugen. Verärgert zog Carmacks auf eigene Faust los, um die Gegend zu erkunden, wusch hier und dort Gold und entdeckte etwas weiter entfernt ein unglaublich ergiebiges Vorkommen. Eigentlich hätte er Henderson informieren müssen, denn schließlich hatte der ihm den entscheidenden Tip gegeben. Aber gekränkt, wie er war – weil Henderson die Indianer beleidigt hatte –, begab er sich ins nächstgelegene Dorf und ließ seinen Claim registrieren.

»Aber warum willst du mir den Namen dieses Flusses nicht verraten?« fragte Matt. »Bei allem, was du mir erzählt hast, kann ich ihn mühelos finden. Es genügt zum Beispiel, wenn ich in dieses Dorf von was weiß ich wieviel Meilen gehe, das du erwähnt hast.«

»Sixty Mile«, präzisierte Hoxey und gab zu, daß er bereits viel zu viel gesagt hatte. »Hör zu, ich vertraue dir. Wir können einen großen Fang machen, aber wir müssen den Mund halten.«

Und in vertraulichem Ton fügte er hinzu:

»Es handelt sich um den Fluß ... Klondike.«

»Klondike! Nie gehört!«

Hoxey bedeutete ihm mit der Hand, leise zu sprechen, und blickte sich um, ob jemand sie belauschte.

»Glaub mir, der Name wird bald in aller Munde sein.«

»Aber der Fund wurde doch schon letzten Sommer gemacht ...«

»Herbst und Winter sind vergangen, aber nichts ist durchgesickert. Niemand ist in den Süden zurückgekehrt, abgesehen von einem *Musher*, aber dem hat niemand geglaubt, nicht einmal die kanadischen Behörden.«

»Ein *Musher*?«

»Der Führer eines Hundeschlittens.«

»Das ist es also. Damit fahren sie da oben.«

»Scheint so«, gab Hoxey zu.

Matt neigte den Kopf, um festzustellen, was an der Bordwand des Schiffes solchen Lärm verursachte.

»Das sind die Pferde.«

Es waren acht. Sie standen in Boxen, die auf dem Deck errichtet waren.

»Glaub mir«, fuhr Hoxey fort, »wenn die *Portland* einläuft, sind die Leute nicht mehr zu halten.«

Er war sich seiner Sache so sicher, daß er überzeugend wirkte. Und Matt hatte beschlossen, sich auf das Abenteuer einzulassen.

»Was hältst du von Reid?« fragte ihn Matt geradeheraus.

Hoxey zuckte zusammen.

»Du vergißt, daß ich ihn ausgewählt habe.«

»Trotzdem frage ich dich.«

»Er ist ein anständiger Kerl, fleißig ...«

»Aber zum Goldgräber taugt er nicht. Habe ich recht?«

Hoxey, der den Kragen seines groben Wollparkas hochgeschlagen und sich die Mütze tief in die Stirn gezogen hatte, trat von einem Bein aufs andere. Die plötzliche Wendung des Gesprächs war ihm sichtlich unangenehm. Mit seinen kurzen Armen sah er aus wie ein plumpes, aber sympathisches Tier.

»Was weißt du schon von diesem Land, um beurteilen zu können, wer dazu taugt?«

»Nichts, aber Reid entspricht keineswegs dem Bild, das ich mir von einem Mann des Nordens mache. Er hat vielleicht Geld, aber er hat nicht das Zeug zum Goldgräber.«

Hoxey erwiderte nichts. Ein bedeutungsvolles Schweigen trat ein. Wie zur Untermauerung von Matts Worten erschien Reid, eingezwängt in einen schlechtsitzenden Mantel, der seine Länge noch unterstrich.

»Ich muß mit dir reden.«

»Gut, reden wir miteinander. Wir sind schließlich Geschäftspartner, oder?«

»Genau darum geht es.«

Matt und Hoxey warteten. Reid schien jetzt selbstsicherer zu sein und zeigte es auch.

»Wir hatten vereinbart, daß wir alles gemeinsam entscheiden.«

»Stimmt«, gab Hoxey zu.

»Zum Beispiel das Geschäft mit der dritten Klasse. Mir wäre es lieber gewesen, wenn wir erst darüber geredet und dann gemeinsam eine Entscheidung getroffen hätten.«

Matt mußte zugeben, daß er etwas voreilig gehandelt hatte, wandte jedoch ein, daß die Sache rasch hatte erledigt werden müssen.

»Die Jungs hätten sich bestimmt nicht aus dem Staub gemacht!« sagte Reid und zuckte die Schultern.

»Nein, aber sie haben Plätze gesucht. Andere hätten sie mit ihnen tauschen können.«

»Wer in der zweiten Klasse Plätze hat, behält sie auch.«

»Nicht, wer Geld braucht.«

Matts Worte klangen so scharf wie ein Gewehrschuß.

»Wie auch immer, maß dir bloß nicht an, allein über Dinge zu entscheiden, die uns alle angehen«, bemerkte Reid.

»Ich stimme Reid zu«, unterstützte ihn Hoxey und sah Matt direkt an.

Matt senkte den Blick.

»Gut. Ich habe verstanden.«

Matt trollte sich beschämt. Sie hatten recht. Wenn er seinen Platz in der Gruppe behalten wollte, mußte er sein Verlangen, alles zu bestimmen, ein wenig bezähmen. Er durfte die anderen nicht überfahren. Im stillen nahm er sich vor, sich Mühe zu geben.

6

VOM WIND AUSGEFRANSTE WATTEWOLKEN UMHÜLLTEN die Berge und verschmolzen mit ihren schneebedeckten Gipfeln. In der Abendsonne schimmerten bläulich die Gletscher, deren Ausläufer bis zur zerklüfteten Küste reichten, wo sich von Zeit zu Zeit ein Eisberg löste. Hier und dort entdeckte Matt Bären, die sich mit Heidelbeeren vollstopften, und Dickhornschafe, die auf grasbewachsenen Höhenzügen weideten. Auf die Reling gestützt, bewunderte er das üppige Grün der Bäume auf den Inseln, an denen sie vorbeifuhren. Der Dampfer glitt durch eine schmale Fahrrinne, gesäumt von steil aufragenden Bergen, an deren Hänge sich tiefgrüne Wälder schmiegten.

Während immer neue Panoramen von atemberaubender Schönheit einander abwechselten, verspürte Matt plötzlich das brennende Verlangen, diese Gegenden zu durchstreifen, und war darüber enttäuscht, daß er alles nur vom Schiff aus genießen konnte.

»Ich bin ein Goldsucher auf dem Weg nach Alaska!«

Diese Vorstellung erfüllte ihn mit großer Genugtuung und mit einem gewissen Stolz.

Er kehrte spät in der Nacht in das Quartier zurück. Seine beiden Partner schliefen bereits, doch er war so aufgeregt, daß er lange keinen Schlaf fand. Als er endlich eindöste, vernahm er plötzlich ein Flüstern, das ihn aufhorchen ließ. Zwei Passagiere erhoben sich und schlichen aus dem Schlafsaal. Getrieben von seinem Instinkt, folgte Matt ihnen auf die Verbindungsbrücke auf der Steuerbordseite. Sie kletterten eine Treppe zum Deck hinauf.

Der Mond verbreitete ein milchiges Licht. Alles war ruhig, alles schlief, mit Ausnahme der Männer in der kleinen Kajüte auf der Kommandobrücke. Im Schein einer Öllampe war die Wache zu erkennen, die für die reibungslose Fahrt des Schiffes sorgte. Die beiden Männer verschwanden im Schatten wie Raubtiere. Matt sah ein Messer aufblitzen. Sein Herz schlug laut. Er bedauerte, daß er keine Waffe bei sich hatte, nicht einmal sein Messer, das er in der Koje hatte liegenlassen.

Matt vermutete, daß die Männer Diebe waren und es auf die Kabinen der ersten Klasse abgesehen hatten, aber sie umrundeten die Kabinen und tauchten hinter der Kommandobrücke wieder auf. Er kauerte sich unter der Brücke auf den Boden und wartete ab. Er hörte nichts, keinen überraschten Schrei, kein Handgemenge. Nur beklemmende Stille. Matt wagte sich auf die schmale Treppe und hörte Bruchstücke eines Gesprächs, aus denen er schließen konnte, was vor sich ging.

»Wir zeigen es dir auf der Karte ...«

»... bei den Untiefen darf man nicht zu nahe ans Ufer ...«

»... so wenig Lärm wie möglich bei dem Manöver ...«

Ohne jeden Zweifel handelte es sich um Piraten, die irgendwo an der Küste von ihren Komplizen erwartet wurden.

Matt mußte handeln – und zwar schnell. Sie waren nur zu zweit, und wenn er den Überraschungseffekt nutzte, konnte er sie bestimmt allein überwältigen. Er wollte schon losstürzen, als er zwei weitere Männer entdeckte. Er hoffte, daß es sich um Besatzungsmitglieder handelte, aber es waren offensichtlich Komplizen. Er schloß dies aus ihrem unsicheren Gang. Sie bewegten sich ganz leise und drehten sich häufig um.

Sie stießen zu den beiden anderen auf der Kommandobrücke.

Matt glaubte zu spüren, wie das Schiff seine Fahrt drosselte und der Maschinenlärm abnahm. Er lief über die Verbindungsbrücke geradewegs zum Oberdeck, auf dem der Kapitän und die Offiziere untergebracht waren. Er trommelte an eine erste Tür, die verschlossen war, öffnete eine zweite und trat in eine dunkle Kabine.

»Ist da jemand …?«

Er kam nicht dazu, die Frage zu wiederholen. Er hörte ein Brüllen, und in der nächsten Sekunde wurde er von einem Raubtier angefallen, das ihm seine Zähne in die Schulter grub. Er fiel zu Boden und stieß gegen ein Möbelstück, als er versuchte, das Tier abzuschütteln.

»Keine Bewegung!«

Eine Lampe wurde angezündet. Ein junger Leutnant sprang vor und riß das Raubtier zurück, das in Wirklichkeit ein Hund war. Er hielt eine Pistole in der Hand.

»Wer bist du, du Lump?«

»Ich will Hilfe holen. Die Kommandobrücke ist überfallen worden.«

»Überfallen?«

»Sie sind zu viert. Mindestens vier«, korrigierte sich Matt und blickte auf die Pistole, die immer noch auf ihn gerichtet war. »Sie haben Messer. Sie wenden das Schiff. Hören Sie doch auf das Maschinengeräusch!«

Der junge Mann, ein blonder Riese mit hagerem Gesicht und durchdringendem Blick, lauschte aufmerksam und verzog dann ungläubig den Mund.

»Ich höre nichts Besonderes.«

In diesem Augenblick neigte sich das Schiff leicht nach Steuerbord.

»Du lieber Himmel, wir wenden!«

Der Leutnant sah Matt merkwürdig an.

»Ich heiße Stanley«, stellte er sich vor und reichte ihm die Pistole mit dem Griff nach vorn.

»Ich bin Matt. Was sollen wir tun?«

»Wir wecken den Kapitän und schnappen sie uns«, sagte Stanley und holte eine zweite Pistole aus der Schublade eines kleinen Tisches.

Sie eilten aus der Kabine. Der Kapitän, ein rüstiger Mann um die sechzig, erhob sich brummend und ließ sich die Lage erklären, während er in seine Jacke schlüpfte.

»Und Sie, wer sind Sie?«

»Matt Herson, ein Passagier.«

»Aber keine Dummheiten! Ich leite die Operation!«

»Stets zu Diensten, Sir.«

Der Kapitän überlegte, ob Matts Ton nicht ein wenig ironisch geklungen hatte, und warf seinem Leutnant einen fragenden Blick zu, doch der meinte lediglich:

»Wir müssen uns beeilen, Sir. Das Schiff hat bereits gewendet.«

Sie eilten hinaus. Der Kapitän blieb einen Moment stehen, um am Wind die Fahrt des Schiffes abzuschätzen. Sie lauschten aufmerksam. Doch man hörte lediglich das Stampfen der Maschinen und das Plätschern der Wellen am Rumpf.

»Wir gehen hinauf. Du bleibst unten, für alle Fälle.«

»In Ordnung«, erwiderte Matt.

Sie stiegen mit vorgehaltenen Waffen die Treppe zur Kommandobrücke hinauf. Matt hörte ein paar Schreie, gefolgt vom dumpfen Gepolter eines kurzen Handgemenges. Sekunden später kam ein Mann mit einer Pistole in der Hand die Treppe hinunter, aber es war weder Stanley noch der Kapitän!

Matt zögerte nur einen Sekundenbruchteil. Er stürzte sich auf ihn und versetzte ihm einen Fausthieb in den

Magen, der ihn zusammenklappen ließ. Dann rammte er ihm so heftig das Knie gegen das Kinn, daß er mit gebrochenem Kiefer zu Boden sackte und reglos liegenblieb. Das Ganze hatte nur drei Sekunden gedauert. Matt entsicherte die Pistole und steckte sie in seine Jacke, dann kletterte er durch eine Luke zur Kommandobrücke hinauf. Durch das offene Fenster peilte er die Lage. Zwei Männer saßen geknebelt und gefesselt in einer Ecke. Einer der Kerle lag auf dem Boden, die beiden anderen hatten den Kapitän als Geisel genommen und hielten ihm ein Messer an die Gurgel. Ihnen gegenüber stand der Leutnant und bedrohte sie mit der Pistole.

»Wenn du nicht sofort die Waffe fallen läßt, bring ich ihn um!«

Der Leutnant war leichenblaß, umklammerte seine Waffe und wagte nicht, sich zu rühren.

Matt zögerte nur einen Augenblick. Er spannte den Hahn der Pistole, zielte und schoß dem Mann, der den Kapitän bedrohte, in den Rücken. Dann stürzte er sich in einem Wirbel von Glassplittern auf den zweiten Piraten und schleuderte ihn gegen das Schandeck aus Mahagoni, wo er zusammenbrach. Der Kapitän stand fassungslos vor dem Leutnant, der seine Waffe noch nicht gesenkt hatte, und starrte auf die Blutlache, die sich unter dem Banditen ausbreitete.

»Du lieber Himmel!«

»Paßt auf! Vielleicht sind es noch mehr.«

»Es gab noch einen vierten«, erklärte Stanley, der sich langsam wieder faßte, während sich der Rauch im Innern der Kajüte verzog.

»Er schläft«, bemerkte Matt lakonisch.

»Er schläft?«

Matt verdrehte die Augen.

Der Kapitän ging mit ernster Miene auf ihn zu.

»Du hättest mich töten können.«

»Ich habe aber den anderen getötet.«

»Ja, aber mich hättest du auch töten können.«

»Und was ist mit mir? Glauben Sie, ich war nicht in Gefahr?«

Der Kapitän schien nachzudenken.

»Trotzdem!«

»Er stand genau in der Schußlinie. Ich konnte ihn gar nicht verfehlen«, erklärte Matt.

Aber trotz seiner skeptischen Einwände war der Kapitän mit der Wendung der Ereignisse zufrieden. In diesem Moment liefen mehrere Besatzungsmitglieder und Passagiere, aufgeschreckt durch den Schuß, an Deck zusammen. Der Kapitän trat aus der Kajüte, beruhigte alle und gab den Befehl, das Schiff wieder auf Kurs zu bringen. Matt half Leutnant Stanley, die beiden Männer der Wache von ihren Fesseln zu befreien. Einer von ihnen hatte einen heftigen Schlag auf den Kopf bekommen. Sie brachten ihn auf die Krankenstation. Dann weckten sie den Arzt, der sich in charmanter Begleitung befand. Das Mädchen verkroch sich unter der Decke, doch Matt konnte noch einen Blick auf ihr hübsches, von blonden Locken gerahmtes Gesicht werfen. Dann kam der Schiffsjunge, um ihn abzuholen.

»Der Kapitän hat ein Essen zubereiten lassen. Er erwartet Sie.«

»Mich auch?« fragte Matt und zeigte mit dem Finger auf sich.

»Den Leutnant und Sie.«

7

NUN, DA DER KAPITÄN SEINE SAUBERE UND GUTSITZENDE Uniform trug, war er eine imposante Erscheinung, und Matt wunderte sich über seine eigene Kühnheit. Wie hatte er es wagen können, wenige Zentimeter neben einer so bedeutenden Persönlichkeit einen Schuß abzugeben?

Er entschuldigte sich auf der Stelle.

»Berichten Sie«, forderte der Kapitän ihn auf und musterte ihn von Kopf bis Fuß.

Matt tat es ohne Übertreibung oder falsche Bescheidenheit.

Der Kapitän ließ, wie es seine Gewohnheit war, einen Augenblick verstreichen, bevor er Matt erneut in die Augen schaute.

»Ohne jeden Zweifel hätte ich nicht so gehandelt, aber Sie hatten Erfolg, und ich gehöre zu denen, die gute Ergebnisse zu schätzen wissen. Es ist drei Uhr morgens, wir sind am Leben, die *Second Best* fährt wieder den richtigen Kurs, und die Banditen liegen gefesselt im Laderaum. Wenn man alles recht bedenkt, haben wir die Situation zumindest unter Kontrolle. Aber das Wichtigste bleibt noch zu tun.«

Sie warteten.

»Essen! Ich habe nämlich Hunger.«

Sie lachten schallend, und Matt freute sich über die gute Laune des Kapitäns, der genußvoll die Suppe schlürfte, die ihm der Koch, den man mitten in der Nacht aus dem Schlaf geholt hatte, servierte.

Matt fühlte sich unwohl in seinen abgewetzten Kleidern. So etwas wie die Offiziere in ihren tadellosen Uniformen hatte er noch nie gesehen. Er wußte nicht, wie er sich an diesem mit einem Tischtuch gedeckten Tisch verhalten sollte, an dem sich die anderen so ungezwungen benahmen.

»Das ist unser Obermaschinist«, sagte der Kapitän zu Matt, als ein leutseliger junger Mann mit rotem Haar an den Tisch trat. »Wir haben zwei, die sich Tag und Nacht abwechseln, aber Grey schläft niemals. Er ißt lieber.«

Alle lachten aus vollem Hals.

»Kam Ihnen dieser Befehl, zur Küste beizudrehen, nicht seltsam vor?«

Der Rothaarige, der Platz nehmen wollte, blieb stehen und erklärte:

»Befehl ist Befehl, und dieser hatte sogar einen guten Grund. Wir sollten uns mit gedrosselter Geschwindigkeit einem Schiff nähern, das in Schwierigkeiten steckte, und feststellen, wie schwerwiegend die Sache war.«

Der Leutnant nickte zustimmend.

»Sie hatten an alles gedacht. Zum Glück war aber unser Matt da.«

Der Rothaarige, der über Matts Einschreiten informiert war, gratulierte ihm mit einem Kopfnicken.

»Du besorgst ihm eine Uniform«, befahl der Kapitän dem Schiffsjungen, der an der holzgetäfelten Tür herumstand. »Ich werde unserem Helden den Posten des armen Leutnants übertragen, der einen bösen Schädelbruch hat. Der Arzt hat ihm bis Skagway absolute Bettruhe verordnet.«

»Aber ich verstehe nichts davon«, wandte Matt ein.

»Sie werden es lernen.«

Das klang wie ein Befehl. Matt öffnete den Mund, um

erneut zu protestieren. Schließlich war es sein gutes Recht, seine Meinung zu äußern. Aber als er dem Blick des Kapitäns begegnete, besann er sich eines Besseren. Wenn sich eine Chance bot, galt es, sie zu ergreifen.

Nach dem Essen brachte man ihm eine Uniform in einem schönen, etwas grünstichigen Blau. Sie war mit einem roten Band verziert, das die Nähte an den Seiten verbarg.

»Dann wären da noch Ihre Haare, aber darum wird sich Rick kümmern.«

»Meine Haare?«

»Lange Haare sind der Besatzung nicht erlaubt.«

Er wollte wieder protestieren, besann sich jedoch rechtzeitig. Wenn er einmal bereit war, sein Leben zu ändern, konnte auch sein Kopf nicht bleiben, wie er war. Er betrachtete sich im Spiegel und versuchte sich vorzustellen, wie er in wenigen Augenblicken aussehen würde. Der Gedanke, seinen beiden Kompagnons zu imponieren, gefiel ihm nicht schlecht. Er ließ es über sich ergehen. Eine halbe Stunde später sah er wie ein Mann aus. Die gestutzte Mähne ließ sein Gesicht strenger wirken, und die leuchtende Pracht seiner braunen, mit einem guten Shampoo gewaschenen Haare verlieh ihm ein gepflegtes Aussehen. Er warf sich stolz in die Brust und dachte: »Wenn doch Mama mich so sehen könnte!«

»Stillgestanden!«

Matt schlug die Hacken zusammen, wie er es an Deck bei den anderen beobachtet hatte. Der Kapitän war sichtlich erfreut über sein neues Äußeres und schenkte ihm ein fröhliches Lächeln.

»Frühstück gibt es um sieben Uhr im Kasino. Sie wohnen bei Rick in der 11.«

»Die 11?«

»Kabine 11, und stellen Sie nicht dauernd so blöde Fragen!«

»In Ordnung, Sir!«

»Vor dem Frühstück kommen Sie in meine Kajüte, um sich ins Bordbuch einzutragen und den Bericht für die Polizei zu unterschreiben. Sie haben jemanden getötet, da wird die Polizei einen Bericht haben wollen. Sofern alles in Ordnung ist, wird man Sie nicht weiter belästigen. Die Zeugen, zu denen ich gehöre, werden unterschreiben. Holen Sie also Ihre Sachen und kommen Sie dann zu mir.«

»Ganz zu Ihren Diensten.«

»Das ist nicht nötig. Es genügt, wenn Sie gehorchen.«

Matt nickte.

»Ein letztes noch. Ihr Sold beträgt 40 Dollar die Woche.«

Matt bedankte sich, und der Kapitän machte auf dem Absatz kehrt.

Im Osten zauberte das Morgenlicht einen rötlichen Schimmer auf die schneebedeckten Gipfel. Matt schien in seiner neuen Uniform sogar noch heller zu strahlen, und statt über das Steuerborddeck zu gehen, auf dem einige Passagiere den Sonnenaufgang bewunderten, zog er das leere Backborddeck vor. Zumindest hielt er es für leer, als er es betrat, bis plötzlich das junge Mädchen, dessen blonde Locken er im Bett des Schiffsarztes gesehen hatte, aus einer Kabine der ersten Klasse herauskam.

Als sie Schritte hörte, drehte sie sich um, und Matt versank in den großen hellblauen Augen, die ihn musterten. Er grüßte sie, murmelte etwas Unverständliches und ging rasch an ihr vorbei. Er spürte ihren Blick in seinem Rücken und drehte sich um.

»Wie geht es dem armen Leutnant?«

Sie zuckte zusammen, und ihre Wangen färbten sich rot.

»Ich … ich … wie soll ich sagen …«

»Entschuldigen Sie«, sagte Matt jetzt mit fester Stimme.

Im Weitergehen bemerkte er noch lakonisch: »Übrigens, die Sonne geht auf der anderen Seite auf, Sie sollten vielleicht auf das andere Deck gehen.«

»Sie halten mich also für eine Närrin... und für ein Flittchen.«

Jetzt war er es, der die Fassung verlor.

»Ich... ich wollte nur sagen...«

»Ich habe sehr wohl verstanden. Betrachten Sie doch mal den Himmel, diese Nuancen von Blau und Rot, diese Weite, die am Horizont die Krümmung der Erde erahnen läßt. Diese Schönheit ist so subtil, so nuanciert. Ich mag sie viel lieber als das grelle Sonnenlicht.«

In ihren Augen blitzte der Schalk, was ihren Charme nur noch erhöhte.

»Prachtvoll, Ihre neue Uniform!«

Matt blickte zerknirscht an sich hinunter.

»Ein wenig zu grell, vermute ich... wie die Sonne.«

»Sie sehen sehr gut aus.«

Mit diesen Worten überquerte sie das schmale Deck und verschwand in ihrer Kabine, deren Tür noch offenstand, während Matt voll bittersüßer Hoffnungslosigkeit zurückblieb.

8

»ABER ... IN DREI TEUFELSNAMEN, WAS IST DAS?«

Reid riß erstaunt die Augen auf, und Hoxey stammelte. Auf den ersten Blick hatten sie ihn nicht erkannt, und erst allmählich stellten sie fest, daß sie neben einem Kompagnon eingeschlafen waren, der nichts mehr mit dem gemein hatte, neben dem sie nun aufwachten. Matt nutzte die Gunst der Stunde.

»Statt zu schlafen habe ich mir Arbeit gesucht. Ich habe gedacht, daß ein wenig Taschengeld nicht schaden kann. Ich habe euch ja gesagt, daß ich Hunde kaufen will.«

Sie öffneten den Mund, brachten aber kein Wort heraus. Sie waren fassungslos.

»Ar... Arbeit? Willst du damit sagen, daß du auf dem Schiff arbeitest?«

Reid, der sich etwas gefaßt hatte, sagte mit klarer Stimme: »Aber kennst du dich denn auf einem Schiff aus?«

»Ich lerne schnell.«

Matt warf einen Blick auf seine Uhr.

»Ich muß jetzt gehen. Um sieben Uhr wird im Kasino das Frühstück serviert.«

»Im Kasino?«

»In der Offiziersmesse.«

»Heißt das ... du ißt dort mit ihnen?«

»Ich habe ihnen einen Dienst erwiesen. Das wissen sie zu schätzen.«

»Einen Dienst?«

»Ich habe einen Kerl getötet, der das Schiff kapern wollte.«

»Mach dich nicht über uns lustig!«

»Ich muß jetzt wirklich los. Bis später …«

Mit einem Hauch von Genugtuung ließ er sie ebenso verblüfft stehen, wie das Mädchen ihn an Deck stehengelassen hatte.

Der Kapitän erwartete ihn in seiner holzgetäfelten Kajüte. Er hatte einen Bericht verfaßt, der ausführlich alle Ereignisse der Nacht schilderte. Da Matt nicht oder zumindest nicht sehr gut lesen konnte, las der Kapitän vor. Er hatte die Brutalität der Banditen ein wenig übertrieben, aber das rechtfertigte Matts Eingreifen um so mehr, und er unterschrieb.

»Nach dem Frühstück gehst du mit Album auf die Kommandobrücke. Wir werden uns einige Meilen von der Küste entfernen und müssen auf Eisberge achten. Das wird heute vormittag deine Aufgabe sein.«

»Das gefällt mir.«

»Ob es dir gefällt oder nicht, kommt auf dasselbe raus. Unterschreib hier.«

»Was ist das?«

»Dein Heuerbuch.«

Matt versuchte erst gar nicht, es zu lesen, und unterschrieb.

»Jetzt habe ich das Recht, über dein Leben und deinen Tod zu entscheiden, wie bei allen anderen Besatzungsmitgliedern.«

»Ein gerechter Ausgleich!«

»Das ist meine Art der Rache …«

Der Kapitän wirkte ernst. Matt folgte ihm. Alle Dienstgrade, mit Ausnahme von denen, die Wache hatten und den Dampfer in Fahrt hielten, waren anwesend.

Ein Dutzend Personen, die darauf warteten, daß der Kapitän sich setzte, damit sie seinem Beispiel folgen konnten.

»Für alle, die ihn noch nicht kennen, das ist Matt, der uns heute nacht aus einer wirklich gefährlichen Lage gerettet hat. Ich weiß nicht, ob er gut schießen kann oder einfach nur Glück hatte, zumindest hat er den Richtigen ins Jenseits befördert.« Der Kapitän machte eine kleine Pause und fuhr fort: »Natürlich nur, wenn man der Meinung ist, daß der Bandit der Richtige war und nicht ich. Gott möge seiner Seele gnädig sein.«

Er bekreuzigte sich, und die gesamte Besatzung tat es ihm nach. Der Neuling war von dieser Geste tief beeindruckt und bekreuzigte sich ebenfalls.

»Matt wird heute vormittag die Eisberge im Auge behalten«, fuhr der Kapitän fort, »und folglich wird man sich an ihn halten müssen, wenn das Schiff sinkt.«

Matt war sich nicht klar darüber, ob es sich um einen Vertrauensposten handelte oder nicht, versprach jedoch, sein Bestes zu tun. Die Unterhaltung bei Tisch verlief angeregt, während die beiden Schiffsjungen zum Kaffee Krapfen servierten. Niemand achtete mehr auf Matt, der sich bemühte, so manierlich wie möglich zu essen, nachdem er gesehen hatte, wie elegant die Offiziere ihre Porzellantassen zum Mund führten.

»Unser Doktor kommt zu spät«, stellte der Kapitän fest und deutete auf den leeren Platz.

Einer der Offiziere prustete los.

»Er hat heute nacht gearbeitet.«

»Spielen Sie damit auf den armen Leutnant an, den dieser Bandit niedergeschlagen hat und den er verarzten mußte, oder meinen Sie etwas anderes?«

Die Offiziere, die offensichtlich über die Liaison des Arztes mit der hübschen Blondine Bescheid wußten, brachen in schallendes Gelächter aus.

»Derartige Arbeiten sollte man uns häufiger übertragen, Sir.«

Der Kapitän lächelte belustigt. »Sie werden sehr wohl bemerkt haben, meine Freunde, daß die Anzahl der Damen, die auf der *Second Best* reisen, immer mehr zunimmt.«

Der Kapitän erhob sich, und die Offiziere beendeten ihre Mahlzeit.

»Folge mir auf die Kommandobrücke«, befahl Leutnant Album.

»Ich komme sofort«, versprach Matt. Er trank seinen Kaffee aus und verließ in dem Moment die langgestreckte, mit Kupfer ausgekleidete Kabine, als der Arzt sie betrat. Matt musterte ihn aus den Augenwinkeln.

Auf dem Weg zur Kommandobrücke ging er über das Deck, auf dem sich die Kabine der hübschen Blondine befand. Die Vorhänge waren zugezogen. Er hegte einen leichten Groll bei dem Gedanken, daß sie sich von ihren nächtlichen Liebesorgien erholte.

»Werde ich jetzt vollkommen verrückt?« dachte er. »Wer bin ich denn? Ein Nichts im Vergleich zu diesem Doktor. Ein gewöhnlicher kleiner Goldsucher, der nichts vom Leben weiß und sich die Finger verbrennen wird …«

Das Knarren der Tür riß ihn aus seinen Gedanken. Aber es war nicht sie. Vermutlich handelte es sich um ihre Mutter, eine elegante Dame um die fünfzig, die einen enttäuschten, herablassenden Blick über das Deck schweifen ließ. Sie rückte ihren Hut zurecht und wandte sich dem kleinen Salon hinter der Back zu, in dem die Passagiere der ersten Klasse zu speisen pflegten. Matt wäre am liebsten in die Kabine gestürmt, doch die Eisberge warteten, die genauso blau und durchsichtig wie die Augen des Mädchens und vermutlich genauso gefährlich waren.

Leutnant Album stand am Ruder und gab durch eine Art Kupferrohr dem Chefmaschinisten im Bauch des Schiffes Befehle. Dasselbe Rohr hatten die Piraten benutzt, um ihre Anweisungen zu erteilen.

»Um vier Knoten drosseln.«

Man hörte gedämpft und verzerrt durch die Entfernung:

»Vier Knoten. Vier.«

»Steuerbord acht.«

»Steuerbord acht.«

Album wandte sich mit angespannter Miene Matt zu, ganz in seine Arbeit vertieft.

»Jetzt heißt es aufpassen. Wir kommen in die Fahrrinne, die auf die offene See hinausführt. Du nimmst dir das Fernrohr und stellst dich dort auf das vordere Deckhaus. Wenn du einen Eisberg siehst, und sei er noch so klein, informierst du mich, indem du einen Arm hebst, bis ich dir ein Zeichen gebe.«

»In Ordnung.«

»Eisberge sind tückisch. Neunzig Prozent ihrer Masse befinden sich unter Wasser. Ein ganz kleiner Eisberg reicht, um unseren Bronzekiel einzudrücken. Also Augen auf!«

»Ich werde mein Bestes tun.«

»Davon bin ich überzeugt.«

Matt begab sich zur Treppe und blieb dann unvermittelt stehen.

»Und nachts?«

»Da drosseln wir noch mal um vier Knoten, zumindest in klaren Nächten und bei gutem Mond, das heißt, wenn mehr als ein Viertel von ihm zu sehen ist.«

»Sieht man dann genug?«

»Besser als bei Tageslicht, du wirst es sehen. Morgen abend haben wir Wache. Das Eis fängt das Licht ein, und das Glitzern der Eisberge ist nicht zu übersehen.«

Album sprach mit feierlichem Ernst, jedoch ohne Pathos, als verrate er ein Geheimnis.

»Sie lieben die Nacht, nicht wahr?«

»Der Kapitän hat mir von deinen Kämpferqualitäten berichtet, aber ich wußte nicht, daß du auch ein guter Psychologe bist.«

Das klang ein wenig ironisch.

»Ich stelle mir vor, daß es ein erhebendes Gefühl ist, nachts ganz allein am Ruder eines Schiffs zu stehen. Allein im Angesicht der Elemente …«

»Morgen.«

Matt lächelte und bezog seinen Posten.

Nach vier Stunden angestrengter Beobachtung hatte Matt gerötete Augen und war nicht mehr in der Lage, eine Insel von einer Möwe zu unterscheiden, die sich auf dem Wasser wiegte. Er hatte keinen einzigen Eisberg gesehen. Nicht einmal die kleinste Eisscholle, als gebe es überhaupt keine in diesem Meer, das er bereits zehnmal überquert zu haben glaubte.

»Da rechts, ein Eisberg!«

Er schnellte erschrocken herum.

Sie lachte.

»Das finde ich überhaupt nicht lustig!«

»Erst in zwei Tagen ist mit Eisbergen zu rechnen.«

»Was wissen Sie denn davon?«

»Ich bin die Tochter eines Seemanns. Erst wenn wir die Kunghit-Inseln hinter uns gelassen haben, bekommen wir Eisberge zu sehen.«

»Die Tochter eines Seemanns und die zukünftige Frau eines Doktors.«

Sie verzichtete auf eine Erwiderung und beschränkte sich darauf, das Meer zu beobachten. Sie fixierte einen beliebigen Punkt und kniff dabei die Augen zusammen, was sie nur noch reizvoller machte. Sie trug einen Hut mit Krempe und sah aus wie ein kleines Mädchen. Matt schmolz dahin.

»Sie unterhalten sich jetzt bereits das zweite Mal mit mir und haben sich noch immer nicht vorgestellt.«

»Ich heiße Matt Herson.«

»Nome.«

Sie reichte ihm die Hand, berührte aber seine nur flüchtig, als fürchtete sie, sich schmutzig zu machen, und ging weiter.

»Halt, bleiben Sie doch!«

Sie deutete mit dem Finger auf das weite Meer vor ihm.

»Ich überlasse Sie Ihren Eisbergen!«

Und sie entfernte sich lachend.

Am Ende seiner Wache holte Album ihn höchstpersönlich ab und erklärte ihm, daß sie jetzt abgelöst würden und essen gehen könnten.

»Ein schönes Meer, nicht wahr?«

»Wundervoll. Wir werden erst Eisberge sichten, wenn wir die Kunghit-Inseln passiert haben«, wagte Matt zu sagen.

»Das behauptet Leutnant Kirby, aber man weiß nie. Die Strömungen sind so launisch wie der Wind. Immer wieder begegnet man verirrten Eisbergen.«

Matt nickte. Jetzt wußte er, was er dieser Göre antworten würde, die sich über ihn und seine Arbeit lustig machte. Würden der Kapitän und Album ihn auf diesem Beobachtungsposten lassen, wenn sie die Eisbergzone erreichten, oder hatten sie ihn mit dieser Aufgabe nur betraut, um ihm etwas zu tun zu geben? In dieser Ungewißheit betrat er die Offiziersmesse, ohne einen Gedanken an seine Kompagnons zu verschwenden, die unterdessen auf dem kleinen Achterdeck Luft schnappten, weil das übrige Schiff und die vorderen Gänge den Passagieren der dritten Klasse nicht zugänglich waren.

9

DER MOND GOSS EIN UNWIRKLICHES LICHT ÜBER DIE schaumgekrönten Wellen. Matt stand am Bug des Dampfers, der wie ein zufriedenes Tier schnurrte, und beobachtete das weite Meer. Hin und wieder gönnte er seinen Augen Erholung und betrachtete für kurze Zeit die gespenstische Gischt, die der Vordersteven der *Second Best* aufwirbelte.

Eine kleine Petroleumlampe, deren Docht durch eine Glocke aus Milchglas vor dem Wind geschützt war, stand zu seinen Füßen. Auf Albums Befehl sollte er die Lampe schwenken, sowie er einen Eisberg sichtete, denn sie näherten sich nun der Gefahrenzone.

Matt hätte gern einen Eisberg gesehen, wenigstens einen, damit er sich endlich ein Bild machen konnte und wußte, wonach er eigentlich Ausschau hielt. Leuchtete ein Eisberg wirklich so, daß man ihn nachts sehen konnte, wie Album behauptete? Aus welcher Entfernung war er zu erkennen? Man schenkte ihm Vertrauen, und er wollte dem gerecht werden. Auf der Farm hatte er hart und unermüdlich gearbeitet, und dennoch hatte sein Großvater nicht zugelassen, daß er die geringste Initiative ergriff oder die kleinste Verantwortung übernahm, weil er angeblich seinem Vater zu ähnlich war. Der Großvater haßte diesen Schwiegersohn, der ihm die Tochter entrissen hatte. Seinetwegen hatte sie die Farm verlassen, die sein

Leben war und die sein ältester Sohn nicht übernehmen konnte, weil er während seines Militärdienstes in Afrika an Malaria gestorben war.

Matt hatte sich sogar schon gefragt, ob der Tod seines Vaters vielleicht auf das Konto seines Großvaters ging. Sein Vater starb nur wenige Monate, nachdem seine Mutter sich endlich dazu durchgerungen hatte, die Farm zu verlassen, um mit ihrem Mann zusammenzuleben. Zufall oder Mord? Sein Großvater hatte jedenfalls frohlockt, als seine Tochter, bedingt durch die Umstände, zu ihm zurückkehrte. Und um ihn, den Sohn eines Abtrünnigen, auszubooten, hatte er partout den besten Freund seines Sohnes, der ebenfalls in der Armee diente, auf die Farm holen wollen, damit er sie zusammen mit seiner Tochter bewirtschafte. Matt seufzte. Was würde aus seiner Mutter werden? Würde sie eines Tages auf diese vom Großvater arrangierte Verbindung hereinfallen?

»Ich werde Gold nach Hause bringen, viel Gold, und dann befreie ich meine Mutter aus den Fängen dieses verdammten Patriarchen«, schwor er sich insgeheim.

Zwei Hände legten sich über seine Augen. Er wußte sofort, wem sie gehörten, und rührte sich nicht. Nur sein Atem verriet, wie sehr ihn diese Berührung erregte. Nome ließ ihre Hände langsam nach unten gleiten wie einen samtweichen Stoff, der der Haut schmeichelte.

Er wandte sich um und blickte in die großen hellen Augen, die ihn unverfroren anblitzten.

»Was für eine schöne Nacht!«

»Schlafen Sie denn nicht?«

Sogleich bereute er diese törichte Bemerkung.

»Natürlich schlafe ich, und ich träume von einer romantischen nächtlichen Begegnung mit einem charmanten Prinzen.«

»Haben Sie ... Ihren Doktor verlassen?«

Sie seufzte.

»Was haben Sie denn immer mit dem Doktor? Das ist eine fixe Idee von Ihnen.«

»Darf ich aufrichtig zu Ihnen sein?«

Er wollte weiterreden, doch sie unterbrach ihn:

»Nein, das dürfen Sie nicht!«

Überrascht öffnete er den Mund, brachte aber keinen Ton heraus. Sie schlang die Arme um seinen Hals und küßte ihn ungestüm. Er wehrte sich nicht, ganz im Gegenteil. Er spürte ihre verlockenden Rundungen, und das Verlangen, das er bereits bei ihrer ersten Begegnung gehabt hatte, als er sie im Bett eines anderen sah, übermannte ihn. Er wollte ihren Körper unbedingt besitzen. Diese Begierde war stärker als seine Lust, das Mädchen in die Arme zu nehmen und diesen großzügig dargebotenen Körper sanft zu erkunden. Er war so grob, wie sie anschmiegsam war, und warf sie auf das Teakholzdeck. Statt sie langsam auszuziehen, riß er ihr förmlich die Kleider vom Leib. Doch seine heftige Umarmung schien das Mädchen nicht zu schrecken. Sie keuchte, und als sein hartes, heißes Glied erbarmungslos in sie eindrang, schrie sie vor Schmerz auf.

Sie bat, sie bettelte:

»Sachte! Sachte!«

Doch er konnte sich nicht bremsen und versetzte ihr so unerbittliche Stöße, daß sie jedesmal ein Stück über das Deck rutschte. Er kam schnell zum Höhepunkt, während sie unter ihm, gegen die Taue gedrückt, vor Schmerz und Lust stöhnte. Matt wollte nicht aufhören und hielt sie fest. Ihre langsamen Bewegungen erregten ihn aufs neue. Sie setzte sich auf ihn und ließ sich vom wunderbar sinnlichen Rhythmus ihres Körpers tragen. Er schob die Hände unter ihr Kleid, das er an manchen Stellen zerrissen hatte, und faßte sie an den Hüften.

Es gab nur noch sie beide auf der Welt. Sie taumelten lustvoll ihrem gemeinsamen Höhepunkt entgegen.

Eine Sirene begann zu heulen, unmittelbar gefolgt von einem schrecklichen Stoß und einem furchtbaren Knirschen. Sie wurden zur Seite geschleudert. Matt erstarrte vor Schreck. Das Blut gefror ihm in den Adern.

»Nein! Nein!«

Er sprang auf. Er lief von einem Ende des Decks zum anderen, während sich der Dampfer zur Seite neigte und überall Menschen so laut schrieen, daß ihr Gebrüll beinahe das Heulen der Sirenen übertönte.

»Matt!«

Sie flüchtete sich in seine Arme. Er stieß sie zurück.

»Das ist deine Schuld!«

Auf Deck gingen die Positionslaternen an. Matrosen rannten zwischen verstörten Passagieren zum Bug. Leutnant Album blieb vor Matt stehen und betrachtete ihn voller Verachtung von Kopf bis Fuß. Erst jetzt merkte Matt, daß er keine Hose anhatte und verdammt lächerlich aussah in seinem blauen Flanellhemd, das ihm bis über die Knie reichte.

Der Offizier sagte kein Wort, doch sein Blick ließ Matt vor Scham erstarren. Am liebsten wäre er tot umgefallen. Diesen Blick würde er sein Leben lang nicht vergessen.

Er fand seine Hose und schlüpfte, sich an der Reling festhaltend, hinein. Ein erneuter Stoß, und das Schiff legte sich noch mehr zur Seite. Offiziere brüllten Befehle, Passagiere drängten an Deck, Matrosen machten die Rettungsboote klar und überprüften die Taljen, mit denen sie ins Wasser gelassen wurden. Die ersten Passagiere stiegen bereits ein. Besatzungsmitglieder hatten eine Kette gebildet, um zuerst Frauen und Kinder durchzulassen, und ein Offizier hielt mit vorgehaltener Pistole die Männer in Schach, die in ihrer Panik versuchten, sie zu durchbrechen. Doch es ging schnell, denn nur ein knappes Dutzend Frauen und sieben Kinder waren an Bord. Das Schiff krängte immer stärker, und Matt entdeckte den

Kapitän auf dem Vorderdeck, der Befehl erteilte, die Maschinen in Gang zu setzen. Matt begriff, daß er versuchen wollte, das Schiff wieder aufzurichten.

Mehrere Rettungsboote wurden ins Wasser gelassen. In einem entdeckte Matt Nomes Mutter.

»Schnell, zu Hilfe!«

Ein Offizier rief, und Matt rannte los.

»An Steuerbord können wir keine Boote mehr abfieren, es ist zu steil. Kappt die Taue und schafft die Boote rüber auf die andere Seite. Verteilt euch!«

Matt nahm vier Männer mit.

»Folgt mir, wir nehmen das da!«

Er schnappte sich eine Axt, kletterte die Rampe zum Boot hinauf und begann, die Taue durchzuhauen. Das Boot schwankte zwischen Rampe und Reling hin und her, weil es nur noch an zwei Tauen hing. Matt durchtrennte eines.

»Geht auf die andere Seite. Wir müssen es an Deck hieven.«

»Zu schwer! Wir brauchen Verstärkung.«

Aber sie waren allein. Allen Appellen der Offiziere zum Trotz blieben die meisten Männer auf der anderen Seite und kämpften um einen Platz in den letzten Booten.

»Matt!«

Nome hangelte sich an der Reling entlang auf sie zu.

»Was willst du denn hier? Geh zu den Booten!« brüllte Matt.

Plötzlich bekam der Dampfer noch mehr Schlagseite, und Nome stolperte. Das letzte Tau riß, und das Boot fiel herunter. Ein gellender Schrei drang durch den allgemeinen Lärm. Gleichzeitig erlosch eine Positionslaterne nach der anderen, und das Deck versank in völliger Dunkelheit.

»Was ist passiert?«

»Ein Mann ist eingeklemmt.«

Matt wäre um ein Haar ins Meer gefallen, als das Schiff von einem neuerlichen Stoß erschüttert wurde und sich auf die Seite legte. Er hielt sich an einem Tau fest und rutschte nach unten. Nome war bei dem Mann, dessen Bein das Boot zerquetscht hatte.

»Schnell!«

Von den drei Männern, die ihm geholfen hatten, war nur noch einer übrig. Sie versuchten, das Boot hochzuheben.

»Um Himmels willen, wir sinken!«

Matt warf einen Blick über die Schulter. Viele Menschen waren ins Meer gestürzt und schwammen zu den Rettungsbooten, deren Insassen versuchten, sie aus dem Wasser zu ziehen. Man hörte keine Schreie mehr, nur noch angstvolle, verzweifelte Rufe.

»Wir müssen es ins Wasser schieben!«

»Dann reißen wir ihm das Bein ab!«

Sie kamen nicht dazu, das Für und Wider abzuwägen. Ein neuerlicher Ruck ging durch das Schiff. Das Boot kam frei, stürzte mit dem Bug voraus ins Wasser und kenterte.

»Nome, mir nach!«

Matt packte den Mann, der die Besinnung verloren hatte, und sprang mit ihm ins Wasser.

Es war höchste Zeit, denn die *Second Best* sank und riß den Kapitän und den Obermaschinisten, die bis zuletzt auf ihren Posten ausgeharrt hatten, mit in die Tiefe.

Das Wasser war eiskalt. Matt schwamm zu dem gekenterten Boot und versuchte sich daran festzuhalten. Der Mann in seinen Armen war immer noch ohnmächtig.

»Nome!«

Sie schwamm zu ihm, aber das Gewicht ihrer nassen Kleider drohte sie unter Wasser zu ziehen.

»Halt dich fest!«

Er wollte den Verletzten näher zu sich herziehen, aber

es ging nicht, als halte ihn etwas fest. Nome gelang es, sich an das Boot zu klammern.

»Auf die andere Seite! Schwimm auf die andere Seite, ich drücke von hier dagegen. Dann kannst du raufklettern.«

Sie schwamm um das Boot herum und hievte sich mühsam auf den umgekippten Rumpf.

Sie schrie vor Entsetzen.

»Matt!«

Sie starrte auf den Ohnmächtigen, den Matt immer noch festhielt. Matt fuhr herum und sah, wie das riesige Maul eines Schwertwals dem Mann das blutende Bein abriß. Und dann sah er andere Schwertwale, die das Wasser durchpflügten. Schreiend ließ er den Mann los und warf sich aufs Boot. Er schaffte es hinaufzuklettern. Eine ganze Weile blieb er bewegungslos neben Nome liegen und rang, am ganzen Leib zitternd, nach Luft, während um sie herum die Schwertwale wüteten und beim Fressen einen entsetzlichen Lärm machten.

Gesättigt zerstreuten sich die Ungetüme allmählich. Eine tödliche Stille folgte. Erst in diesem Augenblick merkte Matt, daß Nome weinte. Er nahm sie in die Arme und suchte in dieser Umarmung selbst etwas Wärme und Trost.

10

BEI TAGESANBRUCH WAREN MATT UND NOME FAST wieder trocken, aber auch halb erfroren. Um so mehr freuten sie sich, als die Sonne aufging. Von der Strömung getragen, trieben sie langsam nach Süden, mehr als sechs Meilen vor der Küste. Sie tranken Süßwasser, das ein Fluß ins Meer spülte. Unzählige Lachse schnappten nach Insekten, und sie fingen sich einen, der wohl von einem Raubfisch verletzt worden war und an der Wasseroberfläche trieb. Matt zwang Nome, davon zu essen, dann schliefen sie erschöpft und aneinander geschmiegt ein. Das Meer war ruhig und die Dünung sanft.

Eine gellende Sirene riß sie aus dem Schlaf. Die Sonne brannte auf sie herab, und sie hatten quälenden Durst.

»Ein Schiff, Nome! Ein Schiff!«

Ein Dampfer steuerte geradewegs auf sie zu. Matt stellte sich auf den Kiel, begann zu schreien und schwenkte die Arme.

»Matt, beruhige dich! Du siehst doch, daß sie uns entdeckt haben.«

Matt kam sich plötzlich albern vor. Er verspürte das Bedürfnis, seine Freude hinauszuschreien, und das Phlegma seiner Begleiterin ärgerte ihn.

Der Dampfer drosselte seine Fahrt. Matt konnte seinen Namen lesen: *Hal-ki*. Viele Gesichter schauten vom überfüllten Vorderdeck herunter.

»Aber das ist ja zum Brechen voll!«

»So was habe ich noch nie gesehen!«

Der Dampfer ging auf volle Kraft zurück, damit er ungefähr auf ihrer Höhe zum Stoppen kam. Man warf ihnen eine Strickleiter zu, doch in der starken Dünung driftete das Boot vom Dampfer weg. Ohne Ruder kamen sie nicht näher heran. Die Strömung trieb den Dampfer schneller weiter als das Boot, das wenig Tiefgang hatte. Eine Rettung schien unmöglich.

»Wir müssen schwimmen«, sagte Matt. »Schnell.«

»Niemals! Die Schwertwale!«

»Der Lärm der Maschinen wird sie fernhalten.«

»Aber das ist doch ...«

Sie kam nicht dazu, den Satz zu beenden. Matt hatte sie ins Wasser gestoßen. Schwimmend erreichten sie den Dampfer. Matt sah sich immer wieder um, um sich zu vergewissern, daß kein Wal sie angriff. Die Passagiere der *Hal-ki* schrien und feuerten sie an. Dann waren sie an der Strickleiter, aber Nome hatte keine Kraft mehr, nach oben zu klettern. Matt band ihr das Tau, das am Ende der Leiter hing, um die Taille, und kletterte nach oben. Als er an Deck war, zogen kräftige Männer die Strickleiter hoch und rissen Witze.

»Oh, was für ein schöner Fang!«

»Da möchte ich weiterangeln«, bemerkte ein anderer.

Man brachte sie zum Kapitän, einem unfreundlichen Mann mit kaltem Blick.

»Schiffbrüchige von der *Second Best,* nehme ich an?«, fragte er.

»Äh ... ja ... Sie wissen schon Bescheid?«

»Gibt's noch mehr?«

»Mehr was?«

Der Kapitän zuckte gereizt die Schultern.

»Ein Teil hat die Küste erreicht«, warf Nome ein, »die anderen wurden gefressen.«

Ein Raunen ging durch die Menge der Neugierigen, die sie umringten.

»Gefressen?«

»Von Schwertwalen.«

Der Kapitän sah Nome durchdringend an. Seine Gesichtszüge entspannten sich, als er die Reize des Mädchens wahrnahm, der das Kleid naß am Körper klebte.

»Sie können sich in meiner Kajüte etwas Trockenes anziehen.«

»Komm, Matt.«

Sie packte ihn an der Hand. Der Kapitän versuchte seine Verärgerung zu verbergen.

»Ist das Ihr Bruder?«

»Mein Geliebter.«

Sie gingen durch die mit Menschen, Paketen und Gepäckstücken aller Art überfüllten Gänge und bahnten sich einen Weg zu einer Treppe, die direkt in die Kapitänskajüte führte, einen achteckigen Raum mit niedriger Decke und Wänden, die mit einem exotischen, schwarz gemaserten Holz in sattem Braun getäfelt waren.

»Ziehen Sie sich aus«, sagte der Kapitän, »ich gebe Ihnen trockene Sachen.«

Er öffnete eine Holztruhe und wühlte darin. Matt zog sich aus, nachdem er vorsichtig sein nasses Geldbündel aus der Tasche gezogen hatte. Als der Kapitän sah, daß Nome sich nicht gerührt hatte, schmunzelte er.

»Sie genieren sich, das gefällt mir. An Ihnen gefällt mir einfach alles.«

Er reichte ihnen ein paar Kleidungsstücke, die alt, aber sauber waren.

»Bis Ihre trocken sind.«

Er rief einen Schiffsjungen und übergab ihm Matts Kleider.

»Wasch sie in Süßwasser.«

Dann wandte er sich an Nome.

»Geben Sie ihm Ihre Kleider.«

Sie warf Matt einen hilflosen Blick zu und fügte sich. Sie zitterte, Salz klebte an ihrer Haut. So gut es ging versteckte sie sich hinter ihm, entkleidete sich und schlüpfte rasch in die Sachen, die Matt ihr reichte.

Der Kapitän übergab auch ihre nassen Kleidungsstücke dem Schiffsjungen.

»Also. Das Schiff ist überfüllt. Ich habe nicht mal mehr Platz in einer Zehnerkabine und auch nicht genug zu essen für alle. Wenn Sie also nicht in der Bilge bei den Ratten landen wollen, rate ich Ihnen, eine Möglichkeit zu finden, Ihre Überfahrt nach Skagway zu bezahlen.«

»Sie fahren nach Skagway?«

Der Kapitän wandte sich zum Gehen.

»Natürlich fahre ich nach Skagway. Alle fahren nach Skagway. Alle.«

»Aber warum?«

Er zuckte die Schultern.

»Weil alle den Verstand verloren haben.« Und an Nome gewandt, setzte er hinzu: »Miss, Sie sind zum Essen in die Offiziersmesse eingeladen.«

»Und Matt?«

»Der muß sehen, wo er bleibt. Ich kann doch nicht alle Passagiere einladen!«

»Dann komme ich auch nicht.«

»Wie Sie wollen. Falls Sie Ihre Meinung ändern, das Essen wird in fünfzehn Minuten serviert.«

Im Hinausgehen wandte er sich an den Schiffsjungen.

»Und daß meine Kabine in zehn Minuten leer ist.«

»Jawohl, Sir.«

Matt zog Nome fort.

»Komm, wir können nicht hier bleiben. Er betrachtet dich als seine Beute!«

Sie verließen die geräumige Kabine und traten auf das Zwischendeck, wo sich Säcke zu Pyramiden stapelten.

Sie hielten vergeblich nach einem Platz Ausschau. Mehrmals wurden sie von Passagieren verscheucht, die Plätze für andere hüteten, die gerade unterwegs waren.

»Ich habe einen Bärenhunger«, sagte Nome.

»Gehen wir aufs Vorderdeck.«

Sie blieb stehen.

»Nein! Ich gehe in die Offiziersmesse. Vielleicht kann ich etwas für dich abzweigen.«

»Er wird dir nur Avancen machen.«

»Aber ich bekomme auf jeden Fall etwas zu essen.«

Er wußte nicht, wie er sie zurückhalten sollte, zumal sie plötzlich sehr entschlossen wirkte.

»Wir sehen uns später.«

Matt sah ihr mit einer gewissen Bitterkeit nach. Dann ging er zur Kombüse, in der ein Chinese für teures Geld etwas zu essen verkaufte.

»Gib mir deine Scheine, ich trockne sie.«

Weil Matt zögerte, grinste der Chinese von einem Ohr zum anderen und entblößte dabei ein weißes, unregelmäßiges Gebiß.

»Hältst du mich für einen Dieb?«

Matt musterte ihn.

»Nein.«

Aber er war sich nicht sicher.

Er reichte dem Mann das Geldbündel, und während das Geld über dem kleinen Herd trocknete, trank er einen Kaffee und aß mit Fleisch gefülltes Brot.

»Was wollen die alle in Skagway?«

Matt deutete auf den bunt zusammengewürfelten Haufen von Passagieren, die sich an Deck drängten.

»Weißt du denn nicht, was los ist? Die wollen zum Klondike. Da oben gibt es tonnenweise Gold.«

»Alle?«

»Ja, alle und noch viele mehr …«

»Wie noch mehr?«

Der Chinese deutete nach Süden.

»Als wir in Seattle ablegten, war dort der Teufel los. Dutzende von Schiffen löschten ihre Ladung und stachen gleich wieder in See, Richtung Skagway. Die Plätze wurden für teures Geld verkauft. Unsere Passagiere haben sechzig Dollar für die Überfahrt bezahlt, und zusätzlich zehn Cent für jedes Pfund Gepäck!«

Matt war wie vor den Kopf geschlagen.

»Das hättest du sehen müssen! Ein einziges Chaos!«

»Aber … warum?«

»Ein Schiff ist eingelaufen. Mit einer Tonne Gold an Bord.«

»Die *Portland*?«

Jetzt geriet der Chinese ins Staunen.

»Das weißt du? Ja, es war die *Portland*.«

Also hatte Hoxey recht gehabt. Alles, was er vorausgesagt hatte, traf ein. Matt dankte dem Chinesen, steckte seine Geldscheine wieder ein und fand einen Platz, wo er sich wenigstens hinsetzen konnte. Er schloß die Augen, und erst in diesem Augenblick wurde ihm das ganze Ausmaß der Tragödie bewußt, die er verursacht hatte. Er sah wieder die riesigen bluttriefenden Mäuler der Schwertwale vor sich, sah, wie sie die Passagiere verschlangen, die seinetwegen ins Meer gestürzt waren. Da wußte er, daß ihn dieser Anblick bis an sein Lebensende verfolgen würde.

»Was habe ich nur getan? Oh mein Gott, was habe ich nur getan?«

Zwischen zwei Ballen verborgen, begann er, von Krämpfen geschüttelt, zu weinen.

11

ALS ER AUFWACHTE, WÄHNTE ER SICH IM ERSTEN Moment noch auf dem Kiel des Rettungsbootes, umringt von Schwertwalen, die ihre Kreise immer enger zogen.

Es war Nacht, und auf dem Zwischendeck herrschte ungewöhnliche Ruhe. Er hörte ein Kind wimmern, und das Schnarchen mehrerer Männer vermischte sich mit dem Stampfen der Maschinen. Er wollte sich etwas zu trinken besorgen, besann sich aber anders. Er hätte über die Passagiere steigen müssen, die überall auf dem Schiff dicht an dicht schliefen. Neben einem Mann, der sich in eine Plane gewickelt hatte, entdeckte er eine Flasche, trank ein paar Schlucke daraus und legte sich wieder hin. Nome war nirgendwo zu sehen. Sicher hatte sie ihn vergeblich gesucht.

Er fühlte sich wie gerädert und konnte nur schwer einschlafen. Zerschlagen, erschöpft und mutlos erwachte er im Morgengrauen. Er vertrat sich an Deck die Beine. Die Besatzung hatte die Ladung auf die Seite geräumt, um einen schmalen Durchgang zu schaffen. Dann ging er zu dem Chinesen, trank einen Kaffee, aß aber nichts, denn er hatte keinen Hunger. Die Männer, die um ihn herumstanden, sprachen nur über den Klondike und tauschten Informationen aus, die sie hier und dort aufgeschnappt hatten. Er hörte nur mit halbem Ohr hin, denn er hatte rasch begriffen, daß die wildesten Gerüchte im Umlauf waren.

Gegen Mittag, als der Dampfer die Fahrt drosselte und vor einer Bucht ankerte, hatte er Nome noch immer nicht wiedergesehen. Wenig später tauchten mehrere Boote auf und brachten Proviant und Wasser an Bord. In diesem Augenblick entdeckte er Nome in einer Deckkajüte in Begleitung des Kapitäns und zweier Matrosen. Sie lachte, und der Kapitän schien sich mächtig ins Zeug zu legen und sie mit Komplimenten zu überschütten.

Matt trat näher und winkte ihr vom Unterdeck aus. Er kam sich wie ein Bauernlümmel vor, der um Almosen bettelte. Sie schien erfreut, ihn zu sehen, und kam unverzüglich die Treppe herunter.

»Oh Matt, ich bin ja so froh!«

Sie wedelte mit einem Blatt Papier.

»Worüber?«

»Mama ist gesund und wohlauf.«

»Ist das eine Liste der Überlebenden? Woher habt ihr sie?«

»Aus Port Simpson. Die haben sie mitgebracht.«

Sie deutete auf die Boote, die am Dampfer angelegt hatten.

»Sie sind in Port Simpson?«

»Nein, in Wrangell. Das liegt einen Tagesritt weiter im Norden.«

»Wieviele sind tot?«

Nomes Lächeln gefror.

»Ich weiß nicht genau. Der Kapitän sprach von etwa fünfzehn.«

»Mein Gott!«

Matt biß die Zähne zusammen und rang um Fassung.

»Und wo hast du geschlafen?«

Sie reckte das Kinn vor und sah ihn herausfordernd an.

»Wer bist du denn, daß du in diesem Ton mit mir sprichst?«

»Ich bin ein Niemand... ein Versager. Ein Mörder,

sonst gar nichts. Genau wie du, aber du scherst dich anscheinend einen Dreck um die Katastrophe, die wir verursacht haben.«

Matt senkte den Blick, seufzte und ging weg. Nome versuchte nicht, ihn aufzuhalten. Sie kehrte in die kleine Kajüte zurück, wo der Kapitän, der sie aufmerksam beobachtet hatte, auf sie wartete. Jetzt lächelte er. Heute nacht hatte er keine Wache, und sie würde ihm nicht widerstehen. Sie hatte keinen Platz zum Schlafen, und er bot ihr die schönste Kabine auf diesem verfluchten Dampfer, ganz zu schweigen von dem vorzüglichen Essen, das an seinem Tisch serviert wurde. Im übrigen war sie nicht unempfänglich für den Charme eines alten Seebären.

Matt sah die Ereignisse der letzten Tage und die Katastrophe vor seinem geistigen Auge vorüberziehen. Nichts konnte ihn mehr reizen, weder Nome noch das Gold. Am liebsten wäre er nach Hause zurückgekehrt… aber er hatte kein Zuhause mehr.

Die *Hal-ki* setzte ihre Fahrt nach Norden fort, und Matt tat das, was alle Passagiere taten; er bewunderte das Panorama oder spielte auf Deck um Geld. Nome sah er nicht wieder. Das Wasser wurde rationiert, und er fühlte sich schmutzig. Bald würden sie in Skagway anlegen. Doch er wußte nicht, was er dort sollte.

Der Wind drehte auf Westen, und am Himmel zogen dichte Wolken auf, die nichts Gutes verhießen. Als es zu regnen begann, suchten alle in den Laderäumen Unterschlupf. Über zweihundert Menschen drängten sich dort. Mit seinem unrasierten Gesicht wirkte Matt hohlwangig und hustete.

Zwei Tage blieb er unter Deck, dämmerte fiebernd und niedergeschlagen vor sich hin.

Im Halbschlaf hörte er einen Matrosen rufen:

»Dyea!«

Und der Laderaum leerte sich.

Sie waren am Ziel.

Matt ging an Deck. Es regnete nicht mehr, doch die Wolken hingen tief. Zahlreiche Lastkähne fuhren zwischen dem Schiff und dem mit Zelten und Gepäck übersäten Strand hin und her.

In diesem Augenblick entdeckte er Nome auf dem Oberdeck, strahlend schön in ihrem sauberen Kleid. Er wollte nicht, daß sie ihn in diesem beklagenswerten Zustand sah. Er versteckte sich und sprang in den nächstbesten Lastkahn. Da dieser jedoch schon voll war, wechselte er in einen anderen, dessen Besitzer bereit war, ihn für nur einen Dollar an Land zu bringen, da er kein Gepäck hatte. Die Brandung erschwerte das Ausladen.

Er stand am Strand und blickte zu den Bergen, in die sich eine Kolonne von Menschen und Pferden hinaufschlängelte. Dahinter, in der endlosen Wildnis, lag das Gold, sagte man, und wer es fand, würde sein Glück machen. Und er, Matt, stand hier und gehörte zu den ersten. Würde er tatenlos zusehen oder diese Chance nutzen?

Plötzlich hatte er einen Bärenhunger. Er ging zu einem Zelt, in dem es für zwei Dollar ein warmes Essen gab, und setzte sich an einen Tisch, an dem sich bereits viele Männer lautstark über die Preise unterhielten, die die Indianer für ihre Trägerdienste verlangten.

»Im Moment liegt er bei fünfundzwanzig Cent das Pfund. Aber ich wette, daß man demnächst fünfzig zahlen muß.«

»Das Gesetz von Angebot und Nachfrage«, bemerkte ein anderer kopfschüttelnd.

»Die Mounties* bereiten einen Konvoi vor. Sie werden

---

* Mounties – Angehörige der North West Mounted Police, einer berittenen Polizeitruppe, die damals im Nordwesten Kanadas eingesetzt war. (Anm. d. Ü.)

den Chilkoot bewachen und jeden, der nicht genug Proviant dabei hat, zurückschicken.«

»Eine kluge Entscheidung.«

»Du redest wie ein Politiker. Die Mounties haben hier gar nichts verloren! Es ist unser gutes Recht, uns auch ohne Proviant auf den Weg zu machen, wenn wir wollen. Wenn das so weitergeht, nehme ich den White-Paß.«

Der Mann, der das gesagt hatte, war ein großer, kräftiger Kerl mit schwarzen Haaren. Er spuckte verächtlich auf den Boden.

»Angeblich gibt es da oben nichts zu essen.«

»Andere behaupten, es gibt jede Menge Fleisch und Fisch. Die Indianer angeln im Herbst und räuchern den Fisch für den Winter. Ich bin überzeugt, daß wir nicht verhungern werden ...«

»Entschuldigen Sie bitte«, meldete sich Matt zu Wort.

Alle schauten ihn an.

»Ist der Chilkoot denn einfacher als der White-Paß?«

»Der White-Paß soll die Hölle sein. Wir nehmen lieber den hier. Aber du kannst tun, was du willst.«

Matt nickte dankend.

Die Männer nahmen ihre Unterhaltung wieder auf, ohne sich weiter um ihn zu kümmern. Sie sprachen darüber, wie man am besten das Gepäck auf die Pferde verteilte. Matt aß zu Ende und schlenderte dann an den Zelten entlang. Er entdeckte ein paar Hunde. Doch man versicherte ihm, daß es auch in Skagway Hunde gebe, und so marschierte er gleich los. Auf dem Weg, der sich zehn Meilen am Strand hinzog, herrschte reger Betrieb. Menschen zu Fuß, zu Pferd oder auf kleinen Maultierkarren transportierten riesige Mengen von Gepäck und Ausrüstung.

»He, du da! Du siehst kräftig aus. Ich nehme dich mit nach Skagway, und du hilfst mir dafür beim Ausladen.«

Matt musterte die Ladung des Karrens, der neben ihm angehalten hatte, und sprang auf.

Der Mann, der ihn angesprochen hatte, war ein gewisser Frank, ein hochgewachsener Blonder mit dunkelbraunen, fast schwarzen Augen. Er wohnte in Skagway und arbeitete in einem Sägewerk. Die Auskünfte, die er Matt gab, schienen brauchbar zu sein: Wer vom Linderman-See aus den Yukon hinunterfahren wollte, mußte sich ein stabiles Boot bauen, das bis zur Klondike-Mündung durchhielt, an der eine Stadt im Entstehen begriffen war: Dawson.

»Noch ist es bloß ein Marktflecken, ein paar Hütten und ein Dutzend Zelte, aber bei den Massen, die jeden Tag hier ankommen, ist es bald ein Riesenkaff!« erklärte Frank und überholte einen mit Heuballen beladenen Wagen.

Am Linderman-See – und Frank wußte das deshalb so genau, weil er im Herbst dort Gänse gejagt hatte – war das Holz für den Bootsbau knapp und würde bald aufgebraucht sein.

»Du müßtest also um den Linderman-See herum bis zum Bennett-See, aber das kostet Zeit. Ich rate dir, dich zu beeilen.«

»Würde ein kleines Floß genügen?«

»Nein, du brauchst ein manövrierfähiges Boot, sonst kommst du nicht durch die Stromschnellen. Wenn du willst, kannst du von mir Pläne und das nötige Werkzeug haben. Das kostet dich dreißig Dollar.«

Matt notierte sich die Adresse des Sägewerks und versprach vorbeizukommen. Vorher wollte er sich noch bei einem Indianer, den man ihm empfohlen hatte, einen Hund kaufen. Er brauchte Gesellschaft. Bis auf weiteres würde es ein Hund tun.

12

KEINER DER GOLDSUCHER, DIE VOM YUKON ZURÜCKkamen, hatte geahnt, welch unerhörtes Aufsehen ihre Heimkehr erregen würde. Alle hatten geglaubt, die Neuigkeit sei längst durchgesickert.

Dem war nicht so. Ihr Geheimnis war lange bewahrt geblieben, denn sie waren im fernen, winterlichen Alaska von der übrigen Welt abgeschnitten gewesen. Die spärlichen Nachrichten aus dem Norden hatten kaum Beachtung gefunden.

Erst als die *Portland* eintraf und mit ihr der konkrete Beweis in Form der goldgefüllten Säcke, die diese Männer mitbrachten, erfuhr die Welt von den sagenhaften Funden. Bereits am nächsten Tag meldeten die meisten Zeitungen auf dem amerikanischen Kontinent in fetten Schlagzeilen: »Tonnenweise Gold in Alaska«.

Das schlug wie eine Bombe ein und löste den unglaublichsten Goldrausch aus, den die Vereinigten Staaten je erlebten. Von heute auf morgen strömten die Bewohner der Küstenstädte zu den Kais, wo die Dampfer nach Alaska ablegten. Alle Schiffe, die in der Lage waren, bis nach Skagway zu fahren, liefen die Häfen an und nahmen hysterische Passagiere zum doppelten Fahrpreis an Bord. An den überfüllten Kais machten Linienschiffe fest, wie sie sonst nur die Weltmeere befuhren, aber auch Raddampfer und sogar Flußschlepper, die in aller Eile bereitgestellt wurden. Alles, was schwamm, war gefragt. Und alle Plätze waren ausgebucht, bevor ein Schiff überhaupt anlegte. Die Überfahrt auf nicht seetauglichen Schiffen war gefährlich, aber davon ließen sich die Menschen nicht abschrecken. Aus dem ganzen Land strömten sie in hellen Scharen herbei, aus dem Westen, aber auch aus Montreal oder Chicago, mit Zügen und allen erdenklichen Verkehrsmitteln. Alle spielten verrückt.

Und immer mehr Menschen ließen sich davon anstecken. Überall in Kanada und den Vereinigten Staaten verließen Männer von heute auf morgen Frau, Kind und Arbeit. Städte hatten plötzlich keinen Arzt oder, wie Seattle, keinen Bürgermeister mehr... Sogar Richter gaben ihr Amt auf. Und keiner hatte die geringste Ahnung, was ihn im hohen Norden erwartete.

Denn man wußte absolut nichts über dieses Land, das die Vereinigten Staaten 1867 für ein Butterbrot von den Russen erworben hatten. Damals ahnte niemand, welch unermeßliche Bodenschätze dieses Land barg. Man wußte lediglich, daß es dort kalt war und es von Wölfen und Grizzlybären bewohnt war.

Seit Alaska in amerikanischem Besitz war, hatten sich mehrere hundert Goldsucher aufgemacht, das neue Land zu erobern. Die unerschrockenen Abenteurer des »goldenen Zeitalters« glaubten fest daran, daß die Goldader, die von Kap Horn bis Kalifornien den amerikanischen Kontinent durchzog, bis weit nach Norden reichte. Und so drangen sie in dieses mehrere hunderttausend Quadratkilometer große Land vor, das ebenso geheimnisvoll und unerforscht war wie die abgelegensten Gegenden Afrikas oder Asiens.

Ein Vierteljahrhundert lang lebten diese Männer wie Urmenschen, ernährten sich von Tieren, die sie erlegten, und kleideten sich in ihre Felle. Sie erkundeten die einsamen Weiten, indem sie den zahllosen Wasserläufen folgten. Im Sommer benutzten sie Kanus, die sie wie die Indianer aus Birkenrinde oder eingefetteten, zusammengenähten Häuten fertigten. Im Winter durchstreiften sie das Land mit Schneeschuhen oder mit Schlitten, die von Hunden gezogen wurden. Man weiß wenig über diese Männer, die die faszinierende Geschichte der Erforschung dieser Wildnis in den Schnee und die Dunkelheit der Polarnacht schrieben. Man weiß nur, daß sie hier und dort etwas Gold fanden, aber bei weitem nicht die Mengen, die Henderson und Carmacks im Sommer des Jahres 1897 entdeckten.

Der erste Weiße, der den Chilkoot-Paß überquerte, war ein gewisser Holt. Nur fünfundvierzig Kilometer vom Meer entfernt erreichte er die Quellen des Yukon River, jenes Flusses, der auf seinem Weg durch Alaska über viertausend Kilometer zurücklegt, um sich dann in dasselbe Meer zu ergießen! Holt ist einer der wenigen Pioniere Alaskas, dessen Name uns bekannt ist. Die meisten fielen der Vergessenheit anheim; sie wurden von Wölfen gefressen, die ihre steifgefrorenen Leichen fanden, oder vom reißenden Wasser des Flusses, in dem sie ertranken, ans Ufer gespült. Diese Männer waren besessen von der Suche nach Gold und jagten häufig bis an ihr Lebensende ihrem Traum nach. Sie suchten danach, mit unglaublicher Zähigkeit und unerschütterlichem Glauben. Und sie hatten recht, denn während sie Schlamm wuschen, Löcher buddelten und die Erde durchwühlten, stieß einer von ihnen auf die phantastischste Goldader, die man sich vorstellen kann. Auf die Ader am Klondike, die das ganze Land verändern und auf einen Schlag bekannt machen sollte.

13

SARDAQ WAR EINER DER CHILCAT-INDIANER, DER MIT einer gewissen Belustigung, die nicht ganz frei von Bewunderung war, all diese verrückten Weißen beobachtete, die loszogen, um ein Land zu erobern, von dem er ganz genau wußte, daß es viele nicht mehr aus seinen Fängen lassen würde. Er konnte einfach nicht begreifen, wie man mit einer solchen Besessenheit in dieses unerbittliche Land einfallen konnte. Aber im Grunde wunderte er sich über nichts mehr. Der weiße Mann war zu allem fähig, zum Guten wie zum Bösen. Man mußte sich vor ihm hüten wie vor einer schlimmen Krankheit, denn er war heimtückisch und arglistig. Aber er hatte auch sehr beeindruckende Seiten. Er baute Waffen, die aus der Entfernung töteten, und Schiffe aus Eisen, die mit Schrauben angetrieben wurden.

Wie viele andere erkannte Sardaq, daß dieser Goldrausch auch ihm ungeahnte Chancen bot. Der weiße Mann würde die Dienste der Indianer teuer bezahlen, denn sie waren die einzigen, die ihm helfen konnten.

Als er Matt sah, wußte er sofort, daß er einer von diesen Dummköpfen war, die tief in die Tasche griffen, um sich mit allem Nötigen zu versorgen. Und Matt brauchte Hunde. Der Indianer besaß zwölf. Kräftige Malamuten, mit denen er im Winter für Ross & Raglan Waren von Skagway ins Depot nach Juneau transportierte.

»Sie sind teuer. Sehr teuer!«

»Warum?« erkundigte sich Matt.

»Weil alle welche wollen.«

»Die Leute wollen Pferde, aber keine Hunde. Was sollen sie denn mitten im Sommer mit Hunden?«

»Und du?«

Der Indianer lachte. Matt war in die Falle getappt und erwiderte nichts.

»Ich brauche eine Hündin.«

»Ich habe eine, die trächtig ist.«

Er zeigte sie ihm. Sie hatte ein goldfarbenes Fell. Matt hielt das für ein gutes Omen.

»Ich kann sie dir zum Preis von drei Hunden verkaufen.«

»Drei?«

»Hündinnen sind teurer, und meine wird bald Junge bekommen.«

»Wieviel?«

»Kann ich nicht sagen, zwischen drei und acht.«

»Nein, ich meinte, wieviel sie kostet.«

»Zweihundert Dollar.«

Matt zuckte zusammen.

»Zweihundert!«

»Das ist der Preis.«

»Soweit ich weiß, kostet ein Hund vierzig Dollar.«

»Ein guter kostet sechzig.«

»Wer sagt mir, daß das ein guter Hund ist?«

»Ich.«

»Wenn er gut wäre, würdest du ihn nicht verkaufen.«

»Alle meine Hunde sind gut, die schlechten sind tot. Ich behalte keine schlechten Hunde.«

Das leuchtete Matt ein.

»Auf jeden Fall ergeben dreimal sechzig hundertachtzig.«

»Wenn du meinst.«

»Ich zahle dir hundertzwanzig, das ist ein verdammt guter Preis.«

Das war in etwa so viel, wie Sardaq sich erhofft hatte, aber er spürte, daß hier noch mehr herauszuholen war, und zog einen Flunsch.

»Da behalte ich die Hündin lieber, ziehe die Welpen auf und verkaufe sie im Winter für sechzig Dollar das Stück. Vielleicht sogar für mehr, denn die Preise steigen so sicher, wie es im Winter schneit.«

Sardaq wandte Matt den Rücken zu, öffnete die Tür des Zwingers und holte die Freßnäpfe heraus, um sie auszuwaschen. Nicht, daß es unbedingt nötig gewesen wäre, aber etwas Besseres fiel ihm nicht ein, um den Käufer mürbe zu machen. Er behielt ihn im Auge. Wendete er sich ab, würde er ihn zurückhalten und die hundertzwanzig akzeptieren. Blieb er hingegen stehen, konnte er noch mehr herausschlagen.

Matt stellte ähnliche Überlegungen an. »Gut! Dann … bedanke ich mich. Ich sehe mich anderswo um.«

Sardaq brummte ein mürrisches »Wiedersehen«.

Matt ging in die Richtung des Wegs, der zur Straße nach Skagway führte. Aber mit langsamen, zögerlichen Schritten, wie Sardaq beobachtete. Matt drehte sich in dem Augenblick um, als der Indianer den Mund öffnete, um ihn zurückzurufen.

»Schneiden wir den Kuchen in zwei gleiche Teile«, schlug Matt vor.

»Was schlägst du vor?«

»Hundertfünfzig Dollar für die Hündin und zwei Packtaschen.«

»Sie hat noch nie welche getragen, aber ich bin davon überzeugt, daß sie schnell lernt«, versicherte ihm der Indianer und ging zu der Hütte, in der er getrockneten Lachs für seine Hunde aufbewahrte.

Er nahm zwei Packsäcke aus Leder vom Haken, die

man Hunden auflegte. Matt schloß daraus, daß er auf den Handel einging.

Er hielt ihm die Geldscheine hin. Der Indianer nahm sie und stopfte sie in seine Tasche, ohne nachzuzählen. Dann ging er in den Zwinger und legte der Hündin eine Leine an. Sie folgte ihm artig. Matt wollte sie streicheln, doch der Indianer hinderte ihn daran.

»Wofür willst du sie belohnen? Sie hat nichts geleistet!«

»Ich wollte mich nur vorstellen.«

»Aber doch nicht so.«

Matt trat einen Schritt zurück. Die Hündin musterte ihn neugierig.

»Laß sie an deiner Hand schnuppern, und wenn sie deinen Geruch aufgenommen hat, hock dich neben ihr nieder, sprich mit ihr und halt ihr die Hand hin, aber zwing sie ihr nicht auf.«

Matt gehorchte.

Die Hündin schnupperte an ihm, und als er neben ihr in die Hocke ging, leckte sie seine Hand und ließ sich von ihm kraulen. Sie sah ihn an, und Matt verliebte sich sofort in diesen Blick.

»Das läßt sich gut an«, sagte Sardaq und reichte ihm die Leine.

»Ich hoffe es«, erwiderte Matt.

»Brauchst du Pferde, um nach Sheep Camp zu kommen? Mein Cousin verlangt zwanzig Cent pro Pfund Gepäck.«

»Wie weit ist es bis nach Sheep Camp?«

»Ungefähr fünfzehn Kilometer.«

»Und danach?«

»Muß man ohne Pferde weiter. Das Gelände ist zu felsig und zu steil. Man muß Träger mieten, die dreißig Cent pro Pfund verlangen.«

»Ich überleg mir noch, wie ich es mache.«

»Aber überleg nicht zu lange.«

»Warum?«

Matt rechnete mit der üblichen Erklärung, daß es wichtig sei, als erster auf den Goldfeldern anzukommen, doch der Indianer hatte andere Gründe. Sardaq deutete zum Himmel.

»Es gibt bald Regen, der Sommer geht zu Ende. Die Wege werden schlammig und machen das Vorwärtskommen beschwerlich. Vor allem der Yukon wird gefährlich. In den Stromschnellen von Miles Canyon kann dein Boot leicht kentern.«

»Ich habe noch nie von diesen Stromschnellen gehört.«

»Du wirst sie nie vergessen, wenn du sie überwunden hast, vorausgesetzt, du überlebst.«

Sardaq brach in schallendes Gelächter aus. Er war zufrieden. Für einen sehr guten Preis hatte er seine Hündin verkauft.

Matt wollte sich schon verabschieden, da fiel ihm ein, daß er gar nicht nach dem Namen der Hündin gefragt hatte.

»Nenn sie, wie du willst«, sagte Sardaq achselzuckend.

»Dann werde ich sie Gold nennen«, beschloß Matt.

Der Indianer schüttelte mehrmals den Kopf. Als Matt sich mit dem Tier auf den Weg machte, sah er ihnen nicht einmal nach. Die Indianer hingen nicht an ihren Hunden. Sie benutzten sie, mehr nicht. Ein Hund war nur so viel wert, wie er leisten konnte. Wenn er für sein Futter nicht genug arbeitete, töteten sie ihn, vorzugsweise im Winter, denn aus ihrem Fell konnten sie sich warme Strümpfe, Muffe oder Tschapkas herstellen.

Matt wickelte sich die Leine um den Arm, der durch seine Jacke geschützt war, denn Gold zerrte wie verrückt daran. Sie genoß ihre Freiheit, denn sie hatte sich mit den anderen Hunden den ganzen Sommer über im Zwinger gelangweilt und dem Winter und den langen Fahrten durch den glitzernden weißen Schnee entgegengefiebert.

Als die Nacht hereinbrach, hatten Matt und Gold ausgiebig Bekanntschaft geschlossen. Er hatte sie mit Fleisch gefüttert, was sie genauso schätzte wie seine Zärtlichkeiten, die sie nicht gewohnt war.

Unterdessen kamen am Strand von Dyea und im nahen Hafen von Skagway unablässig neue Schiffe an und setzten ganze Armeen von Goldsuchern an Land. Menschen aus allen Gesellschaftsschichten, die einen bunt zusammengewürfelten Haufen bildeten. Matt fragte sich unwillkürlich, was wohl aus ihnen werden würde, wenn der Winter seinen Mantel aus Schnee und Eis über das Land breitete, und plötzlich fühlte er sich stärker. Wieviele dieser Leute kannten wie er das Leben im Wald, hatten in den Bergen gejagt, ein Kanu gesteuert oder Blockhütten gebaut, ganz zu schweigen von den vielen anderen Dingen, die er auf der Farm gelernt hatte? Nur sehr wenige. Die meisten waren aus den Städten geflohen, weil sie dort keine Arbeit mehr fanden. Viele würden nicht zurückkehren, viele in der Wildnis zugrunde gehen. Er hoffte es beinahe, denn er glaubte, das würde ihm helfen, die Tragödie, die er verschuldet hatte, zu vergessen. Die Toten des Schiffsunglücks würden in der Masse untergehen.

14

MATT FÜHLTE SICH DEM KAMPF GEGEN DIE NATURgewalten Alaskas gewachsen. Dieses Abenteuer war wie für ihn geschaffen, und wenn ein Mann unter tausend dieses verrückte Spiel gewann, dann er. Nichts konnte ihn in diesem Glauben erschüttern. Mit der Sorglosigkeit der Jugend und mit der Kraft, die der Glaube verleiht, hatte er sich in dieses Abenteuer gestürzt, und jetzt wollte er nur noch eines: so schnell wie möglich ans Ziel kommen.

Aber er war nicht der einzige.

All diese Männer, die sich an den Stränden von Dyea und Skagway versammelten, wollten dasselbe. Für sie war der Klondike eine große Goldgrube. Wer zuerst kam, bediente sich, und für die Nachzügler blieben nur Krümel übrig. Darum hatten es alle eilig. Aber nicht alles war erlaubt, ganz im Gegenteil. Ein ungeschriebenes Gesetz, das überall galt, bestimmte das Tun und Handeln. Auge um Auge, Zahn um Zahn. Es war, als wollten die Männer, die den Unbilden der Witterung und dieser unbarmherzigen Wildnis ausgeliefert waren, sich durch stillschweigende Übereinkunft wenigstens vor den Verbrechen schützen, die ihresgleichen begingen. Hier herrschte das Gesetz der Männer über geltendes Recht. Und ohne diese unerbittliche Justiz ging gar nichts. Hier mußte es möglich sein, einen Berg Proviant und Ausrüstung unbewacht zu lassen, weil niemand – oder fast niemand – es wagte, ihn zu stehlen.

Matt irrte mit Gold an der Leine zwischen den Dutzenden Zelten am Strand von Dyea umher, fand aber keine Spur von seinen Geschäftspartnern, obwohl inzwischen mehrere Schiffe aus Wrangell eingetroffen waren. Aber er hatte ohnehin beschlossen, nicht mehr mit ihnen zusammenzuarbeiten.

Er besorgte sich einige Dinge, die er zu benötigen glaubte, im Laden von Ross & Raglan in Skagway: Streichhölze und Kerzen, Nägel, einen Hammer, eine Axt, eine Säge und mehrere Sägeblätter, ein Moskitonetz, Öl gegen die Stechmücken, einen Kompaß, zwei Kochgeschirre, einen Kessel, einen Pickel und eine Schaufel, einen kleinen Ofen aus Stahlblech und ein kleines Zelt, und schließlich eine Goldwäscherpfanne. Dies alles wurde ihm für nicht mehr als zweihundert Dollar angeboten, was ihm durchaus zusagte.

Der Laden, der täglich aus Juneau Nachschub bekam, wurde buchstäblich überrannt. Es herrschte eine Festtagsstimmung wie auf einem Weihnachtsmarkt. Die Menschen kauften nicht ein, sie leisteten sich einen Traum. Sie vergaßen völlig, daß sie später alles auf dem Rücken schleppen mußten. Und sie vergaßen, daß sie nichts vergessen durften, denn was sie jetzt vergaßen, mußten sie ein ganzes Jahr lang entbehren.

Matt überlegte, was für Proviant er kaufen sollte. Zwar hieß es, daß das Land reich an Wild und Fisch sei, doch er verließ sich lieber auf seinen bäuerlichen Instinkt. Er wußte besser als jeder andere, daß Wild etwas Seltenes war und daß die Männer, die er täglich zu Hunderten an Land kommen sah, die Gebiete, in die er aufbrach, wahrscheinlich bald überjagt haben würden. Er kaufte also insgesamt vierhundert Pfund Proviant: Mehl, Speck,

Bohnen und gepökelten Schinken, den es am Hafen für einen Dollar das Pfund gab.

Nach all seinen Einkäufen hatte er nur noch hundertfünfzig Dollar.

»Und fast achthundert Pfund Ausrüstung und Proviant, die ich bis zum Linderman-See transportieren muß«, überlegte Matt und betrachtete Gold, die voller Zuneigung zu ihm hochblickte.

Er packte alles in große Jutesäcke, beschriftete sie sorgfältig mit seinem Namen und vertraute sie einem Kanadier an, der mit den Indianern den Gepäcktransport zu Pferde organisierte und dafür natürlich seinen Anteil bekam.

Matt legte die Strecke nach Sheep Camp an einem Tag zurück und deponierte dort, was er auf dem Rücken geschleppt hatte. Mit Säge, Zelt und Proviant machte er sich an den Aufstieg zum Chilkoot, der nach einer kleinen Terrasse im letzten Teilstück eine Steigung von fünfunddreißig Grad aufwies. Dort erwartete die Männer ein Gewirr von schlüpfrigen Felsen, wo sie unter ihrer schweren Last stöhnten.

Auf der Paßhöhe stapelten sich Berge von Proviant und Ausrüstung. Von hier aus war es ein Katzensprung bis zum Crater-See. Matt schlief, dicht an Gold geschmiegt, auf dem Boden, brach im Morgengrauen wieder auf und erreichte schließlich am Nachmittag des folgenden Tages den Linderman-See.

Hier gab es nur ein Lager von Athapascan-Indianern und ein paar Zelte. Die meisten Goldsucher waren zurückgeblieben, weil sie damit beschäftigt waren, ihr gesamtes Gepäck zu transportieren.

Matt entdeckte den kleinen Wald, von dem ihm berichtet worden war. Tatsächlich gab es nicht genügend Kiefern, um mehr als dreißig Boote zu bauen. Er errichtete sein Zelt und machte sich sofort an die Arbeit. Gold folgte ihm auf Schritt und Tritt. Sie lauschte auf das, was er sagte, und beobachtete, was er tat, als wollte sie den Mann, der sich mit soviel Fürsorge um sie kümmerte, besser kennenlernen.

Matt hatte bereits elf Kiefern gefällt und abgeästet, als er sich gegen zehn Uhr abends schlafen legte. Am Morgen nahm er die Dienste eines Indianers in Anspruch, der die Stämme mit seinem Pferd zum Zelt schleppte. Er fällte noch weitere zehn Kiefern. Am Abend beschloß er, einen Tag länger als vorgesehen zu bleiben, um noch etwa dreißig Kiefern zu schlagen.

Ganz in seiner Nähe stellten drei Amerikaner aus Wrangell im Abstand von zwei Metern zwei hohe Holzböcke auf und legten einen Stamm darauf. Ein Mann stand unter dem Stamm und hielt die Säge am einen Ende, während sein Kamerad oben stand und sie am anderen Ende faßte. Das war die beste Methode, um mit einer fast zwei Meter langen Säge Bretter zu schneiden.

Matt beobachtete sie eine Weile und sprach sie an, als sie Pause machten. Die Männer wollten wissen, wieviele Goldsucher nach ihnen eingetroffen waren.

»Wir waren auf dem ersten Schiff, das aus Seattle kam. Es hat in Wrangell gestoppt, um Kohle zu laden, und wir haben den Maschinisten bestochen.«

»Das Schiff war bestimmt voll, oder?«

»Zum Bersten voll. Aber die Fahrt von Wrangell nach Skagway dauert nur zwanzig Stunden. Das ist auszuhalten, sogar im Laderaum. Bist du allein?«

»Im Augenblick ja.«

»Du kannst dir allein kein Boot bauen und erst recht nicht allein steuern.«

»Ich weiß.«

Die drei Männer schauten sich verschwörerisch an.

»Wir können dich mitnehmen, wenn du willst. Dich und deinen Hund.«

»Für wieviel?«

»Vierzig Dollar für den Platz und einen Dollar für zwanzig Pfund Gepäck.«

»Viel zu teuer!«

»Wie du meinst. Zu dem Preis finden wir zwei andere!«

»Davon bin ich überzeugt, aber nur einer von zehn kann ein Brett zusägen und noch weniger können ein Boot steuern.«

»Deshalb haben wir dich gefragt, du siehst recht kräftig aus.«

»Trotzdem, zu teuer.«

»Wo ist dein Gepäck?«

»Habe ich zurückgelassen.«

»Am Paß?«

»Nein, davor.«

Sie betrachteten den Holzstapel neben seinem Zelt.

»Du bist stark und schlau. Bald gibt es hier kein Holz mehr.«

»Ich weiß.«

»Wir passen auf dein Holz auf, während du dein Gepäck holst. Bis du alles hier hast, sind wir mit dem Boot fast fertig. Statt dir ein Boot zu bauen, verkaufst du dein Holz und kommst mit uns. Dadurch gewinnst du Zeit, und Zeit ist kostbar. Wie man hört, gibt es nicht genug Claims für alle. Deshalb ist es wichtig, daß man zu den ersten gehört ...«

»Das stimmt.«

»Dann bist du also einverstanden?«

»Ich weiß nicht, ob ich das Holz zu dem Preis verkaufen kann, den ihr von mir verlangt. Außerdem habe ich fast achthundert Pfund Proviant und Ausrüstung.«

Der andere, ein Mann mit kantigem Gesicht und schütterem Haar namens Mac Greg, der anscheinend der Anführer der drei war, überlegte kurz.

»Wir haben tausendsiebenhundert Pfund. Zusammen mit deinem Gepäck macht das zweitausendfünfhundert Pfund, plus vier Personen. Das wird gehen.«

»Und was ist mit dem Preis?«

»Wenn du zurück bist, können wir immer noch schauen, wie wir das Holz verkaufen. Schau dich doch um! Bald wird es keins mehr geben.«

Der Vorschlag schien fair. Matt war einverstanden. Er machte sich sofort mit Gold, einem Indianer und vier Pferden auf den Weg. Für den Transport seiner Säcke von Dyea zum Linderman-See handelten sie einen Preis von beinahe achtzig Dollar aus. Damit blieben Matt nur noch fünfzig Dollar.

Ich muß unbedingt Gold finden, sagte er sich, ein wenig beunruhigt über seine finanzielle Lage.

Sie legten die Strecke bis zum Paß an einem einzigen Tag zurück und ließen die Pferde oben stehen, denn die Tiere konnten den steilen, felsigen Hang nicht bewältigen. Das Gepäck mußte von Menschen auf dem Rücken geschleppt werden. Eine ganze Reihe von Indianern und auch einige Weiße boten ihre Trägerdienste an.

Das Lager auf der Paßhöhe wurde stündlich größer, und die Mounties kontrollierten den Zugang und schickten jeden zurück, der nicht ein Mindestmaß an Ausrüstung und Proviant hatte. Matt sprach einen der Mounties an.

»Ich habe bereits achthundert Pfund Ausrüstung heraufgebracht und gehe jetzt wieder runter, um den Rest zu holen.«

»Wie heißen Sie?«

»Matt Herson.«

Der Mountie notierte sich seinen Namen in ein Heft und ließ ihn unterschreiben.

»Ziel?«

»Der Klondike.«

Doch der Mountie hatte seine Antwort gar nicht erst abgewartet und schrieb ein K in die Spalte »Ziel«, in der nur K's standen.

»Warum hast du das getan?« fragte ihn sein Träger, ein Indianer namens Kairka.

»Man kann nie wissen.«

Sie übernachteten auf dem Paß und stiegen am nächsten Morgen nach Sheep Camp hinunter. Unterwegs begegneten sie Kolonnen von Männern und ihren Trägern. In Sheep Camp angekommen, weigerte sich Kairka, wieder zum Chilkoot hinaufzusteigen, wenn Matt ihm nicht mehr bezahlte, als abgemacht war.

»Wir haben uns auf einen Preis geeinigt. Du kannst jetzt nicht einfach mehr verlangen.«

»Die Preise sind gestiegen.«

Kairka deutete auf die Indianer, die mit bepackten Maultieren vorbeikamen.

»Alle anderen nehmen jetzt fünfunddreißig Cent pro Pfund.«

»Aber wenn sie einen Preis ausgehandelt haben, erhöhen sie ihn nicht unterwegs.«

»Ich werde ihn nicht erhöhen.«

»Aber das tust du doch gerade!«

»Das ist jetzt der Preis.«

Genervt verlangte Matt den Vorschuß zurück, den er ihm gegeben hatte, doch der Indianer hatte das Geld einem Cousin anvertraut, den er oben auf dem Paß getroffen hatte.

»Das Geld gehört auf jeden Fall mir, schließlich habe ich dich bis hierher begleitet.«

Kairkas Unredlichkeit verblüffte Matt und machte ihn wütend.

»Das zählt nicht, du hast ja nichts getragen.«

»Doch, es zählt.«

Matt wäre dem Indianer, der ihn wie einen Schwachkopf behandelte, am liebsten an die Gurgel gegangen. Aber das hätte nichts genutzt, er hätte nur seine Wut abreagiert.

»Du wirst das Zeug den Chilkoot hinauftragen, dann sehen wir weiter.«

»Wir brauchen Maultiere!«

Als Kairka mit zwei für fünfzehn Dollar gemieteten Maultieren zurückkehrte, hatte Matt mit einem anderen Verleiher bereits zehn Dollar ausgehandelt. Es folgte eine hitzige Diskussion. Schließlich entschädigte Matt den Indianer, den Kairka aufgetrieben hatte, mit zwei Dollar, und der Streit war beigelegt. Doch Kairka, der unter der Hand eine Provision für sich ausgehandelt hatte, murrte den ganzen Tag und war am nächsten Morgen verschwunden.

»Verdammter Indianer!«

Matt blieb nichts anderes übrig, als seine vierundzwanzig Säcke zu je fünfunddreißig Pfund allein den Paß hinaufzuschleppen, und das hieß, zwölf Mal den Berg hinauf und wieder hinunter, denn er konnte nur zwei Säcke auf einmal tragen. Da er nicht mehr genug Geld besaß, konnte er sich keinen Träger leisten.

Obwohl inzwischen Schneeregen eingesetzt hatte, machte sich Matt sofort an den ersten Aufstieg, weil er hoffte, Kairka einzuholen. Doch der Indianer hatte längst das Weite gesucht. Matt erstattete bei den Mounties Anzeige gegen ihn, aber das war sinnlos. Matt hatte sich um vierzig Dollar erleichtern lassen und war stinksauer.

Der Aufstieg über die glitschigen Felsen war die Hölle, selbst für Gold, die trotz ihrer rauhen Sohlenballen häufig ausrutschte. Matt begegnete einer Gruppe, die drei Verletzte ins Tal trug. Für sie war das Abenteuer hier schon zu Ende. Es gab auch zahlreiche weltfremde Spinner in Stadtkleidung – manche sogar in Begleitung von Frau und Kindern –, die beim Anblick des Passes gleich wieder umkehrten. Die Auslese begann hier. Eine zweite Auslese wurde oben von den Mounties vorgenommen. Sie ließen keinen passieren, der nach ihrer Einschätzung den Anforderungen am Klondike nicht gewachsen war.

Dank seiner Geistesgegenwart am Vortag stand Matt auf der Liste der Personen, die bereits durchgelassen worden waren, und machte sich keine Sorgen. Er hoffte, seine gesamte Ausrüstung in zwei Tagen hinaufschaffen zu können, aber der Schneematsch hatte den Hang fast unbegehbar gemacht. Zusammen mit mehreren Männern brachte er Seile an, an denen man sich festhalten konnte, doch sie vermochten ein Abrutschen nicht zu verhindern. Sie wackelten ständig, weil sich Dutzende gleichzeitig daran entlanghangelten. Matt gab es bald auf, sie zu benutzen, obwohl ihn das Anbringen viel Zeit gekostet hatte. Ständig mußte man anhalten, um einem armen Teufel zu helfen, der sich ein Bein oder einen Knöchel gebrochen hatte, oder um diejenigen vorbeizulassen, die ohne Gepäck wieder herunterkamen, oft halb erfroren, weil der aufkommende Wind die Kälte verstärkte. Schuhwerk und Kleidung zerrissen beim häufigen Ausrutschen und Hinfallen. Einige kehrten mit zerlumpten Sachen oder blutigen Füßen um. Diese Männer, die notgedrungen schon vor Einbruch des Winters aufgeben mußten, konnten dem Himmel danken. Sie kamen mit einem blauen Auge davon.

Matt begegnete sogar einer Familie, die mit zwei halberfrorenen Kindern wieder abstieg. Ein Kind war gestürzt und blutete stark am Rücken. Die Frau weinte still vor sich hin. Der Mann taumelte mit verstörtem Blick, als begreife er nicht, was um ihn herum geschah. Matt und einige andere setzten die beiden Kinder auf Maultiere und brachten sie ins Tal.

Noch funktionierte die Solidarität, doch schon jetzt wurde deutlich, daß es nicht so bleiben würde. Man mußte sich entscheiden. Entweder weitergehen oder helfen, denn überall brauchten halberfrorene, verletzte und entkräftete Menschen Hilfe. Aber immer häufiger gingen die Männer, auf ihr eigenes Überleben bedacht, einfach weiter, ohne sich um die anderen zu kümmern.

Matt brauchte vier Tage, um alle seine Säcke auf den Chilkoot zu schleppen. Gold wartete an einem behelfsmäßig errichteten Zelt, wo er sie angebunden hatte. Matt hatte ihr erklärt, daß sie dort bleiben und seine Sachen bewachen müsse. Sie hatte es anscheinend begriffen und war brav liegengeblieben.

Einmal, beim Aufstieg, half Matt einem armen Burschen, sich das gebrochene Bein zu schienen. Dabei lernte er einen bemerkenswerten Mann aus Seattle kennen, der einen Großteil seines Besitzes verkauft hatte, um sich mit seinem Sohn in dieses Abenteuer zu stürzen. Matt sah ihn oben wieder, als er mit zwei Indianern über den Transport seiner Ausrüstung zum Linderman-See verhandelte, und sprach ihn an.

»Am Linderman-See gibt es kein Holz mehr, Sie müssen weiter zum Bennett-See.«

»Das stimmt«, bestätigte einer der Indianer. »Alle brauchbaren Bäume sind abgeholzt, aber Sie können sich von einem Boot zu einer guten Stelle bringen lassen.«

»Es gibt aber nur zwei Boote, die diese Strecke fahren«, sagte Matt. »Das heißt, Sie werden mehrere Tage warten müssen, bis Sie dran sind.«

»Das stimmt«, bekräftigte der Indianer erneut, »aber es gibt einen Pfad, der um den See herumführt. Für fünfzig Dollar zusätzlich kann ich Ihr Gepäck zu der Stelle bringen.«

»Ich mache Ihnen ein besseres Angebot«, sagte Matt, der den Augenblick für günstig hielt. »Ich habe am Linderman-See Bäume gefällt, aus denen man zwei schöne

Boote zimmern kann. Ich überlasse Ihnen die Hälfte, wenn Sie mein Gepäck transportieren. Es sind knapp achthundert Pfund.«

Mißtrauisch beäugte der Mann, der George Murdock hieß, die beiden Indianer und Matt.

»Und warum haben Sie Bäume für zwei Boote gefällt und nicht nur für eines?«

»Ich war als einer der ersten am See und habe mir gedacht, daß sich damit ein Geschäft machen läßt. Wenn man kein Geld hat, muß man sich etwas einfallen lassen.«

George leuchtete das ein, er wandte sich an seinen Sohn.

»Was hältst du davon, Bill?«

»Du solltest das Angebot annehmen, vorausgesetzt, das Holz ist gut.«

»Es waren alte Kiefern«, sagte Matt. »Das Holz ist fest und ideal zum Bauen.«

»Dann sind wir einverstanden!«

George verhandelte mit den Indianern sofort über einen zusätzlichen Hin- und Rückweg. Er sollte Matts Gepäck holen, wenn er mit ihrem fertig war. Matt stapelte seine Sachen am Ende des riesigen Gepäckberges und ließ die Anzahl seiner Säcke bei dem Mountie, der am Chilkoot die Aufsicht führte, registrieren. Die neuerliche Verzögerung beunruhigte ihn, aber er hatte keine andere Wahl. Am Abend des nächsten Tages erreichten sie das große Lager am Linderman-See. Während George, Bill und die beiden Indianer begannen, ihr Lager aufzubauen, zog Matt weiter zu der anderthalb Kilometer entfernten Stelle, wo er die Kiefern gefällt hatte.

Kein Mensch war mehr da, kein Boot, keine Stämme, nur die Säge, und im Schlamm war die Spur eines Bootes zu sehen, das man ins Wasser geschoben hatte.

15

GOLD, DIE DEN GANZEN TAG ZWISCHEN DEN PFERDEN herumgesprungen war, legte sich erschöpft neben ihren neuen Herrn, der auf dem Stumpf einer Kiefer saß, die er möglicherweise selbst gefällt hatte.

»Diese Mistkerle, das werden sie mir bezahlen!«

Es begann zu regnen, und Matt suchte Schutz in dem Zelt, das er in der Nähe aufgestellt hatte. Er aß eine Scheibe Speck und sein letztes Stück Brot, schlüpfte todmüde in seinen Schlafsack und schlief, an Gold geschmiegt, auf der Stelle ein.

Im Morgengrauen erwachte er von ihrem Gebell. Die Pferde, denen er Fußfesseln angelegt hatte, damit sie sich nicht zu weit entfernten, grasten nur ein paar Meter vor dem Zelt, und darüber ärgerte sich die Hündin.

»Gold, gib Ruhe!«

Widerwillig gehorchte sie, knurrte aber noch ein paar Mal verhalten.

Der Morgen war grau und kalt. Die feuchte Luft lag wie ein Schleier über dem See, so daß seine Umrisse verschwammen. Matt entzündete ein Feuer. Schneeregen setzte ein und drang durch seine Kleider. Matt schlug den Kragen seiner dicken Wolljacke hoch und bedauerte, daß er seinen kleinen Holzofen auf der Paßhöhe zurückgelassen hatte. Auf ihm hätte er sich jetzt im Zelt einen Kaffee kochen können.

Er zählte sein Geld, das er sorgfältig in der Innentasche seiner Jacke aufbewahrte, als plötzlich George und sein Sohn auftauchten.

»Wo ist das Holz?« fragte George und sah sich um.

Matt machte eine verzweifelte Geste.

»Alles fort. Kein Holz. Kein Boot. Kaum noch Geld.«

»Haben Sie sich übers Ohr hauen lassen?«

»Zweimal. Zuerst von einem indianischen Träger, der sich mit einer Anzahlung aus dem Staub gemacht hat, und dann von den Halunken, die mir mein Holz gestohlen haben.«

»Das wird Ihnen hoffentlich eine Lehre sein!«

»Ganz sicher, in Zukunft passe ich besser auf!«

»Warten Sie einen Moment.«

Während George sich mit seinem Sohn beriet, packte Matt seine Sachen zusammen und machte Anstalten, zum Paß zurückkehren.

»Das brauchen Sie nicht. Ich habe die Indianer losgeschickt, um Ihre Sachen zu holen. Wie vereinbart.«

»Wie vereinbart? Ich kann Ihnen aber nichts dafür geben.«

»Doch, Ihre Arbeitskraft.«

»Wie meinen Sie das?«

»Ich bin allein mit meinem Sohn, und wie Sie unschwer erkennen können, bin ich nicht mehr der Jüngste. Wir brauchen einen kräftigen Mann wie Sie.«

»Das ist sehr anständig von Ihnen!«

»Man tut, was man kann.«

Matt drückte ihm die Hand.

»Es ist kein Boot da, das uns mitnehmen könnte, und wie es scheint, wird der Wind stärker. Wir müssen also zu Fuß zum Bennett-See. Die Indianer bringen das Gepäck hin. Ich habe mich mit ihnen geeinigt.«

George winkte seinen Sohn heran.

»Ich schlage vor, ihr beide geht voraus, sucht uns einen

guten Platz und fällt vielleicht schon mal ein paar Bäume. Ich warte hier auf das Gepäck und komme dann nach.«

»In Ordnung.«

Matt baute sein Zelt ab und verstaute den Proviant, den George aus einem Beutel geholt hatte, in einem Sack.

»Ich kann dir etwas abnehmen«, sagte Bill, als er feststellte, daß er weniger zu tragen hatte als Matt.

»Nimm die Säge und die beiden Äxte, die sind schwer genug.«

»Wir könnten die Säge doch auf ein Maultier packen«, schlug George vor.

»Es ist besser, wir nehmen sie mit. Vielleicht können wir schon die ersten Bretter sägen.«

»Einverstanden.«

Eine Stunde später machten sie sich auf den Weg. Sie waren nicht allein. Dutzende von Gruppen tauchten auf, und die Männer lächelten siegesgewiß, weil sie ihr erstes Hindernis überwunden hatten. Matt hörte, wie einer seinen Begleitern stolz zurief:

»Die Goldminen gehören uns. Jetzt geht es nur noch bergab.«

Doch die Fahrt auf dem Fluß würde nicht so einfach werden, vermutete Matt.

Der schmale Pfad, der um den See herumführte, war teils von Gestrüpp überwuchert, teils aus den Felsen gehauen, die den See im Norden überragten. An manchen Stellen war der Boden so morastig, daß die Pferde ihre Hufeisen verloren und die Menschen ausrutschten. Matt und Bill überholten zahlreiche Kolonnen und halfen, ein Maultier zu befreien, das in einer Engstelle steckengeblieben war.

Als sie endlich den Bennett-See erreichten, war es bereits dunkel, und der Schneeregen wurde stärker. Sie sahen ein paar Zelte, in denen Feuer brannten. In aller Eile schlugen sie Matts Zelt neben den anderen auf und teilten sich ein paar Scheiben kalten Speck und Kekse. Matt mochte den jungen Bill. Er war tüchtig und stets guter Laune. Für seine sechzehn Jahre war er schon ganz schön selbstbewußt.

»Ich bin froh, daß Sie uns begleiten«, gestand ihm der junge Mann, als sie in die Schlafsäcke krochen.

»Und ich bin sehr glücklich, daß ich endlich redliche Menschen gefunden habe, mit denen ich diese gefährliche Reise machen kann. Aber ich bitte dich, Bill, sag du zu mir.«

»Aber gern. Gute Nacht, Matt.«

»Schlaf gut, Bill. Morgen haben wir einen anstrengenden Tag.«

Vor dem Zelt brannte bereits ein Feuer, als Matt im Morgengrauen erwachte. Bill kehrte gerade, gefolgt von Gold, mit einem Armvoll Holz zurück.

»Ich habe etwas Brennholz im Wald gesammelt.«

»Wie ich sehe, hat Gold dich akzeptiert.«

»Sie ist wunderbar.«

Gold lief zu Matt, und er streichelte sie zur Belohnung. Er sah sich um. Er zählte nur etwa zwanzig Zelte. Alles in allem sah es trotz aller Rückschläge gar nicht so schlecht für ihn aus. Er war unter den ersten, die es bis hierher geschafft hatten, und wenn er zügig ein Boot baute, konnte er noch den einen oder anderen hinter sich lassen.

Sie machten sich sofort an die Arbeit, fällten Kiefern und zersägten sie nach derselben Methode wie die Amerikaner, die Matt bestohlen hatten. Sie schlugen nicht alle Bäume auf einmal, sondern fällten und sägten abwechselnd, um ihre Muskeln nicht einseitig zu beanspruchen.

Bill war geschickt und kräftig. Die ersten Bretter mißrieten ihnen, aber die folgenden wurden gerade und gleichmäßig. Die unbequemere Position beim Sägen war die unter dem Stamm, deshalb tauschten sie häufig die Plätze.

»Wir müssen hier nicht den starken Mann markieren«, sagte Bill. »Wir könnten beide stundenlang von unten sägen, aber wir müssen unsere Kräfte einteilen.«

Matt schätzte den gesunden Menschenverstand des jungen Mannes. Sie brauchten einander nichts zu beweisen. Sie mußten nur so gut wie möglich zusammenarbeiten.

George traf erst am nächsten Tag ein. Geröll hatte den Pfad unpassierbar gemacht. Sie hatten einen ganzen Tag gebraucht, um es wegzuräumen.

»Am White-Paß sollen große Steinlawinen niedergegangen sein«, berichtete George. »Angeblich hat es mehrere Tote gegeben.«

»Deshalb hat man mir den Chilkoot empfohlen.«

»Das ist anscheinend die bessere Route.«

George war völlig erschöpft von dem langen Marsch und blickte sich um.

»Habt ihr ein paar Bäume fällen können?«

Bill führte ihn zu der Lichtung, auf der sie die erforderliche Menge Brettholz zugesägt und bereits damit begonnen hatten, Bohlen zu schneiden. George ging zu dem Bretterstapel und strich mit der Hand über ein Brett. Dann blieb er vor den Bohlen stehen. Er wirkte verblüfft.

»Bei Gott! Ihr habt nicht auf der faulen Haut gelegen!«

Er schlug den beiden jungen Männern anerkennend auf die Schulter.

Sie gingen zu einer Stelle, wo fünf Holzfäller aus Seattle gerade ein Boot fertigstellten, wie Matt eines bauen wollte. Er bat sie um ein paar Ratschläge, aber sie antworteten nur widerwillig und murrend.

»Ich habe Stechbeitel dabei«, bemerkte George. »Damit können wir die Bretter ganz genau zusammenfügen.«

»Und womit dichten wir die Fugen ab?«

»Mit Baumwolle und Teer. Wir haben alles, was wir brauchen.«

»Hervorragend«, meinte Matt, erfreut über diese gute Nachricht.

Am Abend herrschte ausgezeichnete Stimmung. Bill hatte in einem Bach, der in den See mündete, ein Dutzend Forellen gefangen, und während der inzwischen wieder wolkenlose Himmel in den herrlichsten Farbtönen leuchtete, brieten sie die Fische über dem Feuer. Der Rauch hielt die Stechmücken ein wenig fern, dennoch mußten sie sich mit Öl einreiben.

Gold hatte sich in einen Winkel des Zelts geflüchtet, in dem Matt den kleinen Ofen aufgestellt und das Moskitonetz aufgehängt hatte.

Am nächsten Tag bogen sich die Wipfel der Kiefern, die bald zu Brettern verarbeitet werden sollten, im Wind. Hohe Wellen brandeten ans Ufer des Sees, und die Männer schoben ihre halbfertigen Boote in den Wald.

Doch niemand war untätig. Im Wald wimmelte es wie in einem Ameisenhaufen. Die Männer arbeiteten unermüdlich, getrieben von der Aussicht auf ein leichtverdientes Vermögen, das sie zum Greifen nahe wähnten.

Daran dachte Matt nicht. Natürlich wollte auch er schnell vorankommen, aber heute beschäftigte er sich ausschließlich mit dem Boot, das er so gut wie möglich bauen wollte. Bill und er setzten sorgfältig die verschiedenen Teile des Kiels zusammen, schnitten die Bohlen zu und fügten sie so ein, daß ein Gerippe entstand, an dem sie nur noch die Planken zu befestigen brauchten. Matt schlüpfte wie selbstverständlich in die Rolle des Bauleiters, denn sein Geschick im Umgang mit Holz war unbestritten.

»Du arbeitest gern mit Holz, nicht wahr?« fragte George lächelnd, als sie abends am Feuer saßen.

»Es ist ein schönes Material.«

»Das sagte mein Vater auch immer. Er war Zimmermann.«

»Gehörten die Stechbeitel ihm?« wollte Matt wissen.

»Genau.«

»Es sind sehr gute Werkzeuge.«

»Der Stahl kommt aus Lappland. Einen besseren gibt es nicht. Sie werden uns Glück bringen.«

»Das werden wir brauchen!«

16

DER FAST UNBEWEGTE SEE HATTE DIE FARBE DES NEBELS angenommen. In der Nacht hatte es ein wenig geschneit, und die schneebedeckten Gipfel der Berge ringsum ragten in den ebenso weißen Himmel. Erlen und Birken warfen ihr herbstlich gefärbtes Laub ab, und die Stechmücken wurden rarer.

Innerhalb von vier Tagen hatte sich das Ufer des Bennett-Sees in eine riesige Baustelle verwandelt, auf der über hundert Männer arbeiteten, Bäume fällten, entrindeten und zu Planken und Bohlen zersägten, die sie zusammenfügten, verdübelten und abdichteten. Und immer mehr Männer trafen ein. Die Leinenzelte standen in Reih und Glied und bildeten eine Art Dorf mit schlammigen Gassen, durch die Pferde und Maultiere Karren zogen, die man auf Kufen gestellt hatte, weil ihre Räder im Morast versanken und steckenblieben.

Ein Gastwirt aus Skagway hatte ein großes Zelt mit einem bauchigen Blechofen darin aufgestellt und bot Kaffee und in Öl gebackene, mit Zucker bestreute Krapfen für einen Dollar an. Ein Zimmermann hatte eine Werkstatt eröffnet, in der er Bretter zusägte. Ein Stück weiter verkaufte ein Handwerker Werkzeug. Gestern war hier noch nichts. Morgen würde hier eine richtige Stadt sein.

Seit fünf Uhr morgens hobelte Matt Planken und setzte sie ein. Gegen zehn ging er in das große Zelt, um sich einen Kaffee zu genehmigen. Etwa dreißig Personen waren bereits dort. Ihre Gespräche drehten sich nur um Boote, Gold, die Stromschnellen und Pferde.

Matt trat ein und blieb wie vom Donner gerührt stehen.

»Oh nein! Sagt mir, daß ich träume!«

Mehrere Goldsucher drehten sich nach ihm um.

Sie stand mit dem Rücken zu ihm und schob gerade kleine Birkenholzscheite in den bullernden Ofen. Doch er hatte sie gleich erkannt.

»Blanquette!«

»Matt!«

Sie fielen einander um den Hals. Matt konnte es nicht fassen und stotterte:

»Aber ... was ... wie ...?«

Sie lachte.

Die Männer um sie herum nahmen ihre Gespräche wieder auf. Einige verfolgten mit Belustigung ihr überschwengliches Wiedersehen.

»Mich hat auch die Abenteuerlust gepackt. Ich brauchte einen Tapetenwechsel.«

»Aber was willst du tun? Willst du Gold suchen?«

Sie flüsterte ihm ins Ohr:

»Ja, aber nicht in der Erde, sondern in den Taschen derer, die welches gefunden haben.«

Er sah sie groß an, und sie zwinkerte ihm zu.

»Schau dich doch um. Die vielen Männer hier wollen alle zum Klondike. Und dort gibt es nichts. Keinen Laden, kein Gasthaus, kein Hotel, rein gar nichts. Schau dir den Laden hier an. Der Wirt verkauft Kaffee und Krapfen für einen Dollar. Damit macht er am Tag über hundert Dollar, und Tausende werden noch kommen, und jeder von ihnen läßt hier zehn Dollar liegen.«

Matt begann zu begreifen.

»Und bald werden sie am Klondike in einer Zeltstadt wohnen …«

Und leiser fügte sie hinzu:

»Ohne Frauen …«

»Willst du damit sagen, daß …«

»Du hast richtig verstanden. Ich bin zwar nicht kräftig genug, um in der Erde zu graben, aber ich bin hübsch genug, um an denen zu verdienen, die Gold finden. Und es werden so viele dort sein, daß ich mir die aussuchen kann, die mir gefallen.«

»Blanquette, du bist … du bist einfach unglaublich!«

»Matt, bitte, nenn mich Mary. Blanquette ist dort unten geblieben.«

Sie deutete in Richtung Süden.

»Gut, einverstanden, Mary!«

»Vielleicht sollte ich mir einen Künstlernamen zulegen?«

Und sie drehte sich wie eine Tänzerin. Sie war wie verwandelt. Ihre Augen glänzten wie Gold.

Matt lachte aus vollem Herzen und nahm sie wieder in die Arme.

»Ich freue mich so, daß du hier bist! Wie bist du eigentlich hergekommen?«

»Mit einem der ersten Schiffe. Ich kannte den Kapitän. Er hat mir einen Platz besorgt. Und du, wann ziehst du weiter?«

»Sobald wie möglich, unser Boot müßte morgen fertig werden.«

Ein kleiner, stämmiger Mann mit hochrotem, doch sympathischem Gesicht rief nach Mary. Sanft löste sie sich aus Matts Armen.

»Ich komme heute abend nach der Arbeit zu dir.«

Er sah ihr nach, wie sie in die Ecke des Zeltes eilte, in der auf Holztischen das Essen serviert wurde. Dann tauchte Bill auf. Sie tranken schnell einen Kaffee zusammen und gingen wieder an die Arbeit. Da sie mit ihrem Boot bald fertig waren, wurden sie von Neugierigen umringt, die ihre Arbeit begutachteten, Maße nahmen und Fragen stellten. Matt antwortete geduldig und freundlich, und am Ende des Tages hatten ihn etwa zehn Goldsucher in ihre Zelte eingeladen, um mit ihnen einen Schluck zu trinken und ein Steak oder ein Stück Kuchen zu essen. Er verbrachte den Abend damit, bei dem einen oder anderen vorbeizuschauen, und als er ein wenig beschwipst zu seinem Boot zurückkehrte, fand er Mary im lebhaften Gespräch mit George.

»Deine Mary ist einfach umwerfend«, schwärmte George.

»*Meine* Mary ist zu viel gesagt. Mary gehört sich selbst. Sie gehört niemandem.«

»Aber wem es gelingt, sie für sich zu gewinnen, ist ein Glückspilz«, erwiderte George.

»Ich sehe schon, ihr Charme hat gewirkt!«

»Mary möchte auch zum Klondike, und da habe ich mir gedacht … also, ich habe mich gerade gefragt, ob wir auf unserem Boot vielleicht noch jemanden mitnehmen könnten. Was hältst du davon?«

Matt brach in schallendes Gelächter aus, und George war nicht auf Anhieb klar, ob es Zustimmung oder Ablehnung ausdrückte.

»Mary, du Teufelsbraut! Wer hätte ahnen können, daß ich eines Tages mit dir in Alaska Stromschnellen hinunterfahre!«

»Du scheinst dich aber nicht sonderlich zu freuen.«

»Doch. Ich bin begeistert. Außerdem ist George unser Boß.«

»Es gibt keinen Boß, nur eine Mannschaft«, korrigierte ihn George und hob sein Glas Rum. »Ich trinke auf unser neues Mitglied.«

»Auf unsere Mannschaft, das prachtvollste Boot und die schönste Frau vom Bennett-See«, sagte Bill, der seinem Vater nicht nachstehen wollte.

»Wann fahren wir?« wollte Mary wissen. »Ich muß meinem Chef Bescheid sagen. Er muß nach Ersatz für mich suchen, obwohl ich nicht glaube, daß er eine Frau finden wird.«

»Morgen nachmittag. Wir werden oberhalb der Stromschnellen unser Lager aufschlagen, damit wir sie uns genauer ansehen können.«

Matt merkte, daß er wieder einmal eigenmächtig entschieden hatte. Verlegen korrigierte er sich:

»Also, ich wollte sagen … das hat man mir so geraten, und ich wollte vorschlagen, daß wir es so machen.«

George betrachtete ihn mit amüsierter Nachsicht.

»Unser Boot braucht einen Kapitän, und du hast von uns am meisten Erfahrung. Du hast mit dem Kanu schon einige Flüsse befahren. Du wirst es steuern.«

»Das Boot muß noch getauft werden«, sagte Bill und zeigte damit, daß er mit dem Vorschlag seines Vaters einverstanden war.

»Und ich möchte den Namen aussuchen«, sagte Bills Vater entschieden.

Alle waren einverstanden.

»Es soll *Mary* heißen … oder noch besser die *Schöne Mary,* das klingt besser, ja genau, das ist es: die *Schöne Mary.*«

»Auf die *Schöne Mary*«, sagte Matt und erhob sein Glas.

Bill schnitzte den Namen in den Bug des Bootes und schwärzte ihn mit Teer.

Bei dieser Gelegenheit bewunderten sie noch einmal ihr Boot, das sie mit Wasser gefüllt hatten, damit das Holz beim Trocknen keine Risse bekam, und überlegten, wie sie es beladen sollten. Ungefähr achthundert Kilo

Proviant und etwas mehr als eine Tonne Ausrüstung. Das war viel und doch lächerlich wenig, wenn man bedachte, daß sie damit in einem der rauhesten Länder der Welt mindestens ein Jahr auskommen mußten.

Die allgemeine Erregung wirkte ansteckend. Überall wurde wie besessen gearbeitet. In der Luft lag eine Spannung, die selbst den Faulsten schon im Morgengrauen aus dem Schlafsack trieb. Ein Wettstreit entbrannte zwischen diesen Männern, die, vom selben Glauben beseelt und von der Aussicht auf schnellen Reichtum getrieben, über sich hinauswuchsen und eine erstaunliche Geschäftigkeit entwickelten.

17

ZWEI ANDERE GRUPPEN HATTEN IN DER NACHT IHR Boot fertiggestellt und fuhren zur gleichen Zeit los wie die *Schöne Mary.* Aus dem Süden rückten weiterhin Hunderte nach, die den White Pass oder den Chilkoot überquert hatten, und mehrten die Zahl derer, die am Bennett-See Boote oder Flöße bauten. Der Wald schrumpfte, und die Wölfe flüchteten vor dem Lärm der Äxte, Hämmer und Sägen.

Nach dem schlechten Wetter der letzten Tage hatte ein kalter, scharfer Ostwind die Wolken verjagt, doch obwohl der Himmel klar war, lag ein undurchdringlicher Schleier über dem See und dämpfte das Tageslicht.

Matt stand am Steuerruder und versuchte trotz des Seitenwinds, der das Boot in Richtung Ufer zurücktrieb, den Kurs zu halten. Das quadratische Segel aus geteerter Leinwand blähte sich stolz. Gold stand reglos im Bug und sah aus wie in Holz geschnitzt. Die *Schöne Mary* machte eine gute Figur.

Bill und sein Vater hatten zu den Rudern gegriffen, und sogar Mary legte sich in die Riemen, teils um sich aufzuwärmen, teils um die Abdrift auszugleichen. Sie machten fröhliche Gesichter. Jetzt begann das große Abenteuer erst richtig. Jetzt gab es kein Zurück mehr. Das hatte etwas Beruhigendes.

Sie waren sich bewußt, daß sie einen Teil von sich hier

zurückließen, und verharrten in Schweigen. Für jeden einzelnen war es ein großer Moment, den er mit niemandem teilen konnte. Ein neues Leben begann.

Während Matt mit den Augen den Horizont absuchte, fragte er sich, was für ein Mensch er wohl sein würde, wenn er in einem Jahr oder später wieder hier vorbeikäme. Er ahnte, daß die große Reise, die er in seinem Inneren machen sollte, mindestens ebenso bereichernd sein würde wie die durch das unbekannte Land.

»Wer bin ich heute?«

Matt wußte es nicht. Ein junger Mann von zwanzig Jahren, ein Raufbold und Draufgänger, der unlängst die Farm seiner Familie verlassen hatte und der wie Tausende andere wohl Farmer geworden wäre, wenn die Umstände sein Bleiben nicht unmöglich gemacht hätten. Doch er hatte Glück gehabt. Hinter ihnen eilten Tausende zu den reichen Goldfeldern, aber er würde zu den ersten gehören. In ein paar Tagen würden die Wasser, auf denen sie segelten, die Ufer des Klondike umspülen und das Gold waschen, das er und seine Gefährten der Erde Alaskas entrissen.

Beim Nachdenken fiel ihm ein, wie wild er darauf war, die Halunken wiederzusehen, die ihm das Holz gestohlen hatten.

»Du wirkst so nachdenklich, Matt«, sagte Mary, die wie immer bester Laune war.

Er beließ es bei einem Lächeln. Sie war schön, obwohl ihr Gesicht von der Kälte gerötet war, und bei der Vorstellung, daß dieser Körper anderen zu Willen sein sollte, ging ihm ein Stich durchs Herz. Würde er ein so großes Vermögen anhäufen, daß er sie mit Gold überschütten und für sich allein behalten konnte?

Sie holten ein kleineres Boot ein, das vor ihnen losgefahren war. Die Besatzung winkte. Sie gingen längsseits, dabei hielten sie das Boot aber mit den Rudern einen guten Meter auf Distanz, damit sie in der Dünung nicht kollidierten.

»Fahrt ihr durch bis zum Miles Canyon?« fragte der Steuermann des Bootes.

»Nein! Wir legen vorher an.«

»An welchem Ufer?«

»Wenn unsere Auskünfte stimmen, muß man am rechten anlegen.«

»Das hat man uns auch gesagt«, antwortete der Mann beruhigt.

Sie trennten sich wieder und fuhren weiter. Die *Schöne Mary,* die größer und schnittiger war, gewann bald einen Vorsprung.

Der Miles Canyon! Eine Passage, die einem Härtetest gleichkam. Das Tor zum Yukon River, der hinter dem Canyon mit seinen ruhigen Wassern floß bis zu jener Ortschaft, die an der Mündung des Klondike entstand. Nur die Stromschnellen von Whitehorse mußten umtragen werden. Die Squaw Rapids und die Five Finger Rapids waren eine reine Formsache, landschaftlich schön und nicht gefährlich, wenn man die richtige Fahrtroute wählte. Doch der schmale und tief eingeschnittene Miles Canyon, zu dem sich der Bennett-See trichterartig verjüngte, war etwas anderes. Die Indianer prophezeiten, daß diese Stromschnellen Hunderte von Chechaquos nicht mehr aus ihren Fängen lassen würden – so nannten sie die weißen Greenhorns, die voller Hochmut in das Land der Stille einfielen. Am Miles Canyon würde der hohe Norden die Respektlosigkeit bestrafen, mit der gewisse Möchtegerne der Heimat des Großen Geistes begegneten.

Tatsächlich hatte alles schon früher begonnen, aber das wußten Matt und seine Gefährten nicht. Da der Winter nahte und das Land langsam, aber unaufhaltsam in seinen eisigen Griff nahm, hatten es alle eilig, und der hohe Norden forderte seinen ersten Tribut. Am White Pass war eine verheerende Lawine niedergegangen, und am Chilkoot hatte bei Mondwechsel ein Schneesturm gewütet. Man zählte bereits Dutzende Tote. Erschöpft und zermürbt von den Strapazen, waren Hunderte umgekehrt. Sie nahmen Erinnerungen mit in den Süden, die bald die Zeitungsspalten füllten. In der Welt da draußen erzählte man sich die erstaunlichsten Geschichten. Die Reporter überboten sich mit sensationellen Berichten über diesen sagenhaften Goldrausch, über verheerende Blizzards und erbarmungslose Kälteeinbrüche.

Doch mit ihrem Hang zur Übertreibung verklärten die Reporter den Traum vom Gold, und das Fieber hielt an. Mittlerweile hatten sich Zehntausende aufgemacht.

Hätten Matt und seine Gefährten, die zu den ersten gehörten, die durch die Stromschnellen des Miles Canyon fahren wollten, davon gewußt, hätten sie ihrer Freude ohne Zweifel noch deutlicher Ausdruck verliehen. Sie waren allen anderen mehrere Tage, Wochen, ja sogar Monate voraus, denn zur selben Stunde, da sie den Bennett-See überquerten, machten sich am anderen Ende Kanadas viele erst auf den Weg.

Doch darüber durfte man nicht vergessen, daß das Goldfieber längst auch in Alaska selbst grassierte, auch wenn dieser Umstand anscheinend keine Beachtung fand. Man sprach von so bedeutenden Funden, daß Tausende glaubten, sie könnten ihr Glück machen. Dem war nicht so. Gewiß, es gab noch Plätze, und man konnte am Klondike nach wie vor Claims abstecken, aber die besten hatten sich bereits die Alaskaner selbst gesichert. Männer aus Forty Mile, Sixty Mile, Circle City und all den Camps der Umgebung, die zu unterschiedlichen Zeiten vor Ort eingetroffen waren.

Sie bildeten eine Art Elite unter den Goldgräbern.

Männer, deren Gesichter von Kälte und Entbehrung gezeichnet waren, die ihr Leben lang nach der großen Goldader gesucht und sie am Ende auch gefunden hatten. Mit einer gewissen Geringschätzung blickten sie auf die Chechaquos aus dem Süden herab, die von so weither kamen, um die Krümel aufzulesen, die sie ihnen übriggelassen hatten. Doch immerhin waren die Krümel aus Gold.

18

AM UFER LAGEN EIN DUTZEND BOOTE UND FLÖSSE, WAS Matt und seine Freunde überraschte.

»Wir sind nicht die ersten«, sagte Bill ein wenig enttäuscht.

»Aber auch nicht die letzten«, erwiderte George, der den Pessimismus seines Sohnes für unangebracht hielt. »Sollen vor uns ruhig andere ihren Hals riskieren.«

Männer zogen das Boot ans Ufer, und Gold sprang an Land, noch bevor die Besatzung sich steif erhob. Matt spürte sofort, daß unter diesen Männern ein anderer Geist herrschte. Sie sammelten sich angesichts der nahen Gefahr. Sie hielten zusammen, denn mit einem Mal begriffen sie, wie nichtig die bisher vorherrschende Rivalität war. Der Norden begann sie zu prägen.

Alle hier Versammelten verfolgten dasselbe Ziel und hatten dieselben Prüfungen bestanden. Viele würden gar nicht erst so weit kommen. Hinter dem Canyon lag das Yukon Territory, das Land der Stille. Dort gingen sie als einzelne nicht mehr in der Masse unter, sondern waren Bill, Matt, Mary und George. Ab hier stahl man nicht mehr, denn der Dieb konnte nicht fliehen, man betrog nicht mehr, denn der Betrüger konnte nirgendwohin, man verweigerte keinem die Hilfe, denn von morgen an, das wußte jeder, mußte man einander beistehen, um zu überleben.

Die Gesichter begannen sich zu gleichen. Sie trugen die Spuren der Reise: die Haut gebräunt von der Sonne, die Wangen zerfurcht von Wind und Kälte, die Augen verquollen von Müdigkeit und Schlafmangel.

Nur Mary fiel aus dem Rahmen. Ihr Gesicht war zwar von der Kälte gerötet, und ihre Züge wirkten etwas abgespannt, doch sie war frisch geblieben und hatte die Haut einer reifen Frucht, in die man am liebsten hineinbeißen würde. Weil sie hier war, behandelten die Männer sie mit Respekt, und das verlieh ihr eine Würde, die sie nicht gewohnt war. Sie war darüber selbst überrascht. Man hatte ihr nie die geringste Wertschätzung entgegengebracht. Ihrem Körper ja, aber nie ihr als Mensch. Hier war sie eine Königin, die Königin des hohen Nordens. Eine Stunde nach ihrer Ankunft kannte jeder der sechzig hier versammelten Männer ihren Namen.

Ein Abglanz dieser Bekanntheit und Wertschätzung fiel auch auf ihre drei männlichen Gefährten. Auch Gold genoß eine gewisse Beachtung, denn unter all den Hunden, die hier waren, einem Dutzend Malamuten und Huskies, war sie die einzige Hündin. Sie herrschte fern aller Drohgebärden und Rangkämpfe der Rüden, die in ständiger Rivalität lebten und sich unablässig gegenseitig herausforderten. Doch fand sich Gold schnell in ihre Rolle und stolzierte durchs Lager, umringt von einer Schar ergebener und devoter Verehrer.

Fünf oder sechs Boote hatten die Durchfahrt, die nach den Regenfällen der vorausgegangenen Tage noch gefährlich war, bereits gewagt. Zwei waren in den Fluten gekentert, ein drittes war an einem Felsen zerschellt, dem man jedoch leicht ausweichen konnte, wenn man sich gegen Ende links hielt und nicht in einen Wirbel ziehen ließ, der einen gegen den Felsblock werfen konnte. Nicht alle Verunglückten waren umgekommen. Ein paar hatte man ein Stück stromabwärts aus dem

Wasser gefischt, aber die Überlebenschancen waren gering.

»Jedes zweite Boot«, sagte George resigniert.

»Sie waren unerfahren«, erwiderte Matt, der unwillkürlich an die Halunken denken mußte, die ihm das Holz geklaut hatten.

Ob sie zu denen gehörten, die gescheitert waren? Nicht, daß er ihnen den Tod gewünscht hätte. Aber er brannte darauf, einen der Diebe zu erwischen. Er wollte sehen, wie die Angst sein Gesicht verzerrte. Er würde sich an diesem Anblick weiden.

»Vielleicht sollten wir lieber portagieren«, schlug Bill vor, »wie es die Gruppe von Donald Ross vorhat.«

Matt teilte diese Ansicht nicht. Die Portage führte durch den Wald und war über vier Kilometer lang. Zum Umtragen brauchte man mindestens drei Tage. Anschließend mußte man das Boot an Seilen von oben in den Canyon hinunterlassen, ohne daß es an der Steilwand zerschellte.

»Leer wäre das Boot wendiger, und zwei von uns könnten es leichter steuern«, gab Bill zu bedenken.

»Falls ich nicht zu den Auserwählten gehöre, möchte ich den beiden anderen auf jeden Fall helfen«, entgegnete George, dem die Idee nicht gefiel.

»Und ich bin auch dabei«, setzte Mary hinzu.

»Dann ist die Sache beschlossen. Wir wagen die Durchfahrt gemeinsam.«

Sie waren sich einig, und alle wußten, worauf sie sich einließen. Die Sache konnte sie das Leben kosten.

In den folgenden Stunden informierte sich Matt über die genauen Umstände der Unfälle. Auf welcher Seite waren diejenigen gefahren, die gescheitert waren, auf welcher die anderen, die es geschafft hatten? Er erkundigte sich nach Größe, Form und Ladung der Boote und gelangte dabei immer mehr zu der Überzeugung, daß sie gute Aussichten hatten, heil durchzukommen. Ihr Boot ließ sich leichter manövrieren, weil das Gewicht gleichmäßig auf die gesamte Länge verteilt war.

Am nächsten Tag unternahm Matt zu Fuß einen Erkundungsgang. Der See verengte sich zum Ende hin, bildete eine Schleife und stürzte sich dann zwischen zwei steile, kaum achtzig Meter voneinander entfernte Felswände. Die Wassermassen, die durch dieses Nadelöhr gezwängt wurden, entwickelten ein beängstigendes Tempo, das sich in hochschäumender Gischt und riesigen stehenden Wellen äußerte, die wie Mauern emporragten. Durch den Druck der Steilwände und das Zusammenwirken von Strömung und Wellen wurde das Wasser in der Mitte der Stromschnellen angehoben und bildete eine Art Grat, der wie eine Pferdemähne aussah. Auf dieser Mähne mußte man das Boot halten, wenn es nicht an den Steilwänden zerschellen sollte. Dazu kam das Risiko, in den entfesselten Fluten unterzugehen oder von einer Welle umgeworfen zu werden.

Dies wäre um ein Haar den Männern passiert, die an diesem Tag die Durchfahrt wagten. Zwar gelang es ihnen, halbwegs auf der Ideallinie zu bleiben, doch ihr überladenes Boot, das obendrein schlecht getrimmt war, übernahm Wasser von allen Seiten, und als der Canyon es wieder ausspuckte, war es randvoll gelaufen.

»Wenigstens sind sie unverletzt!« sagte Mary, als die Besatzung sich Wasser schöpfend und rudernd mit letzter Kraft ans Ufer rettete.

»Die haben bestimmt einen Großteil der Ladung verloren«, sagte Bill. »Ihre Mehlsäcke schwimmen im Wasser.«

»Kommt, sehen wir es uns an.«

Sie nahmen den Pfad, der zu der Stelle führte, wo die Boote nach der Fahrt durch die Stromschnellen anlegten.

An derselben Stelle setzten die Männer, die portagierten, ihre Last ab, und kehrten dann zurück. Oft mußten sie die Strecke bis zu zwanzig Mal zurücklegen, manchmal noch häufiger. Wer es sich leisten konnte, mietete Siswash-Indianer als Träger, die zehn Cent pro Pfund verlangten. Matt und seine Gefährten überholten unterwegs eine Gruppe, die ihr Boot auf Rollhölzern durch den Wald schob.

Als sie am Ufer ankamen, waren Männer gerade dabei, das Boot, das etwas abgetrieben war, stromaufwärts ins Lager zu treideln. Einer von ihnen, ein Glatzkopf mit grauem Schnurrbart, fiel Matt sofort auf. Der Mann stand offensichtlich noch unter Schock und sah sich verstört im Lager um.

Im Boot selbst herrschte Durcheinander. Proviant, Ausrüstungsgegenstände und Mehlsäcke lagen im Wasser. Ein Ruder war zerbrochen, ein Steuerruder fehlte. Der Segelmast war abgeknickt, und in der Bootswand klaffte ein Riß, der offensichtlich von der Kollision mit einem Felsen herrührte.

»Halb so schlimm, du bist durchgekommen«, sagte Matt zu dem Mann mit dem Schnurrbart.

Der Mann glotzte ihn an und brach in Lachen aus. Es war ein nervöses, bitteres und hartes Lachen.

»Durchgekommen! Durchgekommen, sagst du. Halb tot sind wir.«

Seine Gefährten sahen ihn erschrocken an.

»Wir werden krepieren! Wir werden alle krepieren!«

Er deutete mit dem Finger auf die Umstehenden.

»Alle. Ihr alle werdet draufgehen!«

Einer seiner Gefährten trat vor, hakte sich bei ihm unter und winkte einem anderen, ihm zu helfen.

»Komm, Walt. Ist ja gut. Jetzt ruhen wir uns erst mal aus. Morgen sehen wir weiter.«

Die anderen wagten nicht, einander anzusehen. Ein

betroffenes Schweigen trat ein, nachdem drei der Überlebenden gegangen waren.

»Die einen sterben, und die anderen werden verrückt, das blüht allen, die die Durchfahrt wagen.«

Matt hob den Blick und musterte den Sprecher. Ein Dickwanst, im Alter erschlafft und in die Breite gegangen. Ein Kerl, der hier nichts verloren hatte. Matt sah ihn verächtlich an.

»Und dann gibt es noch welche, die reden, ohne etwas zu sagen.«

Damit ging er weg, und Gold folgte ihm auf dem Fuß. Bill, George und Mary, die auf dem Rand eines Bootes saßen, erhoben sich und schlossen sich ihm an.

»Wer ist dieser Grünschnabel, daß er in dem Ton mit mir spricht?« empörte sich der Dicke.

»Dieser Grünschnabel wird morgen durch die Stromschnellen fahren, und ich gehe jede Wette mit dir ein, daß er weder tot noch verrückt ist, wenn er hier ankommt.«

Mary lächelte und sah dem Mann direkt in die Augen. Die Umstehenden lachten.

19

MATT BEFESTIGTE DIE BEIDEN RUDERSTANGEN SO, DASS sie nicht aus ihren Halterungen springen konnten, dann wies er jedem Gefährten einen Platz zu. Bill vorn, er selbst hinten, während George und Mary, die mit einer Ruderstange nicht umgehen konnten, jeweils ein Ruder an der Seite nehmen sollten. Gold durfte sich frei bewegen, solange sie die Manöver nicht störte. Die Ausrüstung war sorgfältig mit Seilen festgezurrt und mit Keilen festgeklemmt. Die Mehlsäcke hatten sie ganz oben verstaut und mit Teerplanen abgedeckt.

»Auf geht's.«

Eine zweite Gruppe hatte ihr Boot klargemacht, wollte aber warten, bis die *Schöne Mary* in den Canyon einfuhr, um ihr dann zu folgen. Die Zuschauer, gut hundert an der Zahl, denn am Abend zuvor waren noch zahlreiche Boote eingetroffen, sahen von den Felsen aus zu.

»Olé! Bis bald in Dawson! Viel Glück!«

Ein Dutzend Männer schob die *Schöne Mary* ins Wasser. Einen Augenblick lang glitt sie, vom eigenen Schwung getragen, durchs glatte, etwas ölige Wasser. Ein Fotograf, der sich am Eingang der Schlucht postiert hatte, machte eine Aufnahme.

Sie legten sich in die Riemen und ruderten mit kraftvollen Schlägen bis zur Mitte des Wassers, um in eine gute Position zu gelangen, ehe sie in den Schlund des

Engpasses einfuhren. Die tobenden Fluten saugten sie förmlich an. Matt drückte gegen die Ruderstange und rief Bill zu, dasselbe zu tun, damit sie auf der »Mähne« der Strömung blieben. Die Felswände flogen bereits mit atemberaubender Schnelligkeit an ihnen vorüber. Die Wellen türmten sich immer höher, und das Boot, träge aufgrund seines Gewichts, tauchte mit dem Bug ein und übernahm Wasser von vorn, doch Bill hielt die Stellung, obwohl er eine volle Ladung Gischt nach der anderen abbekam. George und Mary konzentrierten ihre ganze Kraft aufs Rudern, wie Matt ihnen befohlen hatte. Und das war auch nötig, denn er und Bill konnten das Boot nur steuern, wenn es eine Minimalgeschwindigkeit im Verhältnis zur Strömung behielt.

»Bill! Drücken!«

Doch Matts Stimme ging im Getöse unter. Er stemmte sich mit aller Kraft gegen die Ruderstange, doch im nächsten Moment hob eine Welle das Heck empor. Es rutschte von der Mähne herunter und geriet in eine Querströmung. Die *Schöne Mary* wurde fortgerissen und drohte, an dem Felsen zu zerschellen, dem sie gefährlich nahekam. Sie vollführte in den wirbelnden Strömungen ein paar Bocksprünge, übernahm noch mehr Wasser und jagte dabei weiter mit vollem Tempo den reißenden Fluß hinunter. Matt bewahrte ruhig Blut, doch plötzlich prallte das Boot gegen eine Welle, die höher war als die anderen, und machte eine halbe Drehung. Auf einmal war der Bug hinten und das Heck vorne. Dann drehte es sich weiter, geriet in einen Strudel und drohte abermals zu kentern. Bill brüllte etwas, doch Matt hörte ihn nicht. Es spielte ohnehin keine Rolle. Sie hatten die Herrschaft über das Boot verloren. Sie mußten sich ihrem Schicksal überlassen. Schon glaubten sie sich verloren, da erfaßte eine lange Welle das Boot von der Seite und drückte es in ruhigeres Wasser. Matt kam wieder zu sich, als er über sich jemanden schreien hörte. Einer der Zuschauer, die oben auf den Felsen standen, rief ihm etwas zu. Im ersten Moment verstand er ihn nicht.

»Nach links!«

Vor ihnen teilte sich die Strömung, und sie mußten unbedingt die linke erwischen, bevor es in den zweiten Teil des Engpasses ging, sonst zerschellten sie unweigerlich an den Felsen. Matt holte tief Luft und befahl seinen Gefährten, ihre Plätze wieder einzunehmen. Dann stemmte er sich mit aller Kraft gegen die Ruderstange und schaffte es gerade noch rechtzeitig, das Boot in einen großen Wirbel zu drücken, der es wie selbstverständlich in die gewünschte Strömung beförderte. Die zweite Hälfte der Strecke war nur eine Wiederholung der ersten, und nach weniger als einer Minute, in der sie mit der Geschwindigkeit eines galoppierenden Pferdes dahinflogen und unablässig von einer auf die andere Seite geworfen wurden, fanden sie sich auf dem See wieder. Die Felswände traten zurück, und das Tosen der entfesselten Fluten wurde leiser und wich dem Jubel derer, die am Ufer standen und das Siegeszeichen machten. Mary warf sich Matt in die Arme, und George und Bill folgten ihrem Beispiel. Ihre Angst entlud sich in schallendem Gelächter und in Freudenschreien, die Matt in die klare Luft dieses schönen Herbstnachmittags schleuderte. Sie hatten ihr Leben aufs Spiel gesetzt und gewonnen. Matt empfand ein Triumphgefühl, das ihn in einen wahren Glückstaumel versetzte. Eine solche Ekstase hatte er noch nie erlebt. Er konnte sich nicht von Marys Körper lösen.

Sie legten an und gerieten in Turbulenzen anderer Art. Man drängte sich um sie, klopfte ihnen auf die Schulter, beglückwünschte sie, andere rissen Witze. Matt nahm Mary an der Hand und zog sie fort. Niemand achtete auf sie, denn alle waren damit beschäftigt, das Boot ans Ufer zu ziehen und auszuschöpfen.

Matt lief schneller.

»Komm«, antwortete er nur, als Mary mit einem nervösen Lachen wissen wollte, wo er sie hinbrachte.

Sie lachte noch, als er auf der Wiese zwischen Wald und See atemlos stehenblieb und sie ins hohe Gras legte. Er küßte sie gierig und riß ihr mehr die Kleider vom Leib, als daß er sie auszog. Er verspürte das unbändige Verlangen, mit ihr zu schlafen, mit dem Leben zu spielen, nachdem sie mit dem Tod gespielt hatten, ein schlagendes Herz unter sich zu spüren und sich mit der, die diesen erhebenden Augenblick mit ihm geteilt hatte, in der Leidenschaft zu verlieren. Die Liebe, das war eine Hymne an das Leben. Das Leben aufs Spiel zu setzen, das hieß, sich seiner Vergänglichkeit wie seiner Größe bewußt zu werden.

Sie vereinigten sich in einer kurzen, aber glühenden Umarmung und blieben danach noch lange nebeneinander liegen, schweigsam und ernst, noch verwundert über die Flut von Gefühlen, die an diesem Nachmittag über sie hinweggerollt war.

»Ich glaube, ich habe dich sehr gern, Mary«, sagte Matt plötzlich.

»Was willst du damit sagen?«

»Daß ich über meine Gefühle für dich überrascht bin.«

»Bist du überrascht, weil du findest, daß ich dich nicht wert bin, oder weil du es nicht gewohnt bist, so etwas zu empfinden?«

Er wußte es nicht.

»Ich glaube, ich möchte nicht miterleben, wie Dutzende Goldgräber es mit dir machen.«

Sie sagte lange nichts, dann zog sie sich wieder an.

»Ich habe dich auch gern.«

Auch er wußte nicht genau, was sie ihm damit sagen wollte, aber er begnügte sich damit.

Wieder im Lager, wurden sie sofort in die rauhe Wirklichkeit zurückgeholt. Ein Boot brachte einen Toten und zwei Schiffbrüchige, die man aus dem Wasser gefischt hatte. Sie gehörten zu den fünf Insassen des Boots, das nach der *Schönen Mary* sein Glück versucht hatte.

»Die hatte ich ganz vergessen«, sagte Matt traurig. »Wo sind die anderen?«

Der Mann, der neben ihm stand, machte eine unbestimmte Geste. Man würde sie nicht finden.

Matt trat näher, um sich den Toten anzusehen. Er war übel zugerichtet. Der arme Teufel war wahrscheinlich gegen mehrere Felsen geworfen worden. Das war die Gefahr, wenn das Boot kenterte. Selbst wenn man der Kälte widerstand und nicht ertrank, war die Wahrscheinlichkeit groß, daß man gegen eine Steilwand oder einen Felsblock prallte. Beim genaueren Hinsehen erkannte Matt in dem Toten einen der Männer wieder, die gestern noch an dem großen Feuer im Lager gelacht hatten. Matt entfernte sich und streifte ziellos umher, bis er an eine kleine Bucht gelangte. Er kehrte traurig ins Lager zurück, in Gedanken bei all den Verunglückten, die ihn an den Untergang des Dampfers erinnerten.

20

DIE MOUNTIES SCHICKTEN AM CHILKOOT MITTLERweile jeden zurück, der nicht Proviant für mindestens ein Jahr vorweisen konnte, oder 1145 Pfund, wobei niemand wußte, wie sie ausgerechnet auf diese Zahl gekommen waren. Zudem erhoben sie Zollgebühren: fünfzehn Dollar für tausend Pfund Lebensmittel und drei Dollar für die restliche Ausrüstung. Mit den Einnahmen sollte ihr Aufwand finanziert werden. Ein Seil wurde angebracht, um den Aufstieg zu dem verschneiten Paß zu erleichtern, konnte aber nicht verhindern, daß die schwerbeladenen und erschöpften Männer, die unbedingt als erste den Klondike erreichen wollten, auf dem glatten Untergrund ausrutschten und sich an kantigen Steinen verletzten.

Und einige verdienten schon hier ein kleines Vermögen: Indianer, die zu immer horrenderen Preisen ihre Trägerdienste anboten, und Geschäftsleute, die Pferde vermieteten, alles verkauften, was der perfekte Goldgräber brauchte, oder entlang der Route Bretterbuden errichteten, um den müden Reisenden für überteuerte Mahlzeiten das Geld aus der Tasche zu ziehen.

Am nächsten Tag kehrte Matt auf dem Portagepfad zum Eingang des Canyons zurück, um die Munition für Georges Karabiner zu holen, die er nicht im Boot hatte mitnehmen wollen. Die Zahl der Männer war auf mehrere hundert angewachsen, und mit Verwunderung stellte Matt fest, daß es den meisten an der nötigen Entschlossenheit fehlte.

Er hatte den Canyon erfolgreich durchquert, und diejenigen, die ihn hatten losfahren sehen, feierten ihn nun als Helden. Sie baten ihn um alle möglichen Ratschläge, und er gab sie ihnen geduldig. Ein von den Strapazen der Reise gezeichneter Mann sprach ihn an. Drei seiner acht Gefährten hatten hier aufgegeben. Der erste hatte ein Rückenleiden, der zweite hatte sich die Schulter ausgekugelt, und der dritte war mit den Kräften am Ende. Sie wollten am See entlang nach Skagway marschieren und auf demselben Weg zurückkehren, der ihnen den Mut genommen hatte. Sie überließen ihren Kameraden praktisch umsonst ihren Proviant und ihre Ausrüstung.

Matt erklärte sich bereit, gegen einen Teil dieser Vorräte, die sie eigentlich nicht brauchten, ihr Boot durch den Canyon zu steuern.

»Hundert Pfund Speck, einen Sack Reis und zwei Sack Mehl, wenn ich euch da runterbringe.«

»Abgemacht!«

Sie fanden den Preis nicht zu hoch, wenn er dafür bereit war, sich noch einmal in diesen Höllenschlund zu wagen. Matt nahm das Boot in Augenschein. Es war gut gebaut. Er kürzte die Ruderstangen, die viel zu lang und schlecht befestigt waren, ließ an der Seite Ruder anbringen und verteilte die Ladung gleichmäßiger. Dutzende sahen ihm neugierig dabei zu, tuschelten miteinander und kommentierten jeden Handgriff, um ihn später nachzuahmen. Wenn er einmal durchgekommen war und das Wagnis ein zweites Mal einging, mußte er sich seiner Sache sicher sein. Sein Erfolg verdankte sich nicht dem Zufall, sondern seiner Kenntnis des Wassers und seinem Können.

Matt gab den fünf Männern, denen er Aufgaben zugeteilt hatte, letzte Ratschläge, dann legten sie unter Hurrarufen ab.

Die Männer waren patente, kräftige Kerle und hielten sich genau an Matts Anweisungen. Sie ruderten das Boot so schnell durch die tobenden Fluten, daß er nahezu die Ideallinie halten konnte. Vier Minuten später tauchten sie wieder aus dem Canyon auf, mit kaum hundert Litern Wasser im Boot.

Im nachhinein ärgerte sich Matt beinahe darüber, daß er vor der ersten Durchfahrt solche Angst gehabt hatte. Er hätte nicht gedacht, daß es so einfach sein könnte. Im Lager empfing man ihn mit Hochrufen. Nur Mary warf ihm vor, daß er unnötig sein Leben aufs Spiel gesetzt habe. George war nicht da. Er war mit Gold stromabwärts angeln gegangen.

»Bald werden wir für einen Sack Lebensmittel unsere Haut riskieren«, entgegnete er.

»Warum sagst du das?«

»Sieh dich um.«

Er deutete auf die ausgedehnten Wälder und den dunstverhangenen Fluß.

»Glaubst du, es wird leicht, sich da draußen zu ernähren?«

»Dampfschiffe versorgen Dawson über die Beringsee mit Lebensmitteln.«

»Woher willst du das wissen?«

»Das habe ich bei der Ankunft der *Portland* in der Zeitung gelesen. Es gab sogar einen Fahrplan.«

Matt machte ein skeptisches Gesicht.

»Glaubst du, daß man in Dawson auf einen solchen Massenansturm vorbereitet ist?«

»Matt hat recht«, mischte sich Bill ein. »Es gibt dort bestimmt Lebensmittel, und wir werden zu den ersten gehören, aber zu diesem Preis kriegen wir sie niemals.«

»Zu diesem Preis? Was soll das heißen, zu diesem Preis? Matt hat dafür sein Leben aufs Spiel gesetzt. Was verstehst du eigentlich unter teuer?«

Sie hatte die Stimme gehoben, und Bill lief rot an.

»He, he! Beruhigt euch«, unterbrach sie Matt, den Marys Fürsorge amüsierte.

»Und der Sack?«

»Den haben wir oben gelassen. Ich gehe zurück und hole ihn.«

Mary kniff die Augen zusammen und funkelte ihn zornig an.

»Willst du noch eins durchbringen?«

Diesmal lachte Matt nicht mehr.

»Ich tue, was ich will.«

»Na wunderbar!«

Sie stapfte wutentbrannt davon.

»Ich begleite dich«, sagte Bill.

»Kommt nicht in Frage.«

»Wieso nicht?«

Jetzt war es Bill, dem die Zornesröte ins Gesicht stieg. Matt brummte vage Ausflüchte. Er bedauerte es, daß George angeln gegangen war und nichts dazu sagen konnte.

»Aber du bist ja erwachsen genug. Du mußt selbst wissen, was du zu tun hast.«

Auf dem Portagepfad kamen ihnen mehrere Gruppen entgegen. Darunter auch ein Ehepaar mit zwei Kindern im Alter von ungefähr dreizehn und fünfzehn Jahren. Die Mutter, eine elegante Frau, die einen couragierten und entschlossenen Eindruck machte, trug mit Hilfe eines Lederriemens, den sie über die Stirn gelegt hatte, zwei Sack Mehl auf dem Rücken. Ihre Haare waren mit einem grünen Seidenschal zurückgebunden, der ihre hellen Augen zur Geltung brachte. Sie streifte Matt mit einem Blick. Er schenkte ihr ein aufmunterndes Lächeln.

»Heute abend sind Sie nicht mehr allein«, sagte er zu ihr, als sie auf seiner Höhe stehenblieb. »Im Lager ist bereits eine Frau. Sie heißt Mary.«

»Ich habe von ihr gehört«, antwortete sie. »Bei den vielen Männern hier bleibt eine Frau nicht unbemerkt.«

Matt konnte ein Lied davon singen.

»Es kommen noch mehr Frauen. Wir bleiben da oben nicht die einzigen.« Sie deutete nach Norden.

»Um so besser«, erwiderte Matt, und sie trennten sich.

Oberhalb der Stromschnellen hatte es sich herumgesprochen. Die Neuankömmlinge wußten, daß Matt den Canyon ohne große Probleme durchfahren hatte, und die Zahl derer, die das Wagnis eingehen wollten, stieg. Matt gab bekannt, daß er noch ein letztes Boot durch die Stromschnellen steuern wollte. Die beiden ersten Angebote lehnte er ab. Die Boote waren ihm zu schwer und nicht wendig genug.

Für zehn Dollar erklärte er sich bereit, das Boot einer Gruppe von Fischern aus Seattle zu steuern. Es war perfekt getrimmt. Bill entschied sich für ein größeres mit geringem Tiefgang, das aber gut gebaut schien und einen stabilen Eindruck machte. Auch er kassierte zehn Dollar.

»Du brauchst nur hinter mir herzufahren«, schlug Matt vor.

»Wenn du es zweimal geschafft hast, ohne hinter jemandem herzufahren, kann ich das auch, oder nicht?«

Bill sah ihn herausfordernd an.

»Davon bin ich überzeugt, aber meinst du nicht, wir sollten das Risiko möglichst klein halten?«

Der junge Mann überlegte.

»Nein, ich fahre lieber allein. Wenn ich dir nachfahre, lenkt mich das nur ab. Man kann unmöglich ein Boot im Auge behalten und gleichzeitig auf die Gefahrenstellen in den Stromschnellen achten.«

»Wenn du hinter mir herfährst, meidest du die Gefahrenstellen.«

»Wer garantiert mir, daß es dir gelingt, dieselbe Route zu fahren wie beim letzten Mal?«

Dieses Argument entwaffnete Matt.

»Wie du willst!«

Jeder traf allein seine Vorbereitungen. Alle Anwesenden wußten, daß Matt schon zweimal heil durchgekommen war, und so fragte ihn eine Gruppe, ob sie ihm nachfahren könne. Er erklärte sich unter der Bedingung einverstanden, daß sie mindestens zweihundert Meter Abstand hielten, um jedes Risiko eines Zusammenstoßes auszuschließen, falls er durch einen Wirbel oder eine Gegenströmung gebremst werden sollte.

»Hast du es dir auch gut überlegt, Bill?« unternahm Matt einen letzten Versuch. »Willst du mir nicht doch lieber nachfahren?«

»Bis nachher, auf der anderen Seite«, war Bills ganze Antwort.

Er muß sich selbst etwas beweisen, dachte Matt bei sich, und dazu ist jetzt die beste Gelegenheit.

Es war spät, und ein malvenfarbenes Licht ergoß sich über den See, der Beginn einer farbenprächtigen Dämmerung. Teile des Canyons waren bereits in Schatten getaucht.

»Los geht's.«

Einer von Matts Mannschaft bekreuzigte sich, dann nahm jeder seine Position ein. Die Männer ruderten mit kräftigen Stößen, und Matt mußte ihren von der Angst befeuerten Eifer etwas bremsen, damit er später in den Wirbeln und Wellen, wo er wirklich nötig war, nicht erlahmte. Aber sie waren stark und ausdauernd, und die Angst verdoppelte ihre Kräfte. In der ersten Engstelle übernahmen sie viel Wasser, und zweimal wurden sie so stark von Querwellen fortgerissen, daß Matt alle Mühe hatte, das Boot wieder in die richtige Strömung zu bringen. Es war nur eine Frage weniger Meter. Matt glaubte schon, sie würden gegen den Felsblock prallen, den man unlängst den »Felsen der Wahrheit« getauft hatte, doch sie schossen knapp an ihm vorbei. Wieder wurden sie mit Hochrufen empfangen.

Das erste Boot hinter ihnen war leichter und kam noch glatter durch. Doch von Bills Boot war nichts zu sehen. Sie warteten ein paar hundert Meter vom Camp entfernt und hielten sich mit leichten Ruderschlägen im Kehrwasser, als sie plötzlich Schreie vernahmen. Matt reckte den Hals. Ein Mann stand auf einem hohen Felsen, von dem aus man den zweiten Teil des Canyons einsehen konnte, und winkte ihnen zu. Sekunden später tauchten die Trümmer eines zerborstenen Bootes auf, dann der Körper eines Mannes, dessen aufgeblähtes Leinenhemd wie eine große Blase aussah.

»Schnell!«

Sie ruderten stromaufwärts, doch sie hatten im Canyon viel Kraft gelassen, und so kamen sie nur langsam voran, obwohl die Strömung hier nicht stark war. Die Trümmer und der Körper drehten sich in einem Wirbel.

»Da kommt noch einer!«

Dieser Mann lebte. Matt erkannte ihn wieder. Er gehörte zu Bills Mannschaft. Er klammerte sich mit einem Arm an ein Wrackteil. Sie zogen ihn heraus. Der andere Arm war gebrochen und hing schlaff herunter. Es war höchste Zeit gewesen. Der Mann atmete schwer und verlor das Bewußtsein. Sie legten ihn ins Boot. Das andere Fahrzeug, das Matt gefolgt war, hatte sogar zwei Männer geborgen. Aber keine Spur von Bill. Sie fischten noch einen vierten Überlebenden heraus, dann nichts mehr. Zwei weitere Boote kamen ihnen zu Hilfe. Die Insassen ruderten mit kräftigen Schlägen in Richtung Stromschnellen.

»Wie viele fehlen noch?«

»Mindestens vier.«

Leichen, die von einer großen Welle unter Wasser gedrückt wurden, gab der Fluß häufig erst ein gutes Stück stromabwärts wieder frei. Sie wurden ans Ufer gespült, wo ihnen wilde Tiere ihre Krallen in die Brust schlugen.

Matt sperrte die Augen weit auf, aber der Canyon gab die Vermißten nicht mehr her. Sie ruderten noch eine Weile im Kreis, dann kehrte ein Boot nach dem anderen ins Lager zurück, wo sich all die versammelten, die den Canyon überwunden hatten.

Die Dämmerung senkte sich über die Taiga, breitete einen dunklen Schleier über den Fluß und zog ein graues Tuch über die Toten. Der Tod gehörte zu diesem wilden Land und bestrafte diejenigen, die leichtfertig mit ihm spielten.

21

DER SAFT ERSTARRTE UNTER DER RINDE DER FICHTEN, die den Fluß säumten. Der Herbst ging zu Ende, und das Rot des Laubs wurde dunkler. Schneeregen setzte die Sümpfe unter Wasser. Der Fluß wurde schlammig, und an der Oberfläche trieben die letzten gelbverfärbten Blätter, die der Wind von den Birken und Espen geweht hatte. Hoch am aschgrauen Himmel zogen Vogelschwärme dahin, ohne zu rasten. Die anderen, die blieben, rüsteten sich für den Winter.

Alle hatten es eilig. Im Morgengrauen verließen alle Boote den Strand, an dem den ganzen Tag über andere anlegen würden. Verzweifelt und erschöpft war George schließlich eingeschlafen.

»Armer Kerl«, sagte Mary, die in der Nacht kein Auge zugetan hatte.

»Ich fühle mich mitschuldig«, erwiderte Matt. »Ich hätte ihn nicht fahren lassen dürfen.«

»Du hast versucht, es ihm auszureden, mehr konntest du nicht tun.«

Matt brummte ein paar unverständliche Worte. Seit Stunden grübelte er über die Tragödie nach. Er wußte nicht mehr, was er denken sollte. All die Toten und die vielen, die noch folgen sollten, heute, morgen, Tag für Tag.

George wollte weitermachen, um den Leichnam seines

Sohnes zu finden, bevor die wilden Tiere ihn fraßen. Und weil er insgeheim auf ein Wunder hoffte. Vielleicht lag Bill verletzt ein Stück stromabwärts. Eine lächerliche Hoffnung, und dennoch klammerte er sich an sie.

Matt wollte nur noch eines. Diesen Ort verlassen. Immer weiterfahren, als könnte der räumliche Abstand das Unglück mildern. Doch am leichtesten vergaß man, wenn man etwas tat. Hinten im Boot kuschelte sich Mary mit Gold im Arm in Decken, um der Kälte und den Windböen zu entrinnen. George saß im Bug und hielt nach seinem Sohn Ausschau. Matt fuhr dicht an dem Ufer entlang, an das der Wind die Leiche getrieben haben mußte. Doch er mußte in die Flußmitte zurückkehren, um in den Untiefen nicht auf Grund zu laufen. Der Vater bot ein Bild des Jammers. Alle Trauer dieser Welt lag in seinem stumpfen Blick.

Dreimal legten sie an. Ein erstes Mal, als sie Raben bemerkten, die über einem Erlengestrüpp krächzten, doch sie fanden nur die Überreste eines Elchs, den Wölfe gerissen hatten. Beim zweiten Mal sahen sie einen Bären am Ufer etwas fressen. Doch es war nur ein Lachs, ein großer Königslachs, der zum Laichen in einen kleinen Bach geschwommen war.

Beim dritten Anlanden entdeckten sie eine Leiche, vielmehr das, was noch von ihr übrig war. Sie lag schon mehrere Tage da, und nur Stoffetzen hingen noch an den abgenagten Knochen.

George betrachtete sie mit Entsetzen. Matt zog ihn fort.

»Komm. Das hat doch keinen Sinn!«

Mary setzte sich zu ihm und hielt seine Hand. Sie fuhren weiter. Matt blieb nicht mehr in Ufernähe. Wozu auch? George spähte nicht mehr nach seinem Sohn aus. Er schlief erschöpft ein, und die Zuckungen seines Körpers verrieten, daß er Alpträume hatte. Der Wind drehte von West auf Nord und entlaubte die Bäume. Sie überholten ein überladenes Boot, das gegen die Windböen ankämpfte, und griffen zu den Rudern, als es durch leichte Stromschnellen ging. George schlief noch immer. Gold lag neben ihm. Von Zeit zu Zeit hob sie den Kopf und sog die Gerüche ein, die der Wind ihr zutrug.

»Sie wird bald werfen«, sagte Mary, als sie ihr den Bauch massierte.

Und tatsächlich, am Nachmittag begann Gold zu wimmern und unruhig im Boot auf und ab zu laufen, als suche sie etwas. Auf einer Landzunge, an deren Spitze sich jede Menge morsches Holz angesammelt hatte, schlugen sie das Lager auf. Kaum hatten sie angelegt, lief Gold davon. Matt und Mary fanden sie später. Die Hündin hatte sich an einer geschützten Stelle unter einem Felsen eine Art Höhle gegraben und polsterte sie jetzt mit Unterwolle aus, die sie sich aus dem Fell rupfte.

»Lassen wir sie in Ruhe«, schlug Matt vor und zog Mary am Arm fort. Sie kehrten zu George ans Lagerfeuer zurück, das sie entzündet hatten, bevor sie sich auf die Suche nach Gold gemacht hatten. George sah sie mit leerem Blick an. Mitfühlend setzte sich Mary neben ihn. Sie gab ihm etwas zu essen, doch er bekam keinen Bissen runter.

»Dieses Land ist unerbittlich, George«, sagte Matt. »Du mußt zusehen, daß du bei Kräften bleibst, wenn du weiterkämpfen willst.«

George antwortete nicht. Er stierte nur gedankenverloren in die Flammen.

Ein zweites und dann ein drittes Boot legten vor Einbruch der Dunkelheit an der Halbinsel an, angezogen von dem großen Lagerfeuer, das ihr Zelt erleuchtete, das sie in Ufernähe zwischen zwei Espen aufgestellt hatten. Sie kannten sich. Im ersten Boot saßen zwei Männer aus San Francisco namens Bertaud und Fazeau, und im anderen eine Gruppe Fischer. Sie hatten am Nachmittag an der

Mündung eines kleinen Yukon-Zuflusses angelegt, um Lachse zu angeln. Sie hatten drei gefangen, die sie jetzt an ihrem Feuer brieten und mit ihnen teilten.

»Morgen kommen wir an die Stromschnellen von Whitehorse« sagte einer von ihnen. »Das wird kein Zuckerschlecken nach dem, was man so hört.« Und an Matt gewandt, fuhr er fort: »Wirst du wieder mehrere Boote durchbringen?«

»Nein, nur sein eigenes, mehr nicht«, antwortete Mary für ihn.

Die Männer sahen sie an und nickten mit wissender Miene. Matt öffnete den Mund, um zu protestieren, besann sich aber anders und schmunzelte in sich hinein.

»Verstehe«, sagte Fazeau und stopfte sich eine geschnitzte Pfeife, die nie seinen Mundwinkel verließ.

»Wenn der Nordwind anhält, gibt es morgen sehr hohe Wellen«, sagte Matt. »Dann müssen wir umtragen.«

»Wir tun, was du tust«, versicherte einer der Fischer. »Flüsse sind uns nicht ganz geheuer. Sie sind tückisch. Anders als das Meer.«

»Soviel ist sicher«, bekräftigte einer der anderen.

»Mir macht das Meer Angst«, gestand Matt. »Es ist so groß, man kommt sich so klein vor.«

Einer der Männer wollte gerade etwas erwidern, als sie ein Fauchen vernahmen, ein zorniges Fauchen. Matt reagierte als erster, denn er begriff vor den anderen, was los war. Er riß einen brennenden Knüppel aus dem Feuer und rannte zu Golds Höhle, denn von dort kam das Fauchen.

Der Mond tauchte die Lichtung in ein diffuses Licht. Matt blieb abrupt stehen. Vor ihm kauerte sprungbereit ein Luchs und fauchte ihn mit gefletschten Zähnen an.

Matt umklammerte den Knüppel, den er aus dem Feuer gezogen hatte, mit festem Griff und schwenkte ihn vor der Katze. Ihre Fangzähne blitzten, und das zornige

Funkeln ihrer Augen durchbohrte die Nacht. Sie hatte es bestimmt auf die Welpen abgesehen. Ihr Winseln mußte sie angelockt haben. Gold war eine tapfere Hündin, aber gegen diesen Räuber hätte sie nichts ausrichten können.

»Mistvieh!«

Der Luchs starrte ängstlich auf den glühenden Knüppel, mit dem Matt vor ihm herumfuchtelte. Matt holte aus, um ihm einen Hieb zu versetzen, doch der Knüppel brach ab und fiel zischend auf den feuchten Boden. Er glomm noch einen Augenblick, dann erlosch er. Der Zorn des Luches loderte wieder auf. Auf steifen, großen Pranken kam er näher und setzte zum Sprung an. Matt wurde sich der unbändigen Kraft der Katze bewußt. Sie würde ihn in Stücke reißen.

Ein Schuß zerriß die Nacht. Der Luchs überschlug sich und blieb am Boden liegen. Eine Kugel hatte knapp unterhalb des Mauls seinen Hals durchschlagen.

Matt fuhr herum, um festzustellen, wer geschossen hatte.

»Mary?«

»Mein Vater hat mit der Pistole geübt und mir das Schießen beigebracht«, sagte sie, wie um sich zu entschuldigen.

Matt stieß den Luchs mit dem Fuß an. Er zuckte nicht einmal mehr. Er war auf der Stelle tot gewesen. Ein Meisterschuß. Ganz nahe, unter dem Felsen, war deutlich das Winseln der Welpen zu hören. Matt ging hin und zählte im Mondlicht die Jungen, indem er sie nacheinander von den Zitzen der Mutter nahm, die sich zitternd wieder hingelegt hatte.

»Du hast nichts mehr zu befürchten, mein Mädchen. Niemand wird deinen Kleinen etwas tun.«

Es waren sieben, ein Weibchen und sechs Rüden. Das Weibchen war ganz weiß, die anderen waren ganz schwarz oder gefleckt.

»Alles in Ordnung, mein Mädchen. Alles in Ordnung.«

Auch Mary hatte sich herabgebeugt und lächelte. Matt nahm sie in die Arme. Die Männer nahmen den Luchs hoch und zogen sich diskret ins Lager zurück. Matt mußte die Wärme ihres Körpers spüren. Er streichelte ihr Gesicht. Sie lächelte, und ihr Blick verriet Stolz.

»Danke, Mary, du hast mir aus einer brenzligen Situation geholfen.«

»Wie wär's mit einer Belohnung?«

Sie zog ihn auf sich und öffnete ihre Beine. Sie zogen nur das Nötigste aus, und Matt drang sanft in sie ein.

22

MANCHE BEHAUPTETEN, DIE STROMSCHNELLEN VON Whitehorse seien die gefährlichsten von allen, aber das war nur Gerede. Zwar verursachten die Wassermassen in dem engen Schlauch, in den der Fluß an dieser Stelle gezwängt wurde, ein Höllengetöse, doch ein gutes Boot kam ohne große Schwierigkeiten durch. Nur vor dem Wind mußte man auf der Hut sein, denn er warf wildschäumende, sich brechende Wellen auf. Wer einen ungünstigen Zeitpunkt wählte oder überstürzt losfuhr, ohne vorher die Gefahren abzuschätzen, kenterte und zerschellte an den Felsen.

»Wir warten bis morgen früh«, beschloß Matt. »Bei Tagesanbruch müßte der Wind abflauen.«

»Wie du meinst«, erwiderte George, der wieder etwas zu Kräften kam.

Matt hatte im Heck des Bootes eine Art Nest hergerichtet, in dem Gold und ihre Welpen bequem auf einer zusammengefalteten Decke lagen. Mary wachte über sie, kraulte die Hündin und bot ihr unablässig Futter und Wasser an. Beim Anblick der Welpen hatte George flüchtig gelächelt. Er war sich unschlüssig, was er tun sollte. Weitermachen? Im Grunde hatte er keine andere Wahl. Niemand fuhr den Yukon hinauf. Am schnellsten kehrte man in die Zivilisation zurück, wenn man den Fluß bis zur über 1500 Kilometer entfernten Beringstraße hinunterfuhr, vorbei an der Goldgräberstadt Dawson, die wie ein Pilz innerhalb weniger Wochen aus dem Boden geschossen war. Matt hatte ihm das klarzumachen versucht. George hatte die ganze Zeit beifällig genickt, aber keinen einzigen Blick auf die Karte geworfen, die Matt mit einem Stock in den Boden gekratzt hatte.

Vor dieser improvisierten Karte waren Matt, Mary und die sieben anderen Männer ins Träumen geraten. Sie zitterten vor Gier, als sie auf dieser Erde knieten, die das Gold barg. Die Frucht war nicht mehr unerreichbar. Bis auf die Stromschnellen von Whitehorse hatten sie alle Hindernisse überwunden. Dahinter brauchten sie sich nur noch von der Strömung treiben zu lassen und das Boot in der Flußmitte zu halten. Das Gold würde zu ihnen kommen, und sie würden die ersten sein. Sie waren reich.

»Wir durchfahren sie morgen früh wie du«, sagte Fazeau, als Matt sich in sein Zelt zurückziehen wollte.

»Ich fahre nur bei schwachem Wind.«

Einer der Fischer hob den Blick zu den Sternen.

»Ich glaube, es wird kälter. Es wird keinen Wind geben.«

Auf dem Weg zu den Zelten trat einer der Fischer, ein gewisser Albin, an Matt heran und zog ihn auf die Seite.

»Wie ist das mit Mary?« begann er. »Muß man das mit dir regeln?«

»Wovon sprichst du?«

Sein Ton wurde drohend, und Albin schien zu zögern, faßte sich dann aber ein Herz.

»Na ja ... es heißt, daß sie hier ist, um anzuschaffen, und ich ...«

Er kam nicht dazu, den Satz zu beenden. Matt versetzte ihm einen Fausthieb. Albin taumelte, fand aber das Gleichgewicht wieder und stürzte sich auf den Angreifer. Ein Ringkampf entbrannte. Alarmiert durch den

Lärm, sprangen die Männer herbei und gingen dazwischen, als der Fischer, der stärker war als Matt, gerade die Oberhand gewann. Auch Mary war dabei.

»Was ist denn passiert?«

»Dieser Dreckskerl hat dich eine Hure genannt.«

Mary sah alle beide kalt an.

»Na und wenn schon, er hat ja recht. Ich bin eine Hure. Schämst du dich deswegen?«

»Mary!«

»Was, Mary?«

»Ich verbiete dir …«

Sie war vor Wut rot angelaufen und packte ihn. Ihr glühender Blick durchbohrte ihn.

»Jetzt hör mal gut zu, Matt. Du hast keinen Anspruch auf mich. Nicht den geringsten! Und wenn du dir etwas darauf einbildest, daß du mich gratis gevögelt hast, schlag es dir aus dem Kopf. Ab sofort gilt für dich dasselbe wie für jeden anderen. Du wirst bezahlen.«

Sie ließ ihn wieder los. Matt wirbelte herum und trat wütend gegen einen Wasserkessel, der davonkullerte und in einiger Entfernung scheppernd gegen einen Felsen prallte.

Aufgebracht wie er war, schlief er erst sehr spät ein. Mary kam in der Nacht nicht zurück, und am Morgen war sie nicht auf dem Boot, obwohl er angenommen hatte, sie habe dort geschlafen. Sie tauchte erst wieder auf, als er das Zelt abbaute, und sie wandte den Blick nicht ab, als er sie anstarrte. Fazeau und zwei Fischer beobachteten die Szene.

»Was ist denn noch? Willst du wissen, was ich getan habe? Oder vielleicht, wieviel ich verlangt habe? Fünfzehn Dollar. Und basta!«

Die drei anderen gaben keinen Kommentar ab. Matts Gesicht lief rot an. Er fragte sich, wie eine Frau soviel Würde beweisen konnte, wenn sie ausposaunte, daß sie eine Hure war. Er war nicht mehr enttäuscht. Mary entzog sich ihm, weil er es nicht verstanden hatte, den dünnen Faden, der sie verband, zu schützen. Sie würde für alle da sein oder für keinen. Wie alle anderen war sie hier, um ein Vermögen zu machen, und sie gehörte nur sich selbst.

George und er beluden das Boot. Wie gewöhnlich packte Mary das Kochgeschirr ein und legte das Zelt zusammen. Sie wechselten kein Wort, und Matt vermied es, sie anzusehen, oder Albin, der sich vorsichtshalber abseits bei seinem Boot aufhielt. Matt prüfte den Wind, kontrollierte ein letztes Mal die Ruder und gab den Befehl, die Leinen loszumachen. Einer der Fischer hatte sich zu ihnen gesellt und Bills Platz am Ruder eingenommen. In ihrem Boot waren genug Leute, eher zu viele in Anbetracht ihrer Ladung. Mit diesem Arrangement für einen Tag war allen gedient.

Die Stromschnellen von Whitehorse waren die schnellsten von allen, und die Boote durchfuhren sie in knapp zwei Minuten. Ein zweiminütiger Alptraum, in dem die Felswände auf beiden Seiten in schwindelerregendem Tempo an ihnen vorbeiflogen. Das Boot ließ sich ziemlich einfach in der Mitte der Strömung halten. Gefahr drohte nur von den Wellen, die jeden verschlangen, der nicht auf der Ideallinie blieb.

Alle Fahrzeuge kamen ohne Zwischenfall durch. Nur das Boot von Fazeau wurde von einer Querwelle erwischt und übernahm soviel Wasser, daß es sich nicht mehr steuern ließ. Es wurde von den Wellen hin und her geworfen und kenterte am Ende der Stromschnellen. Die Fischer konnten die beiden Pechvögel bergen, doch ein Großteil ihrer Ausrüstung und ihres Proviants war verloren.

Sie entdeckten stromaufwärts einen Felsvorsprung, an den sich ein kleiner Strand schmiegte. Dort legten sie an.

Fazeau schäumte und warf seinem Begleiter vor, er habe seinen Befehl nicht befolgt.

»Ich wußte sehr wohl, daß wir es abfangen mußten.«

»Aber du hast in die entgegengesetzte Richtung gesteuert.«

»Ach woher denn!«

»Hört mal«, ging Matt dazwischen. »Ihr geht uns auf die Nerven mit eurem Gezanke. Euer Boot ist gesunken, und damit basta. Wenn ihr euch weiter streitet, lassen wir euch hier!«

»Heißt das ... ihr wollt uns mitnehmen?«

Matt suchte Georges Blick, und der nickte ihm zu.

»Von jetzt an ist die Fahrt ein Kinderspiel«, sagte Matt, »und wir haben noch Platz.«

»Wie sollen wir euch das jemals vergelten?«

»Darüber sprechen wir später.«

»Und ich habe wohl überhaupt nicht mitzureden?«

Alle drehten sich nach Mary um. Matt blieb wie versteinert stehen und rührte sich keinen Millimeter von der Stelle.

»Bist du etwa nicht einverstanden?« fragte George.

»Doch, aber ich würde mir wünschen, daß man mich nach meiner Meinung fragt oder mir klar sagt, wenn ich nicht mehr zur Gruppe gehöre.«

»Zu meiner gehörst du auf jeden Fall«, versprach George.

»Und wenn du von diesem Boot genug hast, bei uns wäre noch ein Platz für dich frei«, setzte einer der Fischer hinzu und zwinkerte ihr verschwörerisch zu.

»Ich danke euch. Und du, Matt, was sagst du dazu?«

»Ich sage gar nichts.«

Grimmig ging er zum Boot.

»Was hast du vor?« fragte ihn Fazeau.

»Wir werden es entladen und zum Trocknen umgekehrt auf die Steine legen.«

»Jetzt gleich?«

Es war fast Mittag. Matt zeigte zum Himmel.

»Wir müssen den Wind und die Sonne ausnutzen. Das Boot trocknet schnell, und die Zeit, die wir jetzt verlieren, holen wir später wieder herein, weil das Boot leichter ist.«

»Dann machen wir das auch«, beschloß Albin.

Die Fischer stimmten zu.

Unterdessen entzündeten George und Mary ein Feuer und machten etwas zu essen. Zwei Boote fuhren vorbei. Sie hielten nicht an und winkten ihnen nur zu. Matt kannte die Männer. Er hatte sie auf dem Bennett-See und an den Stromschnellen des Miles Canyon gesehen.

Die Fischer wurden nervös.

»Sollen wir uns den ganzen Nachmittag von anderen überholen lassen?«

Als stromaufwärts abermals zwei Boote auftauchten, wuchs das Unbehagen unter den Fischern. Sie tauschten heimlich fragende Blicke, und auf einmal, ohne ein Wort zu sagen, stapften sie los, drehten ihr Boot um, beluden es und schoben es ins Wasser.

»Wir waren als erste hier und haben keine Lust, uns von allen überholen zu lassen«, sagte Albins Bruder und gab George die Hand. Seine Erklärung für ihren überstürzten Aufbruch war vor allem für Matt bestimmt, doch der zuckte nur mit den Schultern.

»Macht, was ihr wollt ...«

Zerstreut drückte Matt die Hände, die sich ihm entgegenstreckten, und als Albin sich von ihm verabschieden wollte, drehte er sich weg. Ein spöttisches Lächeln ging über Marys Gesicht. Sie trat vor und baute sich vor ihm auf.

»Entweder du bittest mich zu bleiben und hörst mit dem Theater auf, oder ich fahre mit denen.«

Sie deutete mit dem Kopf auf die Fischer.

Matt faßte in die Tasche, zog sein Taschenmesser hervor und schnitzte an dem Holzstock, den er sich besorgt hatte, um daran den Teekessel übers Feuer zu hängen.

»Tu, was du willst!«

Sie schürzte die Lippen und bezähmte ihre Wut.

»Na wunderbar.«

Sie raffte ihre Sachen zusammen, streichelte Gold und ihre Jungen, für die Matt neben dem Boot die Decke ausgebreitet hatte, und stieg ein, nachdem sie George, Fazeau und Bertaud umarmt hatte. Keine zwei Minuten später verschwand ihr Boot, von der Strömung getragen, in dem dunklen Streifen am rechten Ufer, wo sich Rottannen im Wasser spiegelten.

»Du hättest sie nicht gehen lassen dürfen«, brach Bertaud das betretene Schweigen, das nach der Abfahrt der Fischer eingetreten war.

»Wieso denn nicht? Sie wollte doch unbedingt mit!«

»Du hättest sie zurückhalten können«, mischte sich Fazeau ein und strich seinen dünnen schwarzen Schnurrbart glatt.

»Das ist allein meine Sache.«

»Wie du willst. Wir haben es nur gut gemeint.«

»Ich sagte, das ist allein meine Sache.«

George legte ein paar Holzscheite ins Feuer und hob den Blick zu seinem dickköpfigen Gefährten, der sich noch immer nicht gerührt hatte und nachdenklich auf den Fluß blickte.

»Wir werden sie schon wiedersehen. So groß kann Dawson ja nicht sein.«

»Ist mir doch egal.«

Diesmal hielt es Matt nicht mehr aus. Er fuhr auf dem Absatz herum, griff sich die Angelrute, die an einem Baum lehnte, und verließ das Lager.

23

FRÜHER HATTE ES AM ZUSAMMENFLUSS VON YUKON und Klondike nur eine Art Sumpf gegeben. Jetzt gab es dort eine Stadt: Dawson. Man hatte den Sumpf mit Erde und Steinen aufgefüllt, die aus dem Hügel gebrochen worden waren, und dann aus grob behauenen Brettern, die kaum trocken waren und aus denen noch der Saft lief, Hütten, Saloons, Hotels und Läden gezimmert. Neben diesen wenigen Holzhäusern reihten sich Dutzende von Zelten. Durch die Stadt zogen sich Straßen voller Schlamm, in dem die Menschen bis zu den Knien versanken und die Pferde sich die Hufeisen abrissen. Gehsteige aus Holz wurden errichtet, damit man von Haus zu Haus gehen konnte. Schlüpfrige Dielen, schwarz vor Dreck, auf denen sich geschäftige Männer drängten, die es eilig hatten.

Und jeden Tag tauchten neue auf, bärtige und verdreckte Gestalten, erschöpft von der langen Reise, die Gesichter blutig und von Mücken zerstochen. Männer, die enttäuscht waren, hier so viele andere vorzufinden. Und das Gefühl hatten, zu spät zu kommen.

Matt und seine Begleiter erblickten Dawson, als sie die Insel passierten, die in einer Flußbiegung lag und die Stadt verdeckte. Aus Dutzenden von Hütten und Zelten stiegen Rauchsäulen in den Himmel, der von einem schönen wäßrigen Blau war. Die Größe des Ortes, den man ihnen als gewöhnliches Camp beschrieben hatte, beeindruckte sie.

Ein Dampfschiff lag am Kai, an dem sich gut hundert Menschen drängten, die beim Löschen der Ladung halfen. Man schenkte ihnen keinerlei Beachtung. Boote wie ihres kamen jeden Tag zu Dutzenden an. Niemand scherte sich darum. Matt und Fazeau sahen sich mit skeptischer Miene an.

»Tja, mein Lieber, von wegen Marktflecken!«

»Unglaublich!«

Sie suchten sich eine freie Stelle hinter dem Kai, legten an und erklommen die Böschung, einen mit Erde und Steinen aufgeschütteten Damm, der mit Holzspänen und Kiefernrinde bedeckt war. Ein großes Zelt, an dem ein weißes Schild mit der Aufschrift *Le Monte-Carlo* prangte, überragte die Anlegestelle.

»*Ein Glas Whiskey ein Dollar*«, las George. »Ich lade euch zu einer Runde ein. Unser Erfolg muß gefeiert werden.«

Sie betraten das Zelt, in dem sich rund zwanzig Goldsucher drängten.

»Was wünschen die Chechaquos?«

»So nennt man hier die Neuankömmlinge«, erklärte ihnen ein Goldsucher.

Sie bestellten Whiskey.

»Wenn du uns auch einen ausgibst, machst du dich beliebt«, schob ein anderer nach, während George bezahlte.

Ein Lächeln huschte über Georges Gesicht.

»Und bin dann der Gelackmeierte, nein danke!«

»Das bist du doch schon!«

»Wieso?«

»Du willst hier doch Gold suchen, oder etwa nicht?«

»Das wollte ich.«

Dem Goldgräber entging offenbar die Nuance seiner Antwort.

»Na, dann weißt du ja bestimmt auch, daß alles vergeben ist.«

»Alles?« entfuhr es Fazeau, der sein Glas auf einen Zug halb leerte.

»Nein, alles nicht«, antwortete ein zweiter Goldgräber und zwinkerte den anderen zu. »Es gibt noch Claims … Dort, wo kein Gold liegt.«

Sie brachen in Gelächter aus.

Bertaud war rot angelaufen.

»Aber es gibt Arbeit. Auf den besten Claims stellen sie Leute ein. Ich habe gehört, daß sie auf Tim's Placer ein Dutzend Leute suchen.«

Matt, der am anderen Ende des Tresens lehnte, hatte noch nichts gesagt. Er hörte skeptisch und argwöhnisch zu. Er leerte sein Glas in einem Zug.

»Wir treffen uns in einer Stunde am Boot«, sagte er zu den drei anderen. »Ich sehe mich mal ein bißchen um.«

Er verließ das große Zelt mit den Bretterwänden, unternahm einen Rundgang durch die Stadt und beobachtete das ungewöhnliche Treiben in den Straßen, die schwarz von Menschen waren. Jeder transportierte etwas, sei es auf dem Rücken, sei es auf einem Karren, den Pferde oder sogar Hunde zogen. Er schnappte ein paar Gespräche auf, befragte mehrere Leute und begab sich schließlich zu dem Zelt, in dem ein gewisser Captain Constantine die Claims registrierte. Der Captain war ein großer, schnauzbärtiger Kahlkopf, den die Regierung hierher geschickt hatte, um in dieser Kleinstadt, die keine mehr war, für Ruhe und Ordnung zu sorgen. Er war darüber hinaus auch für die Registrierung der Claims zuständig und wurde dabei von einem jungen Corporal von den Mounties unterstützt, der sich im Unterschied zu ihm hier sichtlich unwohl fühlte. Gleichwohl war es der Corporal, der Matt recht freundlich einige Fragen beantwortete, während drei Männer den Captain dazu zu überreden versuchten, mitzukommen und einen Streit um eine Claimgrenze zu schlichten.

Matt gewann die Überzeugung, daß sie keine Zeit zu verlieren hatten. Einem Gerücht zufolge waren die Seitentäler des Klondike noch zu haben. Sie mußten sich sputen. In ein paar Tagen würde alles vergeben sein.

Er eilte zum Anlegeplatz zurück und fand George im Gespräch mit ein paar Neuankömmlingen, die über das, was sie hier zu hören bekamen, offenbar zutiefst schokkiert waren.

Matt zog George beiseite.

»Hör zu, ich glaube, da oben kann man sich noch Claims sichern.«

Er deutete in Richtung Klondike.

»Und wie geht das?«

»Wir müssen hin und ein Stück Land abstecken, hundertzweiundsechzig Meter lang und zweihundert Meter breit. Anschließend kommen wir wieder her und lassen es beim Regierungsbevollmächtigten registrieren.«

»Gibt es hier denn einen?«

»Ja, und er kann sich nicht über Mangel an Arbeit beklagen. Er hat schon über achthundert Claims registriert.«

»Hör zu, Matt, tu, was du willst, aber mich interessiert das nicht mehr. Ich wollte dieses Abenteuer zusammen mit Bill erleben. Ohne ihn ist es nicht mehr dasselbe. Ich fahre mit dem nächsten Schiff zurück.«

»Ich verstehe, George, aber du solltest keine voreilige Entscheidung treffen. Du könntest es bereuen. Schließlich bist du hergekommen, um ...«

George brachte ihn mit einer Geste zum Schweigen.

»Spar dir die Mühe. Geh und sichere dir einen Claim.

Ich warte hier auf dich. Ich passe auf Gold und das Boot auf.«

»Danke, George.«

Matt packte nur das Allernötigste zusammen und machte sich sofort auf den Weg zur Klondike-Mündung. Auf dem schlammigen Pfad, der am Fluß entlangführte, begegneten ihm Pferdewagen und Dutzende Goldgräber.

Matt marschierte über drei Stunden am Klondike entlang, erkundete zwei Zuflüsse und konnte dabei feststellen, daß schon alles vergeben war. Allerdings wies man ihn auf einen Sektor jenseits der Wasserscheide zwischen dem Klondike und einem parallelen Zufluß des Yukon hin, wo im Unterschied zu allen anderen Bächen, die er bisher gesehen hatte, noch nicht von der Mündung bis zur Quelle Claims abgesteckt waren. Am nächsten Tag begab er sich dorthin und fand einen Bach, an dem ein Schwede namens Gefferson den letzten Claim – »78 oben« – abgesteckt hatte. Er steckte seinen Claim ab – »79 oben« –, schrieb seinen Namen auf einen Pflock und stieg wieder hinab, um weiterzusuchen, denn er war überzeugt, daß sein Stück Land nichts wert war. Doch es gab nichts anderes mehr, es sei denn, man entfernte sich von den Fundstellen, aber dann waren die Chancen, auf Gold zu stoßen, ungefähr ebenso groß, wie wenn man an einem beliebigen Ort zwischen Alaska und Kalifornien seine Pflöcke einschlug!

Zwei Tage später war Matt wieder in Dawson, das um gut zwanzig Zelte gewachsen war, ließ seinen Claim registrieren und bezahlte die Gebühr.

Er fand George im *Monte-Carlo.* Er unterhielt sich gerade mit einem Holzfäller namens Tom, der für einen gewissen Ladue arbeitete, dem die halbe Stadt gehörte.

»Er hatte die Idee, den Sumpf zuzuschütten«, erklärte ihm Tom. »Und er verkauft die Grundstücke.«

Matt erzählte ihnen, was er getan hatte. Tom verzog das Gesicht.

»Die Alten haben alle guten Bäche erkundet und mit Beschlag belegt. Der Rest ist nichts wert, glaube mir. Die Alten waren überall. Wenn sie an deinem Bach nichts abgesteckt haben, dann ist dort auch nichts zu holen oder nur so wenig, daß man mehr investieren muß, als man herausholt.«

»Wer sind denn die Alten?«

»Die Männer, die als erste hier waren. Leute aus den Dörfern Forty Mile, Sixty Mile und Circle und all die anderen, die schon seit Jahren in ganz Alaska nach Gold geschürft haben.«

»Gab es viele Goldsucher?«

»Gar nicht mal so viel, wenn man bedenkt, wie groß das Land ist, aber innerhalb eines Jahres sind sie alle hier aufgekreuzt. Und auf einem Haufen sind es ganz schön viele.«

»Gibt es denn so viel Gold in den Bächen?«

»In einigen Claims am Bonanza Creek und am Eldorado Creek sagenhaft viel!«

»Wie waren als erste hier und sind schon die letzten«, seufzte Matt.

24

WÄHREND DER ERSTEN MILLIARDE JAHRE IHRER EXIstenz war die Erde nur ein riesiger brodelnder Kessel, in dem nukleare Kettenreaktionen abliefen, bei denen rund hundert verschiedene Elemente entstanden. Diese Elemente gingen Verbindungen ein oder auch nicht und bildeten das, was heute unsere Umwelt ausmacht.

Eines dieser Elemente, das im Inneren der Erde bei enormer Hitze und unter unvorstellbarem Druck entstand, war ein Metall von gelber Farbe, das man viel später Gold nennen sollte. Die erstaunlichste Eigenschaft von Gold ist seine Reaktionsträgheit und seine geringe Neigung, mit anderen Stoffen wie Wasser Verbindungen einzugehen, als wolle es partout ein Edelmetall bleiben. Aus dem Innern der Erde, wo es entstanden war, stieg das Gold durch Spalten nach oben und lagerte sich in den unterschiedlichsten, weit voneinander entfernten Gegenden ab: in Afrika, Australien oder auch in Kanada.

Man findet Gold auf zwei Arten. Die erste besteht darin, daß man einen Stollen in einen Berg treibt, mit Holzverstrebungen abstützt und entlang den Goldadern, die gewöhnlich in Quarzgestein eingeschlossen sind, in die Erde gräbt. Selten handelt es sich um Klumpen, die man mit bloßem Auge erkennt, eher um winzige Körnchen, die ein Laie überhaupt nicht bemerken würde. Man gräbt

Löcher und schafft die Gesteinsbrocken an die Oberfläche, wo man sie zerkleinert und anschließend in Wasser siebt.

Für diesen Arbeitsgang leitet man gewöhnlich das Wasser eines Baches durch eine Art große Rinne aus Holz. Dabei kommt eine der wichtigsten Eigenschaften des Goldes zum Tragen, sein Gewicht. Da es schwerer ist als die meisten Mineralien und insbesondere als Quarz, setzt es sich auf dem Boden der großen Rinne ab, während die Quarzpartikel fortgeschwemmt werden. Am Schluß muß man nur noch den Goldstaub oder die Körnchen einsammeln, die sich in der Rinne abgesetzt haben oder an kleinen Holzstiften hängengeblieben sind, die man in bestimmten Abständen an ihren Boden genagelt hat.

Die zweite Methode, Gold zu suchen, ist bekannter und auch einfacher. Sie entspricht dem klassischen Bild des Goldsuchers, jenes bärtigen Mannes im karierten Hemd und mit Lederhut, der sich über einen Bach beugt und in einer Art großer Pfanne Kies rüttelt, um festzustellen, ob er Gold enthält.

Gestein, das dem Frost und anderen Witterungseinflüssen ausgesetzt ist und vom Regen ausgewaschen wird, verwittert, zerfällt und setzt im Lauf der Jahrhunderte die Elemente frei, aus denen es zusammengesetzt ist, darunter auch Gold. Da es nicht oxidiert, wird es nach dem guten alten Prinzip der Schwerkraft nach und nach in die Niederungen befördert, bis es in einem Bach oder Fluß landet, wo es eine Zeitlang hin und her gewälzt wird. Dann zerfallen die Partikel an bestimmten, vorzugsweise ruhigen Stellen auf dem Grund des Bachbetts, etwa in einer Biegung oder Untiefe, und dort bleiben sie liegen, selbst wenn ein Fluß, der im Laufe seiner Existenz tote Seitenarme bildet, seinen Lauf ändert.

Will der Goldsucher dieses Gold finden, darf er den Fluß nicht nur in seiner gegenwärtigen Gestalt sehen.

Vielmehr muß er sich vorstellen, wie er vor mehreren tausend oder gar Millionen Jahren ausgesehen haben könnte. Ein Flußbett verändert sich sogar im Zeitraum eines Menschenlebens. Um wieviel mehr dann im Verlauf von Jahrhunderten. War dort, wo heute ein Fluß fließt, gestern vielleicht ein Berg? Daran erkennt man den guten Goldsucher, an seiner Fähigkeit zu erraten, wie eine Landschaft früher ausgesehen haben könnte.

Doch die Natur hat ihre Launen und beglückt manchmal auch einen Dummkopf oder Tagedieb, wie es gewisse Prinzessinnen tun, nachdem sie die Großen dieser Welt abgewiesen haben. So auch in Alaska, wo sie einen amerikanischen Goldschürfer namens Carmacks, einen Lügner und Faulpelz, die fantastischste Goldader aller Zeiten finden ließ. Und dies war auch der Grund, warum die härtesten Burschen von Alaska dieses Gold erst sehen wollten, ehe sie dorthin strömten, wo dieser Nichtsnutz von Carmacks eine Ader entdeckt haben wollte.

Im Sommer darauf, als Matt und nach ihm Zehntausende Goldsucher eintrafen, waren nur noch Krümel übrig. Und so mußten sich die Neuankömmlinge zwischen drei Möglichkeiten entscheiden. Entweder sie kehrten nach Hause zurück, indem sie weiter den Yukon hinunterfuhren bis zur Beringstraße und dort ein Linienschiff nahmen, das sie in die Welt zurückbrachte, was allerdings nur in den Monaten vor der Eisbildung möglich war. Oder sie steckten dort, wo es noch möglich war, einen Claim ab und versuchten, etwas Gold zu schürfen. Und die dritte Möglichkeit: Sie arbeiteten für diejenigen, die vor ihnen auf die reichen Claims gestoßen waren und Hilfskräfte für ihre Ausbeutung brauchten. Denn im Gegensatz zu dem, was die meisten Neuankömmlinge glaubten, brauchte man sich nicht einfach nur bücken und das Gold vom Boden aufzulesen. Man mußte hart arbeiten, selbst auf den ergiebigsten Claims.

Bevor man eine Kiste mit Gold füllen konnte, mußte man zig Tonnen Erde und Schotter durchwühlen, hunderttausende Liter Wasser umleiten und das Gold damit auswaschen und filtern.

Im Sommer schuftete man in brütender Hitze oder strömendem Regen und wurde von den Stechmücken gepeinigt. Im Winter mußte man dort, wo man graben wollte, zunächst ein Feuer entzünden, um die Erde aufzutauen, bei vierzig Grad unter Null und in Schneestürmen im Freien arbeiten, vielerlei Entbehrungen ertragen und in engen, stinkenden Hütten schlafen.

So sah die Wirklichkeit des Goldfiebers aus, und viele wollten nur noch fort, nachdem sie mit ihr Bekanntschaft gemacht hatten. Doch der Winter nahte. Bald würden die Menschen hier festsitzen und nicht mehr wegkommen. Matt war sich darüber im klaren, entsetzt und zugleich angetan von der Vorstellung, ein so aufregendes Abenteuer zu erleben.

»Ich bin überzeugt, daß wir uns irgendwie doch noch geschickt aus der Affäre ziehen können«, sagte er zu George, als sie gemeinsam ihre Situation überdachten.

»Alles ist vergeben«, erwiderte George mutlos. »Der Claim, den du abgesteckt hast, ist nichts wert. Du hast es ja gehört.«

»Ich weiß, aber ich weiß auch, daß man es hier zu etwas bringen kann. Ich fühle es.«

»Dann fährst du also nicht mit zurück? Die *Flora* geht morgen ab.«

»Nein, ich bleibe. Um nichts in der Welt möchte ich das verpassen.«

»Was denn?«

»Ich weiß es nicht.«

George faßte ihn freundschaftlich an den Schultern.

»Du bist ein komischer Kauz, Matt, aber ich mag dich, und ich wünsche dir, daß du Erfolg hast. Du kannst alles haben, was im Boot liegt, aber wenn du zurückkommst, mußt du mich besuchen und mir alles erzählen.«

Er kritzelte seine Adresse in Juneau auf ein Stück Papier.

»Hast du noch einen Platz auf der *Flora* bekommen?« fragte Matt bewegt.

»Ja, aber ich mußte ziemlich viel bezahlen. Morgen bei Tagesanbruch legt sie ab, und der Kapitän sagt, daß wir es gerade noch vor dem Eis schaffen.«

»Es wird schon klappen, da bin ich sicher.«

Er half George, sein Gepäck auf das Schiff zu bringen, auf dem sich Waren und sogar einige Kisten Gold stapelten. Anschließend gingen sie in eine der Hütten, die hier die Speisehäuser ersetzten. Ein Teller Bohnen mit Speck kostete zwei Dollar. Beim Essen erzählte George, daß Mary leicht eine Stelle gefunden habe. Sie arbeitete jetzt im Saloon Ladue, dem größten Gebäude in der Stadt, in dessen rückwärtigem Teil der General Store zu horrenden Preisen Werkzeug, Ausrüstung und Lebensmittel verkaufte. Matt spielte den Gleichgültigen. Er begleitete seinen Freund zum Schiff und folgte ihm in die Kabine für acht Personen, in der er eine winzige Koje reserviert hatte.

»Ich wünsche dir viel Glück, George. Und danke für alles.«

Matt wandte sich schon zum Gehen, als er hinzufügte.

»Ich habe Bill gemocht. Ein feiner Kerl ... wie du.«

Er kehrte zu seinem Boot zurück, neben dem inzwischen zwanzig andere Fahrzeuge lagen. Er blieb eine Weile an der Anlegestelle, beschäftigte sich mit seiner Hündin Gold und sortierte die verschiedenen Säcke und Kisten mit Ausrüstung und Proviant. Dann rief er einen Pferdewagen herbei. Der Fuhrmann verlangte einen Dollar für hundert Pfund.

»Das ist viel zu teuer!«

»Das ist Angebot und Nachfrage, mein Junge. Sieh dich doch um.«

Er hatte recht. Matt willigte ein.

»Ich kaufe dir für fünfzig Dollar deinen alten Kahn ab. Damit kannst du weit mehr als die Fuhre bezahlen.«

Matt kannte diese Art von Geschäft. Ein organisierter Trupp zog das Boot aus dem Wasser, zerlegte es und verkaufte die Bohlen und den Rest als Brennholz. Damit ließ sich ein guter Profit erzielen. Alles drehte sich ums Geld. Alles ließ sich zu Geld machen. Matt lehnte ab. Er ließ sich mit seinem Gepäck zu einem Zeltplatz bringen, den man ihm zuwies. Platz 23 auf der Parzelle 6 für fünf Dollar die Woche, zahlbar im voraus.

»Wer kassiert die Miete?«

»Ladue, ihm gehört das Grundstück.«

»Schon wieder der. Ein gewiefter Bursche.«

Wer ein Zelt aufstellen wollte, brauchte Holz. Um den Wald in der unmittelbaren Umgebung zu schützen, hatte die Gemeinde das Fällen von Bäumen im Umkreis von einer Meile um die Stadt verboten. Matt blieb daher nichts anderes übrig, als sieben Holzstangen zu kaufen, damit er sein Lager aufschlagen konnte. Wenn es so weiterging, hatte er bis zum Ende der Woche keinen Cent mehr.

Seine Nachbarn, drei Männer aus San Francisco, hockten deprimiert und verzagt vor ihrem Zelt. Sie hatten hier kein Gold vorgefunden, sondern Halsabschneiderei. Hier wurde man nicht reich. Hier wurde man abgezockt.

Matt brachte Gold und ihre Welpen im Zelt unter und kehrte dann zur Anlegestelle zurück. Er ging Leuten beim Entladen ihrer Boote zur Hand, und als Gegenleistung halfen sie ihm, seines auf den Kiesstrand zu ziehen. Der leichte Nordwind brachte kaltes, trockenes Wetter, und die Spieren der Boote waren vereist. In den ruhigen, seichten Buchten des Flusses bildete sich bereits eine Eisschicht. Bald würden die Seen zufrieren. Allerdings würde man noch bis zu den ersten strengen Frösten warten müssen, ehe auch der bewegte Fluß mit seiner gleichmäßigen Strömung erstarrte. Bis dahin würden noch Hunderte mit ihren Booten den Yukon herunter nach Dawson kommen, wo sie eine Enttäuschung erwartete.

25

ER WOLLTE SIE SEHEN, UND DIESER WUNSCH DRÄNGTE alles andere in den Hintergrund. In der Hoffnung, Mary zu begegnen, war er den ganzen Tag in der Stadt umhergeirrt, doch sie ließ sich nicht blicken.

Unter den verächtlichen oder mitleidigen Blicken der Alten kamen weiterhin Hunderte von Chechaquos den Yukon herunter. Matt kam an einer Gruppe vorbei, die gerade an Land ging. Einer der Männer, ein großer, schlaksiger Blonder, sprach ihn an.

»Wo ist es?«

Er war ganz außer Atem.

»Was?«

Der Blonde sah Matt mit großen, runden Augen an.

»Na, das Gold natürlich!«

»Das Gold?«

»Na klar, das Gold. Wo ist es?«

Der Blonde deutete ungeduldig auf den Yukon und erklärte: »Da kommen noch Hunderte. Schnell!«

Mehrere Neugierige hatten sie umringt. Matt deutete ein Lächeln an.

»Ihr müßt euch beeilen!« sagte er zu ihm. »Es ist kaum noch was da.«

Der Blonde riß entsetzt die Augen auf. Halb brüllend erwiderte er ärgerlich: »Deshalb frage ich doch, wo es ist, verdammte Scheiße!«

Matt deutete zur Klondike-Mündung.

»Da lang. Du gehst fünfhundert Meter flußaufwärts, dann siehst du eine Hütte, hinter der ein Weg nach links abgeht. Da oben findest du einen guten Abschnitt, wo es noch Plätze gibt.«

Der Blonde bedankte sich nicht einmal. Er warf sich seinen Sack über die Schulter und rannte los. Er war noch nicht um die Straßenecke gebogen, da brachen alle in Gelächter aus. Man klopfte Matt auf die Schulter und beglückwünschte ihn zu dem Streich, den er diesem ungeduldigen Chechaquo gespielt hatte. Er hatte ihn zum Müllplatz geschickt. Erstaunlich war nur, daß die Begleiter des großen Blonden mitlachten.

»Ist das nicht euer Freund?« fragte einer der Umstehenden.

»Emil? Nein, wir haben ihn am Bennett-See als Passagier mitgenommen. Unter dem Vorwand, er habe bezahlt, hat er die ganze Fahrt über keinen Finger gerührt. Dieser Notarssohn hat eine Lektion verdient.«

Die Menge zerstreute sich bald, und Matt kehrte zur Hauptstraße zurück, in der das einstöckige Haus stand, in dem Mary arbeitete. Er zögerte. Was sollte er ihr sagen? Sie würde ihm ins Gesicht lachen. Er könnte sich einen Vorwand ausdenken, doch sie war alles andere als naiv. Trotzdem, er mußte sie sehen. Warum? Er wußte es nicht. Aber er konnte keine Entscheidung treffen, nichts unternehmen, bevor er sie nicht gesehen hatte, und das machte ihn wahnsinnig. Sie war doch nur eine Hure. Sie hatte mit ihm geschlafen, weil er zufällig da war, als sie Lust dazu hatte. Das war alles. Solche Gedanken wälzte Matt, während er vor dem Haus auf und ab ging. Es war sechs Uhr abends, und ein weiches Licht fiel in die schlammige Straße, in der Spaziergänger Neuigkeiten und Informationen austauschten. Hier sprach sich alles wie ein Lauffeuer herum. Die Geschichte von dem Chechaquo, der losgerannt war, um sich auf dem Müllplatz einen Claim abzustecken, hatte ebenso bereits die Runde gemacht wie die von Ladue, der mit Captain Constantine aneinandergeraten war, weil ohne seine Erlaubnis auf seinem Grund und Boden eine Hütte gebaut worden war.

Matt ging noch zweimal auf und ab. Er sah zwei Männer in den Saloon gehen und mehrere andere herauskommen. Schließlich faßte er sich ein Herz und betrat den Saloon. Der Schankraum war ansprechend eingerichtet. Die Wände waren mit Holz verkleidet und gestrichen, und die Treppe ins Obergeschoß schmückte ein geschnitztes Geländer. Er bestellte einen Whiskey und knüpfte ein Gespräch mit einem Mann an, den er durch die Stromschnellen des Miles Canyon gebracht hatte und der ihn zu einem zweiten Whiskey einlud.

Nach einigen Minuten wagte Matt die Frage: »Weißt du, wo Mary ist?«

Der andere zwinkerte ihm wissend zu. »Und ob ich das weiß. Mein Boß ist gerade bei ihr.«

»Dein Boß?«

»Ja, Emil Jensen. Einer von den Alten. Ihm gehört Claim Nr. 18 oben am Bonanza Creek. Ein verdammt guter Claim. Er hat schon für dreizehntausend Dollar Gold herausgeholt.«

»Dann kann er sich Mary wohl leisten.«

»Er wäre dumm, wenn er es nicht täte.«

Matt nickte.

»Du bist anscheinend nicht glücklich darüber, daß er sich mit ihr vergnügt.«

Matt wechselte das Thema.

»Wann hast du die Arbeit angenommen?«

»Gleich am Tag nach meiner Ankunft. Sobald ich kapiert hatte.«

»Was kapiert?«

»Na ja, daß alle Minen vergeben waren und daß es

auch bald keine Arbeit mehr geben würde … bei dem Ansturm hier.«

»Das war richtig von dir.«

»Und du, was hast du vor?«

»Weiß noch nicht. Ich habe ein paar Ideen …«

»Ah, da kommt mein Boß.«

Matt drehte sich um. Ein stämmiger Mann kam schwerfällig die Treppe herunter. Er entdeckte seinen Arbeiter und kam an den Tresen. Jensen war ein Mann, der einem auf den ersten Blick Respekt einflößte. Man spürte, daß das Land ihn geprägt hatte und daß sein Glück das Resultat langer Mühen war. Das Leben als Goldgräber im Schatten des Polarkreises hatte sein Gesicht hart gemacht. Doch seine Züge milderten sich, als sein Arbeiter Matt vorstellte.

»Das ist der Mann, der Mary hergebracht hat.«

Jensen gab Matt die Hand.

»Das verdient eine Belohnung!«

Er bestellte eine Flasche. Er war kein Mann, der im Essen und Trinken Maß hielt, wie überhaupt alles an ihm etwas Maßloses hatte. Er sprach laut und mit großen Gesten. Matt fühlte sich von seiner Ausstrahlung, seinem Auftreten und seiner Ungezwungenheit erdrückt. Er erinnerte sich, wie Mary gesagt hatte, daß sie sich ihre Freier »aussuchen« würde.

»Dann bist du also der Draufgänger, der mehrmals durch die Stromschnellen gefahren ist?«

»Sie … haben davon gehört?«

»Hier spricht sich alles herum. Dein Claim am Rabeez Creek ist nichts wert.«

Matt konnte es nicht fassen. Der Mann wußte bereits, wo sein Claim lag.

»Ich weiß.«

»Warum hast du ihn dann registrieren lassen? Du hast fünfzehn Dollar zum Fenster rausgeworfen.«

»Die Gegend gefällt mir. Ich werde mir dort auf jeden Fall eine Hütte bauen.«

»Merkwürdige Idee! Na jedenfalls, wenn du arbeiten willst, komm zu mir auf den Claim 18 oben am Bonanza Creek. Ich brauche Kerle wie dich.«

Er gab Matt die Hand und zog seinen Arbeiter fort.

»Sie haben Ihre Flasche vergessen!«

Jensen drehte sich nicht einmal um.

Matt trank noch zwei Gläser, ehe er sich einen Ruck gab. Er war leicht angetrunken und wäre auf der Treppe beinahe gestolpert. Der Barmann holte ihn auf dem Treppenabsatz ein.

»Willst du zu Mary?«

»Ich bin ein Freund.«

»Ein Freund ... Willst du damit sagen, daß du nicht zu ihr willst, um ...?«

»Ich sagte doch, ich bin ein Freund.«

»Gut, ich sage ihr Bescheid.«

Acht numerierte Zimmer gingen von dem Flur ab, der mit dicken, knarrenden Kieferbrettern ausgelegt war.

»Mary?«

Ein paar Sekunden verstrichen, dann schwang die hinterste Tür auf. Sie erschien in einem schönen Morgenmantel aus weißer Seide.

»Er sagt, er sei ein Freund, und ...«

»Schon in Ordnung, Michael, laß ihn durch.«

Sie winkte Matt herein.

Das Zimmer war hübsch und gemütlich eingerichtet und ziemlich groß.

Matt trat ans Fenster und blickte über eine Reihe von Bretterbuden hinweg auf den Fluß. Sie hatte sich unterdessen mit übergeschlagenen Beinen aufs Bett gesetzt und wartete, ein schelmisches, leicht spöttisches Lächeln auf den Lippen. Matt betrachtete schweigend die vielen Zelte, die eine regelrechte Zeltstadt bildeten.

»Wie geht's?«

»Gut.«

»Was willst du? Mit mir schlafen?«

»Ich müßte wohl bezahlen.«

»Erraten.«

»Dann gehe ich wieder.«

Er hatte nicht vorgehabt, so zu reagieren, aber er konnte nicht anders. Er hielt es keine Minute länger in diesem Zimmer aus, in dem sich die Männer, ihre Kunden, die Tür in die Hand gaben. Er mußte sofort hier raus. Noch auf der Treppe hörte er Mary von der Balustrade herunterrufen:

»Michael, wenn dieser ›Freund‹ das nächste Mal aufkreuzt, läßt du ihn bezahlen, bevor er raufkommt.«

Matt ging mit zügigen Schritten zur Parzelle 6, wo er sein Zelt von Gold gut bewacht fand. Sie ließ keinen Fremden hinein. Sein Nachbar konnte es bestätigen.

»Ich wollte mir die Welpen ansehen. Sie hätte mich fast gefressen.«

Matt lud ihn in sein Zelt ein und zeigte ihm den Wurf. Der Mann, ein junger Holzfäller aus der Gegend von Juneau, pfiff bewundernd beim Anblick der sieben Welpen, die auf Matts Schlafsack tollten.

»Wahre Prachtkerle. Verkaufst du zufällig einen?«

»Um keinen Preis.«

»Im Ernst?«

»Sagen wir so: Man müßte ihr Gewicht in Gold aufwiegen.«

»Sind sie denn soviel wert?«

»Im Winter sind sie noch mehr wert.«

»Ah ja?«

»Nur so eine Ahnung.«

Der Holzfäller sah ihn mit skeptischer Miene an.

»Ich wünsche es dir.«

Er streichelte die Welpen und ließ sie an seiner Hand

knabbern. Beruhigt durch Matts Anwesenheit, bewachte Gold nur mit halbem Auge ihre verspielten Jungen.

»Dann gehe ich mal wieder. Ich habe eine Verabredung im *Monte-Carlo.*«

Der Holzfäller bedankte sich und trat hinaus in die Nacht. Es hatte zu schneien begonnen. Feiner Schnee wehte über den Platz. In der Ferne erloschen die Lichter der schnell wachsenden Stadt, und mit ihnen die Sterne, vor die sich dicke Schneewolken schoben. Matt schlüpfte ein letztes Mal hinaus, um sein Zelt nachzuspannen, dann verschloß er den Eingang. Er seufzte. Hätte er es schlauer angestellt, wäre er jetzt nicht allein in diesem feuchten, kalten Zelt, sondern würde in einem weichen Bett liegen, neben sich Marys warmen, pfirsichsüßen Körper. Er legte sich zwischen seine Hunde und schlief, noch leicht betrunken, voller Bedauern und Bitterkeit ein.

26

ALS MATT AM NÄCHSTEN MORGEN MIT SCHWEREM Kopf und trockenem Mund aufstand, hatte er keine Lust, Feuer zu machen, Wasser aufzusetzen und sich einen Kaffee zu kochen. Also zog er sich an und verließ das Zelt, um im *Monte-Carlo* zu frühstücken.

Eine über zwanzig Zentimeter hohe Schneedecke hatte die Landschaft unter sich begraben. Nur die Straßen waren noch schwarz, denn die durchfahrenden Wagen hatten den Schlamm aufgewühlt, so daß er sich mit dem Schnee vermischt hatte.

Vor dem *Monte-Carlo* war ein Menschenauflauf. Matt trat näher und sah, wie Captain Constantine einem Mann Handschellen anlegte. Matt hatte den Mann an der Anlegestelle herumlungern sehen.

»Was hat er verbrochen?«

»Gestohlen«, erhielt er zur Antwort, und andere riefen: »Hängt ihn auf!«

»Was hat er gestohlen?«

»Lebensmittel aus dem Lager des *Monte-Carlo.* Der Kerl ist mit seinem Boot gekentert und hat dabei alles verloren.«

»Dann verdient er doch nicht den Tod.«

»Er braucht ja nur zu arbeiten. Andere nehmen auch eine Arbeit an, und überhaupt, was geht das dich an?«

Matt zuckte mit den Schultern. Er trat in das Zelt und

bestellte einen Kaffee und einen Pfannkuchen mit Zukker. Die Gäste sprachen nur noch über den kleinen Diebstahl, als handele es sich um den Raubüberfall des Jahres. Matt verzog sich in eine Ecke und schlang innerhalb weniger Minuten sein Frühstück hinunter. Anschließend ging er zu seinem Boot und zerlegte es in seine Einzelteile. Er stapelte gerade das Holz, als ein Mann sich vor ihm aufpflanzte.

»Hoxey!«

»Tag, Matt.«

Sie starrten einander an. Hoxey sah müde aus. Er hatte dunkle Ringe unter den matten Augen.

Matt setzte ein leicht spöttisches Grinsen auf.

»Wie war das noch? Am Klondike liegt das Gold nur so herum?«

Hoxey zuckte die Schultern und machte eine unbestimmte Geste. Er wirkte tief enttäuscht.

»Komm. Gehen wir einen Schluck trinken.«

Hoxey folgte ihm ins *Monte-Carlo*, wo Männer lange Holzbalken von einem Wagen luden, der bis zu den Radachsen im Schlamm versank. Das Zelt sollte in eine schöne Hütte verwandelt werden.

»Das da ist eine Goldgrube«, sagte Matt und deutete auf das Zelt.

»Hast du eine Idee?« fragte Hoxey.

»Nein.«

»Im Winter werden wir alle hier krepieren!«

»Du siehst ziemlich schwarz.«

Hoxey erzählte, daß Reid nach dem Schiffsunglück umgekehrt war. Hoxey wußte nicht, daß Matt daran mitschuldig war. Er wußte nur, daß sie auf einen Eisberg gelaufen waren. Fast hätte auch er aufgegeben, als er sich am Chilkoot einen Knöchel verstauchte, aber er hatte ein paar prima Kerle getroffen, die ihn in ihrer Gruppe mitgenommen hatten. Später war ihr Boot in den Stromschnellen von Whitehorse gekentert. Er hatte als einziger überlebt.

»Wieviele wart ihr?«

»Sechs. Ich wäre fast ertrunken. Sie haben mich im letzten Moment rausgefischt.«

Matt schwieg nachdenklich.

»Was hast du jetzt vor?«

»Ich weiß es nicht«, gab Matt zu. »Und du?«

»Ich treffe mich nachher mit einem Mann, der vielleicht Arbeit für mich hat.«

»Auf einem Claim?«

»Nein, im Sägewerk.«

»Im Sägewerk herrscht bestimmt Hochbetrieb. So wie hier gebaut wird ...«

»Deswegen. Ich bleibe den Winter über hier und fahr dann nach Hause. Komm doch mit. Vielleicht nehmen sie uns beide.«

»Nein. Ich suche mir was anderes.«

»Aber du hast mir doch gerade gesagt, du wüßtest nicht, was du tun sollst.«

»Eben, ich suche noch.«

Hoxey sah ihn argwöhnisch an.

»Verheimlichst du mir etwas?«

Matt sah ihm direkt in die Augen.

»Nein, ehrlich. Ich möchte mir nur Zeit lassen und besser verstehen, wie hier der Hase läuft.«

Er deutete mit dem Finger auf die Stadt und die verschneite Umgebung.

»Das ist doch ganz einfach. Die einen, die als erste hier waren, scheffeln Reichtümer, und solche Pfeifen wie wir haben ein Vermögen ausgegeben, um in diesem Dreckloch zu verschimmeln. Was gibt es da zu verstehen?«

»Das Land. Ich möchte das Land verstehen«, antwortete Matt.

»Ein Scheißland. Neun Monate lang friert es Stein und

Bein, und in der restlichen Zeit wirst du von den Mücken aufgefressen.«

»Vielleicht hast du recht.«

Sie trennten sich. Hoxey machte sich auf den Weg zum Sägewerk. Matt kehrte zur Anlegestelle zurück, wo ununterbrochen erschöpfte Reisende eintrafen.

Aus dem Dorf war eine Zeltstadt geworden, voll emsiger Geschäftigkeit, ein Bienenstock. Matt winkte einem Wagen und ließ sein Holz zum Zelt bringen. Dort verkaufte er es für das Dreifache des Preises, den man ihm an der Anlegestelle geboten hatte. Mit diesem Geld ließ er seine gesamte Habe zur Quelle des kleinen Baches karren, an dem sein Claim lag. Dann schulterte er sein Zelt und stieg zu seinem Stück Land hinauf. Gold und die Welpen liefen auf dem schmalen Pfad entlang der Claims hinter ihm her. Die einzigen Menschen, denen er begegnete, waren drei junge Goldsucher, die den Hang herunterkamen.

»An dem Bach hier ist nichts zu holen«, sagten sie zu ihm im Chor.

»Hab ich mir schon gedacht.«

»Aber warum trägst du dann die Sachen hoch?«

»Um mich hier niederzulassen. Ich lebe nicht gern auf engstem Raum mit anderen zusammengepfercht.«

»Da oben wirst du Ruhe haben. Sehr viel Ruhe sogar. Da ist keiner mehr. Alle Claims gehören dir.«

Sie trennten sich. Der letzte der drei drehte sich noch einmal um.

»Könnte sein, daß dir ein alter Brummbär über den Weg läuft.«

»Ein Brummbär?«

»Er heißt Mersh. Er lebt mit seinen Hunden auf der anderen Seite des Hügels.«

»Mit Hunden?«

»Ja, mit Hunden.«

»Läßt er sich oft blicken?«

»Nie.«

Und damit ging er. Matt schleppte über die Hälfte seiner Habe den Berg hinauf, bereitete sich eine kräftige Mahlzeit, denn er hatte einen Bärenhunger, und ging wieder an die Arbeit. Er mußte die Strecke dreimal zurücklegen, und die Gurte schnitten ihm in die Schultern. Anschließend nahm er seine Axt und fällte die Bäume, die ihm auf der kleinen Terrasse, auf der er das Zelt errichtet hatte, die Aussicht versperrten. Er stellte seinen Holzofen auf und machte Feuer. Das malvenfarbene Licht des Abendhimmels ließ die Berge gegenüber in allen Regenbogenfarben schillern, und es wurde empfindlich kalt.

Er zündete seine Petroleumlampe an, die Hunde kamen und schmiegten sich an ihn. Er blieb lange liegen, Golds Schnauze auf seinem Schenkel, und träumte neben dem Ofen, dessen Bullern ihn beruhigte. Er seufzte mehrmals vor Wohlbehagen. Ein nie gekanntes Gefühl überkam ihn, eine ungewohnte innere Heiterkeit. Er lauschte der Stille; die Leere erfüllte ihn mit Zufriedenheit, flößte ihm neue Kraft ein. Er fühlte sich wie ein gehetztes Tier, das endlich zur Ruhe kam. Der diesem Land eigene Rhythmus war wie ein Gewicht, das Ruhe erzwang. Das Leben in der Stadt, in diesem wimmelnden Bienenkorb enttäuschter Menschen, verdarb die Phantasie und trübte sein Urteilsvermögen. Seine Sicht der Dinge änderte sich. Und auch sein räumliches Empfinden. Die Stille und das reine Licht, das durch den Spalt am Zelteingang strömte, bestärkten ihn in seinen Gedanken. Die Zeit blieb stehen und löste sich schließlich auf.

27

IM MORGENGRAUEN FACHTE MATT SEINEN OFEN WIEder an. Metallische Geräusche ließen die Kälte erahnen, die sich von einem gläsernen Himmel senkte. Er trat ins Freie. Der Boden war hart, und das Leinen der Säcke steif. Hin und wieder hörte man die Kiefern im Frost knacken, ein Geräusch, das die kalte, glitzernde Luft dieses grauen, stillen Morgens erfüllte.

»Der Winter!«

Er war da, und Matt blieb lange stehen und betrachtete die braune Masse der Berge, während im Osten ein rosafarbenes Licht zwischen zwei Hügeln heraufstieg.

Im Zelt bullerte der Ofen. Matt bereitete sich ein kräftiges Frühstück. Gold lag im Warmen bequem auf einer Decke, und die Welpen saugten gierig an ihr.

»Du bleibst hier, während ich da oben einen Spaziergang mache«, sagte Matt zu ihr mit einem zärtlichen Blick.

Sie neigte kaum merklich den Kopf. Matt streichelte sie, dann hob er die Welpen prüfend hoch. Sie wogen mittlerweile über fünf Pfund.

»Sie sind prachtvoll«, sagte er zu ihr.

Sie schien zu verstehen.

Er zog sich an, aber nicht zu warm, denn er wollte auf den Berg steigen und vermutete, daß er ins Schwitzen kommen würde. Er packte zusätzlich ein Stück Brot und ein paar Scheiben Speck in seinen Rucksack, hängte sich den Karabiner um und machte sich auf den Weg. Er war voller Tatendrang und schritt kräftig aus. Kältedunst stieg langsam aus dem Tal herauf und verhüllte das dunkle Band des Flusses.

Der Pfad folgte dem Bachlauf und verband die verlassenen Claims miteinander. Hie und da waren, halb von Schnee bedeckt, die Löcher zu sehen, die man gegraben hatte, um den Boden zu untersuchen, der hier jedoch nirgends Gold barg. Matt entdeckte ein paar abgestorbene Bäume, die hervorragendes Brennholz lieferten, und in einem Erlengestrüpp fand er zahlreiche Hasenspuren im Schnee.

»Hier werde ich ein paar Schlingen legen«, beschloß er.

Diese Welt war ihm fremd, und doch fühlte er sich hier wie zu Hause. Der Wald, der ihn umgab, die Berge, die ihm Schutz boten wie die Mauern eines Hauses, kamen ihm schon wie gute Bekannte vor. Bald gelangte er an die Baumgrenze. Weiter oben wuchsen nur noch vereinzelte Gebüsche aus Zwergweiden und hier und dort ein paar Krüppelkiefern. Dazwischen dehnte sich eine weite, eisige Fläche.

Der Pfad verlor sich im Schnee, den der Wind in den letzten Tagen verweht hatte. Zum Glück war der Schnee nicht sehr tief, und Matt sank nur ein paar Zoll ein. Er hatte den Gipfel fast erreicht, als in der Ferne gerade eine goldene Sonne über der gezackten Linie der bewaldeten Hügel aufging und die weiße Fläche der Hochebene mit Licht überflutete. Der Schnee begann zu funkeln wie Tausende von Diamanten, und Matt kniff die Augen zusammen, geblendet und fasziniert. Ein Gedanke kam ihm, der ihn überraschte:

»Wie schade, daß Mary nicht da ist.«

Und dieser Gedanke verdarb ihm ein wenig die Freude. Er sah die Männer vor sich, die ihre Kunden waren.

Er dachte an ihre letzte Umarmung, und plötzlich bedrückte ihn die Einsamkeit, die eben noch die Quelle seines Glücks gewesen war.

Endlich stand er ganz oben auf dem Berg. Der Anblick der glitzernden, vereisten Gipfel, die aus den noch dunstverhangenen grauen Tälern ragten, ließ ihn alle trüben Gedanken vergessen. Er setzte sich auf einen Felsen, ließ seinem Herzen Zeit, zur Ruhe zu kommen, und nahm die Landschaft in sich auf.

Vor ihm senkte sich eine weite Bergwiese sanft zu einem Wald hinab, der noch in Nebel getaucht war. Keine Spur im jungfräulichen Schnee, keine Bewegung, überall nur Stille und die Reinheit einer unberührten Landschaft. Matt konnte nicht anders, er mußte diesen Augenblick vergleichen mit dem wimmelnden Bienenkorb von Dawson.

»Hier ist mein Platz, das ist nun sonnenklar.«

Er hatte es ganz laut gesagt, ohne eigentlich darüber nachzudenken, und der Klang seiner Stimme ließ ihn zusammenzucken, nicht nur wegen ihrer Lautstärke, sondern auch wegen des Sinns seiner Worte.

»Mein Platz?«

Hier oben gab es keine Arbeit, und vom Betrachten einer Landschaft konnte niemand leben. Er mußte Gold finden oder für die Leute arbeiten, die welches gefunden hatten, sonst würde er bald verhungern. So sah die Wirklichkeit aus. Vor ihr davonzulaufen wäre ebenso feige wie sein Verhalten bei der letzten Begegnung mit Mary. Warum hatte er ihr nicht gestanden, was er empfand? Lieber war er gegangen. Wieder einmal. Er vergeudete sein Leben, weil er sich selbst etwas vormachte. Eine tiefe Traurigkeit überkam ihn, und er begann zu frieren, denn er hatte nichts Warmes zum Überziehen dabei und auch kein Holz, um ein Feuer zu machen.

Er beschloß, zum Wald hinabzusteigen und erst am

Abend zum Lagerplatz zurückzukehren. Er hatte es nicht eilig, und er wollte die Gegend erkunden. Die Bergwiese war viel größer, als es den Anschein hatte, und Matt brauchte eine gute Stunde, bis er die ersten Tannen erreichte, deren dunkle Masse wie ein schwarzes Band das Blau des Himmels vom Weiß des Schnees trennte. Zu seiner Linken bemerkte er eine Felswand. Sie ragte aus einem kleinen Tal, in dem ein Bach gurgelte. Er ging am Bachufer entlang, das mit Spuren von Fischottern übersät war. Bald gelangte er an einen kleinen Wasserfall, wo der Bach fünf Meter tief in einen großen See stürzte und so eine eisfreie Zone schuf. Der übrige See war zugefroren, und auf seiner Oberfläche glitzerten unzählige große Rauhreifsterne, die große weiße Bänder bildeten. Eine kristallene Märchenwelt. Matt hielt den Atem an. Er konnte nicht glauben, daß es einen so idyllischen Ort gab. Welch eine Ruhe! Ein Otter spielte in dem Wirbel unter dem Wasserfall, und auf einem Felsen putzte ein Biber in der Sonne sein Fell. Eine leichte Rauhreifwolke stieg vom Wasserfall auf und hüllte die Bäume der Umgebung in ein weißes Kleid.

Matt kroch durch den Schnee auf den Felsen über dem Wasserfall und beobachtete die beiden Tiere. Der Biber tauchte bald in das glasklare Wasser und kam nicht wieder hoch. Und auch der Otter verschwand unterm Eis, nachdem er eine Weile im Wasser geschnattert hatte.

Matt bewunderte die Aussicht, als am Waldrand, unweit der Bergwiese, eine Bewegung seine Aufmerksamkeit erregte.

»Donnerwetter!«

Es war ein Elch. Ein Bulle mit mächtigem Geweih. Matt stockte das Blut in den Adern. Er griff zu seinem Karabiner, streifte den Rucksack ab und schlüpfte in das Erlengestrüpp, das die Böschung zwischen dem Wasser und dem Wald aus Kiefern und Birken überwucherte. Das

Herz schlug ihm bis zum Hals, und er hatte Mühe, seine Erregung zu bezähmen. Er zwang sich, langsamer zu gehen, und setzte vorsichtig einen Fuß vor den anderen, ohne dabei den Elch aus den Augen zu lassen. Das Tier verließ die Wiese und näherte sich, hier und dort den Zweig einer Erle oder Weide abrupfend, langsam der Felswand am Seeufer. Die Entfernung betrug etwa achthundert Meter.

Matt schlich geräuschlos näher. Der Schnee dämpfte seine Schritte, und er mied Gestrüpp. Er gelangte zu der Stelle, wo der Wald sich zur Wiese hin öffnete. Aus Angst, der Elch könnte ihn bemerken, kroch er auf dem Bauch weiter, doch plötzlich war das Tier verschwunden. Matt kroch schneller. Nach einer Viertelstunde stieß er auf Spuren, die in den Wald führten. Der Elch hatte den Wald durchquert und war in eine etwas sumpfige Zone gewechselt, die dicht mit Zwergerlen und Gestrüpp bedeckt war und von Kragenhühnern wimmelte. Matt scheuchte einige Vögel auf. Da er fürchtete, den Elch dadurch gewarnt zu haben, verließ er die Spur und stieg ein Stück den Hang hinauf. Zweimal kletterte er wieder hinunter bis zur Spur, um sich zu vergewissern, daß der Elch noch vor ihm war.

Er ging schneller und gelangte an eine Stelle, wo ein breiter, aber nicht sehr tiefer Bach sich mit sanftem Gefälle in das riesige Tal schlängelte, das sich im Süden erahnen ließ, aber noch in Nebel gehüllt war. Matt hatte fast den gesamten See umrundet und den Elch noch immer nicht gesichtet. Er sah nicht einmal mehr seine Spur.

»Er muß durch den Wald ins Tal hinunter sein!«

Er ging weiter bis zu dem Bach, der teilweise zugefroren war, und dann an seinem sandigen Ufer entlang, wo er schneller vorankam. Vielleicht konnte er den Weg abkürzen. Wenn der Elch den Bach durchquert hatte, mußte er seine Spur kreuzen.

Er mußte nicht mehr weit gehen. In einer Bucht stand er ihm plötzlich Auge in Auge gegenüber. Der Elch sah ihn an und stieß Luft durch seine dampfenden Nüstern aus. Er hatte die Ohren aufgestellt und scharrte mit den Vorderläufen im Schnee. Er grunzte und machte einen gewaltigen Satz in Richtung Wald. Matt brachte seinen Karabiner in Anschlag. Der Elch verschwand zwischen den Bäumen, als er abdrückte.

»Daneben!«

Er ärgerte sich maßlos. Jetzt bestand keine Aussicht mehr, ihn zu erwischen. Er würde schleunigst das Weite suchen. Obwohl Matt davon überzeugt war, daß er ihn verfehlt hatte, wollte er sich vergewissern und ging der Spur nach. Er entdeckte ein Haarbüschel und einen Tropfen Blut, dann einen zweiten und weitere.

»Er ist angeschossen!«

Hastig lud Matt das Gewehr nach, blieb mit klopfendem Herzen stehen und lauschte. Nichts. Er ging weiter. Jetzt waren es nicht mehr nur Blutstropfen, sondern eine durchgehende Spur. Der Elch war quer durch den Wald geflüchtet und hatte alles niedergetrampelt, was ihm im Weg war. Matt gelangte an einen tiefen Bach. Der Elch war seinem Lauf gefolgt und dann in einen dichten Tannen- und Erlenwald gegenüber abgebogen. Matt beschloß, sich hier eine Pause zu gönnen. Er hatte in den Bergen seiner Heimat genug Hirsche gejagt, um zu wissen, daß es unsinnig war, einem angeschossenen Tier hinterherzulaufen. Wenn er es in Ruhe ließ, würde es irgendwann stehenbleiben und verbluten.

Er hatte recht. Als der Elch merkte, daß er nicht mehr verfolgt wurde, blieb er stehen, und Matt fand ihn keine fünfhundert Meter vom Bach entfernt tot im Wald. Die Kugel war in der Lendengegend eingedrungen und hatte den Pansen durchschlagen. Matt hatte Glück gehabt. Etwas weiter rechts, und die Kugel wäre in der Keule steckengeblieben, ohne ein lebenswichtiges Organ zu verletzen.

Der Elch wog um die achthundert Pfund. Matt stieß einen Siegesschrei aus; einen wilden Schrei, der einem Röhren glich. Er kehrte zum Wasserfall zurück, wo sein Sack lag, dann zu dem Bach. Neben dem Wasserfall dehnte sich ein schöner Strand, und Matt entdeckte einen kleinen Felsvorsprung, der viel Licht bekam, aber einigermaßen windgeschützt war. Von hier aus konnte er den gesamten See überblicken. Gegenüber lagen die Bergwiese, die sich bis zu den Gipfeln hinaufzog, und die beiden Wälder, die sie umschlossen. Im Süden ragte die schöne braune Felswand empor, die den See begrenzte. In unmittelbarer Nähe belebte der Wasserfall diesen idyllischen Ort, und wenn der Bach erst einmal zugefroren war, verwandelte er sich in eine Straße, auf der er leicht ins Tal und zu den Menschen gelangen konnte.

Hier wollte er sich niederlassen und den Winter verbringen. Der Elch war ein Wink des Schicksals. Er war die Antwort auf die Frage, die er sich gestellt hatte: Wie konnte er hier leben, ohne Gold zu suchen oder für Leute zu arbeiten, die welches gefunden hatten?

Es gab andere Möglichkeiten. Die großzügige Natur hatte es ihm soeben zu verstehen gegeben.

28

VON SEINEM CLAIM BIS ZUM SEE BRAUCHTE ER DREI Stunden. Zweieinhalb Stunden, wenn er kräftig ausschritt, aber mit der Last, die er auf seinem behelfsmäßigen Schlitten schleppte, benötigte er mehr als vier. Einmal hin und zurück, mehr war kaum an einem Tag zu schaffen, und dennoch blieb er jedes Mal, wenn er am See eintraf, zwei Stunden, um einige Arbeiten vorzunehmen.

In weniger als einer Woche hatte er seine gesamte Ausrüstung und einen Teil seines Proviants an den See geschafft. Manchmal begleitete ihn Gold. Die Welpen waren mittlerweile so groß, daß sie mehrere Stunden allein bleiben konnten. Diese Ausflüge taten dem Muttertier gut, brachten sie wieder in Form und kräftigten ihre Muskeln.

Matt hatte den Elch zerlegt und die Knochen und den Kopf den Geiern überlassen. Das Fleisch hatte er geräuchert, getrocknet und dann gefrieren lassen. Er rodete den Platz, den er ausgewählt hatte, dann ging er in den Wald, fällte schöne Bäume und entrindete sie. Für den Transport benutzte er kleine Rundhölzer, auf denen er sie rollte. Er befestigte an der Spitze der Stämme ein Seil, legte es sich um die Hüfte und über eine Schulter und schleifte sie so durch den Wald. Diese Arbeit war bei weitem die mühsamste. Für einen Stamm brauchte er mindestens eine Stunde, oft auch zwei, denn er mußte sie aus immer größerer Entfernung herbeischaffen. Mit einem Pferd hätte er für diese Arbeit zwei Tage gebraucht. So brauchte er acht, bis er endlich die achtundvierzig Stämme für die Seitenwände seiner Hütte beisammen hatte.

Drei Schneestürme hatten nacheinander getobt, doch Matt hatte sich durch nichts aufhalten lassen. Er arbeitete ohne Unterbrechung und hieb die Stämme so zurecht, daß sie perfekt aufeinander paßten. Er zog schnell die Wände hoch und wählte sieben schöne, gerade Stangen für den Dachstuhl aus. Einen für den First und für jede Seite jeweils drei, die auf den letzten Rundstämmen ruhten, deren Dicke nach oben hin abnahm. Dann sägte er eine Tür und zwei Fenster aus und schleppte haufenweise junge Kiefern von ungefähr zehn Zentimeter Durchmesser herbei. Sie bildeten die erste Schicht des Daches. Anschließend mischte er aus Erde und Flechtenmoos eine Art Dichtmaterial, bedeckte damit diese erste Schicht und dübelte darüber eine zweite Lage aus Kiefernstangen zusammen. Allein für das Dach hatte er zehn Tage gebraucht, doch er war mit dem Ergebnis seiner Arbeit zufrieden, denn er war davon überzeugt, daß die Hütte, sowie er die Fensterscheiben eingesetzt hatte, perfekt isoliert sein würde. Danach traf er Vorbereitungen für einen Ausflug in die Stadt.

Seit anderthalb Monaten hatte er keinen Menschen mehr gesehen. Aber er litt nicht darunter. Im Gegenteil, bei dem Gedanken, nach Dawson zurückzukehren, beschlich ihn ein gewisses Unbehagen. Doch er konnte es drehen und wenden, wie er wollte, er mußte einfach in die Stadt, um die kostbaren und unverzichtbaren Fensterscheiben zu kaufen. Zwar hatte er gehört, daß man sich in abgelegenen Gegenden mit Eis oder Tierdärmen behalf, doch auf diesen kleinen Luxus wollte er nicht verzichten. Er hatte sich ein idyllisches Fleckchen Erde ausgesucht und wollte die Aussicht in aller Ruhe von drinnen genießen können. Er brauchte die Scheiben, und ein Ausflug in die Stadt bot ihm obendrein die Gelegenheit, Mary wiederzusehen. Ja, er hatte Sehnsucht nach ihr, wollte sie in die Arme nehmen und mit ihr schlafen. Bei ihrer letzten Begegnung hatte sie ihn hinausgeworfen und gesagt, er dürfe nicht mehr zu ihr, ohne zu bezahlen. Na schön, dann bezahlte er eben, aber er wollte für sein Geld auch etwas verlangen. Wenn er bezahlte, konnte sie sich ihm wenigstens nicht verweigern. Dann herrschten klare Verhältnisse. Vielleicht hatte sie im Grunde ja recht. Jeder von ihnen mußte schließlich auf seine Kosten kommen. Der Preis stellte das klar.

Nun, da sein Entschluß feststand, fühlte sich Matt besser. Er stellte den Hunden, die mittlerweile den größten Teil des Tages im Freien verbrachten, Futter für zwei Tage hin.

»Er wird Zeit, daß ich euch Namen gebe«, sagte er zu ihnen, als sie sich um ihn drängten und getätschelt werden wollten.

Das kleine Weibchen mit dem rein weißen Fell sah ihn mit ihren großen dunklen, klugen Augen an.

»Dich nenne ich Manouane.«

Dies war der Name eines Flusses, der in den Bergen seiner Heimat entsprang und den er als Kind mehrere Male mit dem Kanu hinuntergefahren war.

Er hob den kräftigsten Rüden hoch. Er war ganz schwarz bis auf zwei kleine weiße Flecken über den Augen.

»Du sollst Skagway heißen, und du Dyea«, sagte er zu einem anderen mit weißem Fell, der einen länglichen schwarzen Fleck auf dem Rücken hatte, der bis zum Schwanz reichte – ein verspielter Hund, den er besonders mochte.

Er schnappte sich die beiden unzertrennlichen Rüden,

die einander wie ein Ei dem anderen glichen. Sie hatten ein weißes Fell mit einem großen schwarzen Fleck auf jeder Seite.

»Yukon und Cloke«, entschied er.

Dann kam der reservierteste von allen sieben an die Reihe. Auch er war ganz schwarz und nur an Schnauze und Bauchseite weiß.

»Blacky.«

Schließlich der Chef, der schon seit mehreren Wochen die dominierende Rolle spielte. Er war weder der schwerste noch so kräftig wie Skagway, machte dies aber durch eine unglaubliche Energie und Wendigkeit wett. Bei den Raufereien, die sich die jungen Hunde den ganzen Tag hindurch lieferten, behielt er stets die Oberhand.

»Und dich nenne ich Chinook.«

Und dann war er auf dem Weg ins Tal. Er begegnete keinem Menschen, doch als er sich dem Klondike näherte, wußte er plötzlich, daß er wieder unter Menschen kam. Schon von weitem hörte er Maschinenkreischen, Pferdeschnauben und Stimmen. Das Tal, aufgewühlt und umgepflügt, war nur noch eine riesige Baustelle ohne erkennbare Ordnung. Überall brannten Feuer, und Dutzende Pferde stapften in beide Richtungen durch den Morast, den der Frost begehbar gemacht hatte. Hier lag überhaupt kein Schnee. Er war mit der Erde umgegraben worden. Es gab auch keine Bäume mehr. Sie waren gefällt, zersägt und verbrannt worden. Es war, als hätte ein Wirbelsturm gewütet.

Matt kam an mehreren Arbeitstrupps vorbei. Niemand schenkte ihm Beachtung. Er zählte Hunderte Männer und ebensoviele Schaulustige, die vielleicht auch in der vagen Hoffnung gekommen waren, eine Anstellung zu bekommen. Hier, im hintersten Winkel Alaskas, und das war der größte Widerspruch, herrschte ein Überschuß an

Arbeitskräften. Neben bestimmten Claims warteten ganze Trauben. Die einen hatten sich in ihre Wollkleidung eingemummt, die anderen steckten bis zu den Ohren in Pelzmänteln. Auf dem Weg, der nach Dawson führte, fuhren pausenlos Pferdeschlitten hin und her. Die meisten beförderten Brennholz, das die Goldgräber für die Feuer brauchten, mit denen sie den Boden auftauten, ehe sie mit Hacken, Bohrstangen und Schaufeln Löcher gruben. Die reichsten hatten Drillbohrer, die mit großen Dampfmaschinen angetrieben wurden. Damit der Nachschub an Holz nicht abriß, mußten unablässig Bäume gefällt, zersägt und herbeigekarrt werden. Ein ganzes Heer von Holzfällern arbeitete in den Wäldern der Umgebung. Auf diese Weise verdienten die meisten Goldsucher ihren Lebensunterhalt.

Neben Holzfällern brauchte man Leute für die Verzimmerung der Stollen, die man abstützen mußte, wenn man tiefer grub, und jeder Claim verfügte über eine eigene Schmiede, in der Bohrerspitzen, Pickel und Hacken repariert wurden. Auch dazu brauchte man Leute. Hier und dort waren kleine Gießereien entstanden. Der Lärm der Menschen vermischte sich mit dem Krach der Maschinen, der mit Wasser und Dampf angetriebenen Sägen, der Heizkessel, und ein Klappern, Quietschen und Kreischen erfüllte die Luft. Matt erkannte nichts wieder. Innerhalb von sechs Wochen hatte sich alles völlig verändert.

Das sollte nicht die einzige Überraschung bleiben. Als er nach Dawson kam, blieb er mit offenem Mund stehen. Überall wuchsen Häuser aus dem Boden. Man hatte Straßen angelegt. Man hatte Tausende Tonnen Erde herbeigekarrt und ein Sumpfgebiet zugeschüttet, das mittlerweile bewohnt war. Ein regelrechter Ameisenhaufen. Er entdeckte sogar vereinzelt Frauen und Kinder. Es war eine richtige große Stadt gemessen an dem, was vorher hier war!

»Was das alles kostet!«

Die Leute mußten Geld im Überfluß haben. Mit einem Mal ärgerte er sich, daß er so schnell von hier geflüchtet war und sich in die Einsamkeit zurückgezogen hatte. Offensichtlich waren neue Funde gemacht worden, denn wie sonst waren die vielen Menschen und all die Baustellen zu erklären?

Er ging auf direktem Weg ins *Monte-Carlo* und spitzte die Ohren. Eine Stunde später wußte er, woran er war. Man hatte keine Funde gemacht, die ihm nicht schon bekannt gewesen wären, abgesehen von einigen minderwertigen Claims.

»Von den Neuankömmlingen sind eigentlich nur die auf der Müllkippe gut weggekommen«, erzählte ihm einer der Männer, die er angesprochen hatte.

»Die auf der Müllkippe?«

»Ja, ein Hitzkopf, ein Blonder namens Emil, den jemand auf die Müllkippe geschickt hat, um ihm einen Denkzettel zu verpassen.«

»Ja und?«

»Na ja, er ist losmarschiert und hat sich direkt oberhalb der Müllkippe einen Claim abgesteckt. Er holt fast einen Dollar pro Pfanne heraus.«

Matt war sprachlos.

»Er hat schon fast dreißigtausend Dollar gemacht, und die Jungs, die direkt darüber und darunter abgesteckt haben, haben genausoviel kassiert. Einer hat sogar fünfundvierzigtausend herausgeholt.«

»Scheiße.«

Der Klondike trieb also weiter seine Späße. Am meisten wunderte Matt, daß es ihn kalt ließ. Er bezahlte seine Zeche und die seines Informanten und ging ins *Midnight Sun,* wo er nach dem Koch verlangte.

»Ich habe zwanzig Pfund gutes Fleisch zu verkaufen.«

»Laß sehen.«

Matt stellte den Sack vor ihn hin und öffnete ihn. Der Koch nahm den gefrorenen Fleischbrocken, wog ihn und drehte ihn in den Händen.

»Du hast doch keine schlechten Stücke im Block versteckt?«

»Für wen hältst du mich? Das ist aus der Keule. Oberkeule«, präzisierte Matt.

»Ich kenne dich nicht.«

Der Koch legte das Fleisch auf eine Waage. Dreiundzwanzig Pfund.

»Ich wäre interessiert, aber du mußt später wiederkommen. Einkäufe erledigt der Chef. Ah, da kommt er gerade.«

Ein großer Rothaariger trat ein und hängte seinen mit Rauhreif bestäubten Mantel an ein Hirschgeweih, das als Kleiderhaken diente.

»Er hat Fleisch zu verkaufen. Elch. Dreiundzwanzig Pfund.«

»Gutes?«

»Ja.«

Der Koch nickte Matt bekräftigend zu.

»Zwei Dollar das Pfund, einverstanden?«

Matt verschlug es die Sprache. Er hatte sich nicht einmal die Hälfte erhofft.

»Zwei Dollar und zwanzig Cent, und wir reden nicht mehr drüber«, sagte der Chef, der sein Schweigen als Zögern aufgefaßt hatte.

Er zog die Scheine aus der Tasche. Matt nahm sie.

»Und wenn du noch mehr hast, komm wieder her, bevor du zur Konkurrenz gehst«, setzte der Chef hinzu und gab ihm weitere fünf Dollar.

Matt sah ihn verdutzt an.

»Das ist eine Anzahlung…«

Und damit entfernte sich der Rothaarige. Matt konnte es nicht fassen. Fünfundfünfzig Dollar! Er genehmigte sich einen Whiskey und fühlte sich danach ein wenig aufgekratzt. Er war das Trinken nicht mehr gewohnt, und das war schon der zweite, auf Kosten des Hauses. Er verabschiedete sich, nachdem er versprochen hatte, mit Fleisch wiederzukommen, und ging zu dem Saloon, in dem Mary arbeitete. Er war proppenvoll. Er entdeckte sie in einer Ecke. Sie trug ein schönes rotweißes Kleid mit tiefem Ausschnitt und sah hinreißend aus. Um sie herum saßen andere Mädchen und mehrere sehr gut gekleidete Männer mit Goldketten und protzig zur Schau gestellten Goldklumpen. Auf dem Tisch standen mehrere Flaschen Champagner.

Matt beobachtete sie eine Weile. Einer der Männer, ein großer Braunhaariger mit Schnurrbart, sagte Mary etwas ins Ohr. Sie brach in Gelächter aus, und die anderen Mädchen lachten mit.

Matt kam sich schmutzig vor und ein wenig lächerlich in seinen abgenutzten Kleidern, die nach Wald und Rauch rochen. Er fuhr sich mit der Hand durch die zerzausten Haare und beschloß, noch einen Whiskey zu trinken.

»Matt!«

Er drehte sich um und erkannte einen von denen, die er durch die Stromschnellen gebracht hatte.

»Und? Was machst du so?« fragte ihn Matt.

»Was alle anderen machen, ich arbeite in einer Mine. Es gibt Schlimmeres. Zusätzlich zum Lohn bekommen wir einen hübschen Gewinnanteil, aber der Boß gönnt uns nur wenig Pausen, also nutze ich sie.«

Er deutete auf drei Mädchen, die am anderen Ende des Tresens standen. Matt musterte sie.

»Wieviel verlangen sie?«

»Hast du denn Interesse?«

»Eigentlich nicht.«

»Na dann suchen wir uns andere. Sie verlangen dreißig Dollar die Stunde.«

»Das ist ja ein Vermögen!«

»Das Gesetz von Angebot und Nachfrage.«

»Kriegen sie alles?«

»Nein. Sie machen halbe-halbe mit Ladue.«

»Schon wieder der!«

»Er verdient an allem. An absolut allem. Er soll schon sechshunderttausend Dollar gemacht haben.«

Matt pfiff durch die Zähne.

»Deine Freundin hat auch das große Los gezogen«, fuhr der Mann fort und deutete auf Mary. »Bei Ladues Clique kassiert sie groß ab, das kannst du mir glauben. Die nehmen sie fast jeden Abend für die ganze Nacht. Das dürfte an die zweihundert Dollar kosten.«

Matts konnte eine Grimasse nicht unterdrücken und bestellte noch einen Whiskey. Zweihundert Dollar! Er hatte nicht einmal die Hälfte in der Tasche. Andererseits hatte er noch dreihundert Pfund Fleisch. Er würde es holen, dann konnte er sie bezahlen. Er wollte Mary. Je mehr er trank und je länger er sie ansah, um so mehr begehrte er sie. Diese Kerle hatten kein Recht auf sie. Er würde ihnen die Visage einschlagen. Denen würde er es zeigen. Er schwankte. Trotzdem trank er noch ein Glas. Das Lokal drehte sich. Er steuerte auf den Tisch zu, an dem Mary saß. Dann sah sie ihn. Doch er brach sinnlos betrunken zusammen.

29

ER ÖFFNETE EIN AUGE, UND WAS ER SAH, WAR NICHT sein Zelt. Ohne den Kopf zu bewegen, der eine Tonne wog, streckte er den Arm aus, doch Gold war nicht da. Er fühlte frische Laken und ein weiches, duftendes Kopfkissen unter seinem Kopf. Langsam lüftete sich der Schleier. Er erkannte die bunten Tapeten in Marys Zimmer wieder, rote und grüne Anker auf blauem Grund.

»Mary?«

Er war allein. Aber jetzt erinnerte er sich wieder. Sie hatte ihn ausgezogen, und dann hatten sie sich geliebt. Nein, das hatte er nur geträumt. Sie hatte ihn ausgezogen, sie hatte ihn ins Bett gelegt, und dann war sie gegangen. Alles andere hatte er nur geträumt. Oder doch nicht? Aber ob wahr oder nicht, das war nicht von Bedeutung. Er erinnerte sich nicht, und damit Schluß. Sie war nicht da, und er hatte Lust auf sie. Mehr denn je. Als er endlich aufstand, war es fast Mittag, und er hatte Hunger. Er verließ das Zimmer, nachdem er das Bett gemacht und sorgfältig aufgeräumt hatte, und ging hinunter in den Saloon. Er kannte niemanden. Mary war nicht da.

Er ging ins *Midnight Sun* und bestellte ein Essen, auf das ihm der Koch fünfzig Prozent Nachlaß gewährte. Er traf Hoxey, der im Sägewerk arbeitete und mittlerweile den Posten eines Vorarbeiters an einer der großen Langholzsägen bekleidete. Matt und er hatten sich nicht viel zu sagen, und Matt, der immer noch einen Kater hatte, verabschiedete sich unter einem Vorwand.

Er hatte von der Stadt genug. Er bekam hier keine Luft. Draußen war es erstaunlich mild. Das ließ Schnee erwarten. Er ging in den General Store und kaufte ein Fischnetz sowie ein Hundegeschirr, verstärkte Stoffstreifen, Faden und mehrere dicke Nadeln. Außerdem erwarb er eine Literflasche Tannin zum Gerben der Elchhaut, die er sorgfältig aufbewahrt hatte. Der Besitzer des Ladens gab ihm eine Gebrauchsanweisung dazu, in der erklärt wurde, wie man gutes Leder herstellte.

Für einen Dollar ließ sich Matt in einem Wagen mitnehmen, der Arbeiter zu den Claims am Klondike brachte. Zwei Stunden später machte er sich an den Aufstieg zum Paß. Inzwischen hatte dichter Schneefall eingesetzt. Als er oben ankam, betrug die Sichtweite nur noch zehn Meter, und der Wind frischte auf. Er zögerte. Der Abend nahte, und vom Wald und seiner Hütte trennte ihn noch ein gut zweistündiger Marsch über die Bergwiese. Sollte er nicht lieber hier bleiben, ein Feuer machen und bis morgen früh warten? Plötzlich befiel ihn schreckliche Angst. Er durchwühlte seine Taschen.

»Du Idiot! Du Vollidiot!«

Er hatte seine Streichhölzer vergessen.

Er hatte keine Wahl mehr. Er mußte entweder zum Klondike zurückkehren, wofür er gut anderthalb Stunden brauchte, oder zur Hütte weitergehen. Dort könnte er ein Feuer machen und wäre in Sicherheit. Er überlegte nicht lange. Er mußte sich beeilen und das schwache Dämmerlicht nutzen, um möglichst weit zu kommen. Er stapfte den Hang hinunter. Verlaufen konnte er sich nicht. Der Wald war unter ihm. Einmal dort, fand er sich bestimmt zurecht. Er wunderte sich, daß schon so viel Schnee lag. Er sank bis zu den Waden ein, stellenweise bis zu den Knien, und kam nicht so schnell voran, wie er wollte. Kalt war ihm nicht. Im Gegenteil. Er war zu warm angezogen und schwitzte. Egal, in der warmen Hütte würde er sich trocknen können.

Der Wind wirbelte in kurzen Böen, die immer wütender wurden. Matts Gleichgewichtssinn war so irritiert, daß er mehrmals stehenbleiben mußte, um sich zu vergewissern, daß er noch bergab ging. Am Anfang war das noch einfach, doch weiter unten, wo das Gelände abflachte, wurde es immer schwieriger.

Mittlerweile war es fast Nacht, und er bekam es mit der Angst. Um ihn herum heulte der Sturm, und die Schneeflocken peitschten ihm waagerecht ins Gesicht. Er mußte schnell in den Wald. Er beschleunigte seine Schritte. Er sah nur noch einen Meter weit. Die Böen wirbelten ebensoviel Schnee vom Boden auf, wie vom Himmel fiel. Er konnte nicht einmal mehr sagen, ob es schneite oder nicht. Alles verschwamm und sah gleich aus. Er saß in der Falle. Der Sturm umschloß ihn mit einem beängstigenden Gemisch aus Dunkelheit und Weiß.

»Um Himmels willen! Ich werde krepieren!«

Er durfte auf keinen Fall weitergehen. Wenn er in diesem Sturm weiterging, ging er unweigerlich im Kreis, und die Chancen, den Wald zu erreichen, bevor ihn die Kräfte verließen, waren gleich Null. Dennoch ging er weiter. Er wußte nicht, was er suchte, doch er sträubte sich dagegen, hier stehenzubleiben und einfach zu Boden zu sinken. Er wollte selbst entscheiden, das Gefühl haben, noch Herr über sein Schicksal zu sein. Dann war ihm, als steige der Boden unter seinen Füßen leicht an. Er schlug einen Bogen. Es war eine Art Geländeerhebung, jedoch nicht hoch genug, um ihm Schutz zu bieten. Der Schnee, von dem er ganze Ladungen abbekam, hing an ihm wie ein schwerer Panzer, den er nicht abschütteln konnte. Da fiel ihm der Sack ein, den er bei sich trug. Er durchstöberte ihn. Er enthielt das Material für die Hundegeschirre, das Tannin und noch ein paar Kleinigkeiten. Nichts, was er jetzt gebrauchen konnte. Er setzte sich hin, mit dem Rücken zum Sturm, doch der Wind drehte. Wie er seine Position auch veränderte, es nützte nichts. Er konnte dem Schnee nicht entgehen. Er kauerte sich zusammen. Ihm wurde kalt. Der Schweiß, der durch seine Kleider gedrungen war, gefror jetzt. Er hatte Durst. Es war stockdunkel, und der Sturm heulte noch immer. Er konnte nicht kämpfen, sich nichts einfallen lassen. Es gab kein Entrinnen. Er begriff, daß er sterben würde. Sterben, wo er doch noch gar nicht richtig gelebt hatte! Er war allein. Niemand, der seinem Tod beiwohnte. Da war nur der Sturm, sein Henker, und der scherte sich nicht darum.

Er war verloren.

Er kauerte sich noch mehr zusammen, versuchte mit den Füßen, ein Loch zu graben, um dem Wind möglichst wenig Angriffsfläche zu bieten.

Graben! Das war die Idee. Vielleicht konnte er sich auf der Rückseite der Erhebung eine Art Höhle graben, die ihn vor dem Schnee schützte, in der er sich einigeln konnte. Die Idee war gut, nur hatte er nicht mehr die Kraft, sich zu bewegen. Er fühlte sich gut. Zu gut. Er fror nicht einmal mehr. Er war müde, das war alles. Die Müdigkeit umfing ihn, wiegte ihn. Doch tief in seinem Innern wußte er, daß er dieser trügerischen Schläfrigkeit, dieser verhängnisvollen Trägheit nicht nachgeben durfte. Er dachte an Mary, an ihre weiche, warme Haut. Er schloß die Augen und suchte in sich einen letzten Grund, sich zu widersetzen. Da war sie. Er sah sie. Ihre Augen riefen ihn in der Nacht. Ihre Stimme vermischte sich mit der des Sturms und sagte ihm, er solle aufstehen.

Er machte eine übermenschliche Anstrengung, doch sein Geist hatte sich von seinem Körper gelöst. Er glaubte, er sei aufgestanden, denn er hatte sich selbst dabei zugesehen, doch in Wirklichkeit saß er noch immer. Es war wie im Traum. Steh auf! Steh auf! befahl ihm sein Unterbewußtsein. »Ich bewege erst mal eine Hand«, sagte er sich, ohne zu wissen, ob die Stimme aus ihm selbst kam. Er tat es nach einem langen inneren Kampf. Das brachte ihn wieder zu sich, Geist und Körper fanden wieder zueinander. Es gelang ihm aufzustehen. Der Schneesturm heulte mit unverminderter Kraft. Er stolperte zu der kleinen Erhebung und ließ sich in den Schnee fallen. Am liebsten wäre er so liegengeblieben, doch er kämpfte dagegen an. Sein Kopf dröhnte. Er tastete eine Weile umher, dann fand er eine Stelle, wo sich der Schnee zu einer länglichen Schneewehe aufgetürmt hatte. Er begann, mit den Händen zu graben. Es war sehr anstrengend, denn der Wind hatte den Schnee zusammengepreßt. Doch er war fest entschlossen, es wenigstens zu probieren. Danach würde er schlafen und vielleicht sterben. Vorher nicht.

Er grub weiter und warf den Schnee nach hinten, bis sein Körper halb im Loch verschwunden war. Schon schien der Wind nachzulassen. Er grub weiter, bis er den Boden erreichte, eine Mischung aus Flechten und Felsen. Dann vergrößerte er das Loch, bis er in voller Länge hineinpaßte und sich darin umdrehen konnte. Noch immer drang Schnee durch den Eingang herein. Er verstopfte ihn und ließ nicht den kleinsten Spalt offen. Das Heulen des Sturmes verstummte, und nur ein gedämpftes Pfeifen drang noch an sein Ohr. Beim Graben war ihm warm geworden, doch von der Feuchtigkeit, die in seinen Kleidern steckte, bekam er wieder Schüttelfrost. Er kauerte sich zusammen, und diesmal kämpfte er nicht mehr gegen die Müdigkeit an, die ihn überkam, als die Temperatur in seinem notdürftigen Unterschlupf etwas stieg. Er sank in einen wohligen, komaähnlichen Schlaf.

30

ALS DIE LEITHÜNDIN PLÖTZLICH NACH RECHTS ABBOG, ließ Mersh sie gewähren. Er kannte sie gut genug, um zu wissen, daß sie eine Witterung aufgenommen hatte. Sie lief schräg über das Plateau, zog das Gespann den Hang hinunter und blieb am Fuß einer kleinen Erhebung stehen, wo sie im Schnee zu scharren begann. Mersh setzte den Anker, der den Schlitten am Weiterfahren hinderte, und trat in dem Augenblick näher, als unter dem Schnee ein Loch zum Vorschein kam, in dem eine dunkle Gestalt lag.

Ein Bär!

Er stürzte zum Schlitten, und während er die Winchester aus ihrem Lederfutteral zog, überlegte er mit lauter Stimme:

»Ein Bär, der an einem solchen Platz Winterschlaf hält! Das wäre der verrückteste Bär, der mir je untergekommen ist.«

Er beobachtete die Hunde. Sie legten nicht die geringste Feindseligkeit an den Tag.

Er beugte sich vor und suchte den Kopf in dem Haufen aus Kleidern und Schnee. Er bekam einen Arm zu fassen. Er zog den Mann aus dem Loch und hob ihn auf seinen Schlitten, der zufällig leer war, denn er hatte sich gleich nach dem Sturm auf die Suche nach Elchfährten begeben und fast noch nichts erlegt.

Von Zeit zu Zeit brabbelte der bewußtlose Matt wie ein Kind, das man aus tiefem Schlaf zu wecken versucht. Mersh fühlte ihm den Puls und untersuchte seine Extremitäten. Er hatte keine Erfrierungen, aber er litt an einer schweren Unterkühlung, die ihn schnell dahinraffen konnte. Mersh seufzte und machte kehrt, nachdem er ihn sorgfältig in den Pelzmantel gewickelt hatte, den er stets als Ersatz dabei hatte, auch wenn er nur ein paar Stunden unterwegs war.

Er ließ seine Hunde über die Piste galoppieren, die er zuvor gespurt hatte, und eine knappe Stunde später war er an seinem Zelt angelangt. Er zündete den kleinen Ofen an, machte Fleischbrühe warm, setzte Matt auf und gab ihm davon zu trinken. Dann entkleidete er ihn, deckte ihn mit einem Pelz aus Hasenfell zu, der ihm als Schlafsack diente, und hängte seine Kleider zum Trocknen ans Feuer, ehe er ihn wieder anzog.

Matt erwachte mehrmals aus seiner Benommenheit, murmelte unzusammenhängende Worte und fiel gleich wieder in einen bleiernen Schlaf. Im Lauf der Nacht flößte ihm Mersh in regelmäßigen Abständen Fleischbrühe ein. Am frühen Morgen öffnete Matt die glasigen Augen.

»Wo bin ich? … Was ist …?«

Da sein Zustand zufriedenstellend war, ging Mersh ins Freie und spannte die Hunde an. Matt kam langsam zu sich. Wenig später kam Mersh in voller Reisemontur ins Zelt zurück und baute sich vor Matt auf.

»Hör mir gut zu, Chechaquo. Dieses Land ist nicht das richtige für dich. Ich rate dir, bleib in Dawson, und laß dich hier nicht mehr blicken. Betrink dich und fahr im Frühjahr mit dem ersten Schiff nach Hause. Deinetwegen habe ich einen ganzen Tag verloren. Ich kann ja einen Menschen nicht einfach krepieren lassen. Auch wenn er so wenig taugt wie du.«

Matt hörte mit offenem Mund zu, außerstande, das kleinste Wort herauszubringen. Er hatte eine trockene Kehle, und ihm war schwindelig.

»Ich lasse dir das Zelt und die Fleischbrühe da. Ich komme später wieder vorbei und hole alles ab, auch den Topf. Wenn du etwas stiehlst, bring ich dich um.«

Und dann war er fort, ohne daß Matt ein Wort gesagt hatte. Erschöpft schlief Matt wieder ein. Es dämmerte bereits, als er wieder aufwachte. Er hatte nur eine schwache Erinnerung an die Geschehnisse. Er erinnerte sich an den Schneesturm, wußte noch, daß er sich ein Loch gegraben hatte. Dann nichts mehr, bis dieses Gesicht auftauchte, mit dem weißen Vollbart und diesen wäßrigen blauen Augen, die ihn so streng angesehen hatten. Aber wie hatte er ihn in seinem Schneegrab gefunden? Das grenzte fast an ein Wunder.

Das Zelt lieferte keinen Hinweis, wer sein Retter war. Ein alter Mann mit Bart und klarem Blick. Ohne Zweifel war er der Griesgram, vor dem man ihn gewarnt hatte. Aber wieso war er wieder verschwunden? Warum hatte er ihn einfach hier liegenlassen?

Matt hatte ihm nicht einmal gedankt.

Er versuchte ein paar Schritte zu gehen, doch er war noch zu schwach. Mit Reisig und Holz, das an der Zeltwand bereitlag, zündete er den Ofen wieder an und trank die restliche Fleischbrühe, dann schlief er wieder ein. Am nächsten Morgen ging es ihm schon viel besser. Kleine schwarze Hautfetzen lösten sich von seinen Fingerspitzen, doch es waren nur oberflächliche Frostbeulen. Er stand auf und sah sich draußen um. Es war ein schöner, sonniger Morgen. Nach ein paar Sekunden glaubte er das Tal wiederzuerkennen. Wenn er den Hang hinaufstieg, müßte er zum See gelangen. Aber sollte er nicht warten, bis der Alte zurückkam? Er dachte an seine Hunde. Die Hütte war bestimmt vollkommen zugeschneit. Er nahm die Streichhölzer, die ihm der Alte dagelassen hatte, und legte die Schneeschuhe an, die im Schnee steckten. In diesem Augenblick bemerkte er das Stück Packpapier, das an einem Riemen befestigt war. Es war etwas darauf gekritzelt.

Laß die Schneeschuhe und was du sonst noch mitnimmst im General Store in Dawson. Mersh.

»Mersh!«

Ja, er war es.

Jetzt konnte er sich wenigstens bei ihm bedanken, wenn er das nächste Mal nach Dawson kam.

Er machte sich auf den Weg. Er war es nicht gewohnt, mit Schneeschuhen zu gehen, und kam nur langsam voran, zumal der Neuschnee in der Talsohle sehr hoch war. Er mußte häufig stehenbleiben, denn er war noch nicht im Vollbesitz seiner Kräfte. Jetzt erst wurde ihm richtig bewußt, wieviel Glück er gehabt hatte.

»Ich bin noch am Leben!«

Er schaute sich um, betrachtete die Berge und die Bäume des Waldes, die Sonne und die blasse Mondsichel, die in der Ferne unterging, und mit einem Mal erkannte er, wie kostbar das Leben war. Wie schön es war. Und er hatte es beinahe verlieren müssen, um sich darüber klar zu werden! Das sollte ihm eine Lehre sein. Er hatte sein Glück überstrapaziert. Künftig mußte er sich der Natur fügen, um zu überleben. Sich fügen, um wachsen zu können.

Er erkannte den Wald wieder, dann den Bach, und schließlich gelangte er zu seiner Hütte. Die Hunde empfingen ihn mit überschwenglicher Freude. Matt streichelte einen nach dem anderen, dann räumte er den Eingang der Hütte frei, die den Schneesturm unbeschadet überstanden hatte, und verteilte Fleisch an die Hunde, die vor Hunger fast umkamen.

»Mehr als ein Dollar das Pfund!«

Mit einem gewissen Bedauern sah er zu, wie die Malamuten mit wenigen Bissen zig Dollar verschlangen.

»Verfressene Bande!«

Er aß selbst etwas, dann ging er auf den See hinaus und hackte Löcher ins Eis, um das Fischnetz auszubringen, das er sich gekauft hatte. Doch er fühlte sich schwach, und die Frostbeulen an seinen Händen schmerzten. Er kehrte in die Hütte zurück, legte sich hin und schlief fast sofort ein. Im Traum sah er den alten Mann im Schneesturm hin- und hergehen. Er selbst war mit Mary in einer Schneehöhle eingeschlossen. Sie brüllten, doch der Alte hörte sie nicht. Mehrmals wachte Matt schweißgebadet auf. Am Morgen setzte wieder Schneefall ein.

Es schneite zwei Tage lang, und Matt nutzte die Zeit, um seine Hände zu behandeln. Er legte sich mit Jodalkohol getränkte Fettverbände an, denn einige Erfrierungen, die tieferliegendes Gewebe geschädigt hatten, entzündeten sich.

Gleichzeitig überlegte er sich, welche Vorkehrungen er treffen mußte, um hier überwintern zu können. Als erstes mußte er einen Vorrat an Brennholz und Fisch anlegen. Bei Winterbeginn waren die Forellen sehr aktiv. Später zogen sie sich in die Untiefen zurück und rührten sich kaum noch, so daß wenig Hoffnung bestand, mit dem Netz genug zu fangen.

Damit war Matt in der Woche nach dem Schneesturm beschäftigt. Der Himmel war klar. Kein Lüftchen regte sich, und eine extreme Kälte stellte sich ein, wie er sie aus seinen Bergen im Süden nicht kannte, wo das Thermometer nur selten unter dreißig Grad minus fiel. Er fragte sich, ob die Goldgräber noch auf ihren Claims am Klondike arbeiteten. Die meisten dürften die Arbeit eingestellt haben. Bei einer solchen Kälte konnte man nichts tun. Stahl blieb an den Händen kleben. Nicht einmal mit Feuer ließ sich der Boden auftauen, und der kleinste Handgriff kostete doppelte Anstrengung.

Tatsächlich waren die Goldgräber nach Dawson geflüchtet, wo die Preise für Lebensmittel ebenso in die Höhe schnellten wie die Preise für Alkohol und für Mädchen. Für viele war die Stadt zum Gefängnis geworden. Niemand zählte mehr die armen Teufel, die man steifgefroren in ihren unbeheizten Zelten fand, ohne einen Cent in der Tasche und zu leicht angezogen, von Skorbut und Erfrierungen gezeichnet. Die Ärmsten nahmen sich sogar das Leben. Die meisten hängten sich auf, denn sie besaßen nicht einmal eine Kugel, die sie sich in den Kopf jagen konnten. Das Unglaublichste jedoch war, daß der Goldrausch weiterging. Immer noch kamen Träumer den zugefrorenen Yukon herunter, nachdem sie den vereisten und windgepeitschten Chilkoot überquert hatten. Die Zeitungen, die so viel über die sagenhaften Goldfunde in Alaska geschrieben hatten, berichteten nicht über die Enttäuschung der Heimgekehrten. Im Gegenteil, sie feierten nach wie vor die Glückspilze, die ein Vermögen gemacht und pralle Bankkonten hatten, denn es gab immer noch welche, die »tonnenweise Gold« aus ihren Claims herausholten. Doch das war vielleicht einer unter tausend. Die anderen versanken in Verzweiflung und konnten, nachdem sie alles aufgegeben und alles verloren hatten, nur noch auf ein Wunder hoffen. Doch im hohen Norden sind Wunder selten. Der Norden ist hart und unerbittlich.

Matt zählte nicht sein Gold, sondern seine Fische und die Klafter Holz, die er einbrachte. Die Hunde folgten ihm überallhin. Sie wuchsen heran, ihr Charakter bildete sich aus. Als keine Fische mehr ins Netz gingen, legte Matt Hasenschlingen und fällte Bäume, um einen Brennholzvorrat anzulegen. Er arbeitete jeden Tag von morgens bis abends im Freien. Seine Widerstandskraft gegen die Kälte wuchs ebenso wie seine Ausdauer. Jede körperliche Betätigung erforderte einen hohen Kraftaufwand.

Unter der Einsamkeit litt er nicht. Er hatte ja die Hunde. Was ihm fehlte, war der warme Körper einer Frau, den er in die Arme nehmen konnte, der Körper Marys.

Eines Morgens, als das Thermometer nach zwei extrem kalten Wochen wieder etwas anstieg, stieß Matt auf die Fährte einer Elchkuh mit Kalb. Sofort ließ er seine Arbeit liegen und machte sich an die Verfolgung, doch er sollte nicht weit kommen. Die Meute preschte voraus und machte Jagd auf die beiden Tiere. Bald gab er es auf, ihnen zu folgen, und kehrte in die Hütte zurück, in banger Sorge um seine Hunde. Sie standen vor ihrer ersten Begegnung mit einem so großen, kräftigen Tier, das sie mit Huftritten töten konnte.

In der Nacht kamen die Hunde zurück. Sie waren erschöpft, aber unverletzt. Matt schloß daraus, daß die Elche sie abgeschüttelt oder in die Flucht geschlagen hatten. Am nächsten Tag spannte er ein Drahtseil, das er eigens zu diesem Zweck gekauft hatte, zwischen zwei Bäume und band die Hunde mit zwei Meter langen Leinen daran fest. Nur Gold ließ er in der Umgebung der Hütte frei herumlaufen. Die Hunde protestierten, am heftigsten die kleine Manouane und Chinook. Der Chef der Meute heulte die halbe Nacht, zerrte an der Leine und nagte am Drahtseil, bis er schließlich aufgab.

Matt nähte unterdessen die Geschirre fertig, an denen er bereits seit einiger Zeit arbeitete. Das Geschirr, das er in Dawson gekauft hatte, diente ihm als Vorlage. Schon am nächsten Tag baute er an seinem kleinen Schlitten weiter. Er geriet ihm etwas zu kurz und zu breit und war nicht elastisch genug. Schließlich fertigte er eine Zugleine. Jetzt brauchte er nur noch anzuspannen.

Die ersten Fahrversuche waren eine Katastrophe. Gold, die an der Spitze lief, spähte ständig nach hinten, und die anderen verhedderten sich in den Leinen, rauften oder ließen sich einfach nur mitschleifen. Nur Blacky und Dyea versuchten zu laufen.

Am ersten Tag schaffte Matt kaum fünfzig Meter, und am zweiten, als er es mit weniger Hunden probierte und nur Gold, Dyea und Blacky anspannte, kam er kaum von der Stelle.

Deprimiert fragte er sich, ob seine Hunde überhaupt das Zeug hatten, einen Schlitten zu ziehen. »Jetzt sitze ich mit acht unnützen Fressern da!« sagte er sich bitter enttäuscht, während er sie mit den Fischen fütterte, die er unter so großen Mühen gefangen hatte. Er durfte gar nicht daran denken, wieviel Geld er in Dawson dafür bekommen hätte.

Er dachte wieder an diesen Mersh, der mit dem Schlitten reiste. Es war ärgerlich, daß er bei ihrer Begegnung keine Gelegenheit gehabt hatte, von seiner Erfahrung zu profitieren. Er beschloß, nach Dawson zu gehen, ihm die Schneeschuhe zurückzugeben und ein paar Zeilen zu hinterlassen, in denen er ihn zu einem Besuch einlud. Aus Elchleder fertigte er sich selbst Schneeschuhe. Die ziemlich komplizierte, aber zweckmäßige Bespannung guckte er sich von Mershs Paar ab. Anschließend machte er sich mit über fünfzig Pfund Elchfleisch auf dem Rükken auf den Weg. Fleisch, das er gegen Mary eintauschen wollte.

31

IN DAWSON LEBTEN MILLIONÄRE, DIE CHAMPAGNER aus Kristallgläsern tranken, neben armen Schluckern, die in ihren Zelten vor Kälte und Hunger krepierten. Der Preis für ein Ei hatte sich vervierfacht, für ein Pfund Fleisch oder eine Flasche Whiskey mußte man über fünf Dollar bezahlen, und die Mädchen gingen an den Meistbietenden. Eines Abends hatte einer dieser Millionäre jedes Kleidungsstück einer gewissen Frida auf einer Waage in Gold aufgewogen und war anschließend mit dem entblätterten Mädchen verschwunden.

Matt verkaufte sein Fleisch für zweihundert Dollar, versprach eine weitere Lieferung und kassierte zwanzig Dollar Anzahlung. Er schrieb Mersh einen Brief, in dem er sich bedankte und ihn inständig bat, ihn bei Gelegenheit zu besuchen. Er beschrieb ihm kurz den Weg zu seiner Hütte, kaufte noch eine Flasche Whiskey für ihn und gab alles zusammen mit den Schneeschuhen dem Pächter des General Store. Der Mann wußte nicht, wann Mersh wieder vorbeischauen würde.

»In zwei Tagen, in zwei Monaten oder in zwei Jahren«, erklärte er mit mürrischer Miene und legte die Sachen hinter sich in ein Regal.

»Und wo kann ich ihn finden?«

»Im Norden. Mersh ist immer unterwegs. Er hat irgendwo eine Hütte, vielleicht sogar mehrere, aber keiner weiß, wo. Und wie ich ihn kenne, legt er auch keinen Wert darauf, daß es jemand erfährt.«

Das war deutlich genug. Matt kaufte noch Lebensmittel, bedankte sich und ging. In der Stadt sah er mehrere Hundegespanne, darunter das von Chilcat, einem Halbindianer, der das *Monte-Carlo* mit Waren aus Skagway belieferte. Doch der wortkarge, unfreundliche Kerl weigerte sich, ihm auch nur eine einzige Frage zu beantworten.

Daraufhin versuchte Matt sein Glück bei einem alten Musher aus Forty Mile, doch der dachte gar nicht daran, seine Zeit mit einem Chechaquo zu vergeuden. Nicht ohne Bewunderung und Neid sah Matt zu, wie der Mann mit einem vollgeladenen Schlitten zum Aufbruch rüstete. Die Hunde kläfften vor Ungeduld. Sie sprangen in die Luft, zerrten an den Leinen, und unter ihren scharrenden Pfoten entstanden kleine Kuhlen, in denen sie sich abstießen, als der Musher endlich das Startkommando gab. In einer Rauhreifwolke jagte der Schlitten die Böschung zum Yukon hinunter. Die Hunde schlugen ein flottes Tempo an und liefen wohlgeordnet auf der markierten Piste, bis sie hinter einer Flußbiegung verschwanden. Matt seufzte, stellte den Kragen seiner Jacke hoch und ging durch die belebten, windigen Straßen zu dem Haus, in dem er Mary zu finden hoffte.

Wie immer war der Saloon im Erdgeschoß voll. In dem verrauchten Raum brauchte Matt eine Weile, um festzustellen, daß sie nicht hier war. Eine mollige Rothaarige ging an ihm vorbei. Er sprach sie an.

»Guten Tag. Weißt du, wo Mary ist?«

Sie musterte ihn abschätzig von Kopf bis Fuß.

»Ich glaube nicht, daß du nach ihrem Geschmack bist.«

Matts Züge wurden hart. Er klopfte an seine Hosentasche und sagte, ohne nachzudenken:

»Ich habe hier zweitausend Dollar in Gold. Das dürfte wohl genügen.«

»Laß sehen.«

Ihre Augen funkelten begehrlich. Matt schüttelte den Kopf.

»Hör zu«, sagte sie, etwas freundlicher. »Mary ist nicht frei. Genaugenommen ist sie das praktisch nie. Ladue hält sie aus. Vergiß Mary und komm mit mir, bevor mich ein anderer wegschnappt.«

Matt öffnete den Mund, um etwas zu erwidern, besann sich aber anders. Er hatte Lust auf ein Mädchen, ob auf sie oder eine andere ...

»Wieviel?«

Sie wand sich, schlang ihm den Arm um den Hals und flüsterte ihm ins Ohr:

»Du mußt mich vorher zu einem Glas einladen. Weißt du denn nicht, was sich gehört?«

Er bestellte ein Glas Champagner und einen Whiskey.

»Am besten wäre es, du nimmst mich für die ganze Nacht. Dann könnten wir uns Zeit lassen ...«

»Ich habe keine Zeit.«

»Dann also ein Quickie?«

»Ein was?«

»Eine schnelle Nummer. Du bist wohl nicht von hier?«

»Eigentlich nicht.«

»Dann aus Forty Mile?«

»Aus einer Gegend, die du nicht kennst.«

»Sehr gesprächig bist du aber nicht.«

»Wieviel für eine Stunde?«

Sie ließ sich Zeit mit der Antwort.

»Hundert.«

»Fünfzig auf die Hand. Ja oder nein.«

»Ich muß nachsehen, ob etwas frei ist.«

Sie trank in einem Zug ihren Champagner aus, durchquerte den Raum und stieg mit schwerem und entschlossenem Schritt die Treppe in den ersten Stock hinauf. Matt verzog das Gesicht, bezahlte und flüchtete.

Draußen war es bereits Nacht, und ein schöner Vollmond spendete großzügig Licht. Matt zögerte eine Sekunde auf der Schwelle. Er hatte Lust auf eine Frau, aber nicht auf diese. Er wollte Mary. Sie und keine andere.

Er trat wütend gegen einen Schneeklumpen und zog die Kapuze seiner dicken Wolljacke hoch. Es war kalt, und er hatte keinen Schlafplatz. Unwillkürlich lenkte er seine Schritte zum *Monte-Carlo.* Drinnen spielte Musik, man sang, und einige tanzten mit den zwei, drei Mädchen, die da waren. Ihm war nicht danach, zu trinken oder sich in die lärmende Menge dieser Spielhölle zu stürzen. So bald würde er nicht wieder nach Dawson kommen. Er hatte hier nichts mehr verloren. Er schulterte seinen Sack und bog nach links in eine von Holzbaracken gesäumte Straße ab, die direkt aus der Stadt führte.

Mit einem Hundeschlitten hätte er auf seiner eigenen vereisten Spur bis zum See und seiner Hütte fahren können. Zu Fuß brauchte er, selbst wenn er schnell ging, mindestens fünf Stunden. Bei seinem einsamen Marsch durch die Nacht dachte er die ganze Zeit darüber nach, was er tun sollte. Er hatte das Gefühl, daß er ohne Mary nicht leben konnte. »Ich bin ein Vollidiot gewesen. Ich habe sie selbst gehen lassen!«

Doch eigentlich glaubte er selbst nicht daran. Wie die Rothaarige gesagt hatte, Mary gehörte niemandem. Was erhoffte er sich? Er dachte an den Dummkopf, den er auf den Müllplatz geschickt und der ein Vermögen gemacht hatte. Warum sollte nicht auch anderswo Gold zu finden sein? Es gab Tausende unerforschte Täler wie die am Klondike. Und bestimmt noch mehr Goldadern. Im Sommer wollte er sein Glück versuchen. Dieser Entschluß munterte ihn wieder etwas auf.

»Bis dahin werde ich jagen. Davon verstehe ich etwas, und es läßt sich eine Menge damit verdienen.«

Dann fielen ihm seine Hunde ein. In drei, vier Wochen war sein Fischvorrat aufgebraucht, und er mußte sie mit etwas anderem füttern. Mit Fleisch, das ihm fünf Dollar das Pfund bringen würde. Die Einbuße wäre enorm. Doch er sah keine andere Möglichkeit. Er spielte einen Moment lang mit dem Gedanken, die Hunde zu verkaufen.

»Gold? Niemals! Und Manouane, meine kleine Manouane, auch nicht!«

Er sah im Geist den verspielten und stets gutgelaunten Dyea vor sich, der ihn mit seinen Kapriolen häufig zum Lachen brachte.

»Dyea nicht.«

Er schloß auch die beiden Unzertrennlichen Yukon und Cloke aus, ebenso Blacky, den zärtlichsten von allen sieben – ein Schmuser und immer so eifrig. Blieb noch Chinook, der prachtvolle Chinook, der Chef.

»Kommt nicht in Frage!«

Und auch eine Trennung von Skagway, dem großen Schwarzen mit den zwei weißen Flecken, die seine klugen Augen betonten, war einfach undenkbar.

Matt seufzte. Die Hunde zu verkaufen war an sich eine gute Idee. Nur – sie waren für ihn viel mehr als gewöhnliche Hunde geworden.

32

GOLD, DIE VOR DER TÜR DER HÜTTE LAG, SCHNUPPERTE ein paar Mal, stand auf und blickte mit gespitzten Ohren zu dem Pfad, der aus dem dunklen Tal heraufführte. Ihr verhaltenes Knurren schlug im nächsten Moment in freudiges Bellen um. Die Hündin hatte ihren Herrn am Gang erkannt. Sie lief ihm entgegen, und Matt sah schon von weitem ihre klaren Augen, die in dieser stockfinsteren Nacht das Mondlicht reflektierten.

Er tätschelte ihr die Flanke, dann den Kopf, und sie leckte ihm die Hand.

»Ich bin es Gold, ich bin es nur.«

Weiter hinten hatten die anderen zu kläffen begonnen. Sie hüpften an ihren Leinen, und Matt, bewegt über diesen Beweis der Zuneigung, brauchte einige Zeit, um sie zu beruhigen.

»Meine braven Hunde!«

Er machte sich Vorwürfe, daß er mit dem unsinnigen Gedanken gespielt hatte, sie zu verkaufen.

»Niemals!«

Nach dem sechsstündigen Marsch hatte er Hunger. Er aß zwei große Elchsteaks und legte sich schlafen.

Am frühen Morgen riß ihn lautes Bellen aus tiefem Schlaf. Er erhob sich von seinem Lager. Draußen waren Schritte zu hören, und eine Stimme.

Ausgestattet mit Schaufel, Goldwaschpfanne und Gewehr, versucht dieser Goldsucher, in Begleitung eines Hundes sich in einem noch unerforschten Land zu behaupten: Alaska.

Jack London, der ebenfalls dem Goldrausch erliegt, trifft als 21jähriger im Herbst 1897 in Dawson ein. Als er seinen Namen in das Holz seiner Hütte ritzt, ist er nur einer von vielen armen Goldsuchern. Auch er macht in Alaska kein Vermögen, hinterläßt uns dafür aber unvergeßliche Werke.

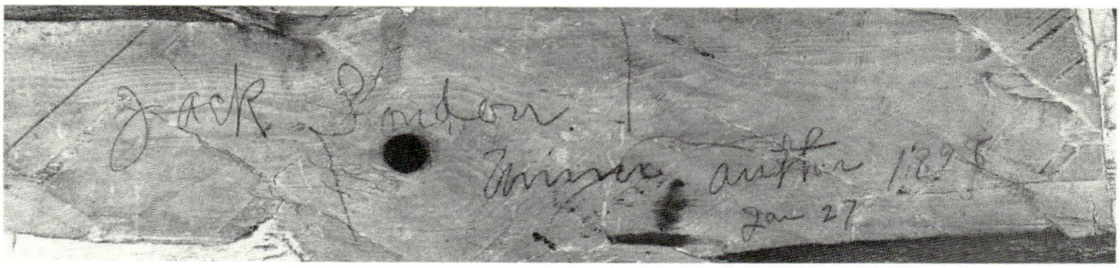

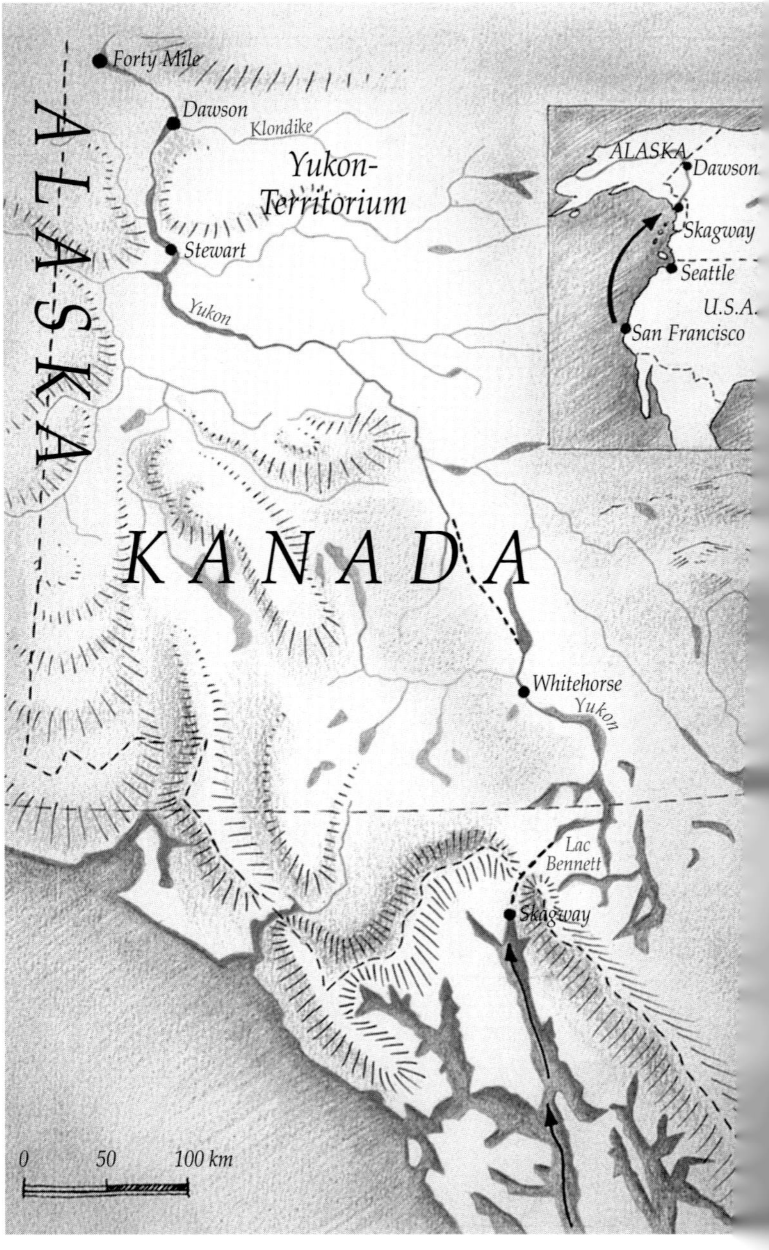
Forty Mile
Dawson
Klondike
Yukon-Territorium
Stewart
Yukon
ALASKA
KANADA
Whitehorse
Yukon
Lac Bennett
Skagway
ALASKA
Dawson
Skagway
Seattle
U.S.A.
San Francisco
0
50
100 km

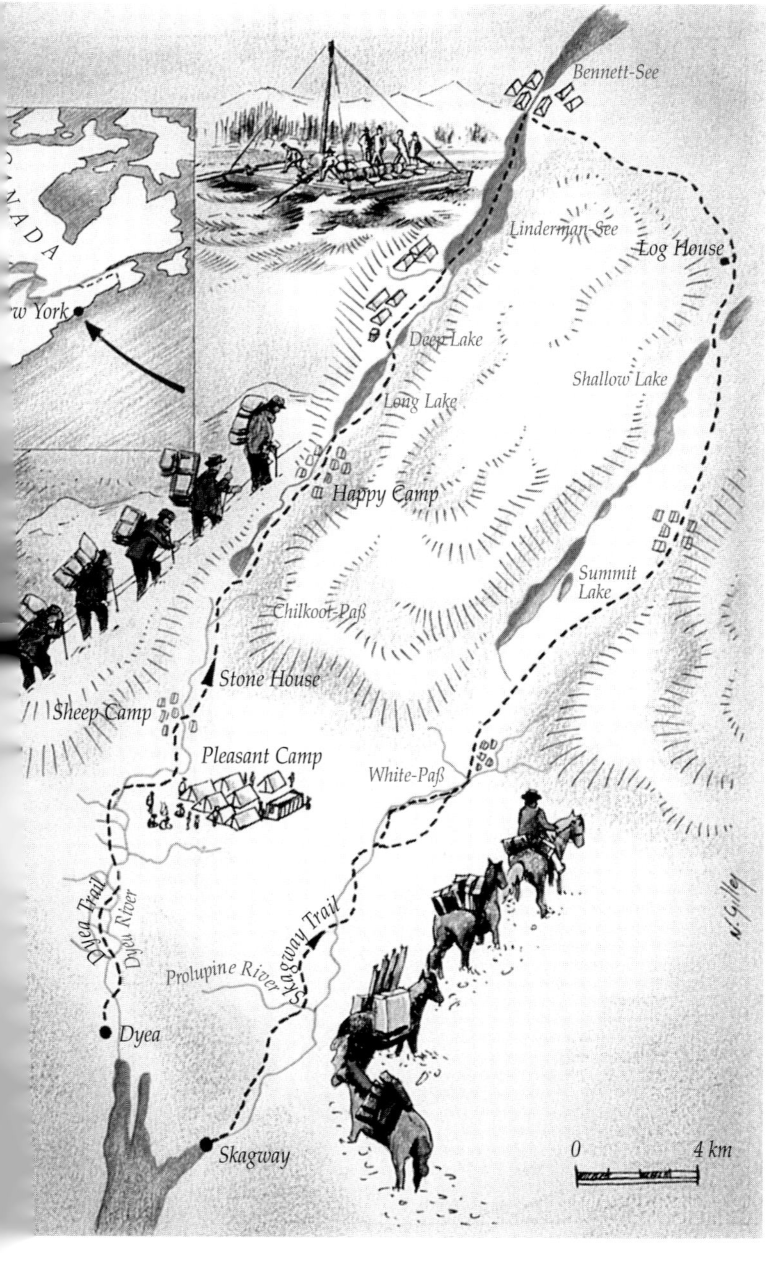
Bennett-See
Linderman-See
Log House
Deep Lake
Shallow Lake
Long Lake
Happy Camp
Summit Lake
Chilkoot-Paß
Stone House
Sheep Camp
Pleasant Camp
White-Paß
Dyea Trail
Dyeu River
Skagway Trail
Prolupine River
Dyea
Skagway
0
4 km

NEWS FROM THE KLONDIKE.

GOLD! GOLD! GOLD! GOLD!

Special Tug Chartered To Get The News.

Seattle, July 17, 1897. ON BOARD THE STEAMSHIP PORTLAND, 3:00 A.M. — At 3 o'clock this morning the steamship Portland, from St. Michaels for Seattle, passed up the Sound with more than a ton of solid gold on board and 68 passengers. In the captain's cabin are three chests and a large safe filled with the precious nuggets. The metal is worth nearly $700,000 and most of it was taken from the Klondike district in less than three months last winter. In size the nuggets range from the size of a pea to a guinea hen egg. Of the 68 miners on board hardly a man has less than $7,000, and one or two have more than $100,000 in yellow nuggets.

WHITE HORSE TODAY

BUILDING BOOMING

White Horse, Apr. 1, 1901 — The spring boom has struck White Horse in earnest. The sound of hammers can be heard in all directions and vacant lots in the business portion of the town are becoming as scarce as mushrooms on an iceberg.

Many substantial frame buildings are going up, also many canvas ones which in time will give place to more permanent structures.

About 400 men are at present working in the town with the prospect of many more being employed, and in the evening the streets put one in mind of the great thoroughfares of the large cities throughout the states.

SKAGWAY AND UP RIVER POINTS

QUEEN VICTORIA

Clarence Berry is regarded as the luckiest man in the Klondike. Ten months ago he was a poor miner and to-day he is in Seattle with $130,000 in gold nuggets. One nugget weighs 13 ounces and is worth $231. "I've been rather fortunate," he averred.

Inspector Strickland, of the North West Mounted Police, was guarded with his statements. He said there were only two mining districts in what is known as the Klondike section and they are called the

Gold! Gold! Gold! Gold! Die Schlagzeile der *Seattle Post Intelligence* vom 14. Juli 1897 löst den größten Goldrausch der Geschichte aus.

Als die *Portland,* von Alaska kommend, im Hafen von Seattle einläuft, hat sie über eine Tonne Gold im Wert von etwa 700 000 Dollar an Bord. Manche Goldklumpen sind so groß wie Straußeneier. Vollbesetzt mit Goldsuchern, fährt das Schiff wieder in den Norden. Zehntausende werden ihnen folgen.

Der berühmte Chilkoot-Paß an der Grenze zwischen Alaska und Kanada. Seine Steigung von nahezu 45 Grad und die Schlange von Trägern, die sich Tag und Nacht hinaufwindet, werden zum Symbol für den Goldrausch.

Über 250 000 Menschen aus der ganzen Welt lassen alles hinter sich und brechen zwischen 1897 und 1899 nach Alaska auf. Nur 50 000 kommen schließlich in Dawson an. Die Mounties, die kanadischen Polizisten, sind bestürzt über den Ansturm dieser Glücksritter, die keine Ahnung haben, wie man im hohen Norden überlebt. Sie verlangen, daß jeder mindestens eine Tonne Proviant und Ausrüstung mit sich führt.

Von Skagway aus muß man 700 Kilometer zurücklegen, um zum Klondike zu gelangen, von dem die sagenhaften Goldfunde gemeldet werden. Ein regelrechter Hindernislauf, der viele Abenteurer zur Umkehr zwingt.

Am 3. April 1898 fordert eine Lawine mehr als dreißig Tote. Viele werden eilends vor Ort im Schnee verscharrt, die »glücklicheren« bis zum Frühjahr »auf Eis gelegt« und dann beerdigt.

Wenn der Paß überquert ist, beginnt das Abenteuer erst richtig. Für die Fahrt vom Bennett-See zum Yukon braucht man ein Boot, das stabil genug ist, um seine Insassen und mehrere Tonnen Proviant und Ausrüstung heil durch gefährliche Stromschnellen zu bringen.

Statt zu rudern oder auf Wind zu warten, treideln viele ihre Boote vom Ufer aus.

Alle möglichen Wasserfahrzeuge werden gebaut. Die primitiven Flöße sind in den Stromschnellen zwar schlecht zu manövrieren, haben aber den Vorteil, daß sie sich schnell zusammenzimmern lassen. Denn die Abenteurer haben es eilig: Sie wollen ans Ziel kommen, bevor das ganze Gold weg ist!

Zu Anfang gibt es keine Möglichkeit, die Fahrzeuge und das Material an den Stromschnellen zu umtragen. Viele Flöße und Boote kentern in den Whitehorse Rapids und im Miles Canyon. Dutzende Abenteurer ertrinken.

Für die Beförderung ihrer tonnenschweren Ausrüstung mieten die Goldsucher Indianer als Träger an. Je stärker der Zustrom wird, desto mehr verlangen die Indianer für ihre Dienste.

Im Winter friert der Yukon zu, und Tausende von Goldsuchern ziehen mit Schlitten über diese Eisstraße.

Zu Beginn des Goldrausches nehmen viele Goldsucher den Weg über den White-Paß, doch Lawinen machen ihn häufig unpassierbar.

Die meisten Goldsucher, die nach Alaska kommen, wissen nicht, auf welches Abenteuer sie sich einlassen. Erfolg hat nur, wer sich der Lebensweise der Trapper und Indianer anpaßt.

Am Klondike fehlt es an allem, und erst recht an Hunden für die Schlitten, die sich rasch zum schnellsten und zuverlässigsten Transportmittel entwickeln.

Zahlreiche Pferde werden auf der Strecke von Skagway zum Bennett-See als Lasttiere eingesetzt. Viele kommen dabei um. Noch heute findet man an dieser Route hier und da ihre Knochen.

Indianer, Waldläufer und einheimische Pferde- und Hundebesitzer, die dem Goldrausch nicht erliegen, bieten den Goldsuchern und der Regierung ihre Dienste an. Sie bringen Proviant zum Klondike, wo Lebensmittel bald knapp werden.

Hier gab es außer drei Blockhütten nichts ... Nach dem Eintreffen von über fünfzigtausend Goldsuchern wächst Dawson explosionsartig. Zu Anfang ist es nur eine Zeltstadt, doch bald werden Hunderte Hektar Kiefernwald geschlagen, um eine Stadt zu errichten.

Die meisten Bewohner dieser verrückten Stadt zahlen mit Goldstaub und Nuggets. Angeblich werden im Kasino Millionen Dollar beim Blackjack verloren.

Gute Claims sind schnell vergeben. Wer zu spät kommt, muß sich mit Gelegenheitsarbeiten über Wasser halten. Die rapide ansteigenden Lebensmittelpreise machen das Überleben immer schwieriger.

Aus Dawson wird eine Stadt mit Hotels, Kasinos und Saloons. Sogar eine Oper wird gebaut! Manch einer verdient ein Vermögen mit der Idee, den vielen Männern das zu bringen, was ihnen am meisten fehlt: Frauen.

Eine Zeitlang ist Dawson der Mittelpunkt der Welt, doch bald haben die Abenteurer – enttäuscht, mittellos, erschöpft und krank – nur noch den einen Wunsch: dieses Dorado zu verlassen, das ohne Geld zur Hölle wird.

Die reichsten Minenbesitzer stellen Lohnarbeiter ein und organisieren den Goldabbau, der durch die klimatischen Bedingungen erschwert wird. Im Winter muß der gefrorene Boden mit Hilfe von Feuer und heißem Wasser aufgetaut werden. Manchmal stößt man dabei tatsächlich auf Gold, aber zu welchem Preis!

Ein Mensch!

Er öffnete die Tür in dem Moment, als der Besucher anklopfen wollte. Sein Vollbart war vereist und seine Kleidung von oben bis unten mit Rauhreif bedeckt. Matt spähte an ihm vorbei und sah, daß er sein Gespann auf dem Weg hatte stehen lassen.

»Sie sind … Mersh!«

»Genau«, sagte der andere und musterte ihn im Licht genauer, »und du siehst mir ganz wie dieser halberfrorene Chechaquo aus, der mir meine Schneeschuhe gestohlen hat.«

»Äh … ja, der bin ich, aber die Schneeschuhe habe ich in den General Store gebracht. Ich war gestern dort.«

Mersh zog ein schiefes Gesicht und trat in die Hütte.

»Ich habe sie nicht gestohlen. Ach ja, ich wollte mich noch bei Ihnen bedanken, ich …«

»Wem gehört die Hütte?« unterbrach ihn Mersh, während er das Gebälk in Augenschein nahm.

»Mir.«

»Ich meine, wer hat sie gebaut?«

»Na, ich!«

»Hm …«

Er strich mit der Hand über mehrere Stämme, wischte die vereiste Fensterscheibe frei und spähte hinaus.

»Und die Hunde?«

»Was ist mit den Hunden?«

»Gehören sie dir?«

»Natürlich!«

Er nahm die Fisch- und Fleischvorräte in Augenschein, die Matt zwischen Hütte und See auf einem Gerüst aufbewahrte.

»Und die Fische, und das Fleisch?«

»Im See gefangen und hier in der Gegend geschossen.«

Mersh drehte sich um, hob die Brauen über den leuchtenden Augen und sah ihn zweifelnd an.

»Ich … ich mache uns einen Kaffee.«

»Tee wäre mir lieber.«

»Gut. Ich bin eben erst aufgestanden«, sagte Matt, wie um sich zu entschuldigen. »Ich bin erst mitten in der Nacht zurückgekommen.«

»Ich weiß.«

»Wo … woher wissen Sie das?«

»Die Spuren.«

»Ah …«

Mersh setzte sich an den kleinen Tisch am Fenster, von wo aus man den See überblicken konnte.

»Wieso gehst du mit Schneeschuhen in die Stadt, wenn du gute Hunde hast?«

»Ich verstehe nichts von Hunden. Es gelingt mir nicht, sie abzurichten.«

»Ah ja. Und wozu hast du dann Hunde?«

»Weil … weil ich Hunde mag.«

Mersh brach in Lachen aus.

»Ich habe mich gefragt«, fuhr Matt fort, »ob … ich wollte Sie bitten, es mir zu zeigen.«

»Was zu zeigen?«

»Wie man anspannt. Wie man sie dazu bringt zu ziehen.«

»Hm …«

Mersh nahm die Tasse Tee, den Matt mit Wasser aus dem Kessel aufgebrüht hatte, der ständig auf der Ofenkante stand. Er trank, dann trat er ins Freie und ging zu seinen Hunden. Matt beobachtete ihn von der Tür aus und brachte die seinen zum Schweigen, die ohne Unterlaß bellten.

»Wo wollen Sie denn hin?«

Mersh hatte gerade die Zugleine entwirrt, in der sich zwei Hunde verheddert hatten.

»Weiter.«

Mersh stieg auf die Kufen seines Schlittens, pfiff und

gab seinem Leithund, der sich zu ihm umgedreht hatte, ein Zeichen. Der Hund machte eine Kehrtwendung, und die anderen folgten ihm. Alle acht liefen an Mersh vorbei, und der setzte gleichzeitig den Schlitten an den Rand des Weges zurück. Als die Zugleine sich wieder straffte, verlagerte Mersh sein Gewicht, und der Schlitten drehte sich mit einem Ruck, ohne umzukippen. Im nächsten Moment preschten die Hunde los, und Matt sah das Gespann in einer Rauhreifwolke verschwinden.

»Aber …«

Er war fort.

Wütend trat Matt gegen einen der Eisblöcke, die er vor der Hütte als Wasserreserve gestapelt hatte. Hatte er irgend etwas Falsches gesagt? Er ließ ihr Gespräch noch einmal Revue passieren. Dann blickte er zu seinen Hunden. Würden sie eines Tages vor seinem Schlitten laufen? Stammten sie von Eltern ab, die gar nicht ziehen konnten? Das mußte es sein. Deshalb hatte der Indianer sie ihm ohne weiteres abgetreten. Und deshalb wollte ihm Mersh nicht helfen. Er hatte auf den ersten Blick erkannt, daß von diesen Hunden nichts zu erwarten war, und er war kein Mann, der seine Zeit vergeudete.

In den Sümpfen südlich des Sees wimmelte es von Hasen. Matt versuchte in den folgenden Tagen, möglichst viele zu fangen, und legte Dutzende Schlingen aus. In der ersten Nacht fing er über zwanzig, doch tags darauf stahl ihm ein Luchs einen Großteil der Beute. Darauf stellte er zwei Schlageisen auf, die er in Dawson gekauft hatte, doch er erwischte die Katze nicht. Vermutlich war sie mißtrauisch geworden. Er sann gerade darüber nach, wie er sie überlisten konnte, als er nördlich des Sumpfes auf die Fährte eines jungen Elchs stieß. Er folgte ihr bis zum Einbruch der Dunkelheit. Das Tier hatte in einem

Wald Schutz gesucht. Am nächsten Morgen kehrte er zu der Stelle zurück und sah den Elch in einiger Entfernung in einem Erlengestrüpp äsen. Matt pirschte sich an ihn heran und tötete ihn mit einem Schuß ins Herz. Er brauchte zwei Tage, um das Fleisch zur Hütte zu schleppen, nachdem er erneut einen fruchtlosen Versuch mit den Hunden unternommen hatte. Vom Fleischgeruch hinter sich angezogen, hatten sie nicht nach vorne ziehen wollen und miteinander gerauft.

Ein kräftiger Westwind kam auf, und mehrere Schneestürme fesselten Matt über eine Woche lang an die Hütte. Er wurde immer mutloser. Was machte er nur hier in dieser Abgeschiedenheit? Er dachte an Mary, die in den beiden großen Saloons von Dawson Champagner trank.

Auf die Stürme, die den Himmel leerfegten, folgte eine Periode extremer Kälte. Matt konnte für kurze Zeit die Hütte verlassen. Er fing den Luchs und ein paar Kaninchen, die sich bei diesen Temperaturen rar machten. Er entdeckte keine einzige Elchfährte, dafür aber die Spur von Mershs Schlitten. Sie führte direkt zu Matts Hütte! Aber Mersh war nicht da. Er hatte bei ihm vorbeigeschaut und war weitergefahren, ohne eine Nachricht zu hinterlassen. Nicht ein Wort.

Matt war wütend. Seit über einem Monat hatte er keine Menschenseele mehr gesehen. Er mußte mit jemandem reden. Er wollte nachsehen, wohin Mershs Spuren führten. Da erst fiel ihm auf, daß zwei Hunde fehlten.

»Er hat mir Skagway und Chinook gestohlen!«

Er ging zum Drahtseil und überprüfte die Karabinerhaken. Sie waren nicht gewaltsam geöffnet worden. Mersh hatte die Hunde losgemacht. Sie waren nicht ausgerissen wie bei Manouane einmal, als sie den Karabinerhaken aufgebissen hatte. Matt war wie von den Kopf geschlagen. Mersh hatte die beiden kräftigsten mitgenommen.

In diesem Augenblick hörte er in der Ferne das Knirschen von Kufen und erblickte Mersh, der aus dem Wald auftauchte und in hohem Tempo auf dem gewundenen Pfad auf die Hütte zufuhr.

»Hoooo!«

Mersh kam auf dem festgetretenen Schnee vor der Hütte etwas ins Schleudern und setzte mit dem Fuß den Anker, der den Schlitten am Weiterfahren hinderte. Ohne Matt eines Blickes zu würdigen, schirrte er Skagway und Chinook aus, die er zwischen seinen Hunden angespannt hatte, und holte Yukon und Cloke. Während er sie zwischen seinen Beinen festhielt und ihnen das Geschirr anlegte, sagte er einfach nur:

»Sie brauchen Übung, um die Muskeln zu stärken, aber das wird schon.«

»Wollen Sie damit sagen, daß … daß sie gezogen haben?«

»Zwischen den anderen bleibt ihnen nichts anderes übrig.«

»Dann würden sie es ohne die anderen nicht tun?«

»Alle Hunde ziehen gern, man muß sie nur auf den Geschmack bringen.«

Er war mit dem Anspannen fertig, und Matt begriff.

»Soll … soll ich hier warten?«

Mersh, ganz in seinem Element, antwortete ihm nicht einmal. Einer seiner Hunde, ein großer schwarzweißer Malamut, fletschte die Zähne und knurrte Yukon an, weil der sich von der Zugleine entfernte. Cloke erging es mit seinem Nachbarn genauso.

Cloke und Yukon konnten noch so sehr mit dem Schwanz wedeln, um ihre friedlichen Absichten zu bekunden, die beiden erfahrenen Schlittenhunde ließen sich dadurch nicht besänftigen. Diese Hunde zogen für ihr Leben gern. Sie duldeten nicht die kleinste Unordnung und empörten sich über alles, was sie aufhalten konnte.

Also unterwarfen sich Cloke und Yukon ihren Lehrern, mit denen offensichtlich nicht zu spaßen war. Der Start verlief geordnet, und Matt sah mit Erstaunen, wie seine beiden Hunde die anderen nachahmten und sich unverzüglich und entschlossen an die Arbeit machten. Im übrigen blieb ihnen gar nichts anderes übrig, denn als Yukon in der ersten Kurve zu langsam wurde, schlug ihm der Hund, der hinter ihm lief, die Zähne ins Hinterteil.

Matt war verblüfft über den Eifer seiner Hunde, und während das Gespann seinen Blicken entschwand, schöpfte er wieder Hoffnung.

Mersh schnappte sich jeweils zwei Hunde von Matt und drehte mit allen zwei Runden, ohne daß dieser sich einmischte. Bei der letzten Fahrt spannte er Manouane ganz vorn neben seinem Leithund an.

»Sie stellen sie an die Spitze?«

»Ohne Leithund geht nichts.«

»Sie … Sie wollen es ihr beibringen?«

»Das lernt sie von allein.«

Er hielt den Hund, dessen Platz Manouane eingenommen hatte, am Geschirr fest, und gab Matt ein Zeichen, ihn zu übernehmen.

»Er heißt Doony. Er läuft gut an der Spitze.«

Mersh stellte sich wieder auf die Kufen und machte Anstalten, den Anker zu lösen. Er hob den Kopf und blickte zu Matt, der nicht verstand, es aber nicht zugeben wollte.

»Kennst du die Richtungskommandos?«

Da er nicht antwortete, fuhr Mersh fort:

»Djee bedeutet nach rechts, Yap nach links und Hoo anhalten.«

»Djee nach rechts, Hooo anhalten und …«

Mersh gab seinem Schlitten einen leichten Stoß, stieß einen Pfiff aus, und das Gespann jagte davon.

»… und Yap bedeutet nach links«, sagte Matt wie zu sich selbst und sah dem Schlitten nach.

Mersh nahm diesmal nicht den Weg, der zum See führte, sondern den, auf dem er gekommen war. Matt seufzte, führte Doony zu Manouanes Platz und band ihn dort an, dann blieb er vor seiner Hütte stehen, starrte in die einsame Weite und brüllte:

»Ich bin kein Hund! Du könntest wenigstens mit mir reden, du altes Arschloch!«

Er wurde noch wütender, als wieder Stille einkehrte, die tiefe Stille dieses nicht enden wollenden Winters. Bis spät in die Nacht lag er wach und lauschte dem Klagelied eines Wolfsrudels in der Ferne, einem eintönigen, traurigen Heulen unter funkelnden Sternen.

33

EIN KRISTALLENES LICHT STIEG IM OSTEN AN EINEM metallisch glänzenden Himmel herauf. Die Hunde hatten sich zu Kugeln zusammengerollt und rührten sich nicht. Schwarzer Rauch stieg über Matts kleiner Hütte auf, so gerade wie der Stamm einer vom Blitz gespaltenen Kiefer. Kein Windhauch, nicht der geringste Luftzug belebte die Oberfläche der Erde, die unter ihrem Leichentuch aus Schnee erstarrt war.

Matt zog sich warm an, bevor er hinausging. Er spannte Doony und Skagway an, dann Chinook und Dyea. Sofort spürte er den Fortschritt, den sie nach zwei Fahrten mit Mersh gemacht hatten. Sie knabberten nicht mehr an ihrem Geschirr herum und verhedderten sich kaum noch in den Leinen. Er stellte sich hinter den Schlitten, gab ihm einen kleinen Schubs und befahl:

»Los!«

Doony preschte los, und die anderen rannten so schnell hinter ihm her, daß Matt beim Aufspringen die Kufen verfehlte und in den Schnee fiel. Mit rasender Geschwindigkeit jagte der Schlitten davon.

»Hooo!« schrie Matt.

Doch das Gespann war schon draußen auf dem See.

Die anderen Hunde, die noch angebunden waren, machten einen Höllenlärm, zerrten an ihren Leinen und stellten sich auf die Hinterpfoten.

»Ruhe!«

Matt rannte los, blieb aber schon nach wenigen Metern stehen, weil die eisige Luft in seinem Hals brannte. Durch den Ring aus Rauhreif, der sich um sein Gesicht gelegt hatte, sah er das kleine Gespann im Wald verschwinden. Es folgte dem Pfad, den er angelegt hatte, um Schlingen auszulegen.

»Ich Idiot! Was bin ich nur für ein Idiot!«

Er kehrte in die Hütte zurück, griff nach seinen Schneeschuhen und einem Sack, der Trockenfleisch, Streichhölzer und ein Paar Mokassins zum Wechseln enthielt. Dann machte er sich auf den Weg.

Zwei Stunden später hatte er seine Hunde noch immer nicht wiedergefunden. Verkehrte Welt! Seit zwei Monaten hoffte er, daß seine Hunde eines Tages ziehen würden. Nun war es soweit, und er blieb zurück! Sein Zorn und seine Sorge wuchsen.

»Hätte mir dieser verdammte Mersh nicht ein paar Ratschläge geben können, statt einfach so zu verschwinden, ohne ein Wort zu sagen?«

Schließlich fand er die Hunde am Ende des Pfades wieder. Sie hatten sich in einem Erlengebüsch verheddert, in das ein Hase geflüchtet war, der mit der Pfote in eine offensichtlich viel zu tief gelegte Schlinge geraten war. Die Hunde hatten ihn aber nicht erwischt, weil sie, durch die Leinen behindert, im Unterholz steckengeblieben waren.

Er bestrafte sie nicht, denn er war viel zu glücklich, sie wiederzuhaben. Er entwirrte die Leinen, schob den Schlitten auf den Weg zurück und gab erneut den Befehl zum Start. Diesmal hielt er sich gut fest. Es geschah ein kleines Wunder. Doony preschte los, und seine drei Schüler jagten ihm nach, froh, wieder laufen zu können. Matt stand auf den Kufen.

Berauscht von der Geschwindigkeit, mitgerissen von

dieser Kraft, die nicht die seine war, konnte er sich nicht beherrschen und schrie vor Freude.

Die Hunde fielen bald in Galopp, und Matt mußte sich festklammern, um in der ersten Kurve nicht vom Schlitten zu fallen. Dann bogen sie auf den geraden Pfad ein, der an der Felswand entlangführte, und Matt konnte sich ein wenig entspannen. Die Sonne ging gerade hinter den Hügeln auf und warf schmale, leuchtende Streifen auf den Weg, die zusammen mit den Schatten der Bäume den weißen Dampf einfingen, den die Hunde ausatmeten. Nie zuvor hatte Matt etwas so Aufregendes erlebt. Ihn durchströmte ein Gefühl, das ihm den Atem nahm und ihm Freudentränen in die Augen trieb. Es war aufregend, berührend und verwirrend zugleich. Ihm war, als gehöre er zur Meute, als sei er einer der Hunde und laufe gemeinsam mit ihnen. Ein Wolf unter Wölfen, wild und frei. Die halbe Stunde, die er für den Rückweg zur Hütte brauchte, kam ihm wie eine Sekunde oder eine Ewigkeit vor. Innerhalb weniger Minuten war er ein anderer geworden. Er konnte die Hunde verstehen, und was er empfand, übertraf alles, was er bisher an Aufregendem erlebt hatte.

Matt spannte die Hunde aus, gab ihnen zu fressen und spannte dann die anderen drei an. Er fuhr los und hielt erst wieder an, als sie erste Anzeichen von Ermüdung zeigten, was sehr bald der Fall war, da ihnen Übung und Erfahrung fehlten.

In den folgenden zwei Wochen ließ sich Mersh nicht blicken. Für Matt verging die Zeit wie im Flug. Seine Hunde machten unglaubliche Fortschritte. Er lernte mehr von ihnen als sie von ihm. Aus einem Eispickel fertigte er sich einen Schneeanker und nahm kleine Veränderungen am Schlitten vor, um ihn elastischer zu machen. Er dehnte die Übungsfahrten aus und nutzte sie, um Schlingen zu legen. Er fing jeden Tag etliche Hasen und fütterte damit die Hunde. So sparte er Elchfleisch. Eines Tages stellte er fest, daß sein Vorrat an Kerzen, Mehl, Kaffee und Speck zur Neige ging. Er mußte wieder nach Dawson, und dieser Gedanke begeisterte ihn, denn nun konnte er mit seinen Hunden hinfahren, die er inzwischen alle gemeinsam anspannte.

Die Fahrt verlief ohne Zwischenfälle. In Dawson angekommen, vertraute er sein Gespann der Obhut eines Arbeiters aus dem Sägewerk an, den er kannte. Jedesmal, wenn er in die Stadt kam, staunte er, um wieviel größer sie geworden war. Doch diesmal noch mehr als sonst. Inzwischen drängten sich hier über vierzigtausend Menschen. Lebensmittel waren knapp geworden. Für einen Sack Mehl mußte man über fünfundsiebzig Dollar bezahlen. Ein Teller Bohnen mit Brot und einem Becher Kaffee, wie man ihn in jedem kanadischen Dorf für fünfunddreißig Cent bekam, kostete in Dawson fünf Dollar!

Er tauschte sechzig Pfund Elchfleisch gegen die Vorräte, die er brauchte, und hatte dann noch vierzig Dollar übrig. Mit diesem Geld zog er durch die Saloons, die Namen wie *Tivoli*, *Orpheum*, *Eldorado*, *Moosehorn*, *Elkhorn* trugen. Es gab inzwischen über zehn. Im *Monte-Carlo* lernte er einen gewissen Tartawater und seinen Partner Jack London kennen. Sie waren Anfang Oktober nach Dawson gekommen und hatten sich am Zusammenfluß des Steward River mit dem Henderson Creek niedergelassen. Diese Gegend nannte man inzwischen Upper Island. Die beiden erzählten Matt, sie hätten Mersh gesehen. Er sei mit seinen Hunden nach Circle City gefahren und ein paar Tage später wieder zurückgekehrt. Ihre Geschichte wurde vom Inhaber des General Store bestätigt, der Mersh zehn Tage zuvor die Schneeschuhe zurückgegeben hatte.

»Er hat nicht viel gesagt, wie immer. Er hatte einen Bekannten in Circle besucht und ist dann nach Hause gefahren.«

»Nach Hause?«

Der Mann machte eine vage Geste.

»In den Norden.«

Mehr konnte Matt nicht erfahren. Er ging ins *Monte-Carlo* zurück. Hier arbeitete inzwischen eine Gruppe von Tänzerinnen, die ein gewisser Swiftwater nach Dawson gebracht hatte. Matt frönte den ganzen Abend dem Alkohol und unterhielt sich vor allem mit diesem Jack London aus Upper Island über das Leben am Klondike. Jack war überzeugter Sozialist und vertrat leidenschaftlich Marx' Thesen. Da Matt schon recht beschwipst und überglücklich war, mit jemandem reden zu können, war er bereit, seine Auffassungen zu teilen. Zumindest hatte er nicht die Kraft zu diskutieren, und ihm fehlten die Argumente. Jack konnte gut reden und vertrug im Gegensatz zu ihm eine Menge Whiskey. Schließlich nahm er ihn ins *Fairview Hotel* mit, dessen Besitzer er kannte und der Matt ein kleines Zimmer vermietete. Für knappe hundert Dollar, etwa die Hälfte seiner Barschaft. Matt nahm eine Tänzerin mit aufs Zimmer, die sich Klondike Kite nannte. Er bezahlte sie für eine Stunde und genoß die Freuden der Liebe um so mehr, da Klondike Kite nett und gut gebaut war, wenn auch ein wenig zu mollig für seinen Geschmack.

Am nächsten Morgen kam die Erinnerung an den vergangenen Abend erst wieder, als er den bedauerlichen Zustand seiner Finanzen feststellte. Sein sozialistischer Kumpel, dem er viele Runden spendiert hatte, hatte selbst keine einzige ausgegeben …

Matt ging zu seinen Hunden, die ihn freudig begrüßten, obwohl er nach Alkohol roch. Er war bei weitem nicht der einzige, der ein Gespann besaß. Unablässig fuhren Hundeschlitten, die alle erdenklichen Waren transportierten, durch die Straßen von Dawson. Wenn die Preise für Fleisch, Mehl oder eine Frau schon sehr hoch waren, so mußte man für einen Hund inzwischen ein Vermögen hinblättern. Der Eigentümer des Sägewerks bot Matt dreitausend Dollar für sein Gespann, doch er lehnte ab. Obwohl ihm der Betrag maßlos übertrieben erschien, murmelte er ihn auf dem ganzen Rückweg vor sich hin. Der gute alte Frank Dinsmore hatte also recht: Hunde waren das Geheimnis des hohen Nordens. Matt bedeuteten sie sehr viel. Er würde sie nicht gegen alles Gold der Welt eintauschen.

34

ALS MATT DIE HÜTTE ERREICHTE, SAH ER MANOUANE an der Tür festgebunden. Mersh hatte sie zurückgebracht und war weitergefahren.

Manouane bereitete ihm und dem Rest der Meute einen stürmischen Empfang. Sie war schlanker, aber muskulöser geworden. Nachdem er gegessen und den Hunden ein wenig Ruhe gegönnt hatte, spannte Matt wieder an, denn ein praller Vollmond goß sein Licht über den See. Er war zu ungeduldig und wollte nicht den nächsten Morgen abwarten, um sich von Manouanes Fortschritten zu überzeugen. Sie enttäuschte ihn nicht. Doony hatte er in der Hütte gelassen, und die Hündin zog das Gespann allein nach rechts oder links, wie Matt es ihr befahl. Mitten auf dem See hielt er an, ging am Gespann entlang und lobte und streichelte jeden einzelnen Hund, ganz besonders natürlich Gold. Dann nahm er Manouane in die Arme.

»Meine kleine Manouane! Meine wunderbare kleine Manouane!«

Sie sah ihn mit ihren klugen, leuchtenden Augen an, in denen sich das Mondlicht widerspiegelte, und Matt versank in diesen Augen, wie man in einem tiefen See versinkt. Er kauerte lange neben ihr, dann kehrte er zu Gold zurück und streichelte sie beruhigend.

»Dich liebe ich auch, Gold, wie alle anderen, und vielleicht noch etwas mehr.«

Dann fuhr er zur Hütte zurück.

Am Morgen baute er aus kurzen Kieferstämmen jedem Hunde eine eigene Hütte. Und er verlängerte ihre Leinen, damit jeder mehr Bewegungsfreiheit hatte.

Danach bereitete er sich auf eine längere Fahrt vor. Er hatte beschlossen, Mersh zu suchen. Er wollte es zumindest versuchen, denn im Grunde brauchte er nur seiner Spur zu folgen. Er wollte ihm Doony zurückgeben, außerdem hatte er Lust, neue Landschaften zu entdecken. Dies war eine gute Gelegenheit, sein Gespann auszuprobieren.

Matt betrachtete den wolkenlosen Himmel, der in einem schönen metallischen Blau erstrahlte. Der schwache, aber beständige Nordwind war ein Zeichen dafür, daß das Wetter anhalten würde. Die Temperaturen von unter minus dreißig Grad waren ideal. Matt spannte sorgfältig an, vergewisserte sich mehrmals, daß er nichts vergessen hatte, und folgte Mershs Spur. Die inzwischen gut ausgebildeten Hunde liefen auf einem schmalen, vereisten Pfad durch den Wald. Er bremste mehrere Male, bis sie langsamer liefen, und zwang sie, dieses Tempo beizubehalten. Die Spur führte über den See und dann an einem teilweise zugefrorenen Bach entlang. Bald bogen sie nach Norden ab und erklommen einen flachen Hügel, hinter dem ein weites bewaldetes Tal lag. In der Ferne erspähte Matt einen großen See. Er hielt kurz an und bewunderte die Landschaft. Von Norden nach Süden erstreckte sich eine endlose weiße Landschaft, durch die sich die Spur, die ihn mit Mersh verband, wie ein graues Band schlängelte, dünn wie ein Haar, kaum wahrnehmbar. Aber was würde aus ihm werden, wenn ein Sturm aufkam und sie unter Schnee begrub?

Matt wunderte sich, daß er nicht früher daran gedacht hatte. Würde er nach Hause finden? Gewiß, der See, sein See, lag dort hinter dem Hügel, den er überquert hatte. Er würde ihn wiedererkennen, aber er sollte von nun an Markierungen hinterlassen. Daher zog er seine Axt hervor und schlug regelmäßig alle paar Kilometer Kerben in die Kiefern.

Auf dem Weg durchquerte er einen lichten Birken- und Kiefernwald und scheuchte dabei eine Unmenge von Kragenhühnern und Schneehühnern auf. Eine Stunde später erreichte er den großen See, stellte den Schlitten an der Böschung ab und band ihn fest. Während die Meute sich ausruhte, machte er sich mit Schneeschuhen auf in den Wald, um zu jagen. Er erlegte etwa zwanzig Schneehühner, verteilte sie an die Hunde und behielt zwei für sich, die er über dem Feuer briet.

Während er aß, betrachtete Matt seine Hunde, die sich in der Sonne rekelten. Er fühlte sich wohl, im Einklang mit der Natur. Nun, da er Mersh folgte und die Weiten entdeckte, die ihn nicht losließen, konnte er ihn besser verstehen. Wozu reden? Handeln genügte. Hatte er nicht längst bekommen, was er wollte und was er sich von Mersh erhoffte? Mersh hatte ihm das Leben gerettet, und dann hatte er seine Hunde abgerichtet. Aber im Gegensatz zu Mersh hatte er das Bedürfnis, mit einem Menschen zu reden und seine Eindrücke mitzuteilen. Er verstand nicht, wie man monatelang leben konnte, ohne ein Wort an jemanden zu richten. Wer war dieser Mersh eigentlich? Warum hatte er ihm geholfen?

Und wohin fuhr er? In Dawson hatte ihm jemand gesagt, Mersh habe eine Hütte. Führte die Spur dorthin? So viele Fragen, auf die Matt Antworten finden wollte.

Zwei Tage lang folgte er dem gewundenen Lauf eines Flusses, der in eine Seenkette mündete. Matt sah, daß Mersh am Ufer eines Sees gerastet hatte. Er wunderte sich, welch lange Strecke Mersh an einem einzigen Tag zurückgelegt hatte. Er selbst war beinahe drei Tage unterwegs gewesen, um so weit zu kommen. Waren Mershs Hunde denn so schnell? Galoppierten sie, während seine nur trabten?

Matt wollte die Hoffnung, ihn einzuholen, schon aufgeben, als er auf die Spur eines Elchs stieß. Sie kreuzte den Weg, und Mersh hatte sie offensichtlich verfolgt und war auf ihr auch wieder zurückgekommen. Matt konnte nicht sagen, wieviel Zeit Mersh dabei verloren hatte, in jedem Fall mehrere Stunden, vielleicht sogar einen ganzen Tag.

Matts Hunde liefen in einem guten Tempo und zeigten keine Anzeichen von Ermüdung. So folgte er bis zum Abend Mershs Spur, die immer weiter nach Norden führte. Er baute sein Zelt nicht auf, weil es nicht sehr kalt war und weil er Zeit sparen wollte. Er lagerte in einer kleinen Senke, wo ihm knorrige, schneebedeckte Bäume guten Schutz boten. Er entfachte ein Feuer und trocknete seine Sachen, dann aß er und fütterte seine Hunde. Schließlich bedeckte er den Boden mit einem Teppich aus Tannenreisig, breitete seine Elchhaut darüber, rollte seinen Schlafsack darauf aus und kroch hinein.

Im Morgengrauen fuhr er weiter. Gegen Mittag stieß er auf fremde Spuren. Auf eine erste, die von Osten kam, dann auf eine zweite, die sich mit einer dritten vereinte, und schließlich mehrere, die seinen Weg kreuzten. Bald war Matt ratlos, denn er wußte nicht, welcher er folgen sollte. In einem Fichtenwald entdeckte er viele Abdrücke von Schneeschuhen und schloß daraus, daß er sich Mershs Hütte näherte. Er folgte dem Pfad, der am stärksten ausgetreten war, und entdeckte einen anderen, der noch breiter war. Er wurde stutzig. So viele Spuren konnten nicht von einem einzelnen Menschen stammen. Ohne Zögern fuhr er nach Norden. Eine knappe halbe Stunde später gelangte er zu einer Hütte. Sie war unbewohnt. Doch er glaubte nicht, daß sie Mersh gehörte, denn im

Innern herrschte große Unordnung. Er fuhr weiter, durchquerte einen Lärchenwald, in dem viele Bäume gefällt worden waren, und kam an einem See heraus. Am gegenüberliegenden Ufer standen etwa fünfzig Zelte.

»Indianer!«

Die Hunde fielen in Galopp, und Matt hielt sie nicht zurück, obwohl er etwas besorgt war. Wenige Minuten später machte er vor den ersten Zelten halt. Hunde bellten von der Anhöhe herab, und seine antworteten knurrend. Energisch brachte er sie zum Schweigen. Kurz darauf tauchten auf der Anhöhe ernste Gesichter auf.

Matt setzte den Schneeanker, dann holte er sein Drahtseil hervor, spannte es zwischen zwei Weiden und band seine Hunde daran fest. Ein Dutzend Indianer beobachtete ihn von der Böschung aus, ohne näherzukommen. Drei Kinder sprangen eine in den Schnee gegrabene Treppe zum See herunter. Sie trugen mit Hasenfell gefütterte Mäntel, Hosen aus Elchleder und perlenbestickte Mokassins. Schüchtern näherten sie sich dem Schlitten. Matt schenkte ihnen ein aufmunterndes Lächeln. Ein paar Schritte entfernt blieben sie stehen und reckten die Hälse, die in dicken Pelzkragen aus Silberfuchs steckten. Sie lachten und zeigten mit den Fingern auf seinen Schlitten. Matt ging zur Treppe, die mit einem Geländer aus Birkenholz versehen war, und stieg die Böschung hinauf. Als er oben ankam, traten die Indianer auseinander und ließen einen Mann durch, der offenbar ihr Häuptling war. Er war in eine große Decke gehüllt und machte einen tiefen Eindruck auf Matt. Er hatte ein ernstes, von langen weißen Haaren umrahmtes Gesicht, in dem ein helles Augenpaar funkelte, das ihn merkwürdig durchdringend ansah.

Matt grüßte respektvoll. Der Alte erwiderte den Gruß, indem er die flache Hand hob.

»Ich heiße Matt, und es ist mir eine große Ehre, auf meinem Weg euer Dorf zu besuchen.«

Der Häuptling antwortete mit einer kehligen, kaum hörbaren Stimme und in einer Sprache, die Matt nicht verstand. Er hatte den Eindruck, daß die Indianer ihren Kreis um ihn enger zogen, und das hatte etwas Bedrohliches. Der Häuptling wandte sich um und ging weg. Matt wußte nicht recht, was er tun sollte, also folgte er ihm. Sie betraten ein großes Zelt, in dessen Mitte ein Feuer brannte. Matt setzte sich wie die Männer, die mit ihm hereingekommen waren, und trank den angebotenen Tee. Kurze Zeit später brachten zwei Frauen Holzschalen, die mit einer Mischung aus Fleisch und Reis gefüllt waren. Matt schmeckte das Gericht, obwohl es sehr scharf war. Seine Besorgnis verflog. Wenn sie ihm zu essen gaben, hegten sie bestimmt keine feindlichen Absichten. Er deutete auf die Schale und bedankte sich, indem er mehrmals den Kopf neigte. Die Indianer antworteten mit derselben Geste. Matt war sich nicht sicher, ob sie ihn verstanden.

»Mersh. Ich suche Mersh. Kennt ihr ihn? Ist er hier vorbeigekommen? Ist er hier?«

Die Indianer schauten einander an.

»Mersh! Mersh! Ein Mann mit Hunden, mit acht Hunden.«

Gestenreich versuchte er ihnen zu erklären, was er meinte, aber sie machten nur verneinende Bewegungen und sagten immer wieder:

»Kai Linkta! Kai Linkta!«

»Mersh! Er heißt Mersh.«

Plötzlich öffnete sich das Zelt, und ein junger Indianer mit reifüberzogener Jacke trat ein. Es wurde still.

»Ich Kai Linkta. Sprechen weiße Sprache. Wenig sprechen. Wenig.«

»Ich heiße Matt. Ich suche einen Mann namens Mersh.«

Kai Linkta ließ ihn alles wiederholen und übersetzte

für den Häuptling. Der wandte sich an einen der Anwesenden, dann an einen zweiten. Eine lebhafte Diskussion entspann sich zwischen Kai Linkta, dem Häuptling und den beiden anderen. Einer der beiden, ein temperamentvoller Mann, betrachtete Matt mit unverhohlener Feindseligkeit, deutete immer wieder mit dem Kinn auf ihn und bellte mehr, als er sprach.

»Häuptling sagen: Warum?« fragte Kai Linkta.

»Warum?«

Matt verstand nicht und fragte: »Warum Mersh? Willst du das wissen?«

Kai Linkta nickte.

»Ich suche ihn. Er ist ein Freund. Ich habe einen Hund, der ihm gehört.«

Da der andere nicht verstand, wiederholte Matt:

»Ein Freund. Mersh ist mein Freund.«

Erneut folgte eine lange Diskussion, deren Inhalt Matt verborgen blieb. Er erriet nur, daß sich der Temperamentvolle den anderen widersetzte. Der Häuptling hörte zu und schüttelte zu den Argumenten des einen wie des anderen den Kopf. Kai Linkta, der übersetzte oder es zumindest versuchte, denn er kannte nur wenige Wörter, beschränkte sich aufs Zuhören und mischte sich nicht mehr ein.

Um was ging es eigentlich? Matt kam nicht dahinter.

»Du kommen Tipi.«

Kai Linkta zeigte auf den Ausgang.

»Aber … Mersh?«

»Du kommen Tipi. Morgen du wissen. Häuptling sagen.«

Matt widersprach nicht.

»Ich danke dem Häuptling für seine Gastfreundschaft. Ich bin ihm sehr dankbar«, sagte Matt und erhob sich. Und weil Kai Linkta ihn darum bat, wiederholte er noch einmal: »Danke, ich danke dem Häuptling. Danke.«

Ein Lächeln erhellte Kai Linktas Gesicht. Er übersetzte, und die Indianer grüßten ihn mit feierlichem Ernst. Matt folgte dem jungen Mann. Er brachte ihn zu einem Tipi, aus dem Rauch aufstieg und in dem eine junge Frau mit ihrem Kind wohnte.

»Mann tot in Fluß. Liu Piut allein.«

Matt stammelte ein paar Dankesworte, und schon war Kai Linkta verschwunden.

»Ich heiße Matt«, sagte er, immer noch stehend, und ein verlegenes Schweigen trat ein.

Die einzige Antwort, die er erhielt, war ein zurückhaltendes Lächeln ihrer braunen Augen, deren offener Blick Stolz verriet. Sie machte ihm ein Zeichen, sich auf das Karibufell zu setzen. Dann bot sie ihm Tee an. Das drei oder vier Jahre alte Kind verbarg sein Gesicht unter einer Hasenfelldecke.

»Du Liu Piut. Ich Matt, und er?« fragte Matt und zeigte auf das Kind.

Das Gesicht der Indianerin hellte sich auf.

»Opee.«

»Opee«, wiederholte Matt.

Das Kind hob den Kopf und sah ihn an.

Matt wiederholte mehrmals seinen Namen, und die Indianerin lächelte. Er betrachtete sie, während sie sich mit dem Kind beschäftigte und mit sanfter, wohlklingender Stimme mit ihm sprach. Sie war nicht wirklich hübsch, doch ihre feinen Gesichtszüge und ihre ganze Erscheinung, die kräftig und zugleich zerbrechlich wirkte, strahlten eine stolze Anmut aus. Ihr langes, zu einem dikken Zopf geflochtenes Haar war schwarz wie Ebenholz und umrahmte ein rundes, sonnengebräuntes Gesicht. Matt dankte ihr und erhob sich.

»Ich gehe nach meinen Hunden sehen«, sagte er und deutete auf den Zelteingang.

Sie nickte, ohne zu verstehen.

Matt ging durch das Dorf. Den Hauptweg säumten etwa fünfzig Tipis unterschiedlicher Größe. Ihre Stangen aus Espenholz waren unten mit Karibuhäuten und oben mit dickem, geöltem Baumwollstoff bespannt. Durch ein Loch in der Spitze entwich der Rauch des Feuers. Mittels einer Holzstange konnte man die lederne Zeltbahn, die als Tür diente, auf- und zumachen. Neben jedem Tipi stapelten sich auf einem Gestell aus Birken- und Weidenästen gefrorene, getrocknete oder geräucherte Fleisch- und Fischvorräte. Zwischen den Tipis liefen, allein oder in kleinen Gruppen, Hunde umher. Klapperdürre Tiere, deren Fell die Spuren der Lederriemen zeigte, mit denen die Indianer sie vor kleine Schlitten aus Birkenrinde spannten.

Von Mersh keine Spur. Und doch mußte er hier durchgekommen sein. Versuchte er, seine Spur zu verwischen? Welches Geheimnis trug er mit sich herum, daß die Indianer ihn beschützten? Oder wollte er vielleicht nur allein sein?

Matt blieb eine ganze Weile bei seinen Hunden, versorgte sie und bewunderte die Abenddämmerung, die sich mit einem herrlich violetten Blau über den See senkte. Alles war friedlich. Die Kälte trieb ihn ins Dorf zurück. Er räusperte sich, um seine Anwesenheit kundzutun, bevor er mit einer gewissen Vorahnung die Lederklappe des Tipis der jungen Frau zurückschlug, bei der er die Nacht verbringen würde.

35

SIE WAR ALLEIN UND ERWARTETE IHN. MATT HOFFTE, daß Kai Linkta käme, um für ihn zu dolmetschen, oder daß man ihn irgendwo anders zum Essen einlud. Doch sie hatte gekocht und erwartete niemanden mehr. Er war verlegen, was man ihm sicherlich ansehen konnte.

Sie reichte ihm eine große Holzschale und füllte sie mit einem Ragout aus Biber- und Karibufleisch, das sie mit den Wurzelknollen des Pfeilkrauts zubereitet hatte. Matt fand es köstlich.

»Das ist gut. Sehr gut«, sagte er zu ihr und zeigte auf den Kochtopf.

Sie schlug verlegen die Augen nieder. Matt wußte nicht, daß ein Indianer einer Frau niemals Komplimente machte und umgekehrt. Wenn einem Indianer das Essen gemundet hatte, rülpste er, was der Weiße vermied. Matt war diese Welt fremd, deshalb fühlte er sich trotz seiner sonstigen Selbstsicherheit unbehaglich und benahm sich ein wenig linkisch.

Sie betrachtete ihn des öfteren verstohlen, sah aber jedesmal weg, wenn ihre Blicke sich trafen. Als sie sich erhob, um ein paar Holzscheite nachzulegen, stellte er fest, daß sie ein wenig zur Fülle neigte, wie viele Indianerinnen nach dem ersten Kind. Aber ihr bezauberndes Gesicht machte dies allemal wett.

Sie rollte die Felle aus, auf denen sie gesessen hatte,

und schüttelte sie auf, damit der Pelz wieder flauschig wurde. Dann faltete sie die Hände, legte den Kopf darauf und schloß die Augen. Damit gab sie ihm zu verstehen, daß er dort schlafen sollte.

Sie vergewisserte sich, daß ihr Kind gut zugedeckt war, löschte das Feuer, indem sie Sand darauf schüttete, zog sich etwas Warmes über und schlüpfte aus dem Zelt. Matt schloß daraus, daß sie woanders schlafen würde. Möglicherweise im Nachbarzelt, denn kaum war sie fort, hörte er Stimmen. Und eine klang wie ihre.

Er entledigte sich einiger Kleidungsstücke und legte sich hin. Licht fiel durch die Lüftungsöffnung, und er sah die Sterne. Er lag mit offenen Augen da und konnte nicht einschlafen. Er hatte einen langen Weg zurückgelegt, seit er die kleine Farm seines Großvaters verlassen hatte. Und heute war er, der Goldsucher, auf der Suche nach einem geheimnisvollen Waldläufer mit seinem Hundeschlitten in ein abgelegenes Indianerdorf in der endlosen Wildnis des hohen Nordens gelangt. Und schlief auf Karibufellen im Tipi einer rehäugigen Indianerin. Er hätte jede Hellseherin ausgelacht, die ihm diese abenteuerliche Geschichte vorhergesagt hätte. Doch heute war er stolz darauf, was aus ihm geworden war.

Plötzlich vernahm er die gedämpften Schritte von Mokassins. Sie knirschten kaum hörbar im Schnee. Die Türklappe des Tipis hob sich. Er erkannte die Silhouette der jungen Indianerin. Sie zog an einer Lederkordel, die an einer der Stangen herabhing, und verkleinerte das Lüftungsloch. Dann entkleidete sie sich. Matt lag bis zum Kinn zugedeckt unter dem Fell und sah ihr verstohlen dabei zu. Langsam ließ sie ihren Lederrock heruntergleiten. Dann griff sie nach einem Krug, trank einen Schluck und näherte sich ihm. Er hielt die Luft an. Sie schlüpfte unter das Fell, und die Berührung ihrer nackten Haut ließ ihn erzittern. Sie rührte sich nicht. Das Herz schlug Matt bis zum Hals. Auch er bewegte sich nicht und lag wie versteinert da. Eine halbe Ewigkeit verging. Dann strich die Hand der Indianerin über seine Oberschenkel und fand sein hartes Glied. Matt erkundete mit Vergnügen ihren willig dargebotenen Körper. Sie drehte sich um und kniete sich hin, er drang von hinten in sie ein. So machten es die Indianer. Er liebte sie so behutsam wie möglich, und sie biß auf ein Stück Leder, um jedes lustvolle Stöhnen zu unterdrücken.

Danach stand sie auf und ging hinaus. Nach wenigen Augenblicken kam sie zurück und schmiegte sich an ihn. Er nahm sie in die Arme, bettete den Kopf an ihre Schulter und schlief ein.

Als er am frühen Morgen die Augen aufschlug, war sie bereits diskret und lautlos wie ein Schatten verschwunden. Auf einem heißen Stein neben dem Feuer fand er Tee und ein Fladenbrot. Das Kind schlief noch.

Er frühstückte und machte sich dann auf den Weg zu seinen Hunden. Unterwegs begegnete er niemandem mit Ausnahme einer Frau, die sofort die Augen niederschlug, als sie ihn bemerkte, und in ihr Tipi zurückschlüpfte. Ein Stück weiter fuhren zwei Kinder mit einem kleinen Holzschlitten den Abhang zum See hinunter. Seine Hunde lagen bequem in den Löchern, die sie sich im tiefen Schnee am Ufer gegraben hatten, und schliefen noch. Er weckte sie nicht, denn sie brauchten eine Ruhepause.

Er sah den Kindern beim Rodeln zu, als er in der Ferne eine Gruppe Indianer bemerkte. Sie kehrten vom Angeln zurück und zogen einen mit Fisch beladenen Schlitten hinter sich her. Er stieß zu ihnen, als sie die ersten Tipis erreichten. Sie erwiderten den Gruß, den er ihnen zurief, mit einem Kopfnicken. Ohne sich weiter um ihn zu kümmern, luden sie die Fische, etwa dreißig Forellen, ab und nahmen sie aus. Ein paar Hunde, die sich gegen andere durchgesetzt hatten, stritten um die Eingeweide, die man ihnen überließ. Matt fühlte sich erneut unbehaglich und begab sich zum Tipi des Häuptlings. Eine alte Frau empfing ihn mit eisiger Miene. Ohne ein Wort von dem zu verstehen, was sie sagte, begriff Matt, daß der Häuptling ihn jetzt nicht sehen wollte. Er stammelte eine Entschuldigung, machte auf dem Absatz kehrt, ging zum Tipi zurück und wartete. Das Kind war nicht mehr da. Auch Liu Piut sah er an diesem Morgen nicht wieder. Da er sich zu langweilen begann, holte er Nadel und Faden von seinem Schlitten und besserte seine Geschirre aus, an denen einige Nähte aufgingen, weil er einen zu dünnen Faden verwendet hatte. Am Nachmittag spannte er ein paar Hunde an und sammelte mehrere Kilometer vom Dorf entfernt Holz. Er mußte unbedingt etwas tun. Im Dorf, auf dem See und im Wald, überall begegnete er Indianern, die von der Jagd zurückkehrten. Jeder ging seiner Beschäftigung nach, ohne sich um Matt zu kümmern, der überhaupt nicht mehr wußte, wie er sich verhalten sollte. Am Abend fragte er einen der Männer, der in der Nähe seiner Hunde ein Fischnetz flickte, nach Kai Linkta. Mit Händen und Füßen erklärte man ihm, daß Kai Linkta für mehrere Tage auf Karibujagd gegangen sei. Der Häuptling übrigens auch. Matt verstand überhaupt nichts mehr. Warum war niemand zu ihm gekommen und hatte ihm Bescheid gesagt?

Kurz nach Sonnenuntergang kam Liu Piut zurück. Sie brachte Fische mit, die sie zusammen mit Lilienknollen in einem Tontopf zubereitete. Sie sprach nicht mit ihm, unternahm keinen Versuch, ihm etwas zu erklären, und schenkte ihm noch weniger Beachtung als am Abend zuvor, an dem sie sich geliebt hatten.

»Wenn nichts geschieht, fahre ich morgen wieder ab«, beschloß Matt.

Doch was konnte überhaupt geschehen? Nicht mehr und nicht weniger als am Vortag. Alles spielte sich genauso ab wie gestern, außer daß sie sich zweimal liebten, einmal am Abend und noch einmal am Morgen. Matt ergriff die Initiative, als er neben sich den warmen und sinnlichen Körper dieser gefügigen, aber stolzen Frau spürte, die nie den geringsten Seufzer hören ließ.

Danach erklärte er ihr, daß er gehen würde. Sie hatte offenbar damit gerechnet und machte den Eindruck, als sei es ihr völlig gleichgültig. Der Häuptling hatte ihr wohl befohlen, ihn zu beherbergen und – aus unerfindlichen Gründen – auch mit ihm zu schlafen. Sie hatte gehorcht, mehr nicht. Da war kein Platz für Gefühle. Wie auch immer, Matt hatte sie geliebt und sich dabei Marys Körper vorgestellt. Das hatte ihm besonders am Morgen großes Vergnügen bereitet. Warum also sollte er ihr etwas übelnehmen?

Er dankte Liu Piut, die ihm ein paar frischgebackene Fladenbrote mitgab, und verließ das Tipi. Auf dem Weg zum See drehte er sich ein paarmal um, aber er entdeckte sie nirgendwo. Beim Anspannen der Hunde ließ er sich Zeit. Er wartete auf etwas, ohne genau zu wissen, worauf. Vielleicht auf ein Zeichen, so flüchtig es auch sein mochte? Aber niemand kam, um nach ihm zu sehen. Und es würde auch niemand kommen. Hier war er ein Niemand.

Er schickte seine Hunde auf die vereiste Piste, die im Morgenlicht glänzte. Die Kälte überzog sie mit Rauhreif, und ihr Atem stieg in weißen Wolken auf. Matt steckte in seinem dicken Wollparka, den er selbst mit Hasenfell gefüttert hatte. Er setzte die Kapuze auf und schützte sein Kinn mit einem Wollschal, denn der Ostwind peitschte ihm ins Gesicht.

Es war höllisch kalt, was Matt vor der Abfahrt gar nicht aufgefallen war. Die Hunde waren nicht losgestürmt, sondern schlugen von Anfang an ein gemäßigtes Tempo an. Die Kufen glitten mit einem schrillen Zischen über die harte Piste, einem anhaltenden Pfeifen, das sich je nach Beschaffenheit der Piste veränderte und ein sicheres Zeichen für die extreme Kälte am Klondike war.

Matt dachte an Mary, diese rätselhafte, unnahbare Frau, und an die Lust, die er in ihren Armen empfunden hatte. Dann richteten sich seine Gedanken auf Mersh, diesen ebenso rätselhaften, undurchschaubaren Mann, an den er ebensowenig herankam.

Er kehrte nach Hause zurück, ohne etwas über Mersh in Erfahrung gebracht zu haben. Er wußte noch immer nicht, wo er wohnte, wer er war. In der Stille der unberührten weißen Landschaft geriet man leicht ins Nachdenken und Grübeln, und Matt, der ganz normale Instinkte besaß und das Handeln dem Nachdenken vorzog, wunderte sich über diese Stunden, die er in Gedanken an diesen Fremden verbrachte, den er nur schwer durchschauen konnte. »Wer bin ich?« Diese Frage verfolgte ihn wie die Spur seines Schlittens.

36

SEINE WIMPERN WAREN MIT EIS VERKLEBT, UND ER mußte die Fäustlinge ausziehen, um sie mit seinen warmen Fingern aufzutauen. Dabei erfror er sich fast die Finger. Er zog die Fäustlinge wieder an und rieb kräftig die Hände aneinander. Er verzog das Gesicht, als das Blut in seine Finger zurückströmte. Der Schmerz trieb ihm Tränen in die Augen, die seine Wimpern benetzten, sofort zu Eis erstarrten und ihm erneut die Augen verklebten. Also begann er wieder von vorn und wartete ungeduldig darauf, daß der Feuerball der Sonne am südlichen Horizont auftauchte. Doch er wußte, daß noch viele Stunden vergehen würden, bis die Sonne den kalten, grauen Morgen erwärmte. Und richtig warm würde es ohnehin nicht werden. Matt rieb sich die Nase, die ganz taub vor Kälte war, dann die Wangen. Der Vollbart, den er mittlerweile trug, schützte diese Gesichtspartien nicht. Sie blieben der eisigen Luft und der beißenden Kälte ausgesetzt. »Was für eine Kälte!« Furcht überkam ihn. Er ließ den Blick über den Wald schweifen und nahm sich vor, bald anzuhalten, um ein Feuer zu machen und sich aufzuwärmen, und erst weiterzufahren, wenn es etwas wärmer werden würde.

Am Ufer des Sees, den er gerade überquerte, erblickte er eine Baumgruppe und steuerte darauf zu. Er musterte gerade den trockenen Stamm einer Kiefer, in die der Blitz eingeschlagen hatte, als er plötzlich ein schreckliches Knacken vernahm und spürte, wie das Eis unter ihm nachgab. Die Hunde stürzten vorwärts und rissen mit ihren Krallen kleine Stücke aus dem Eis. Der Schlitten brach ein. In panischer Angst brüllte Matt, damit die Hunde noch kräftiger zogen.

Während er bis zur Taille im eiskalten Wasser versank, hatte er einen lichten Moment und sah den Bach, der sich hier in den See ergoß und die Eisdecke unterhöhlt hatte. Matt befahl den Hunden, nach rechts zu ziehen, um aus der Gefahrenzone zu kommen. Doch die Hunde hörten nicht mehr auf ihn. Sie hatten nur den einen Gedanken, dieser Falle zu entrinnen. Rechts war das Eis stabil und hätte es ihnen ermöglicht, das rettende Ufer zu erreichen. Matt brüllte aus vollem Halse »Djee, Djee!«, aber die Hunde zogen weiter geradeaus. Inzwischen hing der ganze hintere Teil des Schlittens im Wasser. Yukon und Cloke, die direkt vor dem Schlitten angespannt waren, strampelten bereits in einem Brei aus Wasser und Eis. Das restliche Gespann geriet ins Rutschen und fand auf dem Eis keinen Halt mehr. Der Schlitten blieb hängen, das Eis brach unter den Hunden ein, und Matt versank mit dem Schlitten im Wasser. Er glaubte, die eisige Kälte würde seine Lungen zerreißen. Er bekam keine Luft mehr, hörte nicht einmal mehr das hohe, verzweifelte Winseln der Hunde, die, an ihren Leinen gefangen, keine Chance hatten, der tödlichen Falle zu entrinnen. Diesmal war er verloren.

Seine mit Wasser vollgesogene Kleidung wurde bleischwer und machte ihm das Schwimmen unmöglich. Etwa zwanzig Meter vom Ufer entfernt erreichte er den Rand des Eises. Doch jedesmal, wenn er sich hinaufzuhieven versuchte, brach es unter seinen Armen weg. Seine Kräfte schwanden. Ein Schleier legte sich vor seine Augen, und die Kälte drückte seine Schläfen wie in einem

Schraubstock zusammen. Er gab auf und ließ sich röchelnd ins Wasser hinabgleiten. Da spürte er etwas unter seinen Füßen. Der Grund! Hoffnung keimte in ihm auf. Er konnte sich abstoßen, um auf die Eisdecke zu klettern, oder das Eis bis zum Ufer zerbrechen. Rasch! Bevor die Kälte ihn lähmte.

Mit den Fäusten zertrümmerte er das Eis. Bald reichte ihm das Wasser nur noch bis zur Taille. Er gelangte in eine Zone, in der ihm das Eis dick genug schien, um noch einmal den Versuch zu wagen hinaufzuklettern. Er tat es. Es hielt. Ein paar Meter weiter reichte es bereits bis zum Grund. Matt drehte sich um und sah seine Hunde. Er riß das Messer aus dem Gürtel, stieß einen Schrei aus, der eher einem Röcheln glich, und sprang ins Wasser zurück. Er zerschnitt die Zugleine wahllos an mehreren Stellen, befreite die Hunde auf gut Glück und kletterte aufs feste Eis zurück. Zitternd und keuchend kroch er bis zur ersten Tanne.

Plötzlich wurde er sich der Sinnlosigkeit seiner Bemühungen bewußt. Seine vollgesogene Kleidung gefror fast augenblicklich und umschloß ihn wie ein Panzer. Er geriet in Panik, denn er hatte gehofft, er würde Zeit genug haben, um ein Feuer zu machen. Zu diesem Zweck trug er in der Innentasche seiner Jacke stets einen wasserdichten Beutel mit einer Kerze und Streichhölzern bei sich. Die Zeit würde nicht reichen, um sich vollständig zu entkleiden. Rasch zog er die bereits steifgefrorene Jacke aus, hatte aber größte Schwierigkeiten, sich aus den Ärmeln zu befreien. Dann streifte er seinen groben Wollpullover ab und riß sich das Hemd vom Leib. Die Sachen knirschten in der Kälte. Der eisigen Luft ausgesetzt, bekam Matts Oberkörper rote Flecken, wurde sehr schnell blau und dann weiß. Er stöhnte vor Schmerz. Ihm war, als bohrten sich tausend Nadeln in sein Fleisch. Aber ihm blieb keine andere Wahl. Bei einer solchen Kälte würde er in weniger als einer Minute unter einer Eisschicht gefangen sein.

Mit den Zähnen zerrte er seine Fäustlinge herunter. Seine Finger waren völlig taub, und mit den beiden Stümpfen seiner Hände versuchte er, in seine Tasche zu greifen. Vergeblich. Also stand er auf und trat mit den Füßen die glasharte Jacke weich, um an die Innentasche zu gelangen. Wie durch ein Wunder gelang es ihm, den kleinen Beutel herauszuziehen und mit den Zähnen aufzureißen. Da er am ganzen Leib zitterte und wieder ein Schleier seinen Blick trübte, hatte er größte Mühe, mit seinen starren Händen die Streichhölzer zu ergreifen und die Reibefläche auf seine Oberschenkel zu legen. Er klemmte ein Streichholz zwischen seine Handflächen und entzündete es, doch es erlosch, als er sich über die Kerze beugte. Ein zweites fiel ihm in den Schnee. Er hustete sich die Seele aus dem Leib, und Krämpfe schüttelten ihn. Ein Maulkorb aus Eis hatte sich auf sein Gesicht gelegt, deshalb konnte er nicht richtig sehen, was er tat. Dennoch gelang es ihm, ein drittes Streichholz anzuzünden und die Kerze anzustecken, die er vor sich in den Schnee gestellt hatte. Er wollte wieder aufstehen, doch seine Hose war zu einem Käfig aus Eis gefroren, den er nicht aufzubrechen vermochte. Unter Aufbietung seiner ganzen Willenskraft kroch er auf allen vieren zur nächsten Tanne und riß mit den Handflächen die untersten Zweige ab. Seine Hände hingen wie abgestorbene Stümpfe an seinen Armen. Doch er schaffte es, etwas trockenes Reisig über die Flamme zu legen, ohne die Kerze umzuwerfen.

Sein Leben hing davon ab, ob diese Flamme weiterbrannte oder erlosch. Seine Glieder wurden steif, er konnte sich kaum mehr rühren. Die kleine Flamme leckte an den dürren Zweigen. Zunächst rauchten sie nur, dann endlich fingen sie Feuer, doch die meisten schrumpelten zusammen, fielen in den Schnee und erloschen. Mit den Zähnen riß Matt ein paar Tannenzweige ab und legte sie um die Kerze herum. Dann schichtete er neues Reisig auf die Zweige, die noch brannten. Er mußte mehrmals zur Tanne und wieder zurück, und das kriechend, denn die dicke Wollhose war inzwischen stahlhart, so daß er die Knie nicht mehr beugen konnte. Doch in dem Maße, wie die Flammen oben wuchsen, erloschen sie unten im geschmolzenen Schnee. Zudem drohten die Ränder des Lochs einzustürzen und das Feuer zu ersticken. Da kam Matt der Gedanke, das Feuer auf seinen Mantel zu setzen, um es vor dem Schnee zu schützen. Das war seine letzte Chance. Er schob seine gefühllosen Hände unter das brennende Reisig, und der Geruch verbrannten Fleisches stieg ihm in die Nase. Er setzte die Zweige so behutsam wie möglich auf seinem Mantel ab und legte andere obendrauf.

Das Feuer flackerte einen Augenblick, als sei es noch unentschlossen, dann flammte es wieder auf und fraß alles, was Matt ihm geben konnte. Er kroch zu einer zweiten Tanne, dann zu einer dritten. Es gelang ihm, zwei abgestorbene armdicke Äste abzubrechen. Sie verschafften ihm eine Atempause, als sie Feuer fingen. Doch das Feuer war nicht groß genug, um seine Hose aufzutauen. Er mußte weiter durch den Schnee robben, um dem Feuer Nahrung zu geben. Er zitterte nicht mehr, fühlte nichts mehr, als habe sich sein Geist von seinem Körper gelöst. Was er tat, tat er mechanisch. Sterben würde er in jedem Fall. Das wußte er, es sei denn, Mersh kam ihm zu Hilfe, oder Mary. Sie war da, sah ihm zu, und er fragte sich, warum sie ihm nicht half. In ihrem tief ausgeschnittenen Kleid schien sie nicht einmal zu frieren. War es womöglich plötzlich wärmer geworden?

An der rechten Körperseite spürte er eine Art Brennen. Als der Schmerz unerträglich wurde, drehte er sich um und riß verwundert die Augen auf. Ein paar dicke Äste prasselten im Feuer. Er konnte sich nicht erinnern, sie gesammelt zu haben. Das Eis in seinem Bart war in der Wärme des Feuers aufgetaut, ebenso sein rechtes Hosenbein. Er konnte aufstehen, und als er die Schleifspur im Schnee sah, die zu einer umgestürzten Kiefer führte, fiel ihm wieder ein, daß er hier auf allen vieren gekrochen war, bevor er neben dem Feuer die Besinnung verloren hatte. Er kehrte, das linke Bein nachziehend, zu der Kiefer zurück. Seine Arme waren inzwischen genauso weiß wie der übrige Körper. Die Hände wie einen Schraubstock benutzend, konnte er noch ein paar Äste abbrechen und ins Feuer legen. In diesem Augenblick kam Gold zu ihm, und er sah die anderen Hunde, zwei drei, vielleicht sogar vier. Sie lagen ganz in seiner Nähe im Schnee und zerbissen die Eisstückchen, die in ihrem Fell hingen. Ihr Anblick weckte in ihm verschwommene Erinnerungen an den Unfall.

»Gold, bist du das, Gold?«

Sie winselte und sah ihn an. Er hielt ihr eine Hand hin, und sie begann, sie abzulecken. Das brachte ihn auf einen Gedanken. Er kauerte neben ihr nieder und suchte in ihrer Leistenbeuge, in dem dichten Fell unter ihrer Brust, ein wenig von der Wärme, die sie ihm offensichtlich spenden wollte. Das löste seltsame Empfindungen in ihm aus. Er begann, seine Umgebung wieder wahrzunehmen. Er wußte wieder, was er zu tun hatte, um zu überleben. Doch zugleich verspürte er das unwiderstehliche Verlangen, sich hinzulegen und zu schlafen. Dem nicht nachzugeben kostete ihn schier übermenschliche Anstrengung.

Doch er wußte, daß er sterben würde, wenn er ihm nachgab. Deshalb löste er sich entschlossen von Gold, neben der er so gern eingeschlafen wäre, und legte frisches Holz aufs Feuer. Inzwischen taute das zweite

Hosenbein auf, doch er konnte die Hose noch immer nicht ausziehen. Seine pelzgefütterten Stiefel, die zu Eisblöcken gefroren waren, hinderten ihn daran. Er hielt sie ans Feuer, doch sie tauten nicht schnell genug auf, und er spürte nicht, ob er sich die Füße verbrannte. Sie waren völlig gefühllos. Beim Gehen hatte er das Gefühl, zwei Bleigewichte mit sich herumzuschleppen.

Er entzündete auf einer Unterlage aus Tannenreisig ein zweites Feuer, stellte sich zwischen die beiden und ließ sein Wollhemd trocknen, das er beim Ausziehen teilweise zerrissen hatte. Überall an seinem Körper hatten sich Blasen gebildet, die aussahen wie Verbrennungen. Die mehr oder weniger tiefen Erfrierungen bereiteten ihm Höllenqualen, als seine Haut in der Wärme des Feuers wieder schmerzempfindlich wurde.

Sobald das Hemd einigermaßen aufgetaut war, zog er es an und holte wieder Holz. Er trauerte seiner Axt nach, die auf dem Schlitten geblieben war. Mit ihr hätte er dicke Holzscheite schlagen können, die nicht so schnell verbrannten wie Äste.

»Vielleicht werde ich überleben«, sagte er zu Gold, die ihn nicht aus den Augen ließ, als er spürte, wie das Blut langsam in seine rechte Hand zurückfloß.

Er schleppte eine dicke abgestorbene Tanne herbei und legte sie ins Feuer. Dann nahm er sich seine Stiefel vor. Es dauerte endlos lange, doch schließlich gelang es ihm, sie auszuziehen, indem er sie mit seinem Messer immer so weit aufschnitt, wie sie aufgetaut waren. Seine schneeweißen Füße beunruhigten ihn. Er rieb sie kräftig ab, dann hielt er sie über die Flammen. Nichts, kein Gefühl. Mehrere Male ging er barfuß in den Wald, um Holz zu holen, bis er plötzlich merkte, daß es dunkel wurde.

Die Nacht!

Sie war wie der Tod. Dunkel und kalt. Diese grauenhafte Vorstellung ließ sich nicht abschütteln, sondern quälte ihn bis zur Verzweiflung. Zum Glück hatte er die Hunde, und vor allem Gold, die ihn nicht aus den Augen ließ. Nur ihre Anwesenheit verhinderte, daß er durchdrehte.

37

ER HATTE SO VIEL HOLZ GESAMMELT, WIE ER KONNTE, doch er bezweifelte, daß es reichen würde, um das Feuer die ganze Nacht hindurch zu unterhalten. Das Blut kehrte in seine Hände zurück, und er schrie vor Schmerz. Trotz der Qualen war er froh, daß er sie wieder gebrauchen konnte. Seine Hose und seine Schuhe – oder das, was davon übriggeblieben war – waren trocken. Er bereute jetzt, daß er seinen Mantel geopfert hatte, um das Feuer zu entfachen. In dem Mantel hätte er auch an einem kleinen Feuer der Kälte trotzen können. Ohne ihn war er gezwungen, zwei Feuer zu unterhalten und sich, an Gold geschmiegt, zwischen sie zu setzen.

Seine Hände waren allmählich wieder durchblutet, doch in den Füßen hatte er nach wie vor kein Gefühl. Er machte sich Sorgen über die möglichen Folgen der Erfrierungen. Würde er seine Füße verlieren oder die Zehen? Er rieb sie, hielt sie ans Feuer, aber nichts geschah. In einige Zehen wollte das Blut einfach nicht zurückfließen, und an einigen Stellen färbte sich die Haut schwarz.

Von den Hunden fehlte nur der arme Cloke. Die anderen hatten dem See entrinnen können. Yukon lief auf der Suche nach seinem verschwundenen Gefährten winselnd um das Lager herum und endlos am Seeufer auf und ab. In der finsteren, mondlosen Nacht hatte seine Klage etwas Unheimliches.

Die anderen Hunde hatten sich mit den Zähnen von ihren steifgefrorenen Geschirren befreit, sich im Schnee gewälzt, um ihr Fell zu trocknen, die letzten Eisstückchen zerbissen, die noch darin hingen, und sich im Schnee schließlich Kuhlen gegraben, in denen sie nun dicht aneinandergedrängt schliefen. Matt hatte wohl versucht, einen oder zwei dazu zu bewegen, sich neben ihn und Gold zu legen. Doch keiner wollte so nahe am Feuer schlafen.

Matt wäre liebend gern dem Beispiel seiner Hunde gefolgt, aber wenn er jetzt einschlief, würde er nie wieder aufwachen. Diese Kälte schmeichelte sich heimtückisch bei einem ein. Sie tötete ohne Vorwarnung, weil das Gefühl, sich diesem Tod zu ergeben, zu angenehm war. Wie lange würde er ohne Schlaf durchhalten? Vielleicht noch einen Tag, kaum länger. Er war hungrig und durstig. Um seinen Durst zu löschen, brachte er in einem Stück Birkenrinde Schnee zum Schmelzen. Aber er hatte nichts, um seinen Hunger zu stillen.

Nach und nach gewann er die Überzeugung, daß er nur eine Überlebenschance hatte, wenn er den Schlitten barg, der einen Meter tief im Wasser lag. Er mußte ihn heraufholen oder zumindest das Wichtigste retten: den Schlafsack, die Axt, das Gewehr, die Patronentasche und etwas Proviant. Damit würde er ein paar Tage überleben können. Vielleicht sogar noch länger, wenn er angeln, Schlingen auslegen oder sogar ein paar Schneehühner schießen konnte.

Zunächst einmal kam es darauf an, daß er die Nacht überstand und bis zum Morgen durchhielt. Danach würde er alles auf eine Karte setzen. Wenn er dann scheiterte, konnte er ruhigen Gewissens einschlafen, denn er hatte alles versucht.

Dem Schlaf, der ihn einlullen wollte, zu widerstehen bereitete ihm noch größere Qualen als der Hunger oder die Erfrierungen. Doch er würde durchhalten, schon Mary zuliebe. Denn er wollte sie wiedersehen, sie in die Arme schließen und ihr alles sagen, was ihm auf dem Herzen lag. Vorher konnte er nicht sterben. Und auch Gold zuliebe. Denn sie liebte ihn, und er wollte ihr keinen Kummer bereiten.

Kurz vor Tagesanbruch, als er zum letzten Mal in den Wald ging, um Holz zu holen, bemerkte er, daß der Himmel sich bezog. Es würde also endlich wärmer werden. Er sah darin einen Wink des Schicksals. Das klare Morgenlicht flößte ihm neuen Mut ein. Er legte Holz auf die beiden Feuer und ging auf den See hinaus bis zum Rand des Lochs, das teilweise wieder zugefroren war. Doch das Eis war dünn, weil der Bach, der hier in den See mündete, einen Strudel erzeugte, der die Eisbildung verzögerte. Mit großen Steinen zerschlug er das Eis über der Stelle, wo er den Schlitten vermutete. Dann kehrte er zum Feuer zurück, um sich aufzuwärmen. Das Schlimmste stand ihm noch bevor: Er mußte sich ausziehen, ins kalte Wasser tauchen und das, was er brauchte, vom Schlitten heraufholen.

»Ich muß da runter«, murmelte Matt immer wieder vor sich hin. »Ohne lange zu überlegen.«

Er zog sich vollständig aus und stellte mit Entsetzen fest, daß sein Oberkörper mit Frostbeulen und aufgegangenen Blasen übersät war. Die Kälte war beißender als ein tollwütiger Hund. Sie nagte an seinem ganzen Körper. Er zitterte. Der Mut verließ ihn, und er zögerte. Alles tat ihm weh, als hätte man ihn geprügelt, als hätte man sein Fleisch mit einem Messer in Streifen geschnitten.

Wieder dachte er an Mary, an ihr sanftes Lächeln, ihre strahlenden Augen, ihre weiche Haut. Dann kehrte er den Feuern den Rücken, lief durch die Kälte und sprang ins Wasser. Er hatte vergessen, wie schmerzhaft es war. Das Wasser reichte ihm bis zur Brust, und er zweifelte, ob er mit dem Kopf untertauchen könnte. Mit den Füßen suchte er nach dem Schlitten. Er lag auf dem Grund, ungefähr einen Meter weiter rechts, als er vermutet hatte.

Jetzt mußte er tauchen. Und zwar schnell, denn ihm blieb nur noch wenig Zeit bis zu einer tödlichen Unterkühlung. Höchstens eine Minute.

Er zögerte nicht länger und tauchte mit dem Messer in der Hand unter. Ein Schraubstock schien seinen Kopf zusammenzupressen. Der Schmerz war schier unerträglich. Brüllend zog er den Kopf aus dem Wasser und rang nach Luft. Er würde es nicht schaffen. Doch es mußte sein. Also versuchte er es noch einmal. Er tauchte erneut unter und bekam den Schlitten zu fassen. Auf gut Glück schnitt er in die Abdeckplane, unter der sich seine Ausrüstung befand. Er bekam einen Sack zu fassen, der die Ersatzgeschirre und Flickzeug enthielt. Er ließ ihn los und packte dafür seinen Schlafsack und zog ihn nach oben. Er war mit Wasser vollgesogen und so schwer, daß er ihn mühsam aufs Eis wuchten mußte. Dann tauchte er wieder unter. Das letzte Mal, denn er wußte, daß er es nicht noch einmal schaffen würde. Er fand den Proviantbeutel und erinnerte sich, daß er ein paar Lebensmittel wie geräucherten Speck und Mehl eingepackt hatte. Er packte den Beutel, und auch die Säge, die daneben lag. Die Axt fand er nicht. Genau genommen suchte er auch nicht danach, denn er konnte keine Sekunde länger im Wasser bleiben. Er spürte, daß er einer Ohnmacht nahe war. Ein Schleier senkte sich über seine Augen, er sah alles nur noch ganz verschwommen, so daß er keine Entfernungen mehr abschätzen konnte. Er bewegte sich ganz mechanisch. Später sollte er sich nicht mehr daran erinnern, was oder wie er es getan hatte.

Er stand angezogen zwischen den beiden Feuern, ohne zu wissen, wie er dahingekommen war. Er kam langsam wieder zu sich, weil der Schmerz, den das Blut verursachte, als es wieder durch seine Adern floß, unerträglich wurde. Er blickte auf den See hinaus und entdeckte auf dem Eis neben dem Loch seinen vor Kälte dampfenden Schlafsack und den Proviantbeutel. Die Säge hatte er mitgenommen. Der Anblick des Proviantbeutels oder vielmehr der Gedanke an den geräucherten Speck darin flößte ihm den nötigen Mut ein, um auf den See zurückzukehren. Es war auch höchste Zeit. Alles fror auf der Eisdecke fest, und wenige Minuten später hätte der See nichts mehr von dem, was Matt aus dem Wasser gefischt hatte, hergegeben. Bereits jetzt hatte er größte Mühe, den Schlafsack loszureißen. Er trauerte seiner Axt nach, erinnerte sich jedoch plötzlich, daß er ein Buschmesser im Proviantbeutel verstaut hatte. Er nahm es zur Hand und kratzte von allem, was er geborgen hatte, behutsam das Eis ab. Dann kehrte er zu den Feuern zurück und legte alles verfügbare Holz nach. Dann endlich machte er sich über den Speck her, der im schützenden Wasser nicht gefroren war, und biß herzhaft hinein. Das brachte ihn wieder etwas zu Kräften. Er breitete den Schlafsack aus und hängte ihn, so gut es ging, über ein paar Weidenruten ans Feuer. Jetzt mußte er durchhalten, bis der Schlafsack trokken war.

Er ging zu der großen Kiefer, doch erst nach mehreren vergeblichen Versuchen gelang es ihm, sie abzusägen und in drei große Klötze zu zerteilen, Mit seinen zerschundenen, blutigen Händen war das eine einzige Qual. Aber die Klötze hielten das Feuer in Gang, und er konnte endlich innehalten, vor sich hindösen und darauf warten, daß sein Schlafsack trocknete. Er zwang sich, sitzenzubleiben. So wachte er auf, sobald er zur Seite kippte, konnte den Schlafsack wenden und Holz nachlegen. So ging es vier Stunden lang. Er war am Ende seiner Kräfte. Seit achtundvierzig Stunden hatte er kein Auge zugetan, und seine Lider wurden schwer. Alles tat ihm weh.

Schließlich breitete er den Schlafsack auf einem Lager aus Tannenzweigen aus, deckte das Feuer ab und legte trockenes Reisig bereit. Dann kroch er in den Schlafsack. Gold schmiegte sich an ihn. Der Schlafsack war noch ein wenig feucht, aber warm. Matt schlief auf der Stelle ein.

Er lag in einem heißen Bad, und Mary wusch ihn behutsam mit einem weichen Schwamm, der kaum seine Haut berührte. Dann rieb sie ihn mit Öl ein, massierte ihn und knetete längere Zeit seinen verspannten Nacken. Ihr Haar wallte über ihre festen, vollen Brüste, die er an seinem Rücken spürte. Sie küßte ihn auf den Hals und flüsterte ihm Zärtlichkeiten ins Ohr. Er hatte Gold gefunden und war reich, doch als sie sagte, daß ihre Gefühle für ihn nichts damit zu tun hätten, glaubte er ihr. Er entspannte sich. Manchmal verweilten ihre Hände auf seinen Wunden und verbanden sie. Das schmerzte zwar ein wenig, doch es war ein herrliches Gefühl, geliebt zu werden, sich den Händen Marys zu überlassen, die ihn mit soviel Fürsorge pflegte.

38

LAUTES GEBELL RISS IHN AUS DEM SCHLAF. FÜNFZEHN Stunden waren vergangen. Er öffnete ein Auge. Alles um ihn herum war ihm fremd. Er war weder in seiner Hütte noch in Marys Zimmer. Er war im Freien, und es schneite. Ihm war nicht kalt, doch er hatte Schmerzen. Alles tat ihm weh. Vor allem, wenn er sich bewegen wollte. Die Hunde bellten weiter. Sie starrten auf die weite weiße Fläche des Sees hinaus, auf die es aus einem grauen, wolkenverhangenen Himmel schneite. Gold lag dicht neben ihm und leckte ihn ab. Er sah ihr in die Augen und erinnerte sich an all die Zärtlichkeiten, mit denen Mary ihn verwöhnt hatte. Sie war es gewesen! Gold, diese wunderbare Hündin, die ihn so sehr liebte. Er streichelte sie lange, und sie knurrte vor Behagen und kniff die reifverklebten Augen zusammen.

Langsam kehrte die Erinnerung zurück, und je deutlicher er sich erinnerte, um so mehr wunderte er sich darüber, was er vollbracht hatte. Er war stolz darauf, noch am Leben zu sein. Er wollte sich aufsetzen, doch die geringste Bewegung verursachte ihm rasende Schmerzen. Sein Körper war mit Wunden übersät. Er biß die Zähne zusammen und setzte sich stöhnend auf.

Die Hunde starrten immer noch auf den See und bellten, ihr Fell sträubte sich, und sie fletschten die Zähne. Matt konnte nichts erkennen.

Wie spät mochte es sein? Er hatte keine Ahnung. Schließlich beruhigten sich die Hunde wieder. Nur Manouane knurrte noch.

»Ein Luchs oder ein Wolf«, sagte sich Matt und versuchte aufzustehen.

Es gelang ihm, indem er sich ganz langsam und vorsichtig aufrichtete. Es war nicht mehr so kalt, und das war sein Glück. Ohne Feuer hätte er nicht einmal in einem dicken Schlafsack so lange durchgehalten.

»Das Glück habe ich verdient«, sagte er ganz laut, als wollte er seine Stimme ausprobieren.

Aber er erinnerte sich, daß er den See falsch eingeschätzt hatte. Man sah, daß sich ein Bach in den See ergoß. Er hätte diesen Bereich meiden müssen. Das war kein Pech, sondern Dummheit. Keinem Indianer wäre dieser Unfall passiert, aber er, der Weiße, der Chechaquo, war wie ein Dummkopf ins Wasser gefallen.

Er entzündete ein Feuer, brachte Schnee zum Schmelzen und kochte sich Tee. Dann taute er den nassen, steinharten Mehlbeutel auf. Aus dem Brei aus Mehl und Wasser, den er so erhielt, knetete er einen Teig und formte daraus einen Zentimeter dicke Fladen, denn ohne Hefe gingen sie nicht auf. Er buk einen und aß ihn zusammen mit einem Stück Speck. Mit Besorgnis stellte er fest, daß seine Zehen schwarz waren. Hautfetzen, die einen ranzigen Geruch verströmten, begannen sich abzulösen. Er litt bei jedem Schritt Qualen und begriff, daß er kaum mehr tun konnte, als Holz zu sammeln. Wenn er angeln oder Schlingen auslegen wollte, mußte er zuvor seine Wunden behandeln.

Er reinigte sie mit heißem Wasser, was ihm sehr gut tat. Dann prüfte er seine Vorräte. Etwas Speck und fünf Fladenbrote. Das reichte für drei Tage, oder sogar für vier, wenn er sich einschränkte. Doch ein anderer Gedanke begann ihn zu quälen. Wie sollte er bei diesem anhaltenden Schneefall, der alle Spuren zudeckte, das Indianerdorf wiederfinden? Auf dem Hinweg hatte er Bäume markiert, aber damit aufgehört, als er die vielen Spuren entdeckte, die zu dem Dorf am See führten. Er wußte nur noch, daß es irgendwo in den Hügeln lag, aber wo genau, hatte er vergessen. Wenn er sich auf die Suche machte, würde er vielleicht die letzten Kerben finden, die er in die Bäume geschlagen hatte. Er erinnerte sich, daß er durch ein kleines Tal gekommen war, bevor er auf die Spuren stieß. Andererseits würde er Wochen brauchen, um zu Fuß seine Hütte zu erreichen. Nein, er mußte das Dorf wiederfinden.

Das ständige Holzsammeln hatte ihn erschöpft. Er legte sich hin. Immer wieder kamen die Hunde zu ihm und bettelten um Futter. Wie lange konnten Hunde durchhalten, ohne zu fressen? Er wußte es nicht. Und er wußte auch nicht, was er tun sollte, um Futter für sie zu besorgen. Niemals würde er genug Fische angeln oder Hasen für sie fangen können. Er wußte ja nicht einmal, wie er sich selbst ernähren sollte. Er seufzte. Gewiß, er hatte einen Unfall überlebt, der tödlich hätte ausgehen können, doch das Schlimmste stand ihm noch bevor.

Als Matt mitten in der Nacht aufwachte, schneite es nicht mehr. Alles war still. Nur der Wind pfiff von Zeit zu Zeit über den Neuschnee, hinterließ eine dünne Graupelschicht und warf dort, wo er auf ein Hindernis traf, an Bäumen oder Uferböschungen, Schneewehen auf. Matt erhob sich mühsam und sammelte die Dinge ein, die er um die Feuerstelle herum verstreut hatte. Er fachte das Feuer wieder an und suchte im Schnee nach der Säge. Der Nordwind wurde stärker. Matt brachte Schnee zum Schmelzen, denn er hatte Durst. Er buk sich ein Fladenbrot in der Glut und aß es mit einem Stück Speck. Damit blieben ihm noch vier Brote und ein knappes halbes Pfund Speck.

Er wollte eigentlich nicht mehr schlafen, doch was sollte er sonst tun? Er rief nach den Hunden. Sie waren nicht da.

»Sie sind bestimmt auf Nahrungssuche gegangen«, sagte er sich, um sich zu beruhigen, doch seine Angst wuchs.

Er zog sich in den Wald zurück und baute sich unter ein paar Tannen aus grobgeflochtenen Weidenruten ein Schutzdach, das er mit Zweigen abdeckte. Solange er sich auf diese Weise beschäftigte, vergaß er seine Furcht. Der Wind flaute vorübergehend ab, frischte dann aber wieder auf. Matt legte vor dem Schutzdach eine neue Feuerstelle an, weit genug entfernt, damit der Rauch nicht hineinwehte, und doch so nahe, daß die Wärme sich darunter stauen konnte. Er war nicht sehr geschickt, denn um mit seinen zerschundenen Händen arbeiten zu können, mußte er die Fäustlinge anziehen, und das behinderte ihn. Zwei Finger waren schwarz bis zum Nagelbett. Auch seine Füße boten keinen schönen Anblick, und wenn er sie betrachtete, wurde seine Angst nur noch größer. Er hatte nichts, womit er seine Wunden behandeln konnte, und er hatte keine Ahnung, was er tun sollte. Auf dem Schlitten hatte er einen kleinen Beutel mit einer Flasche Jodalkohol, ein gutes Desinfektionsmittel. Er kam immer mehr zu der Gewißheit, daß sein Überleben von diesem Schlitten abhing. Er mußte ihn unbedingt bergen. Aber vorher wollte er sich noch einen Tag Ruhe gönnen und seine eitrigen Wunden schonen.

In der Abenddämmerung legte sich der Sturm. Matt hatte den Tag damit zugebracht, die Geschirre zu flicken und seine Wunden mit heißem Wasser auszuwaschen. Die Hunde waren noch nicht zurückgekehrt. Matt ertappte sich dabei, wie er dem Heulen des Windes lauschte, der für Momente auffrischte und durch den Wald fegte. Aber dieses Heulen war kein Bellen. Die

Hunde hatten ihn verlassen, weil er kein Futter für sie hatte. Vielleicht hatten sie den Hauch des Todes gespürt und waren vor ihm geflohen. Sogar Gold war fort. Er war allein.

Ein weiterer Tag verging. Der launische Wind drehte schließlich auf Nordosten, und eine gleichmäßig weiße Wolkendecke zog auf, die Schnee verhieß. An Matts Fingerkuppen begann sich das schwarze, übelriechende Fleisch zu lösen. Um Wundbrand zu verhindern, hielt er sein Messer in die Glut, schnitt das abgestorbene Fleisch ab und brannte die Wunden aus. Mit seinen Füßen verfuhr er genauso, so schmerzhaft die Prozedur auch war. Am nächsten Morgen stellte er erleichtert fest, daß sich kein Wundbrand ausbreitete. Doch eine neue Gefahr drohte. Seine spärlichen Lebensmittelvorräte gingen zur Neige. Unweit seines Lagers stieß er auf vereinzelte Hasenspuren und legte ein paar Schlingen aus. Völlig zwecklos, denn es begann wieder zu schneien, und der Schnee deckte alles zu.

Matt beschloß, noch einmal zum Schlitten hinabzutauchen, noch einmal alles zu versuchen. Er wollte die fünfzig Pfund Trockenfleisch, seine Schneeschuhe und vor allem sein Gewehr bergen.

Diesmal ging es besser als beim ersten Mal. Gewöhnte er sich an die Eisbäder, oder wurde seine von zahlreichen Erfrierungen geplagte Haut allmählich unempfindlich? Er holte das Fleisch, sein Gewehr und die Schneeschuhe herauf, doch eine böse Überraschung erwartete ihn. Das Fleisch war im Wasser aufgetaut, begann zu faulen und verbreitete einen ekelerregenden Gestank. Trotzdem briet er ein paar Stücke über dem Feuer und zwang sich, sie zu essen. Dann legte er die Schneeschuhe an und stapfte mit seinen von Frostbeulen geplagten Füßen mehr schlecht als recht am Seeufer entlang, um Hasen oder Schneehühner aufzuspüren, doch der anhaltende Schneefall deckte alle Spuren zu.

Also versuchte er, Fische zu fangen, denn er hatte eine Angelschnur und Angelhaken aus dem Schlitten geborgen. Zwei kleine, kaum zehn Zentimeter lange Forellen waren jedoch die einzige Ausbeute. In der Nacht kehrte er vollkommen entmutigt in sein Lager zurück.

Nun, da er die Hunde nicht mehr hatte, hielt ihn nur noch Mary am Leben. Er spürte ihre Gegenwart, die ihm Zuversicht vermittelte. Sie war das Licht, das ihn davon abhielt, aufzugeben und sich in der Nacht zu verlieren.

39

ALS EIN SCHWACHES LICHT ÜBER DEN DUNKLEN WIPfeln der Bäume heraufzog und das Grau der Nacht noch über dem weißen See hing, tauchte ein Wolfsrudel auf.

Die Wölfe kamen, einer hinter dem anderen, über den See gelaufen, geradewegs auf sein Lager zu. Sie hatten aus der Ferne den Geruch des verfaulten Fleischs gewittert. Matt griff zu seinem Gewehr und versteckte sich im Dickicht. Der Wind stand günstig, und die Wölfe kamen näher.

Es waren elf. Ein schwarzer Rüde führte sie an. Matt konnte bereits seine große Schnauze und sein dichtes Fell erkennen, das der Wind auf seinem Rücken bauschte. Er erahnte die gelben, schmalen, durchdringend blickenden Augen. Plötzlich, in etwa hundert Metern Entfernung, blieb der Leitwolf stehen. Alle anderen hinter ihm erstarrten auf einen Schlag. Keiner bewegte sich mehr. Nur der Wind strich in sanften Wellen über ihr Fell. Matt hielt den Atem an und legte sein Gewehr auf einem dikken Weidenzweig auf. Er schoß im selben Moment, in dem der Leitwolf umkehren wollte. Der Rüde machte einen gewaltigen Satz und fiel auf die Seite. Die anderen schienen für einen Augenblick unentschlossen, dann flüchteten sie in wildem Durcheinander, zurück in Richtung Wald. Matt schoß noch dreimal. Er konnte nicht nachladen, bevor die Wölfe das Ufer erreichten, aber drei hatte er immerhin getroffen. Zwei blieben reglos auf dem zugefrorenen See liegen, ein dritter schleppte sich mit zerschmetterter Hüfte fort. Matt gab ihm den Gnadenschuß.

Eine unwirkliche Stille folgte. Matt hatte instinktiv gehandelt, ohne nachzudenken. Warum hatte er diese Wölfe getötet? Weil er lebte, und weil man in dieser mörderischen Umgebung nichts, was lebte, entkommen ließ. Er wußte nicht einmal, ob man ihr Fleisch essen konnte. Doch warum nicht? Vor allem dachte er an ihr Fell, an seinen Mantel, den er den Flammen preisgegeben hatte. Jetzt konnte er sich einen neuen nähen. Er holte die toten Wölfe und zog ihnen das Fell ab, solange sie noch warm waren. Sie waren groß und schwer, und ihr Fell war lang und dicht. Er schälte das Fett heraus und verarbeitete ihr Hirn zu einem Brei, mit dem er die Häute einrieb. Er wußte, daß Tierhirn Gerbeigenschaften besaß. Dann räucherte er die Häute über grünen Zweigen und ließ sie trocknen. Um sie geschmeidig zu machen, walkte er sie eine ganze Weile dicht neben dem Feuer durch. Aus diesen Pelzen fertigte er sich ein Paar Socken, die seine Füße in den wieder zusammengeflickten Stiefeln warm hielten. Dann nähte er sich sorgfältig einen Mantel, der besonders warm war. Auf das Ergebnis war er ziemlich stolz.

Danach aß er von dem Fleisch, das ein wenig von seinem bitteren Geschmack verlor, wenn er es in dünne Scheiben schnitt und über der Glut gut durchbriet. Zumindest war dieses Fleisch nicht verdorben.

Die Nacht brach herein, und er wußte nicht mehr genau, wie lange er schon hier war. Mindestens eine Woche, und immer noch kein Lebenszeichen, weder von seinen Hunden noch von den Indianern. Dabei hatte es inzwischen zu schneien aufgehört, und man konnte sich wieder ungehindert fortbewegen.

Die Hunde. Seine Hunde. Wo waren sie? Waren sie den Wölfen zum Opfer gefallen?

Matt sah sich an, was ihm an Ausrüstung und Proviant geblieben war, und kam zu dem Ergebnis, daß er etwas unternehmen mußte. Alles war besser, als hier zu bleiben.

Seit er seine Frostbeulen und zahlreichen Verbrennungen ausgebrannt und desinfiziert hatte, ging es ihm besser. Er würde seine Füße nicht verlieren. Abgesehen von zwei schwarzen, rissigen Zehen waren alle seine Gliedmaßen wieder durchblutet. Die beiden Zehen kümmerten ihn jedoch wenig. Er würde ohne sie auskommen.

Er verbrachte einen ganzen Tag damit, auf einer Unterlage aus Zweigen das in Scheiben geschnittene Wolfsfleisch trocknen zu lassen. Einen weiteren Tag kostete es ihn, einen Schlitten zu bauen. Dazu befestigte Matt große Stücke Birkenrinde an zwei Kufen aus demselben Holz, das er lange am Feuer getrocknet hatte. Er band seine Ausrüstung und das Fleisch darauf fest und probierte ihn aus. Er verbesserte die Gleitfähigkeit, indem er die Birkenkufen mit warmem Wasser anfeuchtete, so daß sich ein dünner Eisfilm bildete. Dann befestigte er die Riemen, mit denen er den Schlitten ziehen würde. Da es mindestens noch drei Stunden hell blieb, beschloß er, sofort aufzubrechen. Er wußte nicht, wo das Indianerdorf lag, und so wollte er versuchen, die von ihm markierten Bäume zu finden. Er wollte zu seiner Hütte zurückkehren, dann weiter nach Dawson und zu Mary. Er erinnerte sich verschwommen an die Landschaft. Seine Markierungen würden ihm den Weg weisen, davon war er überzeugt.

Der Mantel, den er sich genäht hatte, war zu warm, und er zurrte ihn mit den übrigen Sachen auf dem Schlitten fest, den er hinter sich herzog. Obwohl es ziemlich kalt war, zumindest so kalt, daß sich sein Atem in Rauhreif verwandelte und sein Gesicht bedeckte, schwitzte er.

Mit den Schneeschuhen durch den Tiefschnee zu stapfen war überaus beschwerlich. Er schwitzte fürchterlich und kam nur sehr langsam voran. In diesem Tempo würde er einen Monat brauchen, um in zivilisierte Gegenden zu gelangen. Doch er ließ sich nicht entmutigen. Er zog diese Mühsal der Untätigkeit vor. Und jeder Schritt brachte ihn Mary näher, deren Gesicht er manchmal in den Wolkenfetzen am Himmel zu sehen glaubte.

Er schlief vollständig angezogen unter freiem Himmel auf einem Lager aus Tannenzweigen in seinem Schlafsack, über den er seinen Mantel aus Wolfspelz breitete. Wenn er sich kräftig genug fühlte, errichtete er ein kleines Schutzdach, unter dem sich die Wärme des Feuers staute und er seine naßgeschwitzten Sachen besser trocknen konnte. Er marschierte den ganzen Tag, machte alle zwei Stunden Halt, um zu trinken, sich auszuruhen und die Verbände an seinen Füßen zu wechseln. Gelegentlich schoß er ein Schneehuhn und briet es an einem kleinen Feuer. Um ihn herum nur Stille und das endlose Weiß mit vereinzelten Wäldern und Seen. Matt fand seine Markierungen nicht wieder, doch er setzte seinen Weg nach Süden fort. Er orientierte sich an der Sonne und an den Schneewehen, die der Wind geformt hatte. Sie zeigten alle in dieselbe Richtung, nach Südosten.

Am Morgen des vierten Tages glaubte er ein Plateau wiederzuerkennen. Etwas später entdeckte er sogar eine Kerbe, die er in eine Tanne geschlagen hatte. Doch das Aufregendste war, die Piste wiederzufinden, wieder ein festes Geläuf unter den Füßen zu spüren, auch wenn die Piste wegen der hohen Schneedecke kaum zu erkennen war. Doch nach einigen Stunden hatte er eine gewisse Übung und konnte anhand kleiner Hinweise ihren Verlauf ausmachen. Die Farbe des Schnees, die Art, wie er das Licht reflektierte, und seine Dichte waren nicht überall gleich. Auch wenn hoher Schnee auf der Piste lag, so war der Untergrund doch hart. Matt zog die Schneeschuhe aus, um schneller voranzukommen. Nun konnte er fünfundzwanzig Kilometer pro Tag zurücklegen. In etwa zehn Tagen, schätzte er, würde er seine Hütte erreichen.

Dieser einsame Marsch in der unfaßbaren Reinheit des Nordens veränderte Matt, denn er zwang ihn, sich in sein eigenes Ich zu versenken. Ein tiefes Wohlgefühl erfaßte ihn, während er die vielfältigen Facetten dieses Landes, das er immer besser kennenlernte, in sich aufnahm. Dieses neue Gefühl erwuchs nicht nur aus der bloßen Tatsache, daß er am Leben war, sondern aus seiner neu erworbenen Fähigkeit, die Schwingungen dieser Landschaft zu spüren. Dieses Land versetzte ihn in Erstaunen, denn es übertraf alle seine Erwartungen.

Er durchquerte nicht mehr die Landschaft, er war die Landschaft, war ein fester Bestandteil einer ungeahnten Harmonie. Kälte, Schnee und Nebel störten ihn nicht mehr, da sie ihn beim Marschieren kaum behinderten, auch wenn sie ihn manchmal zwangen, langsamer zu gehen. Unbeirrt ging er seines Weges. Auch er war nur ein Tier auf der Reise durch die Zeit.

Matt marschierte gegen den Wind, gebeugt von der Last, die er hinter sich herzog. Er überquerte auf der alten Spur ein weites Plateau, auf dem nur hier und dort ein paar Krüppeltannen wuchsen. Plötzlich hörte er hinter sich ein Keuchen. Er fuhr herum, bereit, der Gefahr ins Auge zu blicken.

Behindert vom Rauhreif, der sein Gesicht überzog und seine Wimpern verklebte, glaubte er zuerst, Wölfe würden ihn von hinten angreifen. Doch es waren Hunde. Ein großes Gespann aus mindestens fünfzehn Tieren! Ein so langes hatte Matt noch nie gesehen. Als die ersten

Hunde ihn erreichten, blieb ihm fast das Herz stehen. Es waren seine: Gold, Chinook, Yukon, Manouane und die anderen, angespannt zwischen Mershs Hunden.

Die Hunde blieben auf seiner Höhe stehen. Chinook und Skagway sprangen mit fröhlichem Gekläff an ihm hoch, und die anderen zerrten an ihren Leinen, um es ihnen nachzutun. Matt war zu Tränen gerührt. Er umarmte jeden einzelnen und nannte sie immer wieder beim Namen. Ungeduldiges Knurren unterbrach die Wiedersehensfreude, denn einigen von Mershs Hunden mißfiel das entstandene Wirrwarr.

Mersh rief einen Befehl, den Matt nicht verstand, und das Gespann setzte sich wieder in Bewegung. Matts Hunde mußten auf ihre Plätze zurückkehren, da die anderen an der Hauptzugleine zogen. Matt trat beiseite und tätschelte Gold, als sie an ihm vorbeilief. Dann kam Mersh auf seine Höhe. Sein Gesicht verschwand unter seinem völlig vereisten Vollbart.

»Ich mache ein Feuer … im Wald.«

Er deutete mit dem Kinn in die Richtung und versetzte dem Schlitten einen Stoß, damit die Hunde weiterliefen.

Matt kam nicht dazu, auch nur ein Wort zu sagen, denn Mersh war schon vorbei.

»Im Wald!«

Matt machte ihn in einiger Entfernung als dunkle Linie am Horizont aus. Er blieb wie angewurzelt stehen.

»Er hätte wenigstens halten können.«

Matt wunderte sich über den Klang seiner Stimme. Er räusperte sich und versuchte es noch einmal.

»Ja, er hätte doch etwas sagen können.«

Aber er besann sich. Mersh hatte recht. Es war kalt, und er fröstelte bereits. Dabei hatte er nicht länger als eine Minute dagestanden. Es war wirklich das beste, sich in den Wald zurückzuziehen und ein Feuer zu machen. Er kannte Mersh mittlerweile etwas besser und verstand ihn. Er war kein Mann von vielen Worten. Er war ein Mann der Tat.

Mersh war bereits ein gutes Stück entfernt, aber noch so nahe, daß Matt den kleinen Schlitten bemerkte, den er im Schlepptau hatte. Er konnte nicht erkennen, ob es seiner war, denn der Atem der Hunde hüllte das ganze Gespann in eine weiße Wolke.

Er steuerte auf den Wald zu. Der Gedanke, daß Mersh möglicherweise gar nicht vorhatte, dort zu halten, beunruhigte ihn ein wenig. Denn der alte Mann schien sich alle Mühe zu geben, immer dann zu verschwinden, wenn man es am wenigsten erwartete, und wie ein Dieb seine Spuren zu verwischen. Vielleicht war Mersh ein bißchen verrückt. Oder war es bei seinen einsamen Streifzügen durch die endlosen weißen Weiten geworden.

Eine kleine Rauchsäule stieg über den Tannen in den Himmel, und ihr Anblick beruhigte ihn. Mersh erwartete ihn. Matt verließ die Piste und folgte Mershs Spur. Der Alte war im rechten Winkel abgebogen und in den Wald gefahren.

Mersh hatte seinen Schlitten auf die Seite gekippt, und die Hunde lagen geordnet im Schnee und warteten. Der zweite Schlitten gehörte nicht Matt. Er ging das ganze Gespann entlang und streichelte zu Tränen gerührt jeden einzelnen seiner Hunde.

In einiger Entfernung zersägte Mersh eine abgestorbene Kiefer, die er gefällt hatte. Wortlos stellte sich Matt auf die andere Seite und ergriff das andere Ende der Säge. Zu zweit ging es schneller, vorausgesetzt, man stimmte die Bewegungen gut aufeinander ab. Doch das war für Matt kein Problem. Auf der Farm hatte er auf diese Weise Dutzende Klafter Holz zugesägt.

Einträchtig zersägten sie den Stamm in etwa zehn Klötze. Dabei wurde kein Wort gewechselt. Mersh war nicht schnell, aber Matt spürte, daß er Ausdauer besaß. Er verstand etwas vom Sägen, setzte das Blatt exakt an. Matt kannte sich damit aus und konnte es beurteilen. Er bewunderte auch Mershs Feuer. Er hatte die Holzscheite flach aufgelegt und einen Abstand zwischen ihnen gelassen, so wie es sein mußte.

Mersh holte einen Eisbrocken, den er vermutlich aus einem See gehackt hatte, vom Schlitten und brachte ihn in einem Kessel zum Schmelzen. Er blickte zum Himmel und murmelte wie zu sich selbst: »Der Wind dreht nach Osten. Die Kälte wird bis Vollmond anhalten.« Durfte Matt diese Bemerkung als Auftakt zu einer Unterhaltung deuten? Durfte er jetzt die Fragen stellen, die ihm auf der Zunge brannten?

Mersh erhob sich, ging zu einem Espengestrüpp und schnitt sich einen dünnen Ast ab. Er schnitzte sich einen Spieß, zog einen bereits fertiggegarten Hasen aus seinem Beutel und pflanzte ihn darauf.

»In fünf Minuten ist er warm.«

»Das ist sehr praktisch«, bemerkte Matt.

»Hasen muß man sehr lange braten, und hoch über der Glut. Deshalb ist es am besten, du brätst gleich drei oder vier, auch wenn du nur einen essen willst. Ob du einen oder vier brätst, die Arbeit ist dieselbe. Und du sparst unterwegs eine Menge Zeit.« Er hatte dies so feierlich gesagt, als handele es sich um ein Staatsgeheimnis.

»Das ist wahr«, erwiderte Matt lakonisch und deutete ein Lächeln an.

Mersh hielt das Gesicht übers Feuer und ließ das Eis in seinem Bart auftauen.

»Trinkst du lieber Kaffee oder Tee?«

»Mir ist beides recht.«

»Mittags trinke ich lieber Tee.«

Ein langes Schweigen folgte. Mersh drehte den Hasen am Spieß. In einer Pfanne ließ er ein wenig Fett schmelzen und begoß damit das goldbraune Fleisch. Dann würzte er es mit Salz und Pfeffer, dem ein paar Gewürzkräuter beigemischt waren, die einen angenehmen Duft verströmten.

»Das riecht gut«, sagte Matt.

»Hasenfleisch würzt man mit Hornstrauchblättern.«

Mersh nahm den Hasen vom Feuer und zerteilte ihn. Die eine Hälfte reichte er Matt, der sich bedankte. Das Fleisch schmeckte köstlich, und sie genossen schweigend ihre Mahlzeit. Mersh aß langsam, kaute jeden Bissen sorgfältig und trank viel dazu. Etwas abseits hatten sich die Hunde friedlich in ihren Schneekuhlen zusammengerollt.

»Die kleine Hündin läuft sehr gut«, sagte Mersh. »Aber auf langen Strecken solltest du sie zwischendurch auf den Schlitten nehmen, wenn du nicht willst, daß sie sich überanstrengt.«

Matt nickte und traute sich endlich zu fragen:

»Wo waren sie?«

Mersh kaute in Ruhe seinen Bissen zu Ende, bevor er antwortete.

»Sind ins Dorf zurückgekommen.«

»Ins Indianerlager?«

Mersh runzelte die Stirn.

»Es gibt hier kein anderes.«

Matt mußte die Neuigkeit erst einmal verdauen.

»Interessiert Sie denn nicht, was mir zugestoßen ist?«

»Nein.«

Matt zuckte zusammen. Auf diese Antwort war er nicht gefaßt. Mersh stand auf, holte einen Beutel Tee von seinem Schlitten und reichte ihn Matt.

»Mach noch eine Kanne Tee und behalte den Rest.«

»Danke.«

Während Matt der Aufforderung nachkam, band Mersh den zweiten Schlitten los und spannte Matts Hunde aus.

Offensichtlich wollte er weiterfahren. Matt schaute ihm zu und merkte plötzlich, daß Mersh mürrisch war. Was hatte er ihm getan? Hatte er etwas gesagt, das ihn ärgerte? Matt wußte nicht, wie er sich verhalten sollte.

Mersh kam mit einer alten, völlig verbeulten Thermoskanne zurück, in die er den kochendheißen Tee füllte. Dann verstaute er seinen Wasserkessel und die Kochutensilien, die ums Feuer herumlagen, in einen großen Leinensack und band ihn auf seinem Schlitten fest.

Matt sah ihm immer noch unschlüssig zu. Mersh ließ seinen Leithund fast bis ans Feuer vorgehen und dann eine Kehrwendung machen, um auf der Piste, die er in den Wald gespurt hatte, zurückzufahren. Da die Hunde sich beim Wenden verheddert hatten, hielt er an und richtete sie wieder aus. Als er wieder bei seinem Schlitten angelangt war, sah er Matt hart an.

»Vor ein paar Jahren bin ich auch im Eis eingebrochen, aber ich hatte weniger Glück als du. Ich verlor alle Hunde, und ich war allein, einen Zweimonatsmarsch von allem entfernt.«

40

»GLÜCK! GLÜCK NENNT ER DAS!«

Nun, da Mersh fort war, ließ Matt seinem Zorn freien Lauf. Er haßte diesen Mersh. Für wen hielt er sich denn? Matt hatte es nur sich selbst zu verdanken, daß er den Unfall überlebt hatte. Er kochte vor Wut. Er bereute es, daß er Mershs Spiel mitgespielt hatte. Er hätte ihn am Wegfahren hindern sollen. Er hätte ihm erzählen, ihm erklären sollen, was er erlebt hatte.

Allmählich beruhigte er sich wieder. Mersh hatte seine Geschichte deshalb nicht hören wollen, weil er seiner Spur gefolgt war und sich längst zusammengereimt hatte, was geschehen war. Er wußte sogar, was Matt empfunden hatte, denn er hatte es ja selbst erlebt. Deshalb hatte er es ihm gesagt. Und außerdem: Was hätte er Mersh erzählen sollen? Wie er ins Eis eingebrochen war? Wie er Feuer gemacht hatte? Wie er es bis hierher geschafft hatte? Das alles wußte er bereits, und deshalb hatte er seine Geschichte nicht hören wollen.

Matt blieb lange neben dem Feuer stehen und starrte auf die Piste, auf der das Gespann verschwunden war. Dann ging er zu dem kleinen Schlitten. Er war etwas behelfsmäßig und bestand aus Espenholzteilen, die mit Karibuleder verbunden waren. Aber er war neu und sah sehr schnittig aus. Mersh hatte ihn gebaut! Nur für ihn! Im Schlitten fand Matt einen Proviantsack, der Dörrfisch, etwas Fleisch, Speck und Mehl enthielt. Insgesamt etwa fünfzig Pfund. Und sogar zwei Ersatzgeschirre.

Langsam begriff Matt, was der alte Mann für ihn getan hatte. Er war seinetwegen hierhergekommen und hatte alles mitgebracht, was er brauchte. Und Matt hatte sich noch nicht einmal bedankt! Er hätte ihn am liebsten sogar beschimpft, weil er wie immer verschwunden war, ohne ein Wort zu sagen, und so geheimnisvoll, wie er gekommen war. Matt hatte das Bedürfnis zu reden, sich mit jemandem über seine Erlebnisse auszutauschen, und Mershs Schweigsamkeit brachte ihn zur Weißglut. Er hielt es für notwendig, seine Angst zu verarbeiten, sie nachträglich in Worte zu kleiden, indem er sich jemandem anvertraute.

Er dachte an Mary. Sie würde ihm zuhören und ihn verstehen. Seit Mersh fort war, scharrten die Hunde ungeduldig im Schnee. Matt verstaute die wenigen Habseligkeiten, die er auf seinem kleinen Schlitten hinter sich hergezogen hatte, auf dem neuen und machte sich unverzüglich auf den Weg. Als er den Wald verließ, sah er Mershs Spur. Sie führte nicht nach Süden, wie er erwartet und sogar ein wenig gehofft hatte, sondern nach Norden. Einen Moment lang war er versucht, Mersh zu folgen. Aber Mary wartete.

»Djee! Djee!«

Widerwillig bog Manouane nach Süden ab, auf die Piste, die nicht gespurt war.

»Gut so, meine Hunde.«

Zum Glück lag auf dem Plateau wenig Schnee. Die Hunde kamen auf der alten Spur gut voran, ohne allzutief einzusinken. Matt hatte vergessen, was er hinten auf einem Schlitten empfinden konnte. Die Landschaft zog vorbei, und ein Taumel erfaßte ihn.

»Meine Hunde, meine wunderbaren Hunde.«

Er hielt das Gespann an, ging von einem zum anderen,

kniete sich neben jedem nieder und nahm ihn in die Arme.

»Ihr habt mir gefehlt. Ihr habt mir ja so gefehlt.«

Mersh hatte sie gut versorgt. Sie waren in hervorragender Verfassung, mit kräftigen Muskeln unter einem dichten, glänzenden Fell. Die Geschirre, die er für sie gefertigt hatte, paßten wie angegossen. Mersh sprach wenig, gewiß, aber seine Taten machten sein Schweigen mehr als wett. Matt verglich ihn unwillkürlich mit den Männern, denen er in den großen Städten im Süden begegnet war. Sie nahmen gern den Mund voll, zeichneten sich im Bedarfsfall aber nicht gerade durch mutige Taten aus. Und das wenige, was sie taten, bauschten sie auch noch maßlos auf. Mersh war das genaue Gegenteil, und doch hätte Matt gern ein paar Kilo Fisch gegen ein paar Worte des Trostes getauscht. Er schämte sich ein wenig. Er war immer noch das Kind, das einen Vater suchte. Er dachte an seinen eigenen, der viel zu früh gestorben war. Plötzlich kam ihm ein Gedanke, der ihn erstaunte: Hatte Mersh Freunde? Vielleicht die Indianer?

Mersh hatte recht. Der Wind drehte nach Osten, und ein Hochdruckgebiet legte sich über das Land. Es war kalt, aber man spürte, daß der Winter sich seinem Ende zuneigte. Die Tage wurden länger, und die Kälte war nicht mehr so grimmig. Die Hunde liefen zügig, und Matt hatte keine Schwierigkeiten, sich zurechtzufinden. Manouane folgte der Spur, die geradewegs zu seiner Hütte führte. Fünf Tage später hatte er sie erreicht.

Als er sie aus der Ferne erblickte, unerschütterlich auf der kleinen Erhebung über dem See thronend, konnte er seine Tränen kaum zurückhalten. Die Hunde liefen von alleine schneller, doch eher aus Wut als aus Freude: In der offenen Tür war nämlich ein massiges braunes Tier aufgetaucht, das eilends das Weite suchte.

»Verdammte Schweinerei!«

Es war ein Vielfraß, der eine Fensterscheibe zerbrochen und von innen die Tür aufgedrückt hatte. Mit gesträubtem Fell und gefletschten Zähnen stürmten die Hunde näher. Sie bellten wie wild und zerrten an den Leinen, als Matt den kleinen Schlitten im Schnee festpflockte.

»Ruhig! Ganz ruhig!« mahnte er sie mehrere Male.

Aber es gelang ihm nicht, sie zu besänftigen. Er ging in die Hütte, um die Schäden zu begutachten. Innen war alles verwüstet. Von seinen Lebensmittelvorräten war kaum noch etwas da, doch das kümmerte ihn nicht oder nur wenig. Er war am Leben, und seine Hunde ebenfalls. Und morgen würde er bei Mary sein.

Er spannte die Hunde aus, dann ging er auf den See, hackte Löcher ins Eis und brachte sein Netz aus. Jetzt, da der Winter sich dem Ende zuneigte, wurden die Fische wieder aktiver, und Matt hoffte, einige fangen zu können. Er dachte an die Elchfährten, die er ein paar Schlittenstunden von der Hütte entfernt entdeckt hatte. Er beschloß, ihnen am nächsten Tag zu folgen, sofern ihm nicht genügend Fische ins Netz gingen. Dann räumte er die Hütte auf und spannte ein Tuch über den Rahmen des zerbrochenen Fensters. Schließlich zog er sich aus und untersuchte im Kerzenschein vor dem Ofen seine Wunden. Die meisten waren verheilt, und über den oberflächlichen Erfrierungen bildete sich neue Haut. Er würde die Nägel an seinen beiden erfrorenen Zehen verlieren, und er begriff, daß er unbedingt die kranke Haut bis zum ersten Gelenk entfernen mußte. Mit einer glühend gemachten Klinge ging er sofort ans Werk. Der Gestank nach verbranntem Fleisch verursachte ihm Brechreiz, aber er hielt durch und führte die Operation zu Ende. Danach desinfizierte er die Stellen. Auch das erledigte er mit Bravour.

Am nächsten Tag benötigte er über eine Stunde, um das schlecht auslegte Fischnetz einzuholen, das sich im Eis verfangen hatte. Er zerschnitt es. Es enthielt nur ein paar Forellen, die er gleich an die Hunde verfütterte. Bevor er nach Dawson fuhr, mußte er versuchen, die beiden Elche aufzuspüren, deren Fährten er gekreuzt hatte, auch wenn das Verlangen nach Mary sein ganzes Denken beherrschte. Widerstrebend machte er sich auf die Jagd. Zum Glück liefen die Hunde schnell wie der Wind und hatten bald den Erlenwald erreicht, wo er neue und ganz frische Spuren entdeckte. Kurz vor der Abenddämmerung holte er eine Elchkuh und ihr Kalb ein, aber in dem Augenblick, als er schießen wollte, flüchtete das Muttertier ins Unterholz. Das Junge wollte ihr nach, doch Matt tötete es im letzten Moment, bevor es ebenfalls verschwand. Es wog nur etwa hundert Kilo, aber immerhin!

In der Nacht kehrte Matt zurück. Das Wetter änderte sich mit dem Neumond, der am nachtschwarzen Himmel sein erstes Viertel zeigte. Morgen um diese Zeit würde er bei Mary in Dawson sein.

41

MIT BEINAHE KINDLICHER NAIVITÄT UND BEWUNDErung bestaunte Matt von der Tür aus die raffinierte Ausstattung des Hinterzimmers des *Monte-Carlo*, in dem sich Mary dem Vernehmen nach aufhielt. Es war ein großer, holzgetäfelter Raum mit bemalter Decke, in dem viele gutgekleidete Männer und ein paar Frauen tranken und tanzten. Dieser Saal war den Honoratioren der Stadt und ihren Gästen vorbehalten. Er hatte nichts mit den anderen Kneipen, Gasthäusern und Saloons gemein, in denen sich ein bunt zusammengewürfelter Haufen unterschiedlichster Individuen tummelte, die nur eine Gemeinsamkeit besaßen: das unmäßige Verlangen nach Alkohol und Glücksspiel.

Am Eingang kontrollierte ein kräftiger Kerl mit wachsamem Blick und finsterer Miene die Gäste. Er stellte sich Matt drohend in den Weg.

»Wo willst du denn hin, so wie du aussiehst?«

Mit vorgerecktem Kinn musterte der Kerl ihn verächtlich von Kopf bis Fuß. Erst jetzt wurde Matt sich seines Aufzugs bewußt. Er trug keine Schuhe, sondern Mokassins, kein Jackett, sondern eine Art Pelzmantel mit abgewetztem Leder. Hose und Hemd waren mit Fettflecken und eingetrocknetem Blut beschmiert und rochen nach Hund und dem Rauch der Lagerfeuer. Seine Haare waren zerzaust, und seine schmutzigen Hände von Narben,

Erfrierungen, Verbrennungen und Schnittwunden übersät. Er hatte schwarze, abgebrochene Nägel, die wie gestutzte Bärenkrallen aussahen.

»Matt!«

Sie hatte ihn entdeckt und kam mit strahlendem Lächeln auf ihn zu. In ihrem blauweißen Seidenkleid sah sie einfach hinreißend aus. Schmuck zierte ihren schlanken, anmutigen Hals. Sie war fröhlich, vielleicht ein wenig beschwipst, aber das stand ihr gut. Die ganze Schönheit ihres Gesichts sammelte sich in ihren leuchtenden dunkelblauen Augen, die ihn heiter und vergnügt anschauten.

Er starrte sie sprachlos an. Sie war so schön, und er sah aus wie ein Bettler. Sie duftete verführerisch, und er stank wie ein wildes Tier. Er schämte sich und hätte alles Gold der Welt dafür gegeben, sich in Luft auflösen zu können.

»He Matt! Komm in meine Arme!«

Sie umarmte ihn fröhlich.

»Du siehst so müde aus! Wie geht's dir, Matt? Wo hast du die ganze Zeit gesteckt? Los, komm!«

Sie zog ihn fort. Um sie herum lachten die Leute, als handele es sich um einen Scherz. In Dawson fehlte es an Zerstreuung, und dieses ungleiche Paar sorgte für Heiterkeit.

»Ich werde dich den anderen vorstellen.«

Er kam nicht dazu zu protestieren. Sie zog ihn zu einem Tisch, auf dem Champagnergläser und verschiedene Getränke standen. Etwa ein Dutzend elegant gekleideter Männer in makellos weißen Hemden und grauen, blauen oder schwarzen Flanellhosen saßen um ihn herum, einige hatten junge Damen auf dem Schoß. Alle betrachteten den Neuankömmling herablassend wie einen Tanzbären.

»Ihm habt ihr zu verdanken, daß ich hier bin«, sagte Mary.

Ein Mann mit schlaffen Wangen und kleinem Schmerbauch hob mechanisch sein Glas.

»Auf dich, Reisender! Du verdienst es, an unserem Tisch deinen Durst zu löschen, denn Mary ist der schönste Goldklumpen von ganz Dawson.«

»Er heißt Matt«, erklärte sie den anderen und bot ihm einen Stuhl an.

Matt nahm Platz und griff nach dem Glas, das man ihm reichte. Alle setzten ihre Unterhaltung fort. Hier war er ein Niemand, und das gab man ihm deutlich zu verstehen.

»Also, erzähl, was hast du die ganze Zeit gemacht?«

Eine Musikkapelle hatte eingesetzt und übertönte die Stimmen, deshalb rückte Mary näher an ihn heran.

»Mary, ich muß dir alles erzählen. Ich bin mit knapper Not einem schrecklichen Tod entgangen.«

Und er erzählte ihr alles, von Anfang an und ohne Unterbrechung. Doch je länger er sprach, desto mehr langweilte sich Mary. Immer häufiger schielte sie zur Kapelle und amüsierte sich über die Verrenkungen, die einer der Männer auf der Tanzfläche machte.

»Mary, hörst du mir überhaupt zu?«

Sie sah ihn freundlich, aber gelangweilt an.

»Sicher, ich höre dir zu, Matt. Aber wir sind hier, um uns zu vergnügen, um den Schnee, die Kälte und dieses Land voller Eisschollen zu vergessen. Verstehst du? Deine Hundegeschichten sind ja …«

»Aber ich wäre beinahe da draußen geblieben!«

»Ja, Matt, und ich freue mich, daß du es geschafft hast. Aber laß uns um Himmels willen heute abend von etwas anderem reden und nicht davon, was da draußen geschieht! Amüsier dich!«

Sie sah ihn fröhlich an.

»Warte, ich weiß, was du jetzt tust. Joe!«

Ein junger Mann mit breiten Schultern trat vor.

»Joe, bring bitte meinen Freund Matt nach oben und laß ihm ein heißes Bad ein. Er ist neulich im Eis eingebrochen. Er hat es dringend nötig.«

»Gern, Madam.«

Matt erhob sich mechanisch. Der ungewohnte Champagner zeigte seine Wirkung, am liebsten wäre er geflohen. Doch die Aussicht auf ein heißes Bad war sehr verlockend. Also folgte er dem jungen Mann in den ersten Stock. Rohrleitungen führten vom Heizraum direkt in diese luxuriösen Zimmer mit Bad und versorgten sie mit warmem Wasser.

»Hier sind Handtücher. Brauchen Sie sonst noch etwas?« fragte der junge Mann, während das Wasser einlief.

»Ich... Könnten Sie Mary bitten, zu mir zu kommen?«

»Das werde ich gern ausrichten, Sir, aber ich fürchte, Mary ist bereits... vergeben.«

Matt gab sich damit zufrieden. Er entkleidete sich, wartete, bis die Wanne vollgelaufen war, und ließ sich ins warme Wasser gleiten. Es war himmlisch. Er stieß einen langen Seufzer aus, schloß die Augen und genoß mit jeder Pore das wunderbare Bad. Während er entspannte, wurde ihm noch bewußter, wie groß die Qualen waren, die er erlitten hatte, und welchem Unheil er entronnen war. Er seifte sich von oben bis unten ein, ließ den Schwamm sanft über seine Haut gleiten und wusch sich die Haare. Zweimal wechselte er das Wasser, das schwarz geworden war. Er wußte nicht, wie lange er schon in der Wanne lag, jedenfalls so lange, daß Mary genug Zeit gehabt hätte, um zu ihm zu kommen. Doch er gab sich keiner großen Illusion hin.

Matt stieg aus der Wanne und betrachtete angewidert seine verdreckten Kleider. Wie hatte er nur so schmutzig herumlaufen können? Aber er hatte keine anderen. Nun, da er frisch gebadet war, wäre er am liebsten in eine andere Haut geschlüpft und in einen schönen Anzug. Wie gern hätte er einen sauberen, weichen Stoff auf der Haut gespürt.

Ja, er wollte sich gut anziehen, Wein bestellen, Mary in die Arme nehmen und Kälte und Schneestürme vergessen. Mary hatte recht. Seine Geschichten von Eis und Blizzards hatten hier nichts verloren!

Er war kein Elchjäger, und er war auch kein verrückter Musher wie Mersh. Er hatte sich etwas vorgemacht, als er hierherkam, und schon zuviel Zeit vergeudet. Worauf wartete er noch? Wann nahm er sein Leben endlich in die Hand?

Diese Männer um Mary hatten eines gemeinsam: Sie waren erfolgreich, und das mußte er anerkennen. Hieß es nicht, daß dieser Ladue, den er an Marys Tisch gesehen hatte, einer der ersten war, die an den Klondike geglaubt hatten? Hatte er nicht zu denen gehört, die mehr als zehn Jahre in dieser Gegend nach Gold gesucht hatten? Er war erfolgreich und hatte Mary verdient. Was war er gegen ihn? Ein armer Schlucker, ein mitleiderregender Schmutzfink.

Er zog sich wieder an und fluchte dabei auf seine dreckstarrenden, stinkenden Sachen. Dann stieg er die Treppe hinunter. Er wollte Mary nicht wiedersehen. Sie war nicht nach oben gekommen. Er schwor sich wiederzukommen. Aber dann als gemachter Mann. Er würde das schönste Zimmer der Stadt mieten und Mary einen ganzen Monat lang für sich allein reservieren. Danach würde sie ihn nie mehr verlassen. Sie hatte eine Schwäche für ihn. Ihm fehlte nur noch eines: Gold.

42

GOLD.

Dieses Zauberwort trugen alle auf den Lippen, die immer noch in großer Zahl nach Dawson kamen. Doch seit Dawson eine Stadt geworden war, meinte man damit weniger das gelbe Metall als vielmehr Lebensmittel. Eine schreckliche Hungersnot wütete. Die AC Company unternahm zwar größte Anstrengungen, um ihre Lieferungen zu beschleunigen. Aber immer noch strömten die Goldsucher schneller nach Dawson, als Lebensmittel von der Beringstraße aus mit Hunde- oder Pferdeschlitten herbeigeschafft werden konnten. Alarmiert von der Schreckensnachricht organisierte die Regierung der Vereinigten Staaten eine breit angelegte Hilfsaktion und stellte Rentierschlitten zur Verfügung. Doch wie alle derartigen Expeditionen blieb auch diese irgendwo im Eis und in den Schneestürmen stecken.

In Dawson wurden die wenigen Säcke Mehl zu Wucherpreisen verkauft. Nachdem die Stadt mit über vierzigtausend Einwohnern einen Spitzenwert erreicht hatte, begannen nun die Abwanderungen. Da das Ende des Winters nahte und die Temperaturen milder wurden, versuchten manche, auf dem Landweg in die Zivilisation zurückzukehren. Doch die meisten warteten auf die Eisschmelze und die Dampfer, die mit Lebensmitteln beladen zu Dutzenden den Fluß herauf- und dann mit Passagieren wieder hinunterfahren würden. Als erste sollten sie Skorbutkranke, Frauen und Kinder sowie einige alte Männer an Bord nehmen. Die Polizei hatte eine Liste mit den Personen zusammengestellt, denen eine Art Vorzugsrecht eingeräumt wurde, oft aufgrund gefälschter Bescheinigungen.

Ein endloser Strom von Goldsuchern würde in die Zivilisation zurückkehren, darunter auch die wenigen Glückspilze, die über die Presse das Goldfieber wieder entfachen würden. Und Tausende, die es im vergangenen Sommer nicht bis zum Yukon geschafft hatten, würden sich erneut auf den Weg machen.

In jenem Frühjahr 1898 wurde der Klondike zum Schauplatz spektakulärer Abenteuer. Da war zum Beispiel dieser Ire, der mit dem Fahrrad die Beringstraße erreichte, indem er auf dem zugefrorenen Yukon von Dawson nach Nome fuhr. Andere vollbrachten zu Fuß unglaubliche Leistungen. Nie wird man jedoch die genaue Zahl derer erfahren, die bei diesen gefährlichen Abenteuern ihr Leben ließen.

Im Augenblick war die Stadt Dawson am Zusammenfluß von Yukon und Klondike immer noch im Wachsen begriffen. Tausende von Zelten erstreckten sich bis zu den Hügeln, die Zahl der Massivbauten stieg ständig, und immer neue Hotels und Saloons eröffneten. Am Stadtrand erhoben sich seltsame Behausungen. Manche waren aus Booten gezimmert. Man zersägte das Boot in der Mitte, stellte eine Hälfte senkrecht auf, legte die andere wie ein Dach darüber und nagelte die Öffnungen vorn und an den Seiten mit Brettern zu. Diese Konstruktion erinnerte an ein spitz zulaufendes Faß oder an eine Granate, und ihr Erfinder nannte sie »Boat House«.

Und all diese enttäuschten, ausgehungerten und entmutigten Männer, die wegen Vitaminmangels häufig an

Skorbut litten, irrten durch die Straßen und suchten nach kleinen Gelegenheitsarbeiten, mit denen kaum die Hälfte von dem zu verdienen war, was eine warme Mahlzeit kostete. Matt hatte keine Schwierigkeiten, sein Fleisch zu verkaufen. Er erhielt sogar das Doppelte des Preises, den er sich erhofft hatte. »Das ist das Gold, das ich suchen muß«, sagte er sich.

Der Winter würde sich noch einige Wochen hinziehen, und diese Zeit mußte er nutzen. Bald setzte die Schneeschmelze ein, dann konnte er nicht mehr mit den Hunden auf Elchjagd gehen. Vielleicht gelang es ihm bis dahin noch, ein paar große Bullen zu erlegen. Das Fleisch würde ihm ein Vermögen einbringen. Und dann könnte er sich alles kaufen, was ein richtiger Goldgräber brauchte. Denn je länger er darüber nachdachte, desto mehr war er davon überzeugt, daß sich immer noch Gold im gefrorenen Boden verbarg, und er wollte zu denen gehören, die einen »neuen Klondike« entdeckten. Er wußte inzwischen genug über das Goldschürfen und die Abbautechniken, um an diese Voraussage der alten »Yukoner« zu glauben, die behaupteten, daß in der Region noch sehr viel Gold zu finden sei. Er, Matt, würde sich auf die Suche nach dem anderen Klondike machen. Wenn nötig, würde er alle Täler Alaskas umgraben, aber er würde ganz bestimmt eine Goldader entdecken. Und dann würde er Mary mit Gold überhäufen.

Matt hielt es nicht länger in der Stadt. Er kaufte sich ein paar Stiefel und warf seine alten weg, die er vergeblich zu reparieren versucht hatte. Dann suchte er einen Arzt auf und ließ seine Füße untersuchen. »Die Wunden sehen gut aus«, beruhigte ihn der Arzt. »Und deine Füße sind wieder gut durchblutet. Du hast Glück gehabt!«

Noch am selben Nachmittag holte er seine Hunde. Er

hatte sie wie immer bei seinem Freund gelassen, der das Sägewerk am Ortseingang bewachte. Dann fuhr er wieder den Klondike hinauf, an dem Tausende die Erde durchwühlten. Matt freute sich unbändig, als er seine Oase des Friedens wiedersah, seine Hütte und den See, dem der Wasserfall eine Heiterkeit verlieh, die den meisten winterstarren Orten fehlte. Der Alkohol, Marys Nähe und der Trubel der Stadt hatten ihm einen Moment lang die Sinne vernebelt, aber hier geriet alles wieder ins Lot. Hätte er Mary dazu überreden können, mit ihm hierherzufahren, sie hätte ihn verstanden. Wenn er erst einmal reich war, würde er sie auf die vereisten Pisten mitnehmen, und an einem strahlend schönen Wintertag wie heute würde Mary diese einsame Schneelandschaft mit anderen Augen sehen. Davon war er fest überzeugt.

Mit dem Geld für das Fleisch hatte er sich Munition und einen Sack Mehl gekauft, obwohl er gern zwei oder drei gehabt hätte. Doch bei drei Dollar das Pfund wäre ihm kein Geld mehr für die Kerzen, das Seil, den Stoff und die anderen Dinge geblieben, die er dringend brauchte.

Er verlor keine Zeit. Am nächsten Morgen sammelte er die Hasen ein, die sich in seinen Schlingen gefangen hatten, und fütterte damit die Hunde. Dann begab er sich wieder auf die Piste nach Norden, die der Wind stellenweise wieder zugeweht hatte. Doch Manouane war der Aufgabe gewachsen. Yukon, der den Verlust seines Freundes Cloke einigermaßen verwunden hatte, zog wie der Teufel. Matt wußte inzwischen, welche Paare gut zusammenarbeiteten: Gold und Chinook sowie Dyea und Skagway, die Unzertrennlichen. Er spannte Yukon und Blacky nebeneinander an, aber die beiden vertrugen sich überhaupt nicht. Sie rauften, fletschten die Zähne und knurrten sich ständig an. Matt hoffte, ihre gegenseitige Abneigung würde sich mit der Zeit legen, doch es wurde noch schlimmer. Er wußte nicht, was er tun sollte. Sollte er eingreifen? Wenn er Schlingen auslegte oder eine Fährte verfolgte, ließ er die beiden des öfteren allein. Und jedesmal hoffte er, daß sie sich während seiner Abwesenheit nicht an die Gurgel gingen. Er hätte unmöglich vorhersagen können, welcher der beiden Hunde gewinnen würde. Gewiß, Blacky war ruhig, zurückhaltend und sogar ein wenig tolpatschig. Er schien dem lebhaften, ungestümen Yukon unterlegen, aber er war kräftig und würde diesen Vorteil zu nutzen wissen.

Matt hatte alles versucht. Er hatte sogar die Zugleine verlängert, damit Yukon an der Spitze neben Manouane laufen konnte. Aber Yukon war unfähig, an diesem Platz zu ziehen, und bremste das ganze Gespann. Als Matt umgekehrt Blacky an die Spitze stellte, gebärdete sich Chinook wie ein Wilder und brachte das Gespann durcheinander. Matt kam nicht dahinter, warum. Also kehrte er zur ursprünglichen Anordnung zurück und behielt die Streithähne im Auge. Aber der schwelende Konflikt und die Rivalität zwischen den beiden machte die ganze Meute unruhig.

Am Abend erreichte Matt das Gebiet, in dem er jagen wollte, eine ausgedehnte Sumpflandschaft mit vielen Seen, Inseln und Bächen, die sich bis zu den Bergen erstreckte. Er setzte wie üblich den Schneeanker und machte mit dem Holz, das er unterwegs gesammelt hatte, ein Feuer. Er brachte Eis zum Schmelzen, und dann erst spannte er das Drahtseil, an dem er die Hunde immer festband. Er nahm ihnen paarweise die Geschirre ab, führte sie zum Seil und band sie fest. Zuletzt schirrte er Blacky und Yukon aus, und als er sie zum Seil führen wollte, stolperte er. Kaum lag er am Boden, gingen die beiden Hunde aufeinander los. Er warf sich sofort dazwischen, doch einer der Hunde erwischte seine Hand. Brüllend zog Matt die Hand aus dem tobenden Knäuel aus

Fell und Zähnen. Die Hunde verbissen sich ineinander und schlugen sich gegenseitig Fleischwunden.

Die Fangzähne hatten sich in Matts Finger gegraben und die Handfläche aufgeschlitzt. Er bewegte die Finger. Einer war zweifelsohne gebrochen. Er legte Schnee auf die Wunde, um die Blutung zu stillen und den Schmerz zu lindern. Unterdessen kämpften die beiden Hunde weiter wie Löwen und wirbelten bei ihren wilden Attakken den Schnee um sich herum auf. Matt konnte sie nur noch gewähren lassen. Sie zu trennen war unmöglich. Seit langem hatte er gespürt, daß diese Auseinandersetzung unausweichlich war. Ein Eingreifen seinerseits hätte das Duell nur hinausgeschoben.

Das Blut der kämpfenden Hunde färbte den Schnee rot. Sie gingen immer wieder aufeinander los, und der Rest der Meute sah verstört zu. Nur Chinook bellte wie ein Wahnsinniger und zerrte so heftig an seiner Leine, daß sie zu zerreißen drohte. Matt preßte die verletzte Hand an seine Jacke, ging zu seinem Leithund und beruhigte ihn.

Der Kampf tobte weiter, bis Blacky Yukon plötzlich mit einem gewaltigen Satz zu Boden warf und an der Kehle packte. Yukon gab ein wütendes und verzweifeltes Röcheln von sich, doch Blacky ließ seine Kehle nicht los und drohte ihn zu erwürgen. Als Blacky seinen Biß für einen Moment lockerte, wollte Matt dazwischengehen. Yukon lag auf dem Rücken und knurrte, rührte sich aber nicht mehr. Blacky, dessen Schnauze blutig war, fletschte die Zähne und knurrte ununterbrochen drohend weiter. In dieser Position verharrten sie eine halbe Ewigkeit, angespannt wie die Sehne eines Bogens. Sogar Chinook, der bis dahin getobt hatte, war verstummt. Er erkannte wohl die Gefährlichkeit der Lage.

Dann tat Blacky, als würde er sich entfernen, beobachtete seinen Gegner jedoch aus dem Augenwinkel. Yukon blieb auf dem Rücken liegen und wagte nicht, sich zu rühren. Ein Zeichen dafür, daß er Blacky als Sieger anerkannt hatte. Matt mischte sich nicht ein, sondern war froh, daß der Kampf auf diese Weise zu Ende ging, denn er war auf das Schlimmste gefaßt gewesen. Obwohl Blut geflossen war und die Hunde tiefe Wunden hatten, würde er seine Schneeschuhe anlegen und jagen gehen. Zu diesem Zweck war er schließlich hier. Die Hunde würden sich ausruhen können und genug Zeit haben, ihre Verletzungen ausheilen zu lassen.

Blacky und Yukon leckten ihre Wunden. Matt untersuchte sie gründlich und nähte die tieferen. Zum Glück war nichts Lebenswichtiges verletzt. Doch so war das Leben in einer Hundemeute. Die Rangordnung spielte eine entscheidende Rolle. Und Matt kannte sie jetzt: Chinook war unangefochten der Chef, dann kam Skagway. Blacky hatte sich gerade den dritten Rang erobert. Ihm folgten Yukon und schließlich Dyea, der verspielte Hund ohne Ehrgeiz, der sich mit seinem letzten Platz offenbar gern zufrieden gab. Gold war selbstverständlich die dominante Hündin, was ihre Tochter Manouane freiwillig akzeptierte, weil sie voll und ganz in ihrer Aufgabe als Leithündin aufging.

Eine prachtvolle Meute.

43

DAS GLÜCK.

Matt hatte nie daran geglaubt. Doch als er die Fährte der drei großen Elche entdeckte, dankte er der Vorsehung. Er hatte nur zwei Tage gebraucht, bis er knapp zehn Kilometer von seinem Lager entfernt auf ihre Spur stieß, die durch einen Bach zwischen zwei Seen führte. Die Fährte war mehrere Tage alt. Da es inzwischen weder geschneit noch gestürmt hatte, konnte er sie mühelos verfolgen. Das tat er bis zum Einbruch der Dunkelheit, ohne jedoch frischere Spuren zu finden. Es beunruhigte ihn, daß die Elche immer geradeaus liefen, als wanderten sie von einem Ort zum nächsten. Da der Winter bald vorüber war, vermutete Matt, daß sie ihr Winterquartier verließen. Er war unschlüssig, wie er vorgehen sollte. Sollte er nicht die Hunde anspannen und versuchen, sie einzuholen?

Am nächsten Morgen fühlte er sich in seiner Entscheidung bestätigt. Der Himmel war schneeweiß. Es würde schneien, und er mußte die Elche so schnell wie möglich einholen, sonst riskierte er, ihre Spur zu verlieren. In den drei Tagen Pause hatten sich Blackys und Yukons Wunden geschlossen. Auch wenn die beiden noch hinkten, konnte Matt sie wieder anspannen.

Er ließ die Meute seiner eigenen Spur folgen, die zehn Kilometer weiter auf die Fährten der Elche stieß. Die

Hunde legten ein flottes Tempo vor, obwohl die Temperatur mit wenigen Graden unter Null viel zu mild für sie war, da sie noch ihr warmes, dichtes Winterfell besaßen. Blacky und Yukon waren jetzt friedlich und zogen einträchtig.

Als sie die Fährten der Elche erreichten, wedelten die Hunde aufgeregt mit den Schwänzen und bekundeten ihre Begeisterung. Im selben Moment hatte Manouane begriffen, was von ihr erwartet wurde. Sie bemühte sich, den Spuren zu folgen. Doch die Elche kamen hier besser voran als ein Schlitten. Dort, wo der Schlitten im Gestrüpp hängenblieb und die Zugleinen sich verhedderten, trabten Elche einfach weiter und trampelten alles nieder, was ihnen im Weg stand. Einige Kilometer später und nach zahlreichen Stürzen hielt Matt an. So klappte es nicht. Er legte die Schneeschuhe an und ging vor dem Schlitten her. Dabei bemühte er sich, so gut es ging auf der Spur zu bleiben, aber gefährliche Passagen zu meiden und Hindernisse wie Bäche und Abhänge zu umgehen. Manouane brauchte eine Weile, bis sie verstand, daß sie Matt folgen sollte und nicht diesen Hufabdrücken, die so gut nach Wild rochen und neben denen gelegentlich Kotkugeln lagen, in die sie beißen konnte. Doch Manouane versuchte immer, alles richtig zu machen und zu beweisen, daß sie den Platz, den sie so stolz beanspruchte, auch verdiente. Mehr als jeder andere Hund bemühte sie sich zu begreifen, was von ihr erwartet wurde.

Hinter Manouane herrschte Chinook. Er zwang den anderen seinen Willen auf und wies jeden, der es an Eifer fehlen ließ, scharf zurecht. Ein Knurren hier, ein Zähnefletschen dort – der Chef der Meute duldete keine Nachlässigkeit.

Wenn die Fährte der Elche über einen kleinen See, durch einen lichten Wald führte oder dem Lauf eines gefrorenen Bachs folgte, schnallte Matt die Schneeschuhe ab und stellte sich hinten auf den Schlitten. Dort blieb er den ganzen Nachmittag, denn die Elche hatten das Sumpfgebiet verlassen und durchquerten ein breites, kaum bewaldetes Tal. Matt konnte ihnen mühelos folgen. Der Himmel, der am Vormittag noch bedeckt gewesen war und Schneefall verheißen hatte, klarte auf. Eine strahlende Frühlingssonne tauchte das Tal in ein warmes, helles Licht. In diesem Moment begriff Matt, daß er dem Winter erfolgreich getrotzt hatte. Gewiß, er war ihm mehrmals in die Falle gegangen, aber er war am Leben. Und das erfüllte ihn mit Stolz.

Er hielt auf einer Anhöhe, die den zugefrorenen Fluß überragte. Die Elche waren dem Flußlauf gefolgt und hatten an den Erlen auf den Böschungen geknabbert. Matt schaute seinen Hunden zu, die sich in der warmen Sonne rekelten und vor Wonne blinzelten. Er besah sich auch die Hufabdrücke der drei Elche, denen er nach dem Leben trachtete, und er dachte darüber nach, welch enge Beziehung die Jagd zwischen dem Menschen und dem verfolgten Tier herstellte.

Die Hunde waren gerade eingeschlafen, als Matt in der Ferne einen Fuchs den Fluß überqueren sah. Wenig später sah er weiße Flügel flattern. Eine Schar Schneehühner erhob sich in die Luft. Auch der Fuchs war auf der Jagd. Als Jäger unter Jägern fühlte sich Matt im Einklang mit seiner Umgebung, und das verschaffte ihm ein Gefühl des Wohlbehagens, das den Genuß eines heißen Bads bei weitem übertraf. Das ganze Land umfing ihn, und mit dem Hundeschlitten, der ihm als Fortbewegungsmittel diente, war er eins mit der Natur.

Am Ende des Tages, als sich die Sonne dem Horizont näherte und die Temperatur sank, nahm er die Spur wieder auf. Der Schnee war schwer, und an manchen Stellen quoll Wasser aus dem Eis. Als er die Rufe der Gänse am

Himmel hörte, wurde ihm vollends klar, daß der Frühling vor der Tür stand. Er würde alles wieder zum Leben erwecken, Flüsse und Bäume, Vögel und Blumen.

Ebenso klar war Matt, daß er die Elche einholen mußte, bevor das Eis der Seen und Flüsse aufbrach. Daher fuhr er bis tief in die Nacht hinein und machte erst halt, als die Fährten in einen Wald führten. Das Mondlicht war nicht hell genug, um sie weiterzuverfolgen.

Stunden später nahm er im Morgengrauen die Verfolgung wieder auf. Er wußte, daß die Jagd im Lauf des Tages in ihre entscheidende Phase treten würde. Er durchquerte den Wald bis zum Fuß der Berge. Dann folgte er einem kleinen, unvollständig zugefrorenen Bach, den die Elche mehrmals überquert hatten. Hinter einer großen Schleife führte die Fährte zum Fluß zurück, der viel weiter im Norden lag.

Dort erwartete ihn eine große Überraschung. Eine andere Spur stieß auf die Fährte der Elche! Die Spur eines Hundeschlittens. Wer lenkte ihn? Ein Indianer oder einer der Hundeführer, denen er in Dawson begegnet war? Oder sogar Mersh? Eines stand jedenfalls fest: Der Mann verfolgte die Elche. Matt war bestürzt. Seit vier Tagen war er hinter den Tieren her, und jetzt, da er ihnen so dicht auf den Fersen war, machte ihm jemand die Beute streitig. Er war wütend.

Die Hunde freuten sich über die harte, ausgefahrene Piste und liefen sofort schneller. »Ich werde ihn einholen, bevor es zu spät ist. Vielleicht«, so überlegte Matt, »können wir uns zusammentun. Der eine postiert sich irgendwo, und der andere pirscht sich an sie heran. Und dann teilen wir.« Daheim in den Bergen von Wyoming jagte man auf diese Weise Hirsche. Zu mehreren, und anschließend teilte man sich die Beute.

Matt kümmerte sich nicht mehr um die Fährten der Elche. Er folgte nur noch der Schlittenspur. Sie führte durch ein kleines Tal, das sich verengte und auf ein Plateau führte, auf dem vereinzelte Tannen wuchsen. Matt überquerte es bei Nacht. Er fand keinen Anhaltspunkt, der ihm verriet, wie groß der Vorsprung des anderen Schlittens war. Da die Hunde langsam ermüdeten und Blacky immer stärker hinkte, schlug er ein Lager auf, bevor es in ein weiteres Tal hinabging. Das Tal öffnete sich zu einem großen Sumpfgebiet, an dessen Rand Matt das silberne Band eines Flusses ausmachen konnte. Er streichelte die Hunde und entschuldigte sich dafür, daß er kein Futter für sie hatte. Er mußte den anderen Schlitten unter allen Umständen einholen.

Am nächsten Tag brach er noch bei Dunkelheit auf. Als er drei Stunden später die Talsohle erreichte, stieß er auf die Überreste eines Lagers – eine Schlafstelle aus Tannenzweigen neben der Asche eines Feuers. Der Mann hatte höchstens zwei bis drei Stunden Vorsprung. Er war dem Flußlauf bis zu mehreren Inseln gefolgt, hatte auf einer seine Hunde zurückgelassen und die Verfolgung der Elche mit Schneeschuhen fortgesetzt. Dann war er zurückgekommen und hatte die Hunde geholt. Das machte Matt neugierig. Von hier führten mehrere Spuren weg. Matt folgte einer, die zu einer kleinen Anhöhe führte. Von dort konnte man den Fluß und die Inseln überblikken. Daraus schloß er, daß der Mann die Umgebung abgesucht und die Elche entdeckt hatte. Matt kehrte zum Ausgangspunkt zurück und folgte einer anderen Spur. Er brauchte nicht weit zu gehen. Die Spur führte ihn zu einer Stelle zwischen zwei Inseln, wo der Mann zwei Elche erlegt hatte!

44

»EINER HÄTTE MIR GENÜGT, ABER ICH HABE NOCH einen für dich getötet«, war in den Schnee geschrieben, und die Unterschrift lautete: *Mersh*.

»Scheiße und nochmals Scheiße!«

Eine unbeschreibliche Wut packte Matt. Er trat so heftig in den Schnee, daß er hoch aufwirbelte. Die Hunde waren von allein an der Stelle stehengeblieben, wo Mersh den ersten Elch zerlegt hatte, und stritten sich um die Eingeweide, die noch im Gerippe dampften.

Mersh hatte das gesamte Fleisch und einen Großteil der Haut mitgenommen. Der zweite war bis auf die Zunge, die er an der Wurzel abgeschnitten hatte, noch vollständig.

»Einer hätte mir genügt?«

Matt war so außer sich, daß die Hunde zurückwichen, so verlockend der Pansen auch roch, den sie gerade herausgerissen und schon zur Hälfte verschlungen hatten. Yukon wollte mit einem Stück Gedärm verschwinden, doch die Zugleine hinderte ihn daran. Chinook stürzte sich auf ihn, und Matt brüllte und versetzte den ungehorsamen Hunden Fußtritte. Es kostete ihn fünf Minuten, die Leinen zu entwirren und das Gespann halbwegs wieder auszurichten. Dann fuhr er zu der Insel, von der aus Mersh vermutlich gefeuert hatte, und band die Hunde fest. Er überlegte. Mersh mußte in der Nacht aufgebrochen sein. Er hatte mindestens zwei Stunden gebraucht, um den Elch zu zerlegen. Er hatte ihn nur knapp verfehlt. Er fragte sich nicht, warum Mersh vor seinem Eintreffen das Weite gesucht hatte. Mersh war eben so, ein einsamer Wolf, nirgends und doch überall. Er war auf die Anhöhe gestiegen, um sich zu orientieren, hatte Matt so viel dagelassen, wie er für sich und seine Hunde brauchte, aber nicht mehr, und war dann weitergefahren, nachdem er eine Botschaft in den Schnee geschrieben hatte.

»Einer hätte mir genügt!«

Matt verstand die Kritik, die in dieser Botschaft steckte. Er selbst hätte zwei, sogar alle drei Elche getötet, wenn er die Gelegenheit gehabt hätte. Mersh nicht. Und genau das wollte ihm der Alte mitteilen.

»Aber mit welchem Recht? Mit welchem Recht?«

Er verfluchte dieses Phantom, das ihn verspottete. Gut, er hatte ihm das Leben gerettet, aber das gab ihm noch lange nicht das Recht, ihn zu belehren. Einen Moment lang war Matt versucht, anzuspannen und Mersh zu verfolgen. Mersh hatte höchstens eine Stunde Vorsprung, und er war davon überzeugt, daß er ihn einholen würde. Aber das hieße, das schöne Fleisch den wilden Tieren zu überlassen. Das brachte er nicht fertig, so groß sein Verlangen auch war, Mersh gehörig die Meinung zu sagen.

Von dem Fleisch konnte er sich und die Hunde einige Zeit ernähren, und obendrein konnte er einen Teil verkaufen und ein paar hundert Dollar dafür kassieren. Der Elch war riesig und wog mindestens achthundert Pfund. Das waren mehr als vierhundert Pfund gutes Fleisch, das er zerlegen und trocknen konnte. Matt konnte nicht umhin, den alten Mann zu bewundern, dem es gelungen war, zwei der Tiere zu erlegen. Keinen Augenblick hätte er vermutet, daß der Alte nicht allein gewesen war. Aber auf der Insel, von der aus Mersh geschossen hatte, entdeckte er neben dessen Stiefelabdrücken die Spuren zweier kleiner Mokassins.

»Auch das noch!«, entfuhr es Matt, der über den Klang seiner eigenen Stimme erschrak. Mersh war nicht allein! Deshalb war er so schnell gewesen. Deshalb hatte er so schell verschwinden können. Sein Begleiter hatte nach Matt Ausschau gehalten, während Mersh das Tier zerlegte. Aber woher wußten sie, daß er ihnen folgte? Hatten sie gestern abend seine Hunde bellen gehört? Matt bezweifelte es. Er selbst hatte ja nicht einmal die Schüsse gehört. Und warum hatten sie nicht auf ihn gewartet?

Die Mokassins ließen vermuten, daß Mershs Begleiter ein junger Indianer war oder eine Indianerin, in Anbetracht der zierlichen Abdrücke. Hatte Mersh eine Frau oder eine Gefährtin?

All diese Fragen gingen Matt durch den Kopf, während er das Fleisch in Streifen schnitt und am Flußufer über einem Feuer aus einer Mischung von trockenem und grünem Holz räucherte.

Am Abend überließ er den Hunden die Innereien und die beiden Gerippe. Sie konnten sie nicht völlig blank fressen, da noch sehr viel Fleisch an den Knochen hing. Matt blieb noch den ganzen nächsten Tag an der Stelle, damit die Hunde die letzten Reste vertilgen konnten. So vollgefressen, wie sie waren, hätten sie ohnehin nicht laufen können. Mit prallen Bäuchen aalten sie sich in der Sonne, und Matt tat es ihnen nach. Auf der Elchhaut liegend, verschlief er einen guten Teil des Nachmittags. Von Zeit zu Zeit öffnete er die Augen, blickte zum Himmel und beobachtete die langsam vorbeiziehenden Wolken. Er genoß die Stille, die hin und wieder von den Rufen der Wildgänse unterbrochen wurde. Er konnte sie nicht sehen, doch sie erinnerten ihn daran, daß er so schnell wie möglich zu seiner Hütte zurückkehren mußte.

In der Nacht brach er auf. Die Hunde kamen nur schwer in Gang, und ständig mußte einer kacken. Nur mit Mühe fielen sie wieder in Trab, aber ohne jede Begeisterung. Nach ein paar Kilometern waren ihre Muskeln wieder locker, und sie schlugen das gewohnte Tempo an, glücklich, durch die kalte Nacht rennen zu können. Die Kufen pfiffen, und die vereiste Piste knirschte wie berstendes Glas.

Selten hatte Matt sich so wohl gefühlt, und er staunte darüber, wieviel Vergnügen ihm diese nächtliche Fahrt im goldenen Mondlicht bereitete. Er flog wie schwerelos über den Schnee dahin, ein Hund unter Hunden, ein Wolf unter Wölfen. Ihr Atem vermischte sich mit seinem. Sie wurden von derselben Kraft getrieben, teilten dasselbe Vergnügen, durch die endlosen weißen Weiten zu ziehen, frei, so frei.

45

DER JÄH HEREINBRECHENDE FRÜHLING UND DER strahlende Sonnenschein ließen Myriaden von Stechmücken schlüpfen. Innerhalb weniger Tage verschwand das Weiß, und die Landschaft wurde grün. Grün leuchteten Bergwiesen und Wälder. Überall erwachte die Natur. Die Vögel zwitscherten von früh bis spät. Das Eis auf den Flüssen brach, und sie erwachten zu neuem Leben wie ein Tier, das sich nach langem Schlaf knurrend und zähneknirschend rekelt und streckt.

Auf dem Yukon, der vor allen anderen Flüssen eisfrei war, hörte man schon von weitem die Schiffsglocken der Kähne und Dampfer, dann das rhythmische Stampfen der Maschinen und das Klappern der Schaufelräder.

Nach einem langen Winter erfüllte wieder Leben die Straßen, und die Menschen strömten zu den Kais, um an Bord der ersten Schiffe zu gehen. Zurück blieben nur diejenigen, die in den Minen arbeiteten oder auf dem Friedhof von Dawson lagen, und das waren viele. Gering war die Zahl derer, die die Hoffnung, Gold zu finden, noch nicht aufgegeben hatten. Denn hier und dort wurde tatsächlich noch welches gefunden, wenn auch nur in kleinen Mengen. Doch das genügte, um die Hoffnung wachzuhalten, daß es irgendwo einen zweiten Klondike gab. Diese Leute waren zumeist alte Yukoner, sie wollten nicht in den Süden zurückkehren, denn sie fühlten sich dem

Norden verbunden. Sie wollten weiter nach Gold suchen. Ausgestattet mit Schaufel, Hacke und Goldwaschpfanne machten sich diese Männer auf die Goldsuche. Doch es waren wenige, gemessen an den endlosen Weiten, die es zu erkunden galt.

Matt war einer von ihnen. Vom Geld für das Elchfleisch hatte er zwei Pferde gekauft. Er war zuversichtlich, unerschrocken und hatte einen unbeugsamen Willen. Vom Goldschürfen verstand er nicht viel. Aber hieß es nicht, daß gerade die Unerfahrensten häufig auf Gold stießen? Der Klondike war das beste Beispiel. Alle alten Yukoner waren irgendwann einmal an ihm vorbeigekommen. Doch keiner hatte auch nur in Erwägung gezogen, diesen Nebenfluß zu erkunden, denn er sah ihnen wirklich nicht danach aus, als wäre dort Gold zu finden.

Matt blieb nur einen Tag in Dawson. Gerade so lange, wie er brauchte, um sein Fleisch zu verkaufen und sich alles Nötige zu besorgen. Er versuchte gar nicht erst, Mary wiederzusehen, erkundigte sich jedoch nach ihr. Dem Vernehmen nach wollte sie so lange bleiben, wie die Minen in Betrieb waren, und sie war immer noch häufig mit dem reichen Ladue zusammen.

Über Mersh konnte er nichts Neues in Erfahrung bringen. Er hatte sich lange nicht mehr in Dawson blicken lassen, und niemand wußte, wer die Person war, die ihn begleitete. »Er lebt irgendwo in den Bergen im Norden. Er ist ein komischer Kauz, ein wortkarger Einzelgänger, der nur selten in die Stadt kommt.«

Matt kehrte zu seiner Hütte zurück und bereitete sich auf eine lange Expedition vor. Er hatte Packtaschen für die Hunde genäht, die einen Teil des Proviants und der Ausrüstung tragen sollten. Da er jetzt Pferde hatte, war das eigentlich nicht nötig. Doch was hätte er den Sommer über mit den Hunden anstellen sollen? Also nahm er sie mit. Sie würden ihn warnen, wenn sich nachts ein Bär näherte. Außerdem konnte er sich nicht mehr vorstellen, ohne sie zu leben. Sie waren seine Freunde, seine Vertrauten, seine Familie.

In den ersten Tagen belud er ihre Packtaschen mit Steinen, damit sie üben konnten, denn sie stießen sich an Bäumen und blieben im Gestrüpp hängen. Allmählich gewöhnten sie sich an die Taschen, und Matt konnte ihnen das eigentliche Gepäck auf den Rücken schnallen.

Er zog nach Norden, erkundete hier und dort einige Bäche, ohne jedoch das kleinste Goldkörnchen zu entdecken. Allerdings rechnete er auch nicht ernsthaft damit, so nahe an Dawson fündig zu werden. Er vermutete, daß es schon andere vor ihm probiert hatten. Lange Zeit begegnete er keiner Menschenseele, obwohl er sich langsam dem Indianerdorf näherte.

Die beiden Pferde, die ihm sein Freund aus dem Sägewerk vermittelt hatte, waren trittsicher. Sie waren nicht mehr ganz jung, aber Matt hatte es auch nicht eilig. Er brach im Morgengrauen auf, ritt drei Stunden, legte eine kleine Pause ein und ritt noch mal zwei Stunden. Dann errichtete er sein Zelt, denn es regnete häufig. Er sah sich in der Umgebung um, jagte oder fischte. Er erkundete alle Flüsse und Bäche, an denen er vorüberkam, mit seiner Goldpfanne, einem großen Metallteller mit hohem Rand. Beim Goldwaschen füllte man die Pfanne mit Schlamm und Wasser und schwenkte sie mit kreiselnden Bewegungen. Neigte man die Pfanne leicht nach unten, wurden die Erdkrumen und Mineralkörner mit geringem spezifischem Gewicht, die sich an der Oberfläche angesammelt hatten, über den Rand gespült. Je weniger Schlamm in der Pfanne verblieb, desto mehr Geschick erforderte die Arbeit. Goldwaschen war eine Kunst für sich. Und Matt erlernte sie geduldig. Am Ende blieb nur eine dünne Schicht schwarzen Sandes übrig, die man sorgfältig wusch und nach winzig kleinen Goldkörnchen absuchte.

Wenn die Hunde von ihren Packtaschen befreit waren, durchstreiften sie die Wälder und jagten Hasen, junge Schneehühner oder Gänse. Diese gemeinsamen Jagden, die Chinook anführte, verstärkten den Zusammenhalt der Meute. Gewöhnlich kehrten sie erst im Morgengrauen zurück, die Schnauzen rot vom Blut ihrer Beute. Am leichtesten fingen sie junge Gänse, die noch nicht flügge waren. Sie fuhren mitten zwischen die Vögel und verfolgten die Küken, die panisch mit ihren Stummelflügeln schlugen. Nicht immer waren die Hunde erfolgreich, denn die Gänse zogen ihre Jungen auf Inseln oder nahe am Wasser groß, in das sie bei der geringsten Gefahr flüchten konnten. Die Hunde mußten sich gegen den Wind anpirschen und sie packen, bevor sie das rettende Wasser erreichten. Schlug das fehl, hatten die Hunde keine Chance mehr, sie zu schnappen, selbst wenn sie ihnen hinterherschwammen. Im Wasser waren sie schneller als jeder Hund.

Meist fanden die Hunde genug zum Fressen. Der Frühling war eine segensreiche Zeit. Die freigebige Natur meinte es gut mit den jungen Jägern, die ihre ersten Erfahrungen mit unerfahrenen Beutetieren sammelten.

Auch Matt hatte keine Mühe, sich zu ernähren. Er fing jede Menge Forellen, erlegte Schneehühner und Enten. Dann und wann schoß er einen Biber, indem er sich in der Nähe seines Baus auf die Lauer legte. Eines Abends stieß er sogar auf einen Elch, ließ ihn jedoch laufen, denn er brauchte nicht soviel Fleisch. Dabei dachte er an Mersh, der sich bestimmt genauso verhalten hätte, und dieser Gedanke verwunderte ihn.

Nach einiger Zeit zog er weiter und gelangte an den See, an dem die Indianer lebten, doch er fand kein einziges Tipi, kein einziges Feuer vor. Er hatte die Stelle ohnehin kaum wiedererkannt. Die Schneeschmelze, der Regen und die wilden Tiere hatten alle Spuren beseitigt. Wer hätte geglaubt, daß Indianer hier den Winter verbracht hatten? Bis auf etwas Asche, ein paar Holzspäne, ein oder zwei abgenagte Knochen und einen kleinen Friedhof hinter den ersten Tannen im Wald war nichts geblieben.

Matt war enttäuscht. Wie gern hätte er das Dorf wiedergesehen, und vor allem Liu Piut, denn er hatte das Verlangen nach einer Frau und erinnerte sich an ihren geschmeidigen Körper, ihre weiche Haut und ihre wohlgerundeten Brüste. Vielleicht hätte sie ihm geholfen, Mary zu vergessen. Er dachte ständig an Mary, Tag und Nacht. Er war wie besessen von ihr.

Jetzt wußte er nicht mehr, wohin er sich wenden sollte. Also zog er auf gut Glück nach Norden. Auf eine lange Regenperiode folgte schönes Wetter. Matt nutzte es, um die unberührten Täler im Hinterland zu durchstreifen. Überall suchte er nach Gold, doch vergebens. Nur einmal fand er eine winzige Menge. Nach einem Tag Arbeit hatte er nicht einmal für zehn Dollar Gold gewaschen. Aber es genügte, um ihn ein wenig aufzuheitern. Und Aufheiterung brauchte er, denn er begann unter der Einsamkeit zu leiden. Er konnte nicht aufhören, sich Mary in den Armen anderer Goldsucher vorzustellen, die mehr Glück hatten als er.

»Ich werde Gold finden! Ich weiß es ganz genau«, sagte er sich jedesmal, wenn er einen Bach verließ und zum nächsten zog.

Der Sommer verging. Und endlich, eines Abends, erblickte Matt in der Ferne eine Rauchsäule über den Bäumen. Im Morgengrauen ging er am Fluß entlang in diese Richtung und machte die Stelle ausfindig. Am Ufer sah er ein paar Tipis. Er mußte sich beherrschen, um nicht loszurennen. Endlich wieder Menschen, endlich Leben. Ein Kind begann zu schreien und zeigte mit dem Finger auf ihn. Hunde bellten, und Matt hatte große Mühe, seine Hunde zurückzuhalten. Er band die beiden wildesten, Chinook und Skagway, an einen Baum und befahl den übrigen, bei ihnen zu bleiben.

Zwei bewaffnete Männer standen vor den Tipis und sahen ihm entgegen. Matt winkte ihnen freundlich zu, aber sie reagierten nicht. Er ging näher.

»Guten Tag, ich bin Matt.«

Sie musterten ihn.

Schließlich sagte der ältere der beiden, ein Mann mit hagerem Gesicht und tiefschwarzen Augen, etwas zu ihm. Matt verstand ihn nicht, aber er hatte eine Idee.

»Liu Piut! Ich suche Liu Piut.«

Er wußte nicht, ob sie zum selben Stamm gehörten, denn er erinnerte sich nicht, sie bei seinem letzten Besuch gesehen zu haben.

Sie berieten sich. Dann deutete der Indianer mit der Hand stromabwärts.

»Finde ich dort Liu Piut? Am Fluß?«

Sie nickten.

»Wieviele Tagesreisen sind es bis dorthin?«

Um ihnen zu verdeutlichen, was er meinte, tat er so, als schlafe er, deutete auf die Sonne und beschrieb ihren Lauf am Himmel. Es dauerte eine Weile, doch nachdem er die Gesten mehrfach wiederholt hatte, schienen sie ihn zu verstehen. Sie spreizten die Finger einer Hand.

»Fünf? Meint ihr fünf Tage?«

Er hielt die Finger hoch.

Die Indianer nickten. Sie musterten ihn immer noch, ohne etwas zu sagen. Matt formte mit den Händen ein Dach über seinem Kopf.

»Kann ich hier übernachten?«

Sie berieten sich erneut und nickten.

Matt ging zu seinen Hunden zurück. Chinook, der seit über zwei Monaten nicht mehr angebunden gewesen war, nagte wütend an dem Drahtseil, scharrte am Boden, stellte sich auf die Hinterpfoten und bellte wie verrückt. Matt wies ihn streng zurecht. Skagway verhielt sich ruhiger. Um jeden Zwischenfall mit den Hunden im Lager zu vermeiden, band Matt die ganze Meute am Drahtseil fest. Dann baute er ungefähr zwanzig Meter von den Tipis entfernt sein Zelt auf. Zwei oder drei Familien lebten hier: eine alte Frau, sieben Kinder, ein Halbwüchsiger, zwei Frauen, von denen eine noch sehr jung war, und die beiden Männer, die mit dem Bau eines Kanus beschäftigt waren. Sie banden gerade mit einer Schnur Rindenstücke zusammen, und Matt trat näher, um ihnen zuzusehen. Sie beachteten ihn nicht. Die Kinder standen etwas abseits und beobachteten ihn lachend.

Als die Männer ihre Arbeit beendet hatten, luden sie ihn zum Essen in ein Tipi ein. Es gab mit Biberfleisch gefüllte Fladenbrote. Die jüngere der beiden Frauen richtete dem Halbwüchsigen einen Beutel, der daraufhin zu einem kleinen Kanu ging, einstieg und stromabwärts paddelte. Matt sah ihm mit einem gewissen Unbehagen nach, denn er war davon überzeugt, daß sein plötzlicher Aufbruch mit seiner Anwesenheit zu tun hatte. Wen sollte der junge Mann benachrichtigen? Liu Piut, den Indianerhäuptling, den er im Winter getroffen hatte, oder sogar Mersh, den die Indianer anscheinend schützen wollten?

Als er am nächsten Morgen erwachte, hatten die beiden Männer ihr Kanu bereits mit Kiefernharz abgedichtet und waren auf die Jagd gegangen. Matt packte zusammen und ging auf die Suche nach seinen beiden Pferden. Er hatte sie zuletzt auf der Wiese an dem Fluß gesehen, den die Indianer Aiktu, »Der mit den Felsen tanzt«, nannten. Er hatte ihnen zwar Fußfesseln angelegt, doch in einer Nacht konnten sie ziemlich weit kommen. Zum Glück waren ihre Hufabdrücke im feuchten Boden gut zu erkennen. Matt fand sie im Wald, im Schatten großer Kiefern. Er brachte sie ins Lager, wo die Frauen inzwischen Lachs räucherten.

Er bedankte und verabschiedete sich und erhielt als Antwort nur ein leichtes Kopfnicken. Dann brach er auf. Er folgte einem Trampelpfad, der am Fluß entlangführte. Der Tag war ungewöhnlich warm. Matt schwitzte ebenso wie die Pferde. Schwärme von Bremsen und Stechmücken setzten ihnen zu. Der Wald dampfte wie nasse Wäsche in der Sonne, und die Feuchtigkeit machte den Hunden zu schaffen. Gegen Mittag wurde die Hitze unerträglich. An einem kleinen Bach machte er halt, nahm den Hunden die Packtaschen ab, band die Pferde an und beschloß, in diesem kleinen Tal nach Gold zu suchen. An zwei Stellen fand er etwas Goldstaub im Schlamm. Es war zwar nur sehr wenig, bewies aber wieder einmal, daß überall Gold sein konnte. Früher oder später würde er fündig werden.

46

NACH DREI TAGEN GLUTHITZE SORGTE EIN GEWITTER für etwas Abkühlung. Es regnete beinahe die ganze Nacht hindurch. Am frühen Morgen stiegen Nebelschwaden vom Fluß auf und blieben im Wald hängen. Am grauen Himmel zogen dunkle, tiefhängende Wolken nach Süden. Matt war dem Flußlauf gefolgt und hatte unterwegs in allen Bächen, die er überquerte, nach Gold gesucht. Plötzlich erblickte er in der Ferne ein Indianerlager. Es bestand aus gut hundert Tipis, die dort, wo sich der Fluß mit einem anderen vereinte, die Ufer säumten. Er stieg sofort vom Pferd und rief nach Chinook und Skagway. Im Schatten einiger Birken spannte er das Drahtseil. Matt fühlte sich beobachtet, ließ es sich aber nicht anmerken. Nachdem er die Hunde angebunden hatte, spähte er eine Zeitlang zum Lager hinüber, ehe er sich auf den Weg machte. Auf dem runden Platz in der Lagermitte standen mehrere Gruppen, die ihm betont gleichgültig entgegensahen. An diese Blicke hatte er sich inzwischen gewöhnt. Unter den Frauen bemerkte er ein junges Mädchen, dessen klare Züge ihn faszinierten. Als er näherkam, verzog sie verächtlich den Mund und wandte sich ab.

Er erkannte zwei Männer aus dem Winterlager wieder und ging zu ihnen. Als er die vielen Lachse sah, die überall zum Trocknen ausgelegt waren, begriff er, weshalb die

Indianer im Sommer hier lebten. In diesem Nebenfluß des Aiktu wimmelte es von Fischen.

»Guten Tag«, sagte Matt und hob die Hand, wie er es bei ihnen gesehen hatte.

Sie erwiderten seinen Gruß mit einer höflichen Geste.

»Ist Kai Linkta hier? Kai Linkta.«

Sie zeigten zum Fluß. Matt wandte sich dorthin. Etwa fünfhundert Meter vor der Mündung des Zuflusses stürzte der Aiktu kaskadenartig über Felsen in die Tiefe. Unterhalb der Stelle ragten große, flache Steine aus dem Wasser, auf denen Indianer standen und darauf warteten, daß Lachse den Wasserfall hochsprangen, um sie mit ihren Speeren aufzuspießen. Ihre muskulösen, von der Sonne gebräunten Körper hoben sich deutlich von dem Blau und Weiß des tobenden Flusses ab, aus dem hin und wieder der glänzende schlanke Körper eines Lachses hervorschnellte. Am Ufer waren Frauen und Kinder an mehreren Feuern damit beschäftigt, das rosige, im Gras glänzende Fleisch der Lachse zu zerlegen und zu räuchern. Matt war bezaubert von diesem schönen Bild und verglich es unwillkürlich mit dem grauen und morastigen Dawson, der Stadt der Weißen; die Gesichter der Goldsucher zeigten in keiner Weise die Heiterkeit und Fröhlichkeit, die Matt hier spürte.

Er stand reglos da, wie gebannt von den neuen Gefühlen, die ihn bei diesem Anblick durchströmten. Die Indianer lebten in vollkommener Harmonie mit dem, was sie umgab, mit den Farben, Dingen und Lebewesen. Sie töteten die Lachse nicht. Sie waren ihr Fleisch, und das Leben ging vom einen auf den anderen über, vom Tier auf den Menschen, wie der Wind erst über den einen und dann über den anderen Berg streicht. Der Tod war nur die sichtbare Form einer notwendigen Weitergabe von Energie. Später nährte der Indianer die Erde, bereicherte sie mit seinem Fleisch. Die Erde bewahrte die Erinnerung an seine Rasse und gab seine Energie an die Pflanzen weiter, die von den Tieren gefressen wurden. Alles war miteinander verbunden. Der Wind, der dem Indianer seinen ersten Atemzug eingab, empfing seinen letzten Atemzug, bevor er mit ihm einem anderen Wesen Leben einhauchte. Das Leben war da, es wurde gegeben, empfangen und weitergegeben.

All das begriff Matt, als er sah, wie ein Indianer, auf dessen Körper Wassertropfen glitzerten, mit dem Speer einen Lachs aufspießte. Ein Fisch unter Fischen, würdevoll, schön und stolz, im Einklang mit der Natur.

»Ich suche Kai Linkta«, sagte Matt zu einem Mann, der ihm mit einem großen Beutel voller Beeren und duftender Wurzeln entgegenkam. Der Indianer deutete auf eine paar Zelte, die oberhalb der Stelle, wo die Frauen die Lachse zerlegten, auf einer Erhebung standen. Kai Linkta wirkte überhaupt nicht überrascht, Matt zu sehen, und Matt fühlte sich in seiner Vermutung bestätigt, daß der halbwüchsige Indianer gestern abend hierher gepaddelt war, um den Stamm von seiner Ankunft zu unterrichten. Alle wußten Bescheid.

»Du wiederkommen. Große Reise.«

»Mit Pferden ist man schnell.«

»Warum du kommen?«

»Ich bin auf der Durchreise.«

»Wie du wissen, wir hier?«

»Ich wußte es nicht. Es war Zufall.«

»Was du tun hier?«

»Ich ... ich suche nach Gold.«

Der Indianer sah ihn so durchdringend an, als wollte er in sein Innerstes blicken.

»Weißer Mann gefunden Gold. Hier kein Gold.«

»Dort, wo sie Gold gefunden haben, gibt es keines mehr. Man muß anderswo welches suchen.«

»Wenn weißer Mann Gold finden, nehmen alles. Weißer Mann töten viele Elche. Wenn weißer Mann fort, keine Elche mehr. Wenn weißer Mann Gold finden, nehmen alles.«

Der Blick des Indianers war so hart und scharf wie die Klinge eines Messers. Matt fühlte sich ertappt und deutete auf das Lager.

»Ist Liu Piut dort?«

»Weißer Mann auch Frau nehmen.«

Sein Ton wurde spöttisch. Matt fühlte sich immer unbehaglicher. Auf all diese Vorwürfe war er nicht gefaßt.

»Ich möchte sie nur gern wiedersehen.«

»Ich reden Häuptling. Er entscheiden.«

»Kann Liu Piut nicht allein entscheiden?«

»Häuptling mehr entscheiden. Häuptling entscheiden, ob du leben oder sterben.«

Matt gefror das Blut in den Adern. Der Indianer musterte ihn kühl. Matt saß in der Falle. Seine Auffassung von Recht und Unrecht hatte bei den Indianern keine Geltung. Aber was hatte er verbrochen? Was war der Grund für das Verhalten der Indianer? Sie galten doch allgemein als friedlich.

»Ich werde wieder gehen. Ich bin nicht hergekommen, um zu stören.«

»Du nicht gehen, bevor Häuptling entscheiden.«

»Aber was habe ich getan?«

»Häuptling entscheiden.«

Kai Linkta wandte sich zum Gehen, doch Matt hielt ihn zurück.

»Ich möchte mit ihm sprechen. Wo ist er?«

»Du warten.«

Es hatte keinen Sinn, darauf zu beharren. Auf dem Weg zu seinem Lagerplatz drehte sich Matt mehrmals um, um festzustellen, ob ihm jemand folgte, doch er sah niemanden. Sein erster Gedanke war, zu fliehen, sowie er bei den

Pferden war. Aber bei genauerem Nachdenken begriff er, warum er nicht bewacht wurde. Die Natur war sein Gefängnis. Die Indianer verstanden es, die kleinste Spur eines Vogels am Boden zu lesen. Wohin auch immer er ginge, sie hätten ihn in wenigen Stunden eingeholt. Das wäre für sie ein leichtes. Er war bereits an sie gekettet: mit der Spur, die er hinterlassen würde. Einen Moment lang erwog er eine Flucht auf dem Fluß. Aber das hieße, alles aufgeben: Pferde und Hunde. Dazu konnte er sich nicht durchringen.

»Auch auf dem Fluß würden sie mich einholen«, seufzte er resigniert.

Durch sein Herkommen hatte er sich sein eigenes Gefängnis gebaut. Es gab kein Entrinnen mehr.

Die Hunde waren noch da, die Pferde nicht. Man hatte sie ihm weggenommen! Matt blieb wie erstarrt stehen, zu keiner Bewegung mehr fähig. Was sollte er tun? Es wäre ihm lieber gewesen, man hätte ihn gefesselt. Dann hätte er sich wenigstens wehren und schreien können. Ihm blieb nichts anderes übrig, als das Urteil abzuwarten. Man gab ihm nicht einmal die Möglichkeit, sich zu äußern oder zu verteidigen. Er wußte nicht, was man ihm vorwarf. Vielleicht verwechselten sie ihn oder beschuldigten ihn eines Verbrechens, das er gar nicht begangen hatte?

Er holte das restliche Biberfleisch aus den Packtaschen und verteilte es an die Hunde. Er konnte sie nicht zum Jagen freilassen, denn er fürchtete, sie würden sich mit den Hunden der Indianer anlegen. Dann entzündete er ein Feuer. Hunger verspürte er nicht, aber um sich zu beschäftigen, machte er Tee.

Matt saß am Rande der großen Lichtung, auf der die Tipis standen. Von seinem Platz aus überblickte er die rechte Seite und die Mitte des Lagers. Eine Frau beobachtete ihn aus der Ferne. Sie war damit beschäftigt, mit einem scharfen Gegenstand eine Tierhaut abzuschaben. Es war dieselbe Frau, die ihn bereits bei seinem Eintreffen so feindselig gemustert hatte. Sie war zu weit weg, als daß er ihr Gesicht hätte erkennen können, aber er war sich sicher, daß sie es war. Er spürte, daß sie ihn anstarrte. Nach einer Weile erhob sie sich, faltete die Tierhaut zusammen, die sie bearbeitet hatte, und brachte sie in ein Tipi. Ihr Gang war stolz, ganz im Gegensatz zu den anderen Indianerinnen, die in ihren Mokassins ein wenig schlurften.

»Wie alt mag sie sein?« fragte sich Matt verwundert. Er fühlte sich zu der jungen Frau hingezogen, obwohl er sie nur flüchtig gesehen hatte.

Als Matt sich endlich aus seiner Erstarrung löste, stand die Sonne schon tief über dem Horizont. Nebel stieg vom Fluß auf und schmückte den Wald mit malvenfarbenen Schleiern. Matt bekam Hunger, und da es im Fluß offenbar Lachse in Hülle und Fülle gab, fertigte er sich aus einer großen Weidenrute eine Angel. Zum Glück besaß er mehrere künstliche Köder aus Metall, die wie kleine Fische aussahen. Er wählte einen silberfarbenen und befestigte ihn am Ende seiner Schnur. Dann ging er zu der kleinen, seichten Bucht direkt vor seinem Lagerplatz, warf den Köder aus und holte ihn langsam mit ruckartigen Bewegungen wieder ein, die bei Raubfischen häufig einen Angriffsreflex auslösen. Wenn die Lachse die Flüsse hinaufwanderten, fraßen sie wenig. Sie hatten nur ein Ziel: für Nachkommen zu sorgen. Und dafür kehrten sie vom Meer in den Bach zurück, in dem sie geschlüpft waren. Und dort starben sie auch, kurz nachdem sie abgelaicht hatten. Bären und andere Jäger fraßen sie. Kaum einem Lachs gelang es, ins Meer zurückzukehren. Entkräftet und abgemagert starben sie. Manche Bäche färbten sich rot von ihren zerfetzten Leibern.

Unter diesen Umständen war es nicht einfach, Lachse zu angeln. Es war leichter, sie zu harpunieren, wenn sie hochsprangen, um einen Wasserfall zu überwinden, oder wenn sie durch seichtes Wasser schwammen. Matt wußte das, und deshalb ließ er seinen Köder zappeln wie einen kranken Fisch. Ein Indianer beobachtete ihn vom Ufer aus. Bald gesellten sich zwei andere zu ihm. Matt fragte sich, ob es falsch war, hier zu angeln. Die Lachse gehörten ihnen.

Doch ihm blieb keine Zeit, weiter darüber nachzudenken. Im brodelnden Schaum schnappte ein großer Lachs nach dem Köder. Matt riß mit einem kräftigen Ruck an, damit sich der Angelhaken ins Maul des Fisches bohrte. Der Lachs schoß in Richtung Flußmitte. Die zum Zerreißen gespannte Schnur durchschnitt pfeifend das Wasser. Matt wollte Schnur geben, doch der Lachs war zu schnell. Ein scharfer Knall ertönte, und die gerissene Schnur fiel schlaff ins Wasser. Die Indianer lachten schallend.

Doch Matt ließ sich nicht so schnell entmutigen. Er versuchte es mit einem zweiten Köder noch einmal. Vielleicht erwischte er einen kleineren Lachs. Diesmal mußte er länger warten, doch auch die Indianer, die inzwischen zu acht waren, übten sich in Geduld.

Schließlich schnappte erneut ein Lachs nach dem Köder, aber Matt erwischte ihn nicht. Er hatte zu früh angerissen. Doch er machte weiter, bis ein dritter Lachs anbiß. Er bekam ihn an den Haken, aber der Fisch war ebenso stark wie der erste. Die Schnur spannte sich, vibrierte wie eine Violinsaite und drohte zu reißen. Die Angelrute bog sich und bildete einen Augenblick lang die exakte Verlängerung der Schnur. Der Lachs schwamm einen weiten Bogen. Die Schnur blieb aufs äußerste gespannt und pfiff. Matt watete ins Wasser, um den Abstand ein wenig zu verkürzen, doch das war ein Fehler. Der Lachs, der plötzlich wieder auf ihn zukam, sah ihn, drehte ab und schwamm, mit seinem langen Schwanz das Wasser aufwühlend, blitzschnell davon. Diesmal hatte Matt keine Chance, ihn festzuhalten. Er hätte Schnur geben müssen, aber er hatte keine mehr. Also ließ er die Angelrute los, und der Lachs zog sie rasch auf den Fluß hinaus. Die Indianer am Ufer rannten die Böschung hinunter und sprangen in ihre Kanus. Sie verhielten sich diesem Lachs gegenüber so, wie der Lachs sich dem Köder gegenüber verhalten hatte. Sie waren auf diesen Lachs überhaupt nicht angewiesen. Sie fingen täglich Dutzende. Doch ihr Jagdinstinkt war stärker. Ein Wild flüchtete, und ihr Instinkt siegte über die Vernunft und bestimmte ihr Handeln. Schreiend und lachend verfolgten sie die Angel, während sich andere, von dem Geschrei angelockt, am Ufer eingefunden hatten und das Schauspiel beobachteten.

»*Chai kai de ja!*«

Das bedurfte keiner Übersetzung. Matt schob das erstbeste Kanu ins Wasser und griff nach einem Paddel. Kurz darauf hatte er die ersten beiden Kanus eingeholt. Der Griff der Angel trieb auf der Oberfläche, während ihre Spitze von dem Lachs nach unten gezogen wurde. Für Momente verschwand sie ganz unter Wasser. Wenn sie wieder auftauchte, wurde sie mit Hochrufen begrüßt. Offensichtlich gefiel den Indianern dieses Spiel. Zweimal bekam Matt die Rute zu fassen, mußte sie aber wieder loslassen, damit die Schnur nicht riß, denn der Lachs zerrte immer noch heftig daran. Nach einer zehnminütigen Verfolgung erlahmten die Kräfte des Lachses, und Matt konnte die Rute festhalten. Es war auch höchste Zeit, denn das grüne Holz würde nicht mehr lange schwimmen. Der Lachs leistete weiter Widerstand. Er zerrte immer noch ziemlich heftig und zog das Boot hinter sich her, doch das schwächte ihn zusätzlich. Bald kam er an die Oberfläche. Er wehrte sich noch, aber Matt verhinderte, daß er wieder abtauchte. Er zog ihn zum Kanu heran, packte ihn bei den Kiemen und warf ihn ins Boot. Die Indianer stießen ein Triumphgeheul aus. Mit einem kurzen Hieb ins Genick machte Matt dem Fisch, der gute fünfzehn Pfund wog, den Garaus. Dann paddelten sie ans Ufer zurück. Die Indianer lachten, und Matt wußte nicht recht, wie er diese Heiterkeit zu deuten hatte. Es standen auch Frauen und Kinder am Ufer. Matt entdeckte sofort die junge Indianerin. Es war weniger ihre Schönheit, die ihn beeindruckte, als vielmehr die Vollkommenheit und Klarheit ihrer Züge und vor allem ihre leuchtenden schwarzen Augen, die ihn wieder feindselig anstarrten. Jeder Pore ihrer Haut entströmte unversöhnlicher Haß. Sie musterte ihn herausfordernd, und ihre scharlachroten Lippen verzogen sich verächtlich. Als er nicht aufhörte, sie fragend anzusehen, gab ihm einer der Indianer einen Stoß.

»*Hei! Shirei daj kiloj!*«

Matt verstand nicht und sah ihn verwundert an. Ein anderer warf ihm den Lachs vor die Füße, deutete mit dem Finger auf seinen Lagerplatz und forderte ihn unmißverständlich auf, dahin zurückzukehren.

Der Burgfrieden hatte nur so lange gedauert wie diese Verfolgung, bei der die Männer wieder Jäger geworden waren. Matt hob den Lachs auf und ging davon. Im Rükken spürte er die haßerfüllten Blicke der jungen Frau, von der er nicht wußte, ob sie ein Ungeheuer oder eine Göttin war. Er wußte nur, daß er sie niemals vergessen würde.

47

ER MUSSTE DREI TAGE WARTEN. DREI TAGE, IN DENEN niemand zu ihm kam. Abgesehen von einem Indianer, der ihm ein Dutzend Lachse für seine Hunde brachte. Matt spürte, daß sie das vor allem deshalb taten, um ihm ihre Überlegenheit zu zeigen. Während er froh sein konnte, wenn er ein oder zwei Lachse pro Tag angelte, fingen sie so viele, wie sie wollten. Matt dankte dem Indianer, doch der lachte nur herablassend. Matt war nur ein Weißer. Ein Weißer, der ihnen auf Gnade oder Ungnade ausgeliefert war. Nichts anderes bedeutete sein Lachen. Woher dieser Haß? Warum hielt man ihn fest? Warum befragte ihn der Häuptling nicht?

Auf all diese Fragen fand Matt keine Antwort. Doch, es gab eine. Eine einzige. Man hatte einen Boten losgeschickt, um jemanden zu holen, und die Indianer warteten auf diesen Jemand.

Mersh. Wieder er.

Er kam allein mit seinen Hunden in einem großen Kanu. Vor ihm fuhren zwei Indianer in einem anderen Boot. Matt saß an seinem Feuer und erhob sich, als Mersh etwa fünfzig Meter von ihm entfernt anlegte. Der alte Mann zog sein Kanu an Land, und mehrere Indianer eilten hinzu, um sich um seine Hunde und sein Gepäck zu kümmern. Man hätte meinen können, Mersh sei der Häuptling des Dorfes. Jede Geste der Indianer verriet die Achtung, die sie ihm zollten. Er wandte den Kopf und sah Matt lange an. Der wollte ihm etwas zurufen, beherrschte sich jedoch. Mershs Blick war unergründlich, hart, väterlich und teilnahmsvoll zugleich. Matt ging nicht zu ihm. Mersh schlug den Weg zum anderen Ende des Dorfs ein. Viele Indianer liefen ihm entgegen und begrüßten ihn ehrerbietig. Die junge Frau schritt an seiner Seite, und eine Sekunde lang glaubte Matt sogar zu sehen, daß ihre Hand in der des alten Mannes lag. War sie etwa seine Gefährtin?

Matt wollte schreien, brüllen. Warum kam Mersh nicht zu ihm und sagte ihm, was gegen ihn im Gange war? Eine böse Ahnung hielt Matt davon ab, ihm hinterherzulaufen. Hatte Mersh ihn nicht jedes Mal gerettet? Warum ließ er ihn heute im Stich?

Im Lager blieb es ruhig. Fischer kamen und gingen, ohne ihn zu beachten. Kinder liefen zwischen dem Fluß und den Tipis hin und her oder spielten am Ufer. Der Abend verstrich, und die Nacht brach an. Matt konnte lange nicht einschlafen. Er erwachte im Morgengrauen vom Prasseln eines Feuers. Durch den Spalt am Zelteingang sah er Mersh, der neben der Feuerstelle hockte und in einem Kessel Wasser erhitzte.

Matt zog sich an und setzte sich zu ihm. Mersh blickte zum Himmel. Ein leichter Nordwind vertrieb den Nebel.

»Die ersten Blätter fallen ... Der Sommer geht zu Ende.«

Die Espen verloren ihre ersten gelben Blätter, während Erlen und Weiden noch voll im Saft standen. Matt griff nach dem Kessel, in den Mersh eine Handvoll Tee gegeben hatte, und bediente sich wortlos. Mersh hielt einen dampfenden Becher in der Hand und blickte angestrengt zum gegenüberliegenden Ufer, als hätte er ein Tier entdeckt. Es dauerte eine ganze Weile, ehe Mersh das betretene Schweigen brach.

»Du suchst also Gold?«

Matt fiel auf, daß Mersh ihm zum allerersten Mal eine Frage stellte.

»Warum?« fügte er barsch hinzu, ohne auf eine Antwort zu warten.

Matt zuckte die Schultern.

»Was heißt, warum? Braucht man dafür einen Grund?«

»Was wirst du damit machen?«

»Ich muß erst mal welches finden!«

»Angenommen, du findest welches.«

»Nun ja … ich … ich könnte davon leben. Ich könnte mir eine Frau nehmen. Eine Familie gründen. All die Dinge tun, die man tun kann, wenn man Geld hat …«

Mersh schwieg lange. Offenbar mußte er die Antwort erst einmal verdauen, und Matt wurde sich bewußt, wie einfältig seine Worte waren. Mersh blickte nicht mehr zum anderen Ufer, sondern zum Indianerlager hinüber, und lächelte wissend.

»Ich bin kein Indianer«, sagte Matt. »Ich brauche Geld.«

Mersh sah ihn an.

»Ich mache dir keinen Vorwurf.«

Matt fuhr wütend in die Höhe.

»Ich habe die Nase voll von Ihren Moralpredigten. Für wen halten Sie sich eigentlich?«

Mit hochrotem Gesicht hielt Matt inne. Der Gleichmut des alten Mannes, der sich seelenruhig noch einen Becher Tee einschenkte, brachte ihn aus der Fassung.

»Und warum suchst du hier nach Gold, im Land der Indianer?«

»Ich wußte nicht, daß es den Indianern gehört. Werfen sie mir das vor?«

»Sie werfen dir gar nichts vor.«

»Nein, sie wollen mich nur töten«, rief Matt, lachte nervös und warf die Arme in die Höhe.

»Du hast meine Frage nicht beantwortet.«

»Und Sie, werden Sie meine Fragen beantworten?«

»Ich kann das Lager jederzeit verlassen.«

»Soll das eine Drohung sein?«

»Warum suchst du hier nach Gold?«

Matt seufzte.

»Ich kann genausogut woanders suchen. Wenn die Indianer nicht wollen, daß ich hier Gold suche, na schön, dann gehe ich eben woanders hin. Der Norden ist groß genug.«

»Wohin?«

»Weiter nach Norden.«

»Warum nach Norden?«

»Weil ich Goldstaub in den Bächen gefunden habe. Im Süden habe ich gar nichts gefunden.«

Mersh nickte wissend.

»Du ziehst also weiter nach Norden?«

»Ja, bis ich das Gebiet der Indianer verlassen habe.«

»Den Indianern gehören keine Gebiete, sondern das ganze Land. Aber heute gibt es sowieso kein Indianerland mehr. Die Weißen breiten sich überall aus.«

»Aber Sie sind doch auch ein Weißer.«

»Hier bist du, was du tust.«

Mersh stand auf und wandte sich zum Gehen. Matt stellte sich ihm in den Weg.

»Werden Sie es ihnen sagen?«

»Was soll ich ihnen sagen?«

»Daß sie mich ziehen lassen sollen.«

»Ganz bestimmt nicht!«

Der alte Mann sah ihn herausfordernd an.

»Laß mich vorbei.«

Matt zögerte. Dann machte er ihm Platz. Mersh ging ein paar Schritte und drehte sich um.

»Ich kann ihnen nicht sagen, daß sie dich gehen lassen sollen. Ich habe hier nicht zu entscheiden.«

»Was werden Sie dann tun?«

»Lachse fangen.«

»Und ich?«

»Du?«

Mersh machte eine Pause. Dann sagte er: »Du solltest darüber nachdenken, was du der Erde für das Gold, das sie dir vielleicht gibt, zurückgeben willst.«

48

WIE NACH JEDER BEGEGNUNG MIT MERSH WAR ER ENTtäuscht. Dieser Kerl beantwortete nie die Fragen, die man ihm stellte, und erging sich mehr in Andeutungen, als daß er erklärte.

»Hier bist du, was du tust.«

»Gib der Erde zurück, was sie dir gibt.«

Matt dachte an diese beiden bedeutungsschweren Sätze und ließ ihr Gespräch noch einmal Revue passieren.

Er beschloß kurzerhand, zu den Wasserfällen zu gehen, wo er Mersh vermutete. Schließlich konnte er gehen, wohin er wollte.

Am Fuß der Wasserfälle fischte Mersh mit drei halbwüchsigen Indianern Lachse. Matt setzte sich in einiger Entfernung hin und sah ihnen dabei zu. Die Wanderung der Lachse neigte sich dem Ende zu, und es kamen nur noch Nachzügler. Deshalb mußten sie immer wieder lange warten, bis der schlanke Körper eines Fisches aus dem Wasser herausschoß. Neben den drei Indianern, die mit jugendlichem Ungestüm zu Werke gingen, strahlte Mersh eine große Ruhe aus. Er wirkte wie ein weiser alter Mann, und seine Stärke lag in der perfekten Koordination seiner Bewegungen. Es zeigte sich wieder ein Lachs. Mershs Körper bog sich zurück. Mit einer erstaunlich geschmeidigen und flüssigen Bewegung schnellte er vor und schleuderte den Speer. Er durchbohrte den Lachs in der Luft. Mit Hilfe der dünnen Leine, die am Speer befestigt war, zog Mersh den Lachs zu sich heran. Die Widerhaken an der Speerspitze hielten den zappelnden Fisch fest. Mersh machte ihn los und warf ihn ans Ufer. Matt erkannte sofort die Indianerin, die ihn aufhob, ihm den Bauch aufschlitzte und den roten, glänzenden Laich in einen Korb aus Schilfrohr strich. Sie sah ihn und erstarrte. Mersh entging ihre Reaktion nicht. Er folgte ihrem Blick und bemerkte Matt.

»*Nastasia! Hai kai lijkaz uhuijki!*« brüllte er. Es klang wie ein Befehl.

Die Indianerin antwortete nicht. Sie drehte sich um und lief weg. Mersh legte den Speer weg und hastete, von Stein zu Stein springend, ans Ufer. Bevor er ebenfalls verschwand, drehte er sich kurz um und warf Matt einen finsteren Blick zu. Es war das erste Mal, daß Matt ihn so wütend sah.

»Was habe ich denn nun schon wieder getan?« fragte sich Matt, der überhaupt nichts mehr verstand.

Er kehrte langsam zu seinem Zelt zurück. Im torffarbenen Fluß spiegelte sich der dunkle Wald wider, aus dem die weißen Stämme der Birken herausstachen. Enten und Regenpfeifer flogen dicht über der Wasseroberfläche, auf der hier und dort Laub trieb, das den Herbst ankündigte.

Am Zelt angekommen, stellte Matt zu seiner großen Überraschung fest, daß man ihm seine Pferde zurückgebracht hatte. Neben ihnen stand eine Indianerin.

»Liu Piut!«

Sie sah ihn und erwiderte halbherzig sein Lächeln. Jetzt verstand er wirklich überhaupt nichts mehr. Wer hatte sie geschickt? Warum ließ man ihn so plötzlich wieder frei? Handelte Liu Piut auf Befehl, oder war sie aus eigenem Antrieb hier? Was für eine Rolle spielte Mersh bei all dem?

Er hatte sich ein Wiedersehen mit Liu Piut gewünscht,

doch heute kam ihr Besuch ungelegen, und er wußte nicht, wie er ihr das begreiflich machen sollte. Sie blieb vor ihm stehen. Er machte Feuer, kochte Tee und bot ihr einen Becher an. Sie nahm ihn, setzte sich und begann zu sprechen.

»*Hei dikia leqsqoew zerozek... dikia... dikia*«, sagte sie immer wieder, zuckte dann mißmutig mit den Schultern, stand auf und ging in sein Zelt. Er folgte ihr widerstrebend. Er hatte zu nichts mehr Lust, er wollte nur noch von hier verschwinden. Aber sie war hier und saß erwartungsvoll auf dem zusammengerollten Fell in einer Ecke des Zelts. Während er sich ohne große Begeisterung von ihr verführen ließ, ertappte er sich dabei, wie er an dieses junge Mädchen dachte, dessen Blick ihn ins Innerste getroffen hatte.

Liu Piut verschwand in der Nacht so unerwartet, wie sie gekommen war. Bei Tagesanbruch packte Matt seine Ausrüstung zusammen, sattelte sein Pferd und belud das andere, dann verteilte er die restlichen Sachen auf die Packtaschen der Hunde, die ungeduldig zu bellen begonnen hatten. Seit einer Woche waren sie hier angebunden und brannten darauf, sich wieder richtig bewegen zu können. Matt rechnete jeden Augenblick damit, daß Indianer herbeistürzten und ihm verboten, das Dorf zu verlassen, doch niemand beachtete ihn. Am Flußufer herrschte rege Betriebsamkeit. Offenbar rüstete eine Gruppe von Jägern zum Aufbruch. Nun, da im Fluß nicht mehr viele Lachse zu fangen waren, mußten die Indianer auf den mit Flechten bewachsenen Hochebenen im nördlich von hier gelegenen Brooks-Gebirge Karibus jagen, um ihre Lebensmittelvorräte aufzufüllen.

Matt suchte in der Menge, die die Jäger verabschiedete, nach der Gestalt der geheimnisvollen jungen Indianerin, doch er konnte sie nicht entdecken. Auch Mersh blieb unauffindbar. Matt fragte einen Indianer, bekam aber keine Antwort. Er fragte einen zweiten, mit demselben Ergebnis.

Er hatte hier nichts mehr verloren, und da er befürchtete, doch noch getötet zu werden, fragte er nicht weiter. Mit der einen Hand führte er Chinook und Skagway an der Leine, mit der anderen die Pferde am Zügel und begab sich zu dem Pfad, der außen um das Lager herumführte. Der Rest der Meute folgte einer hinter dem anderen. Nach einer Weile gelangte Matt auf einen anderen Pfad, der zu einer Furt oberhalb des Wasserfalls führte. Dort durchquerte er den Fluß. Auf der anderen Seite ließ er Chinook und Skagway von der Leine und wollte gerade in den Sattel steigen, als sich am Ufer etwas bewegte. Die Hunde knurrten verhalten, als die Gestalt der jungen Indianerin auftauchte. Sie kam auf ihn zu. Sie trug einen Korb auf dem Rücken. Er wurde von einem Gurt gehalten, den sie sich um die Stirn gelegt hatte. Sie war allein und offenbar nicht erstaunt, ihn zu sehen. Hatte sie auf ihn gewartet? Ihr Blick verriet immer noch Feindseligkeit. Mein Gott, wie schön sie ist, dachte Matt überwältigt.

»*Liu Piut jaik dili.*«

Den Namen hatte er verstanden, aber was bedeutete der Rest? Und warum sprach sie über Liu Piut? Wollte sie ihm etwas von ihr ausrichten?

»Und du, wie heißt du? Ich heiße Matt. Ich Matt, und du?«

Sie sah ihn mißtrauisch an. Er suchte nach einer Möglichkeit, sie aufzuhalten, doch sie ging an ihm vorbei und entfernte sich. Er sah ihr nach, als sie die Furt durchquerte. Die Beinschützer aus Leder, die sich um ihre schlanken Beine schmiegten, wurden naß. Sie ging langsam, suchte Halt auf den glitschigen Steinen. Die Strömung zwang sie, sich ein wenig zur Seite zu neigen, und ihr langes Haar berührte das Wasser und glänzte naß in der Sonne. Bei dem Anblick stockte Matt der Atem.

Am anderen Ufer angekommen, drehte sie sich um.

»Nastasia.«

»Nastasia«, wiederholte Matt. »Nastasia.«

Dann schlüpfte sie wie ein Reh in das Weidengestrüpp, das den Fluß säumte, und entschwand seinem Blick.

»Nastasia«, sagte Matt noch einmal.

Er verharrte noch lange und blickte zu der Stelle, wo sich der Blättervorhang hinter ihr geschlossen hatte. Ihm war, als sehe er sie noch, als habe ihre Gestalt in der Luft einen Abdruck hinterlassen.

Dann zog er weiter, aber er setzte nur noch mechanisch einen Fuß vor den anderen. Das Bild dieser Indianerin nahm ihn gefangen, und er konnte sich schwer vorstellen, sich eines Tages von ihm zu befreien. Sie war da, vor ihm, in ihm, ihre unergründlichen schwarzen Augen sahen ihn an. Er ging weiter, todunglücklich, denn mit jedem Schritt entfernte er sich von ihr. Sie hatte ihm ihren Namen genannt, als wollte sie ihm ein Abschiedsgeschenk machen. Er würde nie wieder in das Dorf zurückkehren können.

Am Abend saß er allein am Feuer, denn seine Hunde waren auf der Jagd. Er ließ noch einmal die Ereignisse der letzten Monate vor seinem geistigen Auge vorüberziehen und versuchte zu verstehen, wie alles zusammenhing. Er dachte an Mary und wunderte sich, wie schwach seine Gefühle für sie geworden waren. Gestern noch wäre er bereit gewesen, die halbe Erde umzugraben, um sie mit Gold überschütten zu können. Und heute war er drauf und dran, sie zu vergessen, nur weil er einer schönen Indianerin begegnet war, die ihm ihren Namen genannt hatte. Er schämte sich seines Wankelmuts. Diese

Schwäche würde ihm noch zum Verhängnis werden. Er mußte an seinen Plänen festhalten. Er war hierhergekommen, um nach Gold zu suchen, und er mußte welches finden. Es mußte gelingen. Er mußte sich beweisen, daß er eine Sache zu Ende bringen konnte. Sonst würde nie etwas aus ihm werden.

»Hier bist du, was du tust.«

49

EINE WOCHE LANG MARSCHIERTE MATT DURCH DIE Taiga nach Norden. Es war windig und regnerisch. Längst hatte er die Pfade der Menschen hinter sich gelassen und folgte denen der wilden Tiere. Er ließ sich ganz von seinem Gefühl leiten, zog von Bach zu Bach, machte kehrt, ging denselben Weg zurück und schlug eine andere Richtung ein, wenn er mit seinen Probegrabungen keinen Erfolg hatte. Immer wieder fand er Goldkörnchen im Schlamm von Bächen und gewann langsam die Überzeugung, daß es hier irgendwo eine Ader geben mußte. Er hatte sogar einen Bach entdeckt, in dem man bis zu zwanzig Cent pro Pfanne waschen konnte. Das entsprach einer Ausbeute von rund dreißig Dollar am Tag. So mancher Goldsucher wäre mit zwei- oder dreihundert Dollar vor dem Wintereinbruch zufrieden gewesen, aber Matt wollte mehr. Er wußte, daß auch die Goldsucher am Klondike erst kleine Goldmengen gewaschen hatten, bevor sie die große Ader entdeckten. Er kam ihr näher. Er war sich ganz sicher.

Er hatte sich eine grobe Karte von der Gegend gezeichnet, auf der er alle Goldfunde eintrug. Irgendwann, als er sie genauer studierte, stellte er fest, daß die bisherigen Fundstellen eine Art Raute bildeten. Seit zwei Tagen hatte er überhaupt nichts mehr gefunden, kein Gramm Goldstaub. Doch das machte ihn nicht nervös, sondern bestätigte ihn in seiner Vermutung. Er mußte die Ader gerade hinter sich gelassen haben.

Er kehrte um. Der Himmel klarte auf, und die Sonne schien. Mit dem plötzlichen Wetterumschwung kam die Kälte. Die ruhigen Buchten der kleinen Seen froren zu, und das Laub färbte sich vollends gelb.

»Ich muß mich ranhalten«, sagte sich Matt.

Als er auf dem gleichen Weg zurückkehrte, entdeckte er am Zusammenfluß zweier Bäche, in denen er gegraben hatte, Spuren im Sand, die ihn stutzig machten. Sie waren vom Regen verwaschen, aber noch deutlich zu erkennen. Sie stammten weder von einem Tier noch von indianischen Mokassins. Es waren Stiefelabdrücke.

»Mersh!«

Er war es. Ganz sicher.

Er suchte die Umgebung ab. Auf der Uferböschung eines der beiden Bäche fand er die Asche eines Feuers.

»Er folgt mir!« entfuhr es ihm.

Er war davon überzeugt, daß er recht hatte. Warum sonst sollte sich der Alte hier draußen, fernab vom Dorf, herumtreiben?

Aber er hatte keine Zeit, nach Mersh zu suchen. Der Herbst ging zu Ende, und die ganze Natur pulsierte noch einmal in Erwartung des Winters. Enten und Gänse belebten den Himmel, ehe sie den Schneestürmen Platz machten. Die tosenden Flüsse, angeschwollen nach den starken Regenfällen, unterspülten die Ufer und rissen Bäume mit sich, ehe sie unter dem Eis verstummten, das der Frost wie ein Leichentuch über sie breitete. Die Tiere zogen fort, und diejenigen, die blieben, wurden geschäftig und entfalteten vor dem ersten strengen Frost eine fieberhafte Aktivität. Manche, wie die Bären, würden sich bald in Höhlen verkriechen, die Schutz vor Kälte und Schnee boten, und dort überwintern. Matt war schon einigen dieser gefürchteten Raubtiere begegnet, doch sie hatten alle so schnell vor ihm Reißaus genommen, daß ihm gar keine Zeit geblieben war, Angst zu bekommen. Er riskierte nichts. Er war bewaffnet, und seine Hunde warnten ihn vor unliebsamen Überraschungen.

Seine letzte Begegnung mit Nastasia lag zwei Wochen zurück. Sie war wieder in sein Leben getreten, und diesmal versuchte er nicht mehr, sie zu vergessen. Er hatte sogar das Gefühl, daß sie ihm neue Kraft gab, einen Grund, bei seiner Suche bis an seine Grenzen zu gehen. Das Gold selbst verlockte ihn gar nicht mal so sehr. Es war vor allem das Erfolgserlebnis, das er suchte. Der Reichtum, der aus einem solchen Fund erwachsen konnte, ging weit über den materiellen Wert der gewonnenen Nuggets hinaus.

An diesen strahlend schönen Herbsttagen sann er über seine Zukunft nach. Mary war fern. Noch empfand er Zärtlichkeit für sie und fühlte sich zu ihr hingezogen, doch in seinem Herzen hatte eine andere ihren Platz eingenommen.

Beim Mondwechsel im September schlug Matt in einem weiten Tal mit grasbewachsenen Hängen sein Lager auf. Gegenüber lag ein See, in den sich drei Bäche ergossen, die er erkunden wollte. Ein gutes Stück stromaufwärts waren Hügel zu erkennen, deren Ausläufer mit Wald bedeckt waren. Und noch weiter dahinter ragten die verschneiten Gipfel der hohen Berge empor, die teilweise im Dunst verschwanden.

Matt ging in einen kleinen Wald, um Brennholz zu sammeln, und dabei entdeckte er die Stümpfe mehrerer Bäume, die mit der Axt gefällt worden waren. Mit der Stahlaxt eines Weißen, wie an den Kerben unschwer zu erkennen war. Er war erstaunt und geriet ins Grübeln. Die Stümpfe waren mehrere Jahre alt, aber sie bewiesen, daß sich ein Mensch hier aufgehalten hatte, ohne Zweifel, um die Bäche abzusuchen. Folglich hätte er jetzt die Gegend wechseln müssen. Aber alle seine Probegrabungen deuteten darauf hin, daß hier irgendwo eine Ader war. Die Stellen, an denen er Goldstaub gefunden hatte, bildeten auf der Karte eine Raute, deren eine Spitze wie ein Pfeil in diese Gegend wies, und es war eine gründliche Suche, die ihn hierhergeführt hatte. Aber ein anderer war vor ihm hier gewesen.

»Das ist entmutigend«, sagte Matt laut und streichelte Gold, die vom Jagen zurückgekommen war und ihm die Schnauze aufs Bein legte.

Doch er ließ sich keineswegs entmutigen. Er betrachtete seine Hunde, die müde um ihn herumlagen, die Pferde, die auf der saftigen Wiese grasten, die sich in sanften Wellen bis zum See hinzog, und er war glücklich. Ringsumher war alles von einer jungfräulichen Reinheit, und er fühlte sich gut, eins mit der Landschaft. Gewiß, er wollte Gold finden, aber das eilte nicht. Im Winter würde er mit seinen Hunden auf die Jagd gehen und das Fleisch verkaufen. Das Gold konnte bis zum nächsten Sommer warten oder bis zum übernächsten. Er war jung. Mit seinen Hunden konnte er weit reisen, in Gegenden, in denen noch nie jemand war, jenseits dieser schneebedeckten, vor ihm aufragenden Berge, die im Dämmerlicht rötlich schimmerten. Er blickte zuversichtlich in die Zukunft. Mittlerweile wußte er, wie man sich mit Fisch oder Wild versorgte, und so würde er nicht zu hungern brauchen.

Ganz in der Nähe, auf dem Hang eines Hügels gegenüber, hatte Mersh haltgemacht. Er hatte sein Pferd mit einem langen Seil angebunden, damit es in weitem Umkreis weiden konnte, und Wild, sein Leithund, lag zu seinen Füßen. Die übrigen Hunde hatte er bei Nastasia im

Lager gelassen, denn mit der ganzen Meute hätte er Matt nicht unbemerkt folgen können. Er hatte Itlewillik, dem alten Häuptling der Siswash-Indianer, versprochen, Matt zu töten, falls er das geheime Tal entdeckte. Und Matt war kurz davor.

Als Mersh gesehen hatte, wie Matt einen falschen Weg einschlug und nach Norden abbog, hatte er gehofft, daß er nicht umkehren würde. Doch dieser verteufelte Matt war ein schlauer Fuchs. Er verstand nicht viel von diesem Metier, aber leider hatte er ein gutes Gespür und zog die richtigen Schlußfolgerungen. Was er befürchtet hatte, war eingetreten. Die Goldfunde, die Matt in den Niederungen gelungen waren, hatten ihn zu dem Zufluß und dann zu dem Bach geführt, dem er bis hierher gefolgt war. Jetzt war er dem kleinen Hochtal sehr nahe, und Mersh würde ihn erschießen müssen. Er würde es tun, weil er es versprochen hatte. Und weil Matts Leben ihm gehörte. Er hatte es schon mehrmals gerettet. Als die Indianer ihn davon benachrichtigt hatten, daß der Mann, der sich als sein Freund vorgestellt hatte, auf Goldsuche sei, hatte er mit dem Häuptling gesprochen. Aber schon da war ihm klar gewesen, daß Matt früher oder später würde sterben müssen, genau wie die beiden anderen Weißen, die in den letzten Jahren in dieses Gebiet vorgedrungen waren.

Mersh hatte von Anfang an geahnt, daß Matt sein Leben völlig durcheinanderbringen würde, und zugleich hatte er diesen jungen Mann, der auf seinen Spuren wandelte, bewundert und eine gewisse Zuneigung zu ihm gefaßt. Es würde zu weit gehen, wollte man behaupten, daß Mersh gehofft hatte, Matts Suche bliebe erfolglos. Denn je näher Matt dem geheimen Tal und seiner Entdekkung kam, desto mehr fieberte Mersh mit. Ursprünglich hatte er die Absicht gehabt, ihn sofort zu erschießen, wenn er in das Tal vordrang. Nun aber wollte er ihn die

Suche erfolgreich beenden lassen und ihm diese letzte Freude gönnen. Für Mersh war es wie eine Reise in die Vergangenheit. Er fühlte sich um zwanzig Jahre zurückversetzt. Durch Matt wollte er die Magie dieses beglükkenden Augenblicks noch einmal erleben.

War das nicht selbstsüchtig von ihm?

Als der Mond am Sternenhimmel aufging, den das Dämmerlicht noch zart violett färbte, beschloß Mersh, die Sache doch jetzt gleich zu Ende zu bringen. Er kletterte zum Paß hinauf.

Eine halbe Stunde später stieg er in den kleinen Wald hinab, neben dem Matt sein Lager aufgeschlagen hatte. Der Wind stand günstig, und er wahrte so viel Abstand, daß Matts Hunde ihn nicht bemerken konnten. Im Schein des Feuers sah er ihre Schatten und die gebeugte Gestalt Matts, der noch wach war und Tee trank. Er pirschte sich bis auf zweihundert Meter heran und stellte das Visier seines Karabiners auf diese Entfernung ein. Er legte den Schaft des Gewehrs auf einem Stein auf und zielte auf die Brust des jungen Mannes. Dann drückte er ganz langsam den Abzug.

50

CHINOOK SPRANG AUF UND SPÄHTE KNURREND IN DIE Nacht. Matt griff zu seinem Karabiner und suchte mit den Augen die Dunkelheit ab. Auch die anderen Hunde hatten sich erhoben, bellten und schnüffelten, doch der Wind blies unglücklicherweise in die andere Richtung. Chinook stellte die Ohren auf. Er hatte ein metallisches Geräusch gehört, aber es war nicht der Hufschlag eines Pferdes. Seine Augen vermochten den Vorhang der Nacht nicht zu durchdringen, doch er witterte Gefahr. Er hatte das Geräusch sofort von denen der Natur unterschieden.

»Was ist los, Chinook? Ein Bär?«

Der Hund spähte weiter in das Dunkel und knurrte. Der Rest der Meute lauerte hinter ihm. Und dann beruhigte sich Chinook wieder. Er konnte nichts entdecken, blieb aber wachsam, den runden Kopf dem oberen Teil des Tales zugewandt.

Matt legte den Karabiner wieder weg. Falscher Alarm. Sicher hatte in der Ferne nur ein Fuchs gekläfft oder ein Wolf geheult.

Mersh konnte seine Nachlässigkeit nicht fassen. Er hatte ganz einfach vergessen, sein Gewehr zu laden, und der Schlagbolzen hatte nur ein Klicken von sich gegeben. So etwas war ihm noch nie passiert, und er war wütend.

»Verblöde ich langsam?«, stieß er zwischen den Zähnen hervor. Bei der Begegnung mit einem Bären konnte ihn ein solcher Fehler das Leben kosten.

Er wartete lange. Als endlich Ruhe einkehrte und die Hunde sich wieder hingelegt hatten, zog er sich zurück. Lautlos wie ein Schatten schlich er durch eine kleine Schlucht, die in einem Gewirr bemooster Felsblöcke endete, und stieg den Hügel hinauf. Er hätte seine alte Winchester nicht laden und den etwas wackeligen Magazinhebel betätigen können, ohne erneut Alarm auszulösen. Er wußte nur zu gut, daß Hunde auf das kleinste ungewöhnliche Geräusch horchten.

Er gelangte in sein Lager. Wild lag am Feuer, wie er ihm befohlen hatte. Er blieb lange am Feuer sitzen, trank Fichtentee und schimpfte auf sich selbst.

»Wo habe ich nur meinen Kopf? Ich vergesse, das Gewehr zu laden! Ist das zu fassen?«

So sprach er eine Zeitlang laut mit sich selbst, und als es ihm bewußt wurde, runzelte er die Stirn und brummte nur noch vor sich hin.

»Demnächst fang ich noch an, mit den Bäumen zu reden!«

Er zuckte schicksalsergeben mit den Schultern, und zwei Minuten später nahm er, ohne es zu merken, sein Selbstgespräch wieder auf.

Matt stand bei Tagesanbruch auf, schlang hastig ein Frühstück hinunter und ging an die Arbeit. Er erkundete den ersten Bach, fand aber nichts, nicht die kleinste Menge Goldstaub. Er war darüber nicht enttäuscht, ganz im Gegenteil. Daß es hier kein Gold gab, war nur der Beweis, daß er der verborgenen Ader näherkam. In den letzten Tagen hatte er überall Gold gefunden, selbst im Sand und Schlamm des Sees. Nun mußte er herausfinden, woher es kam, bis zur ursprünglichen Ader hinaufsteigen, zur »Tasche«. Im zweiten Bach dasselbe, ebenso im dritten. Jetzt wurde es kompliziert.

Am nächsten Tag überquerte er die Wasserscheide und erkundete ein paralleles Tal. Keine Spur von Gold. Er durchkämmte ein zweites weiter im Norden. Mit demselben Ergebnis. Dafür entdeckte er eine kleine Karibuherde und pirschte sich an sie heran. Er erlegte zwei Tiere. Ein drittes, das er nur anschoß, hetzten die Hunde bis ins untere Tal, wo sie es töteten. Matt verlegte sein Lager in die Nähe der geschossenen Karibus und zerlegte sie. Die Hunde fielen über die Reste her. Danach band er sie wieder an das Drahtseil. Er hatte sie lange frei umherstreifen lassen, und nun mußte er sie wieder daran gewöhnen, angebunden zu werden. Anschließend erklomm er den höchsten Hügel in der Gegend, studierte ihre geographische Beschaffenheit und versuchte sich vorzustellen, wie es vor Jahrmillionen hier ausgesehen hatte.

»Diese Berge gab es mit Sicherheit noch nicht,« sagte er sich, »und ein verschwundener Wasserlauf hat das Gold verteilt.«

Er versuchte sich zu vergegenwärtigen, wie er an den See gekommen war und wo er das Gold gefunden hatte. Da begriff er, daß er auf einer falschen Spur war. Er mußte der Linie folgen, die seine Funde auf der Karte bildeten. Er mußte im Westen suchen.

Er glaubte, schwachen Rauch in der Luft auszumachen, doch bei genauerem Hinsehen kam er zu dem Schluß, daß er sich vom Nebel hatte täuschen lassen.

Tags darauf brach er sein Lager wieder ab, überquerte den Hügel und erkundete das Gebiet westlich des Sees, wo er am ersten Tag angekommen war. Es gelang ihm, in einem kleinen Wildbach etwas Goldstaub zu waschen, dann noch eine kleinere Menge in einem zweiten Bach an der Flanke des Hügels. Er kletterte etwas höher und gelangte in ein kleines Hochtal, dessen Hänge mit Manzanita-Sträuchern bedeckt waren, von denen einige noch blühten. Obwohl es schon spät war, schöpfte er etwas Sand und Schlamm aus dem Bach, der mitten durch die Wiese floß, und wusch beides mit langsamen, kreiselnden Bewegungen. Er kniff die Augen zusammen und runzelte angestrengt die Stirn. Bald zeigten sich kleine goldene Körnchen. So viele hatte er noch nie gesehen. Dennoch behielt er sie nicht und wischte sie verschwenderisch in den Bach zurück. Langsam kam er der Sache näher. Er unternahm einen zweiten Versuch weiter unten, dann einen dritten weiter oben. Die Goldmenge nahm nach oben hin zu. Morgen würde er zur Ader hinaufsteigen!

Er legte sich spät hin und konnte nur schwer einschlafen. Vor Sonnenaufgang saß er wieder im Sattel, und als die ersten Sonnenstrahlen ihn überraschten, hatte er bereits den oberen Teil des kleinen Tales erreicht und ritt zu dem Wildbach auf der anderen Seite.

Er war überzeugt, daß sich die Mutterader in diesem Tal befand. Er wollte sich Gewißheit verschaffen und untersuchte an mehreren Stellen Schlammproben. Nichts, nicht die kleinste Menge Goldstaub. Wie er gehofft hatte.

»Jetzt haben wir's.«

Am Nachmittag unternahm er einen letzten Erkundungsritt nach Norden. Die Hunde hüpften ausgelassen um ihn herum, sogen die Wildgerüche ein, nahmen bisweilen die Spur eines Hasen auf oder jagten der Form halber ein Schneehuhn, das natürlich davonflog, ehe sie es packen konnten. Von Zeit zu Zeit hielt Matt an und wühlte im Sand und Schlamm der Bäche. Überall mit demselben Resultat. Die Spur des Goldes endete in dem kleinen Tal. Die »Tasche« war hier irgendwo, entweder an der Oberfläche oder tief im Felsen. Bald würde er es wissen.

Er ritt in das Tal zurück und arbeitete bis spät in die

Nacht. Je höher er stieg, desto mehr Goldkörner wusch er mit jeder Pfanne. Als er mehr als einen Dollar pro Pfanne erzielte, begann er, die Körner zu behalten, doch plötzlich sank die Ausbeute wieder. Bald fand er gar kein Gold mehr. Er untersuchte sorgfältig die beiden Hänge und hackte mit seinem Pickel mehrere Löcher in den auf der Ostseite. Er hatte sich nicht getäuscht. Das Gold war auf dieser Seite. Gegenüber fand er nichts.

Als er erneut über den Bach sprang, um zur anderen Seite zurückzukehren, wurde es bereits dunkel. Vor lauter Aufregung hatte er seit dem Morgen nichts mehr gegessen. Er ging ins Lager, fütterte die Hunde und briet sich mehrere Fleischstücke.

»Ich muß mich stärken, wenn ich daran denke, wieviele Löcher ich morgen zu graben habe.«

Er stand auf, sobald er genug Tageslicht zum Arbeiten hatte. Es war kalt, und Reif hatte das ganze Tal weiß überzogen. Am Hang gegenüber zeichneten sich schemenhaft die beiden Pferde im Dunst ab. Das große Tal in der Ferne lag noch in dichtem Nebel, doch über der weißen Decke war die gezackte Linie der hohen Berge zu erkennen. Matt konnte nicht anders, er mußte dieses Panorama einfach bewundern. Es war eines der schönsten, das er jemals gesehen hatte.

Er machte sich an die Erkundung des Hangs. Mit Pickel und Schaufel grub er mehrere Löcher. Dabei folgte er einer Linie, die parallel zum Bach verlief. Die Zahl der Goldblättchen, die er fand, wuchs bis zu der Stelle, die er die »Mitte« nannte. Dort erzielte er die besten Ergebnisse. Danach nahm die Zahl wieder ab. Über dieser ersten Linie zog er eine zweite, dann eine dritte. Die Mitte verschob sich bei jeder Linie leicht nach links, und das Gold steckte immer tiefer im Boden. Nun ging er daran, etwa dreißig Meter von der Mitte der vorausgegangenen Linie entfernt mit Pickel und Schaufel ein Loch auszuheben und die Erde zu sieben, dann tat er ein Stück höher dasselbe... Je höher er kam, desto kürzer wurde die Linie, die auf beiden Seiten dort endete, wo er kein Gold mehr fand. Nach und nach schrieben die Löcher ein umgekehrtes V in den Hang.

Am Abend des zweiten Tages erklomm er den gegenüberliegenden Hang, um sich einen Überblick über die Probegrabungen zu verschaffen. In der Mitte jeder Linie, also dort, wo er auf die höchste Goldkonzentration gestoßen war, hatte er einen Stock in den Boden gerammt. Insgesamt waren es sechs Stöcke. Sie bildeten eine Linie, die nach oben wies und sich leicht nach links krümmte. Von seinem Standort aus war deutlich zu erkennen, daß alle Löcher zusammen den unteren Teil eines Dreiecks bildeten. Und man konnte ahnen, wo die Spitze des Dreiecks war.

»Himmeldonnerwetter!«

Was er entdeckte, ließ ihn vor Entsetzen erstarren. Alle Farbe wich aus seinem Gesicht. Er riß die Augen auf.

Oberhalb der Löcher, die er in den Hang gegraben hatte und die sechs Linien bildeten, waren weitere Linien zu erahnen. Im Lauf der Jahre waren sie zwar unter einem Pflanzenteppich verschwunden, doch aus der Entfernung waren sie deutlich zu erkennen.

Die Mutterader war bereits entdeckt! Das Gold war ohne Zweifel nicht mehr da. Er kam um Jahre zu spät.

Warum hatte man die Löcher wieder zugeschüttet? Schnee und Erosion allein konnten nicht der Grund sein, warum keine Löcher und Erdhaufen zu erkennen waren. Ausgeschlossen. Er brauchte sich ja nur anzuschauen, was er mit seinen Grabungen im unteren Teil des Hangs angerichtet hatte. Die Spuren der Verwüstung waren bestimmt noch in fünfzig Jahren zu sehen. Im oberen Teil war hingegen nichts zu erkennen, nicht der kleinste Hinweis darauf, daß dort jemand gegraben hatte. Matt hätte nie etwas bemerkt, wenn er nicht selbst gegraben hätte. So aber war ihm aufgefallen, daß an der Spitze des Dreiecks die Vegetation kaum merklich anders war.

Wenn jemand vor ihm die Entdeckung gemacht hatte, warum waren dann nicht alle goldführenden Bäche der Umgebung erkundet worden wie am Klondike?

Wahrscheinlich, so sagte er sich, hatte der Mann Hilfe holen wollen und versucht, seine Entdeckung zu verbergen, damit ihm niemand das Gold stahl. Doch unter Goldgräbern galt ein ehernes Gesetz. Der Entdecker war der Besitzer. Niemand hätte ihm den Fund streitig machen können. Also fragte sich Matt, ob der Mann vielleicht ums Leben gekommen war. Aber das änderte nichts an der Frage, warum er die Löcher wieder zugeschüttet hatte.

»Vielleicht ist die ›Tasche‹ nichts wert«, sagte er sich. »Vielleicht hat sich alles auf den Hügel verteilt und dann in die Bäche.«

Doch alles sprach eher für das Gegenteil. Und gesetzt den Fall, sie war tatsächlich nichts wert, so hätte der Mann doch wenigstens den goldhaltigen Schlamm ausgebeutet. Das führte abermals zu der Frage: Warum hatte er alles wieder zugeschüttet? In den letzten Löchern hatte Matt mit jeder Schaufel Gold im Wert von eineinhalb Dollar zu Tage gefördert. Das war eine außergewöhnliche Ausbeute. Wusch man eine Tonne Erde in der Woche aus, konnte man Goldstaub für gut tausend Dollar erhalten.

Es blieb ein Rätsel.

Matt brauchte nur noch an der Spitze des Dreiecks zu graben, wo sich höchstwahrscheinlich die »Tasche« befand. Vielleicht fand er dort des Rätsels Lösung.

An besagter Stelle stieß Matt auf den alten Stiel einer Hacke. Zudem war deutlich zu sehen, daß hier jemand Löcher ausgehoben und wieder zugeschüttet hatte, auch wenn Gras und Sträucher seitdem nachgewachsen waren.

Matt empfand für seinen Vorgänger eine Mischung aus Mitleid und Bewunderung. Was war aus ihm geworden? Er würde es wohl nie erfahren.

Mit Hacke und Schaufel hob er Löcher aus. Das Graben wurde immer mühsamer, je tiefer er kam, doch er ließ nicht locker. Von Zeit zu Zeit hielt er inne und untersuchte die Erde und das bröckelige Gestein, das er ausgegraben hatte. Keine Spur von Gold. Er arbeitete bis zum Abend weiter, ohne greifbares Ergebnis. Dann, als der Mond bereits aufgegangen war, hob er ein tieferes Loch aus. In etwa anderthalb Meter Tiefe fand er Gold in großer Menge: über drei Dollar pro Pfanne. Er war auf eine gute Stelle gestoßen. Er brauchte nur noch etwas tiefer zu gehen. Dies tat er am nächsten Tag, nachdem er in der Nacht vor Aufregung kaum ein Auge zugetan hatte.

Er grub den ganzen Morgen und schaufelte zentnerweise Erde, bis er auf die harte Felsunterlage stieß, einen ersten Quarzgang. Er rammte seine Hacke in das Gestein, brach ein paar Brocken heraus und brachte sie nach oben. Er kratzte die Erde ab, die an ihnen klebte, und wusch sie mit Wasser, dann nahm er einen in die Hand, drehte ihn in die Sonne und beugte sich vor, um das Spiel des Lichts auf dem Stein besser sehen zu können.

»Du lieber Himmel! Das ist kaum zu glauben!«

Der Quarzbrocken in seiner Hand war mit Gold durchzogen und schimmerte wie ein Edelstein.

Matt konnte es nicht fassen. Er hatte einen Schatz entdeckt. Hier lag Gold im Wert von mehreren hunderttausend, vielleicht sogar Millionen Dollar.

»Ich bin reich. Steinreich!«

Er begann zu tanzen.

51

NACH DEM FEHLSCHLAG MIT DEM UNGELADENEN GEwehr war Mersh wieder auf seinen ersten Gedanken zurückgekommen, nämlich Matt zu folgen. Und das tat er, indem er ihn aus der Ferne beobachtete. Er brauchte sich ihm nicht weiter zu nähern. Er wußte auch so, was er tat, was er sich erhoffte, was er dachte.

Als er sah, wie Matt Pflöcke einschlug und Anstalten machte, nach Dawson zurückzukehren, nahm er an, daß er seinen Claim registrieren lassen wollte, bevor er ihn ausbeutete. Er beschloß, zu ihm zu gehen. Er wollte mit ihm reden, bevor er ihn tötete.

Matt war über seine reiche Ader bis ins Innerste aufgewühlt, doch er war nicht in Panik geraten. Er stellte sich einfach nur vor, wie sich sein Leben verändern würde, und das machte ihm ein wenig angst. Doch er hatte keine Eile und genoß in vollen Zügen die Farbenpracht des zu Ende gehenden Indianersommers.

Er hatte den Claim mit vier Pfählen abgesteckt und auf alle vier seinen Namen und seine Schürfernummer geschrieben. Er sicherte sich auch die beiden Claims oberhalb und unterhalb der Fundstelle. Nur auf diese drei hatte er Anspruch. So wollte es das Gesetz. Die anderen weiter oben und weiter unten und alle übrigen würden denen gehören, die als erste hier eintrafen, wenn er seinen Fund bekanntgegeben hatte. Die Registrierung des ersten Claims wurde automatisch für ungültig erklärt, wenn der Finder andere Goldsucher nicht an einem öffentlichen Ort von seiner Entdeckung unterrichtete.

Matt sah sich schon mit einem Sack voll Gold ins *Monte-Carlo* in Dawson stiefeln, in das er die Goldsucher bestellen wollte. Er stellte sich vor, wie er auf einen Tisch stieg und von einer Gegend berichtete, in der es noch mehr Gold gab als am Klondike. Wie die Männer förmlich an seinen Lippen hingen und ein aufgeregtes Raunen durch ihre Reihen ging. Wie er Mary in seinen Bann schlug. Wie die Cleversten sich schon zur Tür stahlen, um als erste zum neuen Klondike zu eilen. Er würde ihnen sagen, daß er die Mutterader entdeckt habe und daß nur noch das Gold zu vergeben sei, das aus dieser Lagerstätte ausgeschwemmt worden sei. Dann würden sich zwei Typen von Goldsuchern aufmachen. Die einen würden den goldhaltigen Schlamm der Wasserläufe unterhalb der Lagerstätte durchwühlen, die anderen, die Abenteuerlustigeren, würden sich auf die Suche nach einer zweiten Lagerstätte machen. Die meisten goldführenden Quarzgänge waren im Lauf der Zeit zerbrochen und verwittert. Dies war der Grund, warum so viele Bäche in Alaska Gold in Form von Staub und Plättchen führten. Eine so reichhaltige Lagerstätte wie seine legte die Vermutung nahe, daß sich weitere, noch intakte Adern zutage fördern ließen. Immerhin hatte Matt in zahlreichen Wasserläufen der Umgebung Goldstaub gefunden.

Man würde die ganze Gegend auf den Kopf stellen, alle Talmulden und Hänge umgraben, Bäche umleiten. Hunderte, ja Tausende würden kommen. Eine Stadt würde aus dem Boden schießen. Und Matt wäre der König. Fast ganz Dawson würde sich auf den Weg machen. Bleiben würde nur, wer an den wenigen noch rentablen Minen verdiente. Matt würde sich von seinem

Gold ein großes Haus bauen. Er würde seinen Claim ausbeuten und anschließend als Held nach San Francisco zurückkehren. Michener würde stolz auf ihn sein.

Plötzlich bellten seine Hunde wütend in Richtung des Waldes, der sich bis in das kleine Tal heraufzog. Matt stürzte zu seinem Karabiner.

»Ein Bär.«

Aber Bären pfiffen nicht.

Es war ein Mensch!

Matt schnürte es die Kehle zu. Das Blut gefror ihm in den Adern. Ein dunkler Schatten fiel auf ihn, als hätte sich eine Wolke vor die Sonne geschoben, und verdüsterte seine Zukunft. Doch er gewann rasch seine Fassung zurück. Der Fund gehörte ihm. Er hatte ihn abgesteckt, und niemand würde sich seiner bemächtigen.

»Wild, zurück!«

Er kannte die Stimme. Sie gehörte Mersh. Er hätte es wissen müssen.

Seine Hand umkrampfte den Karabiner, Mordgedanken schossen ihm durch den Kopf.

Mersh war ihm gefolgt. Er hatte ihm nachspioniert. Kein Zweifel. Eine dumpfe Wut überkam ihn, doch er versuchte ruhig Blut zu bewahren. Der Claim gehörte schließlich ihm.

Der grüne Vorhang teilte sich, und Mersh trat heraus, seinen Hund an der Leine führend. Nach einem kurzen Blick in die Runde nahm er die Schäden, die Matt mit seinen Probegrabungen in dem kleinen Tal angerichtet hatte, genauer in Augenschein.

Dann erst wandte er sich Matt zu, der mit dem Karabiner in der Hand dastand. Seine blauen Augen blieben an dem Gewehr hängen. Sie blickten spöttisch.

»Hier gibt es keine Bären. Sie finden hier nicht genug Heidelbeeren. Du kannst den Schießprügel weglegen.«

Matt antwortete nicht und brachte Chinook, der unablässig Mershs Hund anknurrte, zum Schweigen.

Mersh führte Wild, der an der Leine zerrte und wütend zurückknurrte, zu einem Baum, band ihn dort an und kehrte zu Matt zurück, der, den Karabiner noch immer in der Hand, am Feuer stand.

»Hast du Angst, ich könnte dich bestehlen?«

Matt wartete ab und beobachtete Mersh scharf. Das Gesicht des Alten verschwand fast ganz unter einem graumelierten Vollbart, und seine Augen hatten einen besonderen Glanz. Matt spürte, daß er ihn belauerte wie ein Raubvogel, der sich im nächsten Moment auf seine Beute stürzte.

»Hast du die Sprache verloren?«

»Was wollen Sie hier?«

»Was ich hier will? Was bildest du dir ein? Bist du hier zu Hause?«

»Der Claim gehört mir. Ich habe ihn abgesteckt.«

Matt deutete auf das Tal. Mersh bedachte ihn mit einem geringschätzigen Blick.

»Ja und?«

»Nichts und. Er gehört mir, das ist alles, da können Sie mir noch so viele Moralpredigten halten. Das ist mir scheißegal.«

»Bekomme ich einen Tee?«

Matt zögerte.

»Du kannst mir mit der einen Hand den Tee geben und mit der anderen das Gewehr halten«, spöttelte Mersh.

Mit einer wütenden Geste legte Matt die Waffe weg. Er schob ihm den Teekessel und einen Becher hin. Mersh goß sich ein.

»Ist dir eine Laus über die Leber gelaufen?«

»Hören Sie auf, mich zu verarschen.«

Mersh schlürfte langsam seinen Tee. Matt stand schweigend daneben, behielt ihn im Auge und sann über die

Natur dieser geheimnisvollen Kraft nach, die ihn auf der Hut sein ließ.

Mersh trank den Becher leer, setzte ihn ab und rieb ihn mit einem Büschel Gras aus, dann richtete er sich wieder auf und hielt sich das Kreuz.

»Komm, ich will dir was zeigen!«

Damit kehrte er ihm den Rücken und ging in Richtung Hang. Matt zögerte einen Moment, dann beschloß er, ihm zu folgen. Er hob den Karabiner in dem Augenblick auf, als Mersh sich umdrehte, um nach ihm zu sehen. Wieder huschte ein spöttisches Grinsen über das Gesicht des alten Mannes.

Er sprang über den Bach, ging am Ufer entlang bis zu der Stelle, wo Matt zu graben begonnen hatte, dann noch ein Stück weiter und blieb schließlich vor dem Pflock stehen, den Matt in den Boden gerammt und mit seinem Namen und seiner Schürfernummer versehen hatte. Matt beobachtete ihn aufmerksam.

Ahnte Mersh, was er da oben entdeckt hatte? Wußte er von der reichen Lagerstätte?

Mersh stieg jetzt schräg den Hang hinauf bis zu einem Gebüsch, unter dem sich ein kleiner Felsblock verbarg. Er bog die Zweige zur Seite, machte ein zufriedenes Gesicht und winkte. Matt ging hin und kauerte sich nieder. Zwischen zwei Steinen klemmte ein Brett, und in das wurmstichige Holz war eingeschnitzt:

Mersh. Nr. 607. Goldtal. Claim Nr. 1.

Matt hielt den Atem an und blieb in der Hocke. Er tat so, als interessiere er sich für die Beschriftung, doch er versuchte zu verstehen. Der Kopf schwirrte ihm. Er wußte überhaupt nicht mehr, was er sagen oder tun sollte.

Mersh war es also gewesen. Schon wieder er.

»Mach das Brett los und gib es mir.«

»Aber ...«

»Mach es los.«

Matt gehorchte. Das Brett war nicht tief in den Boden gerammt. Er gab es Mersh, und der betrachtete es gerührt, so wie man ein altes Foto betrachtet. Dann ging er zur zweiten Markierungstafel, die rund hundert Meter entfernt war, und zog auch sie unter einem Busch hervor.

Matt folgte ihm. Es brodelte in seinem Hirn. Mersh kehrte ihm den Rücken zu. Er brauchte nur den Abzug seines Karabiners zu betätigen, und der Schatz gehörte ihm. Es war so leicht, so verlockend. Mersh hatte diese Möglichkeit bestimmt in Betracht gezogen, traute ihm eine solche Tat aber nicht zu. Mersh hüpfte mit den beiden Brettern in den Händen wieder über den Bach. Vor dem Feuer blieb er stehen.

»Oben habe ich nicht markiert. Damals hat man nur unten abgesteckt. In den letzten fünfzehn Jahren haben sich die Gesetze geändert. Ich für mein Teil weiß nicht, wozu es gut sein soll, oben abzustecken. Schließlich …«

Er warf die beiden Bretter ins Feuer.

»In fünfzehn Jahren hat das Holz Zeit gehabt zu trocknen.«

Er lächelte und blickte wehmütig in die Flammen.

»Warum?«

Mersh zeigte wieder das spöttische Lächeln, das seit seiner Ankunft um seine Lippen spielte, und sah Matt ernst an.

»In diesem Warum stecken viele Fragen, nicht wahr? Wie habe ich diese Ader gefunden? Warum habe ich sie nicht registrieren lassen? Warum habe ich das Gold nicht gehoben? Warum schenke ich es dir? Warum? Warum? So viele Fragen und so viele Antworten, aber du würdest nicht einmal ein Viertel meiner Antworten verstehen.«

»Bin ich so dumm?«

»Die Antworten auf alle diese Fragen liegen in einer Welt, deren Existenz du nicht einmal ahnst.«

Mersh band seinen Hund los und nahm sein Gewehr.

»Warten Sie.«

»Leb wohl, Matt.«

»Warten Sie!«

Er hatte geschrien. Mersh blieb stehen.

»Warten Sie. Ich möchte noch etwas wissen, was mit all dem hier nichts zu tun hat.«

»Was?«

»Es geht um Nastasia. Die Indianerin, die ich ...«

Mershs Gesicht hatte sich plötzlich verändert. Seine Augen hatten sich zu eisigen Schlitzen verengt, und die Adern an seinem Hals traten hervor. Ein haßerfülltes Grinsen verzerrte seinen Mund, als er, jedes einzelne Wort betonend, sagte:

»Hör mir gut zu, du Rotznase. Sprich nie wieder von Nastasia. Nimm nie wieder ihren Namen in den Mund. Du ...«

Er hielt inne. In seinem Zorn hatte er vergessen, daß Matt für die Indianer, das große Varigai-Tal und Nastasia bald keine Bedrohung mehr darstellte, denn er war dem Tod geweiht.

Er ging leise fluchend weg, ohne sich umzudrehen.

52

ER HATTE »LEBEWOHL« ZU IHM GESAGT.

Von allem, was Mersh getan, und von dem wenigen, was er gesagt hatte, blieb Matt besonders dies in Erinnerung. Er sann darüber nach. Er mußte ein wenig Ordnung in seine Gedanken bringen. Über alles andere, Nastasia und die Goldader, stellte er bewußt keine Vermutungen an. Da tappte er völlig im dunkeln.

Aber warum hatte er ihm Lebewohl gesagt? Wollte Mersh die Gegend verlassen? Oder vermutete er, daß er, Matt, in den Süden zurückkehren würde, sobald er ein Vermögen gemacht hatte?

Ihm schwirrte der Kopf. Seit Mersh fort war, konnte er nicht mehr stillsitzen, und die Hunde, die seine innere Unruhe spürten, liefen wie er auf und ab.

Geistesabwesend streichelte er Gold, die sich an seinem Bein rieb, und betrachtete Chinook und Yukon, die im Schein des Feuers zu seinen Füßen lagen.

Die Nacht war herrlich. Myriaden von Sternen funkelten am Himmel, und im Osten flimmerten die Vorboten eines Polarlichts. Die Kälte kam. Man spürte in der vollkommenen Stille dieser Nacht, in der sich kein Windhauch regte, ihre Schwingungen, das Knistern der Bäume und der feuchten Erde, die der Frost mit weißen Streifen überzog, das Murmeln des Wassers, das langsam im Bachbett erstarrte, das Kristallisieren des kleinsten

Feuchtigkeitsteilchens in der Luft. Aus diesen Veränderungen erwuchs eine Spannung, denn man spürte, daß sie von Dauer waren.

Der Winter war da.

Die Hunde sogen die Gerüche ein, die ihnen die Nacht zutrug, und im Schein des Feuers glänzten ihre Augen wie Goldflitter.

»Meine Hunde!«

Was sollte aus ihnen werden? In seinem Taumel war er glatt imstande gewesen, sie zu vergessen. Er stand auf, ging von einem zum anderen, und sie wälzten sich auf den Rücken, um seine Liebkosungen voll auszukosten.

»Meine kleine Manouane, mein guter alter Blacky.«

Die Hunde zwinkerten vor Wonne und winselten wie Welpen. Er konnte sich nicht vorstellen, sich eines Tages von ihnen zu trennen. Er würde reich genug sein, um sie nach San Francisco mitzunehmen. Aber was sollten sie in San Francisco? Er würde sich eine Ranch kaufen und ihnen einen Zwinger bauen, der mehrere Hektar groß war. Und er selbst? Was würde er tun?

In der Kälte dieser ersten Winternacht kam ihm mit einem Mal zu Bewußtsein, wie sehr er sich verändert hatte. Der hohe Norden war in ihm. In seinen Adern floß ein anderes Blut. Das Blut der wilden Tiere, deren Fleisch er gegessen hatte. Die Jagd hatte seine Sinne geschärft und seine Muskeln gestärkt. Er war ein Raubtier geworden, ein Wolf, der nur die reine Luft der weißen Weiten atmen konnte und die Enge eines begrenzten Raums nicht ertrug. Er mußte ein Land durchstreifen können, das nur der natürliche Horizont begrenzte.

Am nächsten Morgen, als Matt aufstand, herrschte kristallene Stille. Die Luft war von einer unglaublichen Reinheit, und das kleinste Geräusch durchdrang den Raum, ohne etwas von seiner ursprünglichen Klarheit zu verlieren. Die Pferde grasten oben am Hang, und man hörte das Kratzen ihrer Hufeisen auf den Steinen. Ein eisiger Nebel umhüllte sie und folgte ihnen wie eine Schleppe. Die Hunde schliefen noch, dicht nebeneinander, zu Kugeln zusammengerollt. Sie waren ganz mit Rauhreif bedeckt und sahen aus wie kleine weiße Büsche.

Eine unbeschreibliche Ruhe lag über dem Tal, und der Himmel erstrahlte in einem besonderen Licht. Der Boden knackte, und die gefrorenen hohen Grashalme knickten mit leisem Knirschen. Jeder Atemhauch verwandelte sich in eine kleine Rauhreifwolke und bestäubte Matts Jacke mit weißen Flocken.

»Der Winter!«

Er war da, und das erfüllte Matt mit Begeisterung. Bald konnte er mit den Hunden wieder lange Fahrten durch die einsamen weißen Weiten unternehmen. Er hörte schon das Zischen des Schlittens, wenn er über die eisigen Pisten jagte, das Hecheln der Hunde, das gedämpfte Trommeln ihrer Pfoten im Schnee, und er meinte zu spüren, wie die kalte Luft über seine Wangen strich.

Er betrachtete den Hang mit den vielen Löchern, die er gegraben hatte, und dieser Anblick störte ihn, denn er verdarb die schöne Aussicht, die sich ihm bot. Von hier oben konnte er das gesamte Varigai-Tal überschauen, in dem ein goldener, im Morgenlicht glitzernder Nebel lag und sich weit unten, eingezwängt zwischen Grün, der stahlblaue Fluß wand. In der Ferne waren die schneebedeckten Berge zu erkennen, in denen der Fluß entsprang. Ihre Gipfel zackten in den blauen Himmel, an dem eine Schnee-Eule flog wie ein Pfeil.

Matt erklomm den Hang und sprang in das letzte Loch, das er gegraben hatte. Mit einem Pickel brach er große goldhaltige Quarzbrocken aus dem Boden und zerkleinerte sie auf den Steinen. Drei Stunden später hatte er über drei Kilo Gold. Er stieg wieder ins Lager hinab, um etwas zu essen. Mit diesem kleinen Vermögen brauchte er keine Not zu leiden. Er würde den Winter über nicht jagen müssen, um Geld zu verdienen, und wenn er nach Dawson kam, konnte er sich alles leisten, Champagner spendieren und das schönste Zimmer der Stadt mieten.

Aber das hatte keine Eile. Das schönste Zimmer hatte er hier. Den blauen Himmel als Decke, die Berge als Wände, eine Wiese als Teppich und die Pforte zum Varigai-Tal als Tür. Er brauchte keine Musik. Er hatte den Gesang der Wölfe. Er brauchte keinen Champagner, um sich zu berauschen. Hier berauschte ihn alles, die weiten Fahrten mit den Hunden, das Farbenspiel der Polarlichter, der Geruch von am Feuer gebratenem Fleisch, das weiche Fell eines Hundes, vor allem aber die Erinnerung an einen Blick. An einen Blick, der die ganze Majestät des hohen Nordens barg, seine Reinheit, seine Tiefe, seine Vergangenheit und seinen Reichtum.

Nastasia.

Alles Gold dieser Welt für einen Blick dieser Augen.

Er würde die Mine diesen Winter nicht ausbeuten. Er würde nach Dawson zurückkehren und sich anschließend mit seinen Hunden auf die Suche nach Nastasia machen. Er würde sie finden, und wenn er Tausende Kilometer zurücklegen und alle Täler vom Yukon bis zur Arktis durchkämmen mußte.

Er würde sich nächsten Sommer um den Claim kümmern. Er hatte es nicht eilig. Er mußte ihn ohnehin zunächst registrieren lassen, ehe er mit der Arbeit begann. Im Frühjahr würde er wiederkommen und sich am Fluß eine schöne Hütte bauen, gegenüber dem Hügel. Am Abend könnte er sich hinsetzen und den Sonnenuntergang über dem Tal bewundern, den Rufen der Gänse und Regenpfeifer lauschen und die Wolken beobachten, die langsam am Himmel dahinzogen. Er hatte Zeit. Er hatte noch das ganze Leben vor sich.

Doch ein Gedanke verscheuchte seine Träume. Wenn er wieder hierherkam, würde ihm ein Heer von Goldsuchern folgen und dieses Paradies zerstören. Er würde das Tal nie wieder bewundern können, denn Menschen würden hier einfallen, im Boden wühlen und alles verändern. Sie würden die Bäume des Waldes fällen. Er könnte keine Forellen mehr angeln, denn sie würden die Bäche umleiten und verschmutzen. Er könnte nicht mehr jagen, denn das Wild würde in ruhigere Gegenden flüchten. Er könnte nicht mehr der Stille der Taiga lauschen, denn das Kreischen der Maschinen würde sie übertönen.

Diese Vorstellung entsetzte ihn. Sein heiteres Gesicht wirkte mit einem Mal hohl, und unter seinen grünen Augen zeigten sich Sorgenfalten. Er stöhnte. Was für ein furchtbares Dilemma. Doch er hatte keine Wahl. Er konnte den Claim nicht ausbeuten, ohne ihn registrieren zu lassen. Kein Mensch würde glauben, daß er Goldklumpen von solcher Reinheit im Sand eines Baches gewaschen habe. Die alten Yukoner würden ihm ins Gesicht lachen, und die Polizei würde sich einschalten. Und er konnte ihn nicht registrieren lassen, ohne einen Goldrausch auszulösen, mit allen bekannten Folgen.

Aber dieses Tal war das schönste, das er je gesehen hatte. Hier, fernab vom häßlichen Dawson, in der Abgeschiedenheit dieser ungezähmten Natur wollte er leben, mit seinen Hunden und … mit Nastasia.

Ja, warum sich etwas vormachen? Er hatte sich auf den ersten Blick unsterblich in sie verliebt. Wozu leugnen, daß diese Begegnung sein Leben von Grund auf verändert hatte? Wie konnte er auch nur daran denken, in den Süden zurückzukehren? Niemals würde Nastasia dieses weite Land, das so war wie sie, verlassen.

»Hier bist du, was du tust.«

»Gib der Erde zurück, was sie dir gibt.«

Endlich bekamen diese Sätze einen Sinn. Was er gestern nicht verstanden hatte, begann er heute zu verstehen. Weil er nichts war, sahen ihn die Indianer nicht. Er existierte nicht. Er war wie eine Feder im Wind. Ein Mann auf der Durchreise. Doch die Erde hatte sich ihm hingegeben. Dies war eine einmalige Gelegenheit, es ihr zu danken und hier zu leben.

Matt verstand Mersh nun besser. Nun wußte er, warum er diesen Goldschatz nicht gehoben und seine Fragen nicht beantwortet hatte. Mersh gehörte zu den Menschen, die der Erde nur nahmen, was sie zum Leben brauchten, und deswegen wurde er von den Indianern geachtet. Das hatte Mersh ihm klarmachen wollen, als er nur einen Elch erlegte, während er selbst zwei hatte töten wollen, um das Fleisch zu verkaufen. Aber er hatte ihn nicht verstanden. Respekt! Das war der Schlüssel zum Verständnis dieses Landes und seiner Menschen. An ihm ließ sich ermessen, wie tief der Graben war zwischen denen, die gekommen waren, um seine Schätze zu rauben, und den anderen, die ein Teil des Landes waren und in Harmonie mit ihm lebten.

Harmonie. Respekt. Gleichgewicht. Alles bekam einen Sinn.

Nach diesen Werten lebten die Indianer und Männer wie Mersh. Matt mußte sich endlich darüber klar werden, was er wirklich wollte und was er vom Leben und der Zukunft erwartete.

Was war das für ein Reichtum, den ihm das Gold bescheren würde? Was konnte ihm das Gold geben? Sollte er sich deshalb zu seinem Sklaven machen? War es das wert?

Freiheit gehörte untrennbar zu diesem Land. Weiter hier zu leben, ohne sie genießen zu können, das hieße mit blinden Augen sehen und mit tauben Ohren hören.

Er hatte sich auf Schatzsuche begeben und nicht bemerkt, daß er bereits einen gefunden hatte. Einen unvergleichlichen Schatz, den ihm niemand mehr nehmen konnte. In diesem Land der Stille hatte er zu sich selbst gefunden und die Harmonie eines Lebens im Schoß der unberührten Natur erfahren. Der Blick Nastasias war wie eine Wintersonne, die über einem zugefrorenen See aufging, wie das blaue Gewölbe eines arktischen Nachthimmels, eine kalte Schönheit, der die funkelnden Sterne Leben gaben. Weil sie wie das Land war, das sie hervorgebracht hatte und das sie durchstreifte, hatte er sich sofort in sie verliebt. Sie war in ihn eingedrungen wie ein Messer in sein Fleisch, und sie vergessen hieße das Leben vergessen.

Er betrachtete den aufgewühlten Hang und war verblüfft, wie das Tal jetzt auf ihn wirkte. Es war kein Tal mehr, das einen Schatz barg, sondern das Symbol einer unberührten Natur, die er geschändet hatte. Er hatte das Gefühl, diesen Ort entweiht zu haben. Er schrie vor Freude, und dieser Schrei war der Schrei eines Neugeborenen, der zum ersten Mal Luft aus seinen kleinen Lungen pumpt. Es war wie eine Wiedergeburt.

Schon am nächsten Tag begann er damit, die Löcher wieder zuzuschütten.

53

DAS LAND WAR HART UND BRACHTE HARTE MENSCHEN hervor, die es gewohnt waren, mit dem Tod in Berührung zu kommen. Der Tod war ein ständiger Begleiter. Oft sagten die Indianer beim Aufstehen: »Heute ist ein schöner Tag zum Sterben.«

Mersh hatte bereits getötet, ohne sich Gewissensbisse zu machen. Er hatte sogar ein gewisses Vergnügen dabei empfunden, als er dem Vergewaltiger und Mörder seiner Gefährtin ein Messer in die Brust stieß. Das war lange her, doch die Zeit heilt eine solche Wunde nicht. Im Gegenteil, die Erinnerung war wie eine Klinge, die ganz langsam, aber immer tiefer in ihn eindrang.

Er würde Matt töten, dann würde er die Löcher zuschütten, wie die, die er selbst vor fünfzehn Jahren gegraben und wieder zugeschüttet hatte. Ironie des Schicksals.

Er hatte dreißig Kilometer stromabwärts am rechten Flußufer Posten bezogen und sein Lager am Rand einer großen sumpfigen Lichtung aufgeschlagen, die Matt überqueren mußte, wenn er nach Dawson wollte. Der Wind stand günstig, so daß ihn die Hunde nicht wittern würden. Auf dem Fluß konnte Matt nicht reisen, denn er war nur unvollständig zugefroren. Und westlich des Sumpfs schmiegte sich ein undurchdringlicher Wald an den felsigen Hang eines Berges, den die Siswash-Indianer verehrten. Oben auf dem Berg gab es einen See, und mitten in dem See lag eine Insel, auf der sie seit Menschengedenken ihre Toten bestatteten. In Prozessionen trugen sie die Leichname auf einem steinigen Pfad hinauf zu der Stätte, die von Adlern, die auf Erden den Großen Geist verkörperten, bewacht wurde. So waren die Toten dem Himmel nahe, und mit Hilfe der Aufwinde, von denen sich die Adler tragen ließen, wie um ihnen den Weg zu zeigen, konnten ihre Seelen ins Jenseits aufsteigen.

Ein schöner Berg, an dessen Fuß Matt sterben sollte.

Da Mersh in letzter Zeit einige dumme Fehler unterlaufen waren, hatte er jetzt alles zehnmal durchdacht und sich jeden Schritt genau überlegt. Selbst wenn Matt in der Nacht vorbeikäme, würde sein Hund ihn warnen. Er wartete in aller Ruhe und nutzte die Zeit, um ein paar Fallen aufzustellen. Er fing Biber, deren Fleisch zum Nahrhaftesten gehörte, womit er seine Hunde füttern konnte. Das Fleisch bewahrte er in einem Versteck auf, und die Häute gerbte er, denn er wollte sich daraus einen neuen Mantel nähen. Sein alter verlor Haare. Schon im letzten Winter hatte er darin gefroren, und so hatte er sich dazu durchgerungen, sich von ihm zu trennen. Maragia, seine Gefährtin, hatte ihn vor zwanzig Jahren für ihn angefertigt. Er hatte ihn zehnmal geflickt, aber nun brauchte er einen neuen.

»Ich werde ein Stück von dem Leder aufheben und mir daraus ein Gewehrfutteral machen. So bleibt mir wenigstens etwas erhalten.«

Er kam stets einige Tage nach dem ersten strengen Frost, der Seen und Sümpfe zufrieren ließ, und breitete für lange Monate einen weißen Mantel über die unermesslichen Weiten. Die Indianer nannten ihn *Tyuitkuoit,* »Den der Frost ruft«. Der erste Schneesturm des Jahres.

Er blies drei Tage ohne Unterlaß.

Dann, nach einem letzten Aufbäumen, mit dem der Sturm die Wolken vertrieb, kehrte vollkommene Ruhe ein. Der Himmel war von einer kristallenen Klarheit, und das Weiß erstrahlte in einem gleißenden, blendenden Licht. In den drei Tagen, in denen der Sturm tobte, schüttete Matt die letzten Löcher zu, behob die Schäden und gab dem Tal wieder sein altes Gesicht. Er pflanzte sogar einige Büsche, die er ausgerissen hatte, wieder ein. Der Boden war hartgefroren, und er mußte zu Pickel und Hacke greifen. Er arbeitete ruhig, ohne sich zu beeilen, kümmerte sich weder um Wind noch Schnee und gab, im Frieden mit sich und sicher, das Richtige zu tun, der Erde die Erde zurück.

Er würde Mersh aufsuchen und ihm alles erklären. Nein, lieber nicht! Er würde ihm einfach nur sagen, daß er die Löcher wieder zugeschüttet habe. Mehr würde er nicht sagen, denn hier zählten Taten mehr als Worte. Nun konnte er Nastasia und Mersh in die Augen sehen. Sie würden ihn verstehen, ohne daß er etwas erklären mußte.

Er lächelte. Er wurde einer von ihnen. Mersh würde stolz auf ihn sein.

Nach getaner Arbeit betrachtete er den unteren Teil des Hanges, auf dem bereits Schnee lag und die Pferde nach Gras scharrten. Bald würde alles unter einer dicken Schneedecke verschwunden sein. Und im Frühjahr, wenn es taute, strömte Schmelzwasser über den Hang und verwischte die Spuren. Dann kamen die Pflanzen wieder zu ihrem Recht, und in ein paar Jahren war von der Schändung dieses kleinen paradiesischen Tales nichts mehr zu sehen.

Matt empfand nicht das geringste Bedauern, keine Sekunde lang. Er hatte das Gold vergessen. Es war nichts wert, denn es entfernte ihn von Nastasia.

Er dachte an ihre Begegnung, und er sah wieder den feindseligen Blick, mit dem sie ihn angesehen hatte, ihn, den Weißen, der vor nichts Respekt hatte. Von heute an würde sich alles ändern, denn er war ein anderer geworden.

Aber was war mit Mersh? Was verband ihn mit Nastasia? Sie konnte unmöglich seine Gefährtin sein. Mersh war ein einsamer alter Wolf.

Seit es kalt war und Schnee den gefrorenen Boden bedeckte, blieben die Hunde immer länger fort, um Hasen zu jagen, und die Pferde wanderten auf der Suche nach Futter mit gebeugtem Rücken über die Bergwiese. Matt wollte sie nach Dawson bringen und verkaufen, doch dann kam ihm eine bessere Idee. Er würde sie dem Indianerhäuptling schenken. So hatte er einen Vorwand, ins Dorf zurückzukehren.

Die Hunde verschwanden gewöhnlich im Morgengrauen und kehrten am Nachmittag erschöpft zurück, das Fell am Hals noch voll vom Blut ihrer Beute. Sie waren wie ein wildes Wolfsrudel, und Matt sah mit großem Vergnügen zu, wie sie sich frei entwickelten. Die Rangordnung war stabil, und es herrschte Harmonie. Manchmal überließ Gold die Meute sich selbst und legte sich zu Matt, der sie verwöhnte. Manouane litt ein wenig darunter, doch Matt machte sich deshalb keine Gedanken. Sobald sie wieder ausfuhren, würde Manouane ihren alten Platz als Leithündin einnehmen. Das würde ihr Selbstvertrauen wieder stärken. Und was Chinook anging, so war er mittlerweile der unbestrittene Chef. Seine natürliche Autorität hatte sich durchgesetzt. Er mußte sich nicht mehr gewaltsam Respekt verschaffen.

Matt bepackte eines der Pferde mit den drei Kilogramm Gold, die er geschürft hatte, und einem Teil seiner Ausrüstung. Die restlichen Sachen versteckte er unter einem Felsen. Er wollte den Pferden, denen der Schnee ohnehin genug zu schaffen machen würde, keine allzugroße Last aufbürden, und die Hunde wollte er nicht bepacken. Es bereitete ihm einfach zu große Freude, sie frei herumlaufen zu sehen. Später würde er ihre Dienste noch oft genug in Anspruch nehmen müssen.

Dreißig Zentimeter Neuschnee bedeckten den gefrorenen Boden. Die Pferde plagten sich etwas, doch wenn er sie nicht antrieb und alle zwei Stunden Rast machte, konnten sie vierzig Kilometer am Tag zurücklegen. Es kam vor allem darauf an, daß er einen guten Lagerplatz wählte, wo die Pferde unter dem Schnee genug Gras finden konnten. Da es jetzt nicht mehr so nahrhaft war, brauchten sie mehr als gewöhnlich. Die Hunde rissen Hasen. Sowie sie auf eine frische Wildspur stießen, schwärmten sie wie ein Wolfsrudel aus, um das Tier dann in die Zange zu nehmen, und oft mit Erfolg.

Am ersten Tag ritt Matt bis zu einem großen Sumpf dreißig Kilometer südlich des Tales und hielt an, da es hier einen schönen Weideplatz für die Pferde gab. Er wollte gerade das Lager aufschlagen, als er über den ersten Bäumen jenseits des Sumpfes den Rauch eines Feuers sah.

»Mersh?«

Wer sonst konnte hier lagern?

Stutzig wurde er, als der Rauch plötzlich verschwand. Zuerst glaubte er, ein leichter Windstoß habe ihn nach unten zwischen die Bäume gedrückt, doch er blieb verschwunden. Ein Feuer erlosch nicht so schnell, es sei denn, man warf Schnee darauf. Was konnte der Grund für eine solche Eile sein? Im Winter ließ man ein Feuer immer von alleine ausgehen, selbst wenn man einen Lagerplatz verließ.

Mersh spionierte ihm immer noch nach. Zu welchem

Zweck? Wahrscheinlich hatte er ihn dabei beobachtet, wie er die Löcher zugeschüttet hatte. Was mochte er gedacht haben, als er das Tal wieder in seinem ursprünglichen Zustand sah?

Matt rief sich ihr letztes Gespräch ins Gedächtnis. Mersh war zornig geworden, als er Nastasias Namen ausgesprochen hatte. Zuvor hatte er ihm Lebewohl gesagt. Und jetzt war er da. Er hatte also seine Meinung geändert. Nastasias wegen.

»Weil er nicht will, daß ich sie wiedersehe!«

Das war offensichtlich. Aber was hatte er vor? Der Gedanke, daß Mersh ihn umbringen könnte, schoß ihm durch den Kopf, doch er verwarf ihn sofort wieder.

»Mersh hat mir nicht das Leben gerettet, um mich jetzt umzubringen, nur weil ich eine Indianerin wiedersehen möchte.«

Er sprach laut mit sich selbst. Gold sah ihn vertrauensvoll an, und die Abendsonne spiegelte sich in ihren glänzenden Augen wie in einem Prisma. Die Pferde, denen er die Sättel abgenommen und Fußfesseln angelegt hatte, scharrten im Schnee nach Gras. Die Hunde, müde und erhitzt von der Hasenjagd, waren in den Schnee gesunken, der sie erfrischte. Sie lagen hechelnd auf dem Bauch oder auf der Seite und sahen mit halbgeschlossenen Augen zu, wie Matt Feuer machte.

»Auf jeden Fall weiß er, daß ich da bin.«

Das Unbehagen blieb. Er fühlte sich belauert, verwundbar, der Willkür eines Fremden ausgeliefert, der zu allem fähig war. Zu allem?

Je mehr das Tageslicht verblaßte und die Kälte sich über die weiße Fläche senkte, die ihn von Mersh trennte, desto unruhiger wurde Matt. Angst stieg in ihm auf. Er beobachtete den Sumpf und lauerte auf irgendein Lebenszeichen, aber von Mersh war nichts zu sehen. Merkwürdig.

Er beschloß, um den Sumpf herumzugehen und sich durch den Wald an den Alten heranzupirschen. Vorsichtshalber wollte er Gold mitnehmen. Sie würde ihn im Notfall warnen, und sie konnte sich still verhalten, wenn es erforderlich war. Er band Manouane und Chinook an, und befahl den anderen, ruhig liegenzubleiben, was offensichtlich ganz in ihrem Sinn war.

Er brauchte eine gute Stunde für die Strecke durch den Wald. Gold trabte lustlos hinter ihm her. Sie folgte ihm brav, aber sie war etwas müde vom vielen Jagen. Matt hatte den Karabiner mitgenommen, und seine Nervosität wuchs mit jeder Minute. Er witterte Gefahr. Häufig drehte er sich um, blieb stehen, horchte in den Wald hinein und spähte in die zunehmende Dunkelheit.

»Was will er nur von mir?«

Er fragte sich, woher diese böse Ahnung kam, die ihm gebot, auf der Hut zu sein. Und woher wollte er wissen, daß es sich überhaupt um Mersh handelte?

»Ich weiß es einfach«, entgegnete Matt dieser inneren Stimme, die ihn zur Vernunft bringen wollte und zu ihm sagte: Mein armer Matt, du bist dir nicht mal sicher, daß es tatsächlich Mersh ist. Und selbst wenn er es ist, warum dieses Mißtrauen? Du hast nicht den geringsten Beweis, daß er Böses im Schilde führt. Der Rauch? Vielleicht ist ja gar niemand mehr dort. Nicht mal ein Eichhörnchen. Und die dünne Rauchsäule war womöglich nur eine Rauhreifwolke, die aus einem offenen Bach aufgestiegen ist.

Doch er glaubte fest, daß er recht hatte, und seine Angst wuchs.

54

GOLD, DIE NACH VORN GELAUFEN WAR, BLIEB PLÖTZlich stehen. Sie sträubte das Rückenfell und zog die Lefzen hoch. Matt sah ihre Zähne ihm fahlen Mondlicht blitzen.

»Brav! Brav!«

Er kauerte sich hinter sie und kraulte ihr den Rücken. Sie knurrte verhalten. Er lauschte in die Nacht.

»Still, Gold. Still!«

Sie beruhigte sich. Matt kraulte sie weiter und horchte. Plötzlich zerriß ein Bellen die nächtliche Stille, und Gold antwortete sofort. Matts Herz raste. Er hatte recht gehabt. Es war Wild.

Mersh war da. Er erwartete ihn. Wieder brachte er Gold zum Schweigen.

Minutenlang vernahm er tiefe Stille. In der Ferne kläffte ein Fuchs. Von Zeit zu Zeit hörte er ein Geräusch, doch er konnte es nicht identifizieren. Mershs Hund hatte in einer Entfernung von etwa hundert Metern gebellt, genau an der Stelle, wo er den Rauch gesehen hatte. Hinter einer Wand von Tannen in Deckung bleibend, richtete sich Matt abrupt auf und rief wutentbrannt:

»Mersh! Mersh!«

Er hörte deutlich ein unterdrücktes Knurren.

»Mersh, antworte!«

Nichts. Kein Laut. Die Stille war fast mit Händen zu

greifen. Matt machte sich darauf gefaßt, jeden Augenblick eine Kugel pfeifen zu hören. Das wäre ihm beinahe lieber gewesen als dieses bedrohliche Schweigen.

»Mersh, zum Donnerwetter, antworte, sonst bring ich dich um.«

Er hatte das gerufen, ohne nachzudenken, und die Brutalität seiner Worte überraschte ihn.

»Antworte, zum Donnerwetter!«

Mit einer wütenden Bewegung lud er sein Gewehr durch und schoß in die Luft.

»Du sollst antworten!«

Nichts.

Er richtete die Waffe in die Richtung, aus der das Bellen gekommen war, und feuerte dreimal. Zwischen jedem Schuß forderte er Mersh auf, ihm zu antworten. Noch immer nichts.

»Herrgott noch mal!«

Er bereute bereits, was er eben getan hatte. Er hätte nicht schießen dürfen, schon gar nicht in die Richtung, in der er Mersh vermutete. Womöglich hatte er ihn getroffen. Er hatte die Nerven verloren und machte sich Vorwürfe. Er blieb lange sitzen und lauschte in die Nacht. Doch Mersh gab keinen Laut von sich. Er hielt sich verborgen wie ein Raubtier, das seiner Beute nahe war.

»Du kriegst mich nicht, Mersh. Hörst du? Du kriegst mich nicht. Besser, du zeigst dich, dann können wir reden.«

Er wartete noch eine Weile, und da am Himmel immer neue Wolken aufzogen und den Mond verdunkelten, beschloß er, sich zurückzuziehen, solange er seine Spur noch erkennen konnte.

Als er in seinem Lager ankam, begann es leicht zu schneien. Die Hunde bellten nicht einmal. Sie hatten ihn von weitem am Gang erkannt. Nur Manouane und Chinook hoben die mit kleinen Schneehauben bedeckten Köpfe, als wollten sie ihm zeigen, daß sie aufpaßten.

Matt brauchte nicht zu befürchten, daß Mersh im Schutz der Dunkelheit über ihn herfiel. Die Hunde würden ihn warnen, und er würde mit dem geladenen Gewehr neben sich schlafen.

Er baute sich aus großen Tannenzweigen ein kleines Schutzdach, dann kroch er vollständig angezogen in seinen Schlafsack. Gold schmiegte sich an ihn. Er lag lange wach und streichelte sie, und sie seufzte genüßlich.

Als er Matt jenseits des Sumpfes hatte auftauchen sehen, hatte Mersh sofort Schnee auf das Feuer geworfen, an dem er sich gerade eine Biberkeule gebraten hatte.

Da war er. Endlich konnte er die Sache zu Ende bringen. Keine Sekunde hatte er damit gerechnet, daß Matt ihn hier vermuten würde. Er hatte sorgfältig jede Spur verwischt und es vermieden, durch den frischen Schnee zu stapfen, der den Sumpf zwischen ihnen bedeckte.

Er hatte alles genauestens überprüft, mehr als einmal. Er hatte Matt durchs Fernglas beobachtet und sich gewundert, daß er so kurz hinter dem Tal sein Nachtlager aufschlug. Er hätte den Sumpf schon am ersten Tag durchqueren können, doch er machte halt. Hatte er es denn gar nicht eilig, nach Dawson zu kommen und seine Entdeckung auszuposaunen?

Damit hatte er nicht gerechnet. Das zweite Problem war, daß Matt mit den Pferden und nicht mit einem Schlitten unterwegs war. Er war davon ausgegangen, daß er sich einen kleinen Schlitten bauen würde, um schneller voranzukommen. Doch er ritt, und die Hunde liefen frei um ihn herum. Das bot ihm einen gewissen Schutz und durchkreuzte Mershs Pläne.

Wenn er Matt überrumpeln wollte, mußte er warten, bis die Hunde auf die Jagd gingen und ihn allein ließen.

Aber dabei konnte es passieren, daß sie auf ihn oder Wild aufmerksam wurden und anschlugen. Das komplizierte die Sache.

Doch es sollte noch schlimmer kommen. Bei Einbruch der Nacht mußte er eine bestürzende Feststellung machen: Matt ahnte nicht nur, daß er hier war, sondern hatte auch seine Absichten erraten. Das verunsicherte ihn völlig.

Einen Menschen zu töten war schon nicht so leicht, wie er sich einredete, und jemanden zu töten, der sich vorsah, war noch viel schwerer. Zumal Matt ihm jetzt gedroht hatte. So daß jetzt nicht mehr klar war, wie die Sache ausgehen würde.

Was hatte Matt so gegen ihn aufgebracht? Was für einen weiteren dummen Fehler hatte er begangen, der Matt so in Rage versetzt hatte? Mersh wußte es nicht. Aber er war sich seiner Sache nicht mehr sicher. Er merkte, wie seine Sicherheit schwand, und das machte alles noch schlimmer. Er hatte geschwiegen, als Matt ihn gerufen hatte. Er hatte ihm nichts zu sagen, nichts zu erklären. Er hatte keine Wahl. Er mußte ihn töten. Nicht nur weil er drauf und dran war, in einem Gebiet, das zu schützen er geschworen hatte, einen Goldrausch auszulösen, sondern auch weil er eine Gefahr für Nastasia darstellte.

Gewiß, er hatte ihn seiner Tochter als einen von diesen anmaßenden Weißen geschildert, die den Indianern verhaßt waren. Er hatte ihr erzählt, daß er Tiere tötete, um ihr Fleisch zu verkaufen; damit verstieß er gegen den in der indianischen Kultur geltenden Grundsatz des Gebens und Nehmens. An den Akt des Tötens war eine spirituelle Verpflichtung geknüpft, die es verbot, aus anderen Gründen als dem der Selbsterhaltung zu jagen.

Über all dies hatte er mit Nastasia gesprochen, weil sie ihn über den Fremden ausgefragt und weil er aus ihren

Worten ein heimliches Interesse herausgehört hatte, für das möglicherweise ihr Blut verantwortlich war. Sie war nur Halbindianerin, und obwohl als Indianerin aufgewachsen und erzogen, war sie anders als die anderen. Sie war imstande, Matt zu verstehen. Aber sie war auch bereit, ihn zu hassen.

Mersh wollte für seine Tochter eine Zukunft in den Wäldern, bei den Indianern. Sie kannten die Weißen und ihre Städte. Die Weißen hatten die Flucht nach vorn angetreten und verbreiteten überall, wo sie hinkamen, Unheil und Schande. Im Namen des Fortschritts traten sie alle Grundsätze der Harmonie und des Respekts vor dem Menschen und der Natur mit Füßen.

Die Indianer verstanden es, dem Säuseln des Windes in den Bäumen zu lauschen. Sie konnten geduldig warten, bis sie das Rascheln eines Blattes, das sich im Frühling entfaltete, vernahmen. Die Kinder atmeten die reine Luft der unermeßlichen Weiten, diese Luft, die sich die Tiere, die Bäume und die Indianer mit all dem, was sie am Leben erhielt, teilten. Die Indianer löschten ihren Durst mit dem klaren Wasser der Bäche, die das Andenken an die Geschichte eines Volkes lebendig hielten. Alles war heilig und wurde geachtet, denn die Erde gehörte nicht dem Indianer, sondern der Indianer der Erde. In dieser Harmonie lag das Glück. Das Glück, das der Weiße bei seiner Flucht nach vorn vergessen hatte.

Mersh wollte für seine Tochter etwas anderes. Solange er lebte, würde er sie vor diesen Weißen schützen, die ihre Mutter vergewaltigt und ermordet hatten, als Nastasia erst zwölf Jahre alt war. Er würde ihr Volk gegen jeden verteidigen, der ihr Land zu stehlen versuchte. Er würde all die Indianer rächen, die man beraubt und hingeschlachtet hatte, und jene bekämpfen, die über alles bestimmen wollten und sich sogar anmaßten, den von ihnen unterworfenen Stämmen eine Religion aufzuzwingen, die sie erniedrigte und ihren Sitten und Gebräuchen entfremdete.

Er würde Matt töten.

Dabei war dieser junge Weiße mit der Welt der Indianer in Berührung gekommen und hätte sie verstehen können. Als er mit seinen Hunden das weite Land durchstreifte, hätte er das Atmen der Erde und das Säuseln des Windes in den Hügeln hören können. Er hatte an Matt geglaubt, als wollte er sich davon überzeugen, daß es den Weißen noch möglich war, sich wieder auf ihre alte, vor langer Zeit aufgegebene Philosophie der Anpassung an die Natur zu besinnen. Darauf hatte er gehofft. Am Ende seines Lebens hätte er sich gern mit dieser Welt versöhnt, der er angewidert den Rücken gekehrt hatte. Vielleicht war sein Leben doch nicht ganz umsonst gewesen, wenn er jemanden fand, der dieses Land, so wie es war, schätzen und lieben lernte, statt alles daran zu setzen, es zu verändern. Er hatte gehofft, daß ein Weißer eine von Würde geprägte Beziehung zur Erde unterhalten und seinen Frieden mir ihr schließen könnte. Doch er hatte sich getäuscht. Seit einiger Zeit täuschte er sich viel zu oft.

Nein, er würde sich keine Gewissensbisse machen.

55

ALS DIE DÄMMERUNG DEN SUMPF IN GRAUES LICHT hüllte, stand Matt auf und entzündete ein großes Feuer. Er mußte sich wärmen und sich beweisen, daß er keine Angst hatte. Der Schneefall hatte in der Nacht aufgehört und kaum zwei oder drei Zentimeter auf der alten Schneedecke hinterlassen. Der Himmel war klar, und mit dem Tag kam die Kälte zurück.

Die Pferde weideten im rechten Teil des Sumpfes. Sie hatten auf einer ziemlich großen Fläche den Schnee aufgewühlt. Man hätte meinen können, Elche seien hier durchgezogen.

Die Hunde erhoben sich und sogen die morgendlichen Gerüche ein. Sie erstarrten, als einige Schneehühner gakkerten und in den Wald flogen.

»Ihr müßt bei mir bleiben«, sagte Matt zu ihnen und sah Chinook an, der beredte Blicke in Richtung Sumpf warf. »Wir werden heute abend früh am Ziel sein, dann besorgen wir uns etwas zu essen.«

Sie hörten zu, ohne ihn zu verstehen, aber sie gehorchten bereitwillig. Ob sie ihn auch verteidigen würden? Matt wußte es nicht und hoffte, daß er sich nicht davon würde überzeugen müssen.

Heute morgen war er mit dem Gefühl aufgewacht, er habe schlecht geträumt. Doch es war kein Traum, es war die Wirklichkeit. So sehr er sich auch den Kopf zerbrach, er fand keine Erklärung für seine Situation, und sei sie noch so abwegig. Dann dachte er an seinen letzten Besuch im Indianerlager. Auch die Indianer hatten sich lange überlegt, ob sie ihn töten sollten. Aus welchem Grund? Er hatte ihn nie erfahren, aber hatte Mersh vielleicht denselben? Nein, denn er hatte sich für ihn eingesetzt und ihn gerettet. Hätte er das getan, wenn er die Absicht gehabt hatte, ihn wenig später zu töten? Nein.

Was war der Grund für seinen Sinneswandel?

Das Gold? Nastasia? Oder beides zusammen? Oder vielleicht etwas ganz anderes, woran er gar nicht dachte? Matt zuckte mit den Schultern. Dieser Mersh war verrückt. Verrückt und gefährlich. Ob er vielleicht durch ein besonderes Ereignis so geworden war?

Er beschloß, in Mershs Lager zu gehen. Vielleicht hatte er ihn gestern abend angeschossen. Wenn nicht, würde er ihn suchen. Lieber verfolgen als verfolgt werden. Lieber Jäger sein als Gejagter.

Er sattelte sein Pferd und bepackte das zweite, dann ritt er auf seiner eigenen Spur von gestern abend durch den Wald. Im Sumpf hätte er ein zu leichtes Ziel geboten.

Mehrmals rief er Chinook zurück, der mit der Meute jagen gehen wollte. Er band die Pferde an eine Kiefer und ging, von den Hunden umringt, vorsichtig weiter, den Karabiner im Anschlag. Er hörte nichts, und die Hunde zeigten keine Anzeichen von Unruhe oder Feindseligkeit. Er fand Mershs Lagerplatz. Er war fort. Matt untersuchte die Spuren. Sie führten nach Westen. Er holte die Pferde und nahm die Verfolgung auf. Die Hunde begriffen, daß sie der Spur dieses Mannes und seines Hundes folgten, und liefen schneller. Sie würden ihn bald eingeholt haben.

»Der soll mich kennenlernen.«

Der Wald öffnete sich, und das Gelände wurde abschüssig. Mershs Spur verlor sich in einem Felslabyrinth.

Hohe, säulenartige Granitblöcke ragten vor ihnen empor. Die Hunde waren von sich aus stehengeblieben, denn sie konnten die Felsen nicht erklimmen. Doch alles deutete darauf hin, daß Mersh und sein Hund genau das getan hatten. Matt verharrte rätselnd am Waldrand, als ihn eine böse Ahnung befiel.

»Scheiße!«

Er wollte das Pferd am Zügel herumreißen und in den schützenden Wald zurückpreschen. Im selben Augenblick hörte er einen Knall. Er spürte einen heftigen Stoß an der Schulter, und ein Feuerstrahl durchfuhr sein Fleisch. Er stürzte mit seinem Pferd und schrie vor Schmerz. Während er noch benommen am Boden lag, fiel ein zweiter Schuß. Er sprang auf und rannte in Richtung Wald. Schnee und Dreck spritzten zwischen seinen Beinen auf.

»Dieser Scheißkerl!«

Er warf sich hinter die schützenden Tannen. Blut färbte den Schnee unter ihm. Er wollte sich an die Schulter greifen, sackte aber zusammen und sank, den Karabiner noch an die Brust gepreßt, halb bewußtlos vornüber in den Schnee.

Er wußte nicht, wie lange er so dagelegen hatte. Gold, Manouane und Chinook umringten ihn und leckten ihm das Gesicht. Es kostete ihn unendliche Anstrengung, sich aufzusetzen.

»Wir müssen hier weg.«

Mersh konnte auf die Hunde schießen. Matt stand auf und taumelte etwas tiefer in den Wald hinein. Er hatte sich also nicht getäuscht. Mersh wollte ihn tatsächlich umbringen! Die Kugel hatte nur die Schulter durchschlagen. Er öffnete sein Hemd und betastete die linke Seite seines Rückens und seiner Brust. Ein paar Zentimeter weiter, und die Kugel hätte sein Herz durchbohrt.

»Dieser Schweinehund!«

Die Schulter schmerzte heftig, aber er konnte den Arm noch bewegen. Er hatte viel Blut verloren, und er hatte Angst, vor Entkräftung umzufallen. Sein erster Gedanke war zu fliehen, doch er besann sich anders. Es gab eine bessere Möglichkeit. Mersh steckte da oben zwischen den Felsen, wo es kein Holz zum Feuermachen gab. Und ohne Feuer würde er es nicht lange aushalten. Früher oder später mußte er herunterkommen, die Hunde würden anschlagen, und er würde ihn niederschießen.

Mersh saß in der eigenen Falle!

Matt band das Packpferd an eine Kiefer. Er fragte sich, wo das andere Pferd war, da fiel ihm ein, daß er mit ihm gestürzt war.

»Vielleicht ist es von der Kugel getroffen worden, die mich durchbohrt hat.«

Er machte Feuer und errichtete aus Zweigen ein Schutzdach, dann verband er sich die Schulter mit Stoffstreifen, die er glücklicherweise zusammen mit einer halben Flasche Jodalkohol aufgehoben hatte. Die Hunde blieben in seiner Nähe. Manouane und Gold winselten unruhig.

»Alles halb so schlimm«, sagte er zu ihnen, auch um sich selbst zu beruhigen.

Mittlerweile hatte die Meute die Gefahr erkannt und knurrte in Richtung der Felsen.

»Jawohl, er sitzt da oben fest. Wir schnappen ihn uns, wenn er runterkommt. Wir brauchen nur zu warten, dann pflücken wir ihn wie eine reife Pflaume.«

Am Nachmittag war er wieder etwas bei Kräften und kroch bis zum Rand der kleinen Wiese, auf der Mersh ihn angeschossen hatte. Sein Pferd war tot. Die Kugel, die ihm durch die Schulter gedrungen war, hatte es in den Kopf getroffen. Er nahm sich vor, in der Nacht das

Fleisch zu holen, bevor es gefror, denn er hatte beschlossen, die Hunde bis auf weiteres anzubinden. Das Risiko, daß sie sich ohne Deckung vor den Felsen tummelten und wie Hasen abknallen ließen, war zu groß. Mit nur einem gesunden Arm hatte er größte Mühe, das Drahtseil zwischen zwei Bäumen zu spannen. Es gelang ihm erst nach mehreren Versuchen.

Er band die Hunde gleich hinter den ersten Tannen an. Hier waren sie von den Felsen aus nicht zu sehen, ihnen aber nahe genug, um ihn warnen zu können, sobald sich da oben etwas rührte.

»Dieses Schwein würde sogar auf Hunde schießen!«

In der Nacht tat Matt kein Auge zu. Den Vorsatz, das Pferd zu zerlegen, gab er auf. Die Schulter schmerzte zu sehr und machte jede Bewegung unmöglich. Die Kugel hatte die Muskeln zerfetzt. Am Morgen bekam er Fieber. Das erfüllte ihn mit Sorge. Die Wunde schien sich zu entzünden. Er blieb den ganzen Tag liegen, trank viel und wechselte den Verband, sowie er schmutzig wurde.

Gegen Abend, als er mit dem gesunden Arm gerade wieder ein Feuer entzündet hatte, ließ ihn ein Gewehrschuß heftig zusammenfahren. Er wußte sofort Bescheid, als er das zweite Pferd vor Schmerzen wiehern hörte. Wahrscheinlich war es aus dem Wald auf die Wiese getreten und hatte im Schnee nach Gras gescharrt. Und Mersh hatte die Gelegenheit genutzt und auf das Tier geschossen.

»Dieses gemeine Schwein!«

Wut und Haß verzerrten Matts Gesicht. Das tödlich getroffene Pferd schleppte sich noch unter die ersten Bäume und brach dann mit einem grauenerregenden Röcheln zusammen. Die Hunde schlugen an, und Matt mußte sie zum Schweigen bringen. Sie hatten den Tod gewittert und wollten ihn vertreiben.

»Das ist dein Tod, Mersh!« brüllte Matt. »Das ist dein Tod!«

Er erwartete keine Antwort, aber zwei Gewehrkugeln fuhren in die Tannen, die ihm Deckung gaben, und schlugen dicht über ihm Äste ab. Eine zweite Salve blieb aus. Mersh sparte Munition.

An diesem Abend verlegte Matt seine Feuerstelle tiefer in den Wald. Die Nacht war klar und sehr kalt. Die Kiefern knackten, und der Frost spannte alles knirschend in seinen eisigen Schraubstock. Matt flüchtete in seinen Schlafsack, und Gold und Chinook, die er losgebunden hatte, schmiegten sich an ihn. Er stellte sich vor, wie sein Gegner ohne Feuer in den Felsen fror, und lachte hämisch in sich hinein. Mersh war ein Idiot. Er war da hinaufgeklettert, ohne zu bedenken, daß er danebenschießen könnte.

Am nächsten Morgen war das tote Pferd steifgefroren. Matt sah nach, ob es in Mershs Blickfeld lag. Die Kiefern standen hier sehr dicht, und so ließ er nacheinander die Hunde los. Mit lustvollem Knurren fielen sie über den gefrorenen Kadaver her. Wenigstens sie würden ein paar Kilo zunehmen.

Die Wunde näßte nicht mehr, und Matt wusch sie aus. Das Einschußloch am Rücken war klein und begann sich bereits zu schließen. Vorne jedoch war das Geschoß aufgeplatzt und hatte das Fleisch zerfetzt. Dort würde es viel länger dauern, bis die Wunde zugeheilt war.

Zwei Tage verstrichen, ohne daß etwas geschah. Der Wald bot Matt Schutz vor dem aufkommenden Wind, der einen Wetterumschwung ankündigte. Den Arm konnte er ohne allzugroße Schmerzen wieder etwas bewegen. Offenbar war die Verletzung doch nicht so schwer.

Wie hielt es Mersh da oben nur aus? In den Felsen gab es kein Holz, und Holz brauchte er, um ein Feuer zu machen und Schnee zu schmelzen. Ohne Feuer und Nahrung konnte man lange durchhalten, aber ohne Wasser?

Matt kamen erste Zweifel. Vielleicht gab es eine zweite Abstiegsmöglichkeit. Im Schutz der Bäume schlich er an den Felsen entlang, zuerst links, dann rechts von dem Spalt, durch den Mersh hinaufgestiegen war. Doch es gab keinen anderen Zugang. Mersh saß wirklich in der Falle. Und am Fuß der Felsen waren keine Spuren zu entdecken. Das bewies, daß es ihm nicht gelungen war, einen Moment der Unachtsamkeit zur Flucht zu nutzen.

Vielleicht hatte er Mersh in jener Nacht, als er in seine Richtung geschossen hatte, getroffen, und er war an der Verwundung gestorben. Er bezweifelte es. Er hätte Blutspuren finden müssen. Aber was zum Teufel trieb er dann da oben? Er konnte sich doch nicht ewig in den Felsen verschanzen, schon gar nicht bei dieser Kälte.

56

EINE ZEITLANG HATTE DAWSON EINEM HOCHWASSER-führenden Fluß geglichen, der über die Ufer getreten war. Denn zunächst war die Zahl der Einwohner unablässig gestiegen. Dann hielt sich die Zahl der Neuankömmlinge und die der Enttäuschten, die, verarmt und zermürbt von den zahlreichen Entbehrungen, wieder die Heimreise antraten, die Waage.

Bald jedoch würde Dawson wieder schrumpfen wie ein Luftballon, aus dem die Luft entwich, und alle sagten diesen jähen Einwohnerschwund für den kommenden Sommer voraus. Schon sank die Zahl der Neuankömmlinge stetig, während die der Abreisewilligen wuchs. Doch in diesem Winter 1898 drängten sich noch fünfzigtausend Menschen in Dawson.

In der Stadt, in der mittlerweile alles besser organisiert war, herrschte eine merkwürdige Atmosphäre. Ein Nebeneinander von ausgelassener Feststimmung und blanker Not. Ausgehungerte arme Teufel irrten auf der Suche nach einem Stück Speck durch die vereisten Straßen, während sich hinter den Fenstern Millionäre in weißen Hemden amüsierten. Die Stadt hatte jetzt nicht weniger als dreißig Saloons, ja sogar ein Krankenhaus und ein Theater. Im Viertel der Reichen, in dem die wenigen glücklichen Gewinner dieser Lotterie lebten – und nichts anderes war der Goldrausch am Klondike –, standen Dutzende massiv gebaute Hotels. Zu den Verlierern gehörte auch Henderson, der, wie man heute weiß, der eigentliche Entdecker des Goldes am Klondike war; er gehörte jedoch zu den letzten, die von den Reichtümern am Bonanza Creek erfuhren, wo Carmacks die richtige Ader fand. Er mußte sich mit einem Claim in einem kleinen Nebental begnügen. Er, der anderen zu Millionen verhalf, holte aus seinem Boden Gold für nicht einmal tausend Dollar heraus. Umgekehrt machte der Kanadier und blutige Laie Alec MacDonald, der nach allen anderen gekommen war, ein Vermögen, als er mit einem Russen namens Zarrowski einen Sack Mehl gegen einen Claim tauschte. Der Claim entpuppte sich als der ergiebigste am gesamten Klondike und brachte ihm über zwanzig Millionen Dollar ein. Zwanzig Millionen Dollar für einen Sack Mehl!

Nun, da das gesamte Gold an der Oberfläche abgebaut war, mußte man tiefer graben, und dazu brauchte man Dampfmaschinen. Die individuelle Suche war nicht mehr möglich. Die kleinen Claims mit geringem Ertrag wurden von ihren Besitzern aufgegeben. Überleben konnten nur Minengesellschaften, die in der Lage waren, in großes Gerät zu investieren und genügend Lohnarbeiter zu beschäftigen. Die alten Yukoner, die sich selbst »Sourdoughs« nannten, was so viel wie »Sauerbrotesser« bedeutet, erkannten ihren Klondike nicht wieder. Riesige lärmende Maschinen durchwühlten die Täler und verschandelten sie. Wer sein Schäflein im Trockenen hatte, mied den Umgang mit diesen Neureichen, die in Dawson jetzt das große Wort führten, raffte sein Gold zusammen und ging. Einige kehrten in den Süden zurück, um nie wiederzukommen. Sie zogen nach Kalifornien, kauften sich schöne Häuser und träumten laut und oft mit Wehmut von diesem Leben im hohen Norden, das sie so oft verflucht hatten.

Andere suchten weiter. Zähe Burschen, die einen Hundeschlitten lenken konnten und das Leben im Norden kannten. Allein oder in Gruppen brachen sie in Gegenden auf, in denen nur Wölfe und wenige Inuit lebten. Sie suchten nach Gold, doch das war nur ein Vorwand. Vor allem suchten sie das Abenteuer. Wie konnte man in die Städte im Süden zurückkehren, wenn man den Rausch der weißen Weiten kennengelernt hatte, den Zauber der Polarlichter, das Heulen der Wölfe im kalten Winter, wenn man im Kanu reißende Flüsse hinuntergefahren war oder mit dem Hundeschlitten die zugefrorenen großen Seen oder das Packeis überquert hatte?

57

IN DEN FOLGENDEN TAGEN GEWANN MATT DIE ÜBERzeugung, daß Mersh nicht mehr da oben war. Er wagte sich sogar bis zum Waldrand und suchte mit den Augen die Felsen ab. Er sah nichts, er hörte nichts.

Er war jetzt seit neun Tagen hier, und Mersh konnte nicht ununterbrochen auf der Lauer liegen. Ausgeschlossen. Die ganze Woche hindurch hatte es geschneit, so daß das Fortkommen schwierig wurde. Matt hatte keine Pferde, keine Schneeschuhe, keinen Schlitten. Wie sollte er reisen? Der Winter war jetzt da, und die Schneedecke würde weiter wachsen. Er mußte sich mit den wenigen Mitteln, die ihm zur Verfügung standen, einen Schlitten bauen, der natürlich nur ein Notbehelf sein konnte.

Seit einigen Tagen verheilten seine Schußwunden von innen heraus. Er hatte vorsichtig damit begonnen, den Arm wieder zu gebrauchen. Er brannte darauf, mit den Hunden wieder über die weißen Pisten zu jagen, und machte sich ungeduldig an die Arbeit.

Er fällte beindicke Birken, schnitt Kufen daraus und verdübelte sie mit drei Querstreben. Dafür brauchte er drei Tage, denn er arbeitete langsam, um die Muskeln des lädierten Arms nicht zu überanstrengen. Doch er kam rasch wieder zu Kräften. Er aß viel Biberfleisch, denn er war überzeugt, daß diese überaus nahrhafte Kost die Heilung beschleunigte. Am schwierigsten war die Herstellung des Haltegriffs und des Stoßfängers am Bug des Schlittens. Dazu goß er heißes Wasser in einen hohlen Stein und bog die Hölzer darin in die gewünschte Form. Danach mußte er nur noch die restlichen Bauteile zusammenbinden und die Lederriemen spannen, die den Boden bildeten.

Die Hunde jagten mittlerweile auch auf der Lichtung, wo Mersh auf ihn geschossen hatte. Dies war der endgültige Beweis, daß er nicht mehr da oben war.

»Vielleicht ist er tot«, sagte sich Matt immer wieder, ohne daran zu glauben.

Aber er war sich sicher, absolut sicher, daß er nicht mehr da war. Wo war er?

An Neumond riß die Wolkendecke auf, und es wurde kalt. Die Hunde scharrten ungeduldig mit den Pfoten, während Matt letzte Hand an die Geschirre legte, die er aus dem Sattel- und Zaumzeug der Pferde genäht hatte.

Manouane, Gold und Chinook waren am ungeduldigsten. Sie kratzten im Schnee und maunzten wie große Katzen.

»Ja, gleich geht es los«, sagte Matt und überprüfte die Zugleine. Er hatte sie aus einem Seil gefertigt, das er aufgedröselt und wieder gedreht hatte. Endlich spannte er an. In Erinnerung an alte Zeiten beruhigten sich die Hunde sofort und gehorchten. Sie hatten nicht vergessen, daß Matt beim Start auf Disziplin pochte.

Auf sein Kommando, das einem Siegesschrei glich, stürmten sie los. Ein wohliger Schauer lief Matt über den Rücken. Gold und Chinook, die an der Spitze liefen, galoppierten eine Weile ungestüm durch den weichen, tiefen Schnee, beruhigten sich aber schnell. Hinter dem Wald hatte der Wind Schneewehen aufgeworfen, in dem sie bis zur Brust einsanken. Matt half ihnen, indem er sich mit den Füßen am Boden abstieß oder ganz abstieg und schob. Die Schneewehen verschwanden, als sie an der Felswand entlangfuhren.

»Gut so, Gold. Bravo, Chinook. Brav, Skagway.«

Er lobte alle, einen nach dem anderen, und sie richteten den Schwanz auf und wölbten stolz die Brust. Matt schmunzelte. Er kannte nichts Angenehmeres, als hinter ihnen durch den Schnee zu gleiten. Er bewunderte ihr herrliches Fell und das Spiel ihrer perfekt ausgebildeten Muskeln. Es gab nichts Schöneres auf der Welt als dieses Gespann, sein Gespann, das seine Spur in den jungfräulichen Schnee schrieb.

»Doch«, verbesserte er sich, »es gibt noch etwas Schöneres. Nastasia, die geheimnisvolle Indianerin.«

Er dachte oft an sie, und jedes Mal verspürte er einen bohrenden Schmerz im Magen. Er ärgerte sich über sein Verhalten bei ihrer Begegnung. Er hätte sie aufhalten müssen, ihr klarmachen müssen, was er empfand.

»Ich habe nie mit ihr gesprochen, ich habe sie nur nach ihrem Namen gefragt. Ich habe mich lächerlich benommen«, dachte er, ohne wirklich daran zu glauben. »Ich bedeute ihr nichts. Gar nichts.«

Und er sah sie wieder vor sich. Ihre schönen, dunklen Augen, ihren durchdringenden Blick, ihren geschmeidigen Körper, ihr langes pechschwarzes Haar mit dem violetten Schimmer.

»Niemals. Niemals werde ich dieses Mädchen vergessen können!« dachte er. »Ich muß sie wiedersehen. Ich muß ihr alles erklären.«

Er wollte ihr sagen, was er entdeckt hatte: daß er das Gold nicht mehr wollte und bereit war, es gegen ein Lächeln von ihr einzutauschen. Aber vorher mußte er Mersh finden. Und ihn sich vom Hals schaffen.

Er fuhr über eine Stunde lang an der Felswand entlang, wobei er an Geröllhalden mehrere Umwege machen mußte. Dann gelangte er an eine Stelle, wo ein mächtiger Felsen aus dem Boden wuchs, und fuhr um ihn herum.

Jetzt wußte er, wo Mersh abgeblieben war. Das Gelände stieg langsam an und bildete eine Art dreieckiges Plateau, das am höchsten Punkt der Steilwand endete. Das hatte Matt nicht gewußt, ja nicht einmal geahnt. Auf diesem Weg war der Alte entkommen. Da Matt eine Steigung von annähernd vierzig Grad erklimmen mußte, ließ er die Hunde zurück. Er nahm den Karabiner und begab sich auf Spurensuche. Er fand keine Fußabdrücke, nichts, was ihm den kleinsten Hinweis lieferte.

Erst als er mit den Hunden weiterfuhr, entdeckte er auf einem zugefrorenen Bach kleine Eisstücke, die jemand losgehackt hatte, um Wasser zu schöpfen. Das Loch war wieder zugefroren, doch jeder Zweifel war ausgeschlossen. Nur ein Mensch konnte das getan haben. Matt erhielt die Bestätigung, als er einen angekohlten Kiefernzweig fand, den Mersh offenbar als Bratspieß benutzt hatte. Er scharrte im Schnee und fand die Asche eines Lagerfeuers.

Diese Entdeckung, der handfeste Beweis, daß Mersh noch am Leben war, weckte in ihm recht widersprüchliche Gefühle. Einerseits war er enttäuscht, daß er entkommen war. Andererseits beruhigte es ihn, ihn am Leben zu wissen. Mersh war dem Bachlauf gefolgt, der nach Süden führte. Matt tat dasselbe und staunte über die dicke, gleichmäßige Eisdecke. Der Wind hatte die Schneeauflage zusammengepreßt, so daß sie zügig vorankamen.

Matt wußte nicht mehr recht, hinter was er eigentlich her war und aus welchem Grund. Gewiß, Mersh hatte ihn umbringen wollen, und er sann auf Rache, aber vor allem wollte er verstehen, warum der alte Mann ihn umbringen wollte, nachdem er ihm mehrmals das Leben gerettet hatte. Wenn die Umstände es erlaubten, wollte er ihn bei ihrer nächsten Begegnung zum Sprechen bringen, bevor er ihn tötete.

Der Bach mündete in einen Fluß, der eine stärkere Strömung hatte und deshalb nur unvollständig zugefroren war. Zum Glück wich der Wald hier großen Sümpfen, auf denen das Fortkommen verhältnismäßig leicht war. Zahlreiche Karibuspuren kreuzten ihren Weg, und Matt fand immer einen Pfad, dem die Hunde folgen konnten, ohne sich durch Tiefschnee wühlen zu müssen.

Da es ihre erste Fahrt in diesem Winter war, hielt Matt noch vor dem Abend an und schlug an einer Waldzunge, die eine freie Rundumsicht erlaubte, das Lager auf. Er massierte die Hunde lange, am längsten Gold, deren Bänder und Gelenke schmerzten. Danach ging er auf die Jagd nach Schneehühnern, die hier und dort zwischen den Weiden gackerten. Er erlegte dreizehn Vögel. Einen briet er sich am Feuer, die anderen verfütterte er an die Hunde.

Als er gegenüber dem Sumpf am Feuer saß, versuchte er, etwas Ordnung in seine Gedanken zu bringen. Wohin sollte er fahren? Er wunderte sich, daß Mersh ihm keine Falle gestellt hatte. Warum hatte er, nachdem er von den Felsen herabgestiegen war, nicht versucht, ihn zu töten?

Matt zog es unwiderstehlich in den Süden, und er wußte auch, warum. Weil *sie* dort lebte. Genau im Süden. Zwei Wochen mit dem Schlitten, vorausgesetzt, es blieb so kalt, doch das war wenig wahrscheinlich. Zu Beginn des Winters mußte man immer mit häufigen Schneefällen rechnen.

Aber Mersh war ohne Zweifel auch auf dem Weg nach Süden. Zumindest versuchte Matt sich das einzureden, denn er brauchte einen Grund, von diesem Vorhaben abzulassen, einen Grund, der ihn davon abhielt, zu Nastasia zu fahren, in dieses Dorf, das ihn zum Tode verurteilen würde. Mersh war sein Feind. Er hatte versucht, ihn umzubringen. Das ganze Dorf würde hinter ihm stehen. Darum waren seine Chancen, an Nastasia heranzukommen, gleich Null. Und falls es ihm dennoch gelingen sollte, würde sie ihn hassen. Sie verabscheute ihn ja jetzt schon. Er hatte es jedes Mal, wenn sich ihre Wege gekreuzt hatten, in ihrem Blick gelesen. Er war ein Mann, der aus dem Weg geräumt werden mußte, und wenn er in dieses Dorf ging, brachte er sich leichtfertig in Gefahr. Damit mußte er sich abfinden und aus der Gegend verschwinden. Der Norden war groß, und mit seinen Hunden konnte er schnell und weit reisen. Mersh hatte keine Chance, ihn zu finden.

Morgen würde er abbiegen und das Dorf weit im Westen liegenlassen. Er würde nach Dawson zurückkehren und von dort auf dem Yukon nach Alaska fahren. Er hatte keine andere Wahl.

Nun, da sein Entschluß feststand, legte er sich endlich hin. Die Hunde schliefen bereits. Er baute kein Zelt auf und schlüpfte in seinen mit Hasenfell gefütterten Schlafsack. Er lag noch lange mit offenen Augen da, über sich den Himmel voller Sterne.

58

MATT WAR DEN GANZEN TAG GEFAHREN UND WOLLTE gerade das Nachtlager aufschlagen, als er in der Ferne einen kleinen schwarzen Punkt bemerkte, der langsam größer wurde. Ein Gespann kam auf ihn zu. Die Hunde begannen zu kläffen, dann zu heulen, und reckten die Schnauzen zum Himmel, der sich bereits rosa färbte.

Das Gespann bestand aus acht Hunden und hatte Ähnlichkeit mit dem Mershs, doch der Schlittenlenker war kleiner und von schlankerem Wuchs.

Der Fremde hielt in etwa achthundert Meter Entfernung an und beobachtete ihn aufmerksam. Matt wühlte in seinem Gepäck und zog den Karabiner und ein Fernglas hervor. Er setzte das Glas an. Er war wie vor den Kopf geschlagen.

Nastasia.

Sie kam nicht näher. Sie stand auf der Bremse, um ihre Hunde, die offensichtlich ganz wild darauf waren, zu Matts Meute zu stoßen, am Weiterlaufen zu hindern.

Matt musterte das Gespann durch das Fernglas. Es *war* das von Mersh! Aber was machte sie hier, allein, mit Mershs Hunden? War sie bei ihm gewesen, als er auf ihn geschossen hatte? Ihr Auftauchen hätte ihn eigentlich beunruhigen müssen, doch das tat es nicht. Er war zu glücklich über das Wiedersehen und entbot ihr von weitem einen Willkommensgruß. Sie erwiderte ihn nicht.

Ganz im Gegenteil, sie setzte den Anker und führte die Hunde auf der eigenen Spur zurück, um zu wenden. Doch die Anwesenheit der anderen Meute hatte die Tiere so erregt, daß sie nicht gehorchten, und Matt hörte, wie sie mit ihnen schimpfte. Ihre Stimme drang durch die unbewegte Luft, ohne etwas von ihrer Klarheit zu verlieren. Sie war Musik in Matts Ohren, eine Musik aus kristallenen, wohlklingenden Tönen. Doch plötzlich erstarrte er, und sein Herz begann zu rasen. Er hatte deutlich Worte vernommen, die nicht indianisch waren. Er hatte sie genau verstanden.

Sie sprach seine Sprache! Oder handelte es sich nur um ein paar Worte, die sie gelernt hatte, um Mershs Gespann, das die indianischen Kommandos nicht kannte, lenken zu können?

Aber sie hatte gerufen: »Du bleibst jetzt auf deinem Platz, hast du gehört?« Das war mehr als ein Kommando.

Sie gab das Zeichen zum Aufbruch, doch die Hunde setzten sich nur langsam in Bewegung, als hätten sie keine Lust. Matt hätte sie mühelos einholen können, zumal auf einer Piste, die schon zweimal gespurt war.

Aber warum flüchtete sie? Wollte sie ihn in eine Falle locken? Diente sie als Lockvogel? Mit Sicherheit. Irgendwo an der Strecke lag Mersh im Hinterhalt …

Es war ihm egal, er mußte sie einholen, alles andere würde sich zeigen. Er zurrte das Gepäck fest, überprüfte die Leinen und gab den Befehl zum Loslaufen. Mit freudigem Gebell warf sich die Meute ins Geschirr, und Matt wäre beinahe vom Schlitten gefallen. Die Hunde hatten seit Wochen niemanden mehr gesehen und waren hochgradig erregt. In vollem Tempo preschten sie durch den Tiefschnee zu Nastasias Piste. Nach wenigen Minuten kam sie wieder in Sicht. Sie blickte sich unablässig um, und Matt fragte sich, warum sie nicht anhielt. Ein paar hundert Meter noch, und er hatte sie ohnehin eingeholt. Er wollte ihr gerade etwas zurufen, als ein Schuß die Luft zerriß. Er hörte die Kugel über seinen Kopf hinwegpfeifen, und die Hunde blieben wie vom Donner gerührt stehen.

Er setzte den Anker, duckte sich hinter den Schlitten und griff zum Karabiner. Er suchte die Umgebung nach Mersh ab, als ein zweiter Schuß fiel. Einer der Hunde heulte vor Schmerz auf.

»Um Himmels willen, dieser Schweinehund!«

Matt sprang auf und blickte sich um. Wo konnte der Schütze stecken? Dann sah er, wie Nastasia im Fahren die Hand hob und ein drittes Mal feuerte. Die Kugel fuhr rechts neben ihm in den Schnee.

»Eine Pistole!«

Er hob den Karabiner und legte auf sie an. Sie war jetzt über zweihundert Meter entfernt, aber im Gegensatz zu ihr stand er unbeweglich und konnte sich auf dem Schlitten aufstützen. Er zielte auf ihren Rücken und drückte den Abzug, verriß das Gewehr aber im letzten Moment, damit der Schuß fehlging. So groß seine Wut auch war, das brachte er nicht fertig.

Sie fuhr davon. Vorläufig wollte sie kein Risiko mehr eingehen. Matt ließ das Gewehr fallen und stürzte zu Chinook, der im Schnee lag.

»Chinook! Mein lieber Chinook!«

Die Kugel hatte ihn mitten in die Brust getroffen. Matt konnte nichts mehr für ihn tun. Er schmiegte sich an ihn und begleitete ihn bis zu seinem letzten Atemzug. Er blieb lange so liegen, hielt seinen leblosen Gefährten umschlungen und benetzte sein Fell mit Tränen. Als er wieder aufstand, glühte sein Gesicht vor Zorn. Zwischen zusammengebissenen Zähnen stieß er hervor: »Du verfluchte kleine Indianerin! Das wirst du mir teuer bezahlen!«

Er ärgerte sich über sich selbst. Er hätte sie töten können. Sie hatte jedenfalls nicht gezögert, auf ihn zu schießen.

Er hob Chinooks leblosen Körper auf den Schlitten und ging von Hund zu Hund, um die Tiere zu beruhigen. Gold winselte, und er mußte ihr lange gut zureden und Trost spenden.

»Kein Sorge, Gold. Ab sofort passen wir auf. Du hast nichts zu befürchten. Ich liebe dich, meine Gold.«

Sie sah ihn mit den Augen eines verwundeten Tieres an, als versuche sie den genauen Sinn seiner Worte zu verstehen.

Er stand auf, ging zum Schlitten und spannte die Schnüre nach, die das Gepäck hielten. Das war eigentlich unnötig, doch er wußte nicht, war er tun sollte. Nastasia nachzufahren war viel zu riskant, denn er müßte ihrer Spur folgen. Und in einem Bogen um sie herumfahren und ihr an einem Waldrand oder hinter einer Flußbiegung auflauern konnte er auch nicht.

Er beschloß, die Nacht abzuwarten. Irgendwann mußte sie ja anhalten. Solange sie fuhr, konnte er nichts unternehmen. Er begann, das Gepäck abzuladen, doch plötzlich besann er sich anders.

Er durfte sie nicht entkommen lassen. Er würde ihr in größerem Abstand folgen, auch auf die Gefahr hin, daß er das Gespann häufig bremsen mußte. Er wußte nicht, warum er diesen Entschluß faßte. Aus Rachedurst? Oder weil er sich immer noch unwiderstehlich zu ihr hingezogen fühlte, obwohl sie auf ihn geschossen und sogar einen seiner Hunde getötet hatte? Aber das wollte er sich nicht eingestehen.

»Ich werde sie töten, und dann ist es vorbei.«

Er fuhr weiter.

»Langsam, Gold! Langsam!«

Die Hunde drosselten das Tempo. Sie waren dem Tod begegnet, und das dämpfte ihren Eifer.

Die Landschaft war offen und bestand aus weiten, vom Wind abgetragenen Hügeln, an die sich vereinzelte lichte Tannenwälder schmiegten. Sie reisten in den Tälern, wo Bäche und Sümpfe breite weiße Breschen bildeten. Sie stießen auf zahlreiche Spuren von Karibus, und dann und wann auch auf die der Wölfe, die Jagd auf sie machten.

Jedesmal, wenn Matt sich Nastasias Schlitten bis auf fünfhundert Meter genähert hatte, hielt er an, damit er außer Schußweite blieb. Sie drehte sich immer wieder nervös um, um den Abstand ihres Verfolgers abzuschätzen. Dann kam Matt eine Idee. Er spannte Gold und Skagway, die beiden langsamsten Hunde, an der Spitze an. Sofort verringerte sich sein Tempo, und er brauchte nur hin und wieder auf die Bremse zu treten, um einen Sicherheitsabstand zu wahren. Die Hunde begriffen schnell, daß es sinnlos war, schneller zu laufen.

So folgte er ihr fast eine Stunde lang in sechshundert Meter Abstand. Sie fuhr genau nach Westen, in Richtung des Dorfes, das Matt unbedingt meiden wollte. Doch bis dahin war es noch weit, und eine mondlose Nacht zog herauf, die ein Weiterfahren bald unmöglich machen würde. Im schwachen Dämmerlicht verlor er Nastasias Silhouette häufig aus den Augen, um sie wenig später in der weiten Ebene wiederzuentdecken.

Bald jedoch sah er sie gar nicht mehr. Es wurde höchste Zeit anzuhalten. Manchmal sah er kaum noch die Hand vor den Augen. In einer Kurve rammte er einen Baumstumpf und stürzte um. Während er die Hunde wieder ausrichtete und aufmunterte, rätselte er, wie sich Nastasia in dieser Dunkelheit zurechtfand. Er trieb die Hunde an, und sie fielen in einen schnellen Trab. So überquerten sie einen Sumpf, und Matt stoppte am Rande eines Waldes, in dem die Spur wie in einem schwarzen Tunnel verschwand.

»Das ist doch nicht möglich! Sie kann doch nicht …«

Die Worte blieben ihm im Hals stecken. Nervös kramte er in seiner Tasche nach den Streichhölzern. Er entzündete eine Kerze und hielt sie an den Boden. Alle Krallen zeigten in die entgegengesetzte Richtung. Nastasia war gar nicht hier vorbeigekommen.

»Donnerwetter! Ich Idiot!«

Er grinste in sich hinein. Sie hatte ihn überlistet, und er hatte sich wie ein Grünschnabel an der Nase herumführen lassen. Er empfand für sie eine Art Bewunderung, die gar nichts mehr mit Wut zu tun hatte. Doch er brauchte nur an seinen Hund zu denken, und schon verzerrte wieder Haß sein müdes Gesicht. Er war den ganzen Tag hinter dem Schlitten hergelaufen und war erschöpft, genau wie die Hunde, die sich bereits zu Kugeln zusammengerollt hatten und schliefen. Er brachte es nicht übers Herz, sie zu wecken, um kehrtzumachen. Er setzte den Anker, breitete neben der Piste eine lange Karibuhaut im weichen Schnee aus, entrollte seinen Schlafsack und schlüpfte vollständig angezogen hinein.

59

NOCH VOR DEM MORGENGRAUEN BRACH MATT WIEDER auf. In der Nacht hatte es leicht geschneit, und ein Schleier hatte sich über die Landschaft gebreitet. Bestimmt hatte Nastasia vorausgesehen, daß der Neuschnee ihre Spuren zudecken würde. Matt war davon fest überzeugt. Die Indianer konnten am Himmel ablesen, wie das Wetter sich entwickelte.

Eine schmale Mondsichel lachte über den dunklen Wipfeln der Bäume und spendete etwas Licht. Matt fuhr auf dem Weg zurück, auf dem er gestern abend gekommen war. Mehrmals hielt er an und versuchte, die Spuren zu lesen, doch wegen des Neuschnees war das nicht leicht. Erschwerend kam hinzu, daß Mersh seinen Hunden regelmäßig die Krallen schnitt, so daß sie auf dem vereisten Geläuf kaum Abdrücke hinterließen.

So fuhr er zwei Stunden lang, bis er zu einem sichelförmigen Sumpf gelangte, an den er sich von gestern erinnerte. Hier hatte er Nastasia noch vor sich gesehen.

»Scheiße!«

Er hielt an und untersuchte die Spuren lange. Die von Nastasia waren mehr zu erahnen, als zu erkennen.

»Dieses Teufelsweib!« Wie er sie bewunderte!

Er wendete und fuhr erneut in die andere Richtung. Mittlerweile war es taghell, und Kälte senkte sich vom wolkenlosen Himmel. Kurze Zeit später kroch eine weiße

Sonne hinter den Bäumen herauf. Matt untersuchte jeden Quadratmeter der Piste, jede Tanne, jedes Erlengestrüpp, jede Zwergbirke, hinter der sich Nastasias Spur verbergen konnte.

Hätte die Spur eines Marders nicht seine Aufmerksamkeit erregt, hätte er die andere bestimmt übersehen. Sie zweigte hinter der Uferböschung eines Baches ab, gleich neben einem Sumpf, den er schon zweimal durchquert hatte. Sie hatte die Spur mit Schnee zugeschüttet und anschließend sorgfältig verwischt, und der Schneefall in der Nacht hatte ein übriges getan. Matt betrachtete ihr Werk nicht ohne Bewunderung.

»Aber wo ist sie hin?«

Die Antwort ließ nicht lange auf sich warten. Er folgte dem Bachlauf und gelangte an einen Fluß, der erst später zugefroren war und auf dessen Eisdecke daher kaum Schnee lag. Auf diesem schönen, harten Geläuf hatte Nastasia für ihre Hunde keine Piste spuren müssen. Matt machte sich an die Verfolgung. Nastasia hatte fünf Stunden Vorsprung oder noch mehr, wenn sie mit dem ersten Tageslicht aufgebrochen war. Nach zehn Kilometern gelangte er an eine Reihe von Stromschnellen, die ungleichmäßig zugefroren waren. Die Spur bog in einen Wald ab und führte ein Stück weiter zu einem anderen Fluß, der dreimal so breit war wie der erste. Da der Wind hier auf kein Hindernis stieß, hatte er den Schnee fortgeblasen, und die Eisdecke bildete einen idealen Untergrund. Matts Hunde fielen in einen schnellen Trab, und er schöpfte wieder Hoffnung. In zwei bis drei Stunden müßte er sie eingeholt haben.

Es war ein kurzer Lichtstrahl, ein ungewöhnliches Aufblitzen, das seine Aufmerksamkeit erregte und ihn warnte, als er auf eine Bergkette zufuhr, die sich am Fluß hinzog. Das war sie, davon war er überzeugt. Sie war da oben auf dieser kleinen Anhöhe und erwartete ihn, um ihn wie einen Hasen abzuknallen, falls es ihm gelungen war, ihre Spur wiederzufinden. Ihre Hunde brauchten eine Verschnaufpause, und sie nutzte die Gelegenheit, um ihm aufzulauern. Er hätte dasselbe getan. Dieses Indianermädchen war wirklich mit allen Wassern gewaschen.

Er verließ die Spur, hielt unter den Tannen am Ufer und band die Hunde dort an.

»Ich verlasse mich auf dich, Gold. Sei still und bleib mit den anderen brav hier, verstanden?«

Sie sah ihn mit ihren klugen Augen an, als hätte sie begriffen. Er ging von Hund zu Hund und wiederholte den Befehl, den sie alle gut kannten.

»Sei still.«

Er legte die Schneeschuhe an und erklomm den Hang, den ein kleiner Tannenwald bedeckte. An der Baumgrenze angekommen, ging er parallel zum Fluß weiter und hielt auf die kleine Anhöhe zu, auf der er Nastasia vermutete.

Bald erreichte er eine Stelle, von der er auf die Anhöhe hinabsehen konnte. Er setzte das Fernglas an und entdeckte sie sofort. Sie lag hinter einem großen länglichen Felsen auf der Lauer, einen Karabiner im Anschlag. Er empfand eine merkwürdige Mischung aus Haß und Verbitterung. Was hatte er ihr getan? Warum haßte sie ihn so sehr, daß sie sich auf die Suche nach ihm machte, nur um des simplen Vergnügens willen, ihm ein Loch in den Pelz zu brennen?

Bevor er Chinook rächte, wollte er das wissen. Aber konnte er so nahe an sie herankommen, ohne daß sie ihn bemerkte? Er bezweifelte es. Er würde sie erschießen müssen. Bei dem Gedanken ging ihm ein Stich durchs Herz. Dennoch repetierte er seinen Karabiner zweimal ohne Patronen, um zu prüfen, daß der Verschluß funktionierte, und machte die Waffe danach schußfertig. Dann erst schlich er sich, hinter vereinzelten Tannen Deckung suchend, näher. Zum Glück dämpfte der weiche Schnee das Geräusch seiner Schneeschuhe. Vor dem letzten Hang schnallte er sie ab und glitt lautlos hinab. Er ließ Nastasia keine Sekunde aus den Augen. Sie lag, gut vor dem Wind geschützt, auf einer Karibuhaut in der Sonne. Von ihrer kleinen Terrasse aus hatte sie freie Sicht auf den Fluß, der unter ihr eine weite Schleife zog. Die kleine Anhöhe, auf der sie lag, war ein Ausläufer des Berges, den Matt erklommen hatte. Daß er von oben nahte, konnte sie nicht ahnen. Aber von dort aus hätte sie eigentlich sehen müssen, wie sein Gespann in der ersten Flußbiegung aufgetaucht und dann in den Wald abgebogen war. Sie hätte gewarnt sein müssen. Doch sie lag ganz ruhig da. Zu ruhig.

»Das ist eine Falle!«

Das Blut pochte in seinen Schläfen, während er durch den Schnee schlich und mit den Augen die Umgebung absuchte. Sie hatte dort Kleider von sich hindrapiert und lag woanders auf der Lauer! Er kam sich schutzlos vor und rechnete jeden Augenblick damit, daß ein Schuß die Stille zerriß und eine Kugel in seine Brust fuhr. Doch nichts geschah. Dabei war er kaum noch fünfzig Meter von dem Felsen entfernt. Er griff wieder zum Fernglas und beobachtete sie. Er konnte ihre Haare erkennen.

»Sie ist tot!«

Dieser Gedanke verwirrte ihn zutiefst, denn er empfand eine unsägliche Trauer, die um so absurder war, als er ja hier war, um sie zu töten.

Wäre es eine Falle gewesen, hätte sie längst geschossen.

Seine Nerven waren zum Zerreißen gespannt. Er schlich noch näher und schlug einen kleinen Bogen, damit er ihr Gesicht sehen konnte.

Sie war es. Sie schlief, mit der Hand auf dem Gewehrkolben.

Matt verursachte im weichen Schnee kein Geräusch. Er schlich sich noch näher. Zwei Meter vor ihr blieb er stehen, überwältigt von der Schönheit dieses Mädchens, das hier auf ihn gewartet hatte, um ihn zu töten, und dabei eingeschlafen war. Ihre Haare verbargen einen Teil ihres Gesichts, das in der Sonne golden glänzte, doch er konnte die langen Wimpern sehen, die ihre Augen betonten, ihre feingeschwungenen Nasenflügel, die leicht zitterten. Er hatte sie in seiner Gewalt, sie, die Chinook getötet hatte, und bei ihrem bloßen Anblick zersprang ihm das Herz in der Brust. Nie zuvor hatte er eine solche Flut widersprüchlicher Gefühle empfunden,

Plötzlich zuckte sie zusammen und schlug die Augen auf. Ein schriller Schrei entfuhr ihrem Mund, als sie seinem Blick begegnete. Er warf sich auf sie und schleuderte ihr Gewehr den Hang hinunter. Nach einem kurzen Handgemenge gelang es ihm, sie auf den Boden zu drükken. Sie schlug wie wild um sich und versuchte ihn zu beißen.

»Hör auf! Hör auf! Ich hätte dich schon hundertmal töten können!«

»Hättest du es doch nur getan!«

Vor lauter Überraschung, sie so gut sprechen zu hören, hätte er sie beinahe losgelassen. Unter ihnen, am Fuß der Anhöhe, bellten Mershs Hunde aus vollem Hals. Und aus einiger Entfernung antworteten seine eigenen.

»Wieso kannst du meine Sprache?«

Sie spuckte mehr, als daß sie antwortete:

»Man kann besser gegen euch kämpfen, wenn man eure Sprache spricht.«

»Gegen uns kämpfen?«

»Alle Weißen sind meine Feinde, du vor allen anderen.«

»Aber warum?«

Sie schwieg, dann sagte sie eisig:

»Wahrscheinlich hast du mich deshalb nicht gleich getötet, weil du mich vorher vergewaltigen willst. Mach schon! Bringen wir es hinter uns.«

Gleichermaßen erstaunt wie verlegen, öffnete Matt den Mund, um ihr zu antworten, besann sich aber anders. Er mußte an seine Hunde denken.

»Du willst mich töten, weil ich ein Weißer bin, na schön, aber was ist mit Chinook? Du hast Chinook erschossen.«

Er schüttelte sie wutentbrannt. Sie sah ihn ärgerlich an.

»Ich wollte dich töten, nicht den Hund.«

»Ja, aber du hast ihn getötet, du...«

Plötzlich ließ er sie los.

»Rühr dich nicht, sonst bringe ich dich um.«

Er wirkte so entschlossen, daß sie gehorchte. Sie setzte sich auf, schlang die Arme um die angewinkelten Beine, und sah ihn an wie ein in die Enge getriebenes Tier.

»Wir müssen miteinander reden. Du mußt mir erklären, warum Mersh mich umbringen will, und du auch...«

»Mersh? Hast du ihn getötet?«

Sie war zusammengezuckt, als Matt seinen Namen ausgesprochen hatte.

»Er wollte mich töten, nicht umgekehrt.«

Sie wirkte mit einem Mal verloren, verletzlich.

»Dann hast du ihn also umgebracht?«

Ihre Stimme zitterte, klang schwach, beinahe anrührend.

»Nein, ich habe ihn nicht umgebracht.«

Sie bekam wieder etwas Farbe und atmete auf.

»Ist er dein... Gefährte?« fragte Matt.

Sie schwieg einen Augenblick, dann blitzte es in ihren Augen belustigt auf.

»Mein Gefährte, wo denkst du hin! Ein Weißer kann für mich nie etwas anderes sein als ein Feind der schlimmsten Art.«

»Aber ... Mersh?«

»Mersh! ... Er ist kein Weißer mehr. Er gehört zu unserem Volk.« Sie warf stolz den Kopf zurück. »Er ist mein Vater.«

»Dein Vater?« rief Matt gleichermaßen verwirrt wie entsetzt. »Dein Vater! Aber warum will er mich töten? Du weißt es. Du willst es ja selber.«

Sie schien zu zögern.

»Nastasia, sag mir, warum!«

Zum ersten Mal war seine Stimme sanft geworden, und Nastasia wich instinktiv zurück. Wieder loderte Haß in ihren Augen.

»Nenn mich nicht Nastasia!«

»Wie soll ich dich dann nennen?«

»Nenne mich nicht bei meinem Namen. Vergewaltige mich, töte mich, aber nenne mich nicht bei meinem Namen.«

»Ich habe nicht die Absicht, dich zu vergewaltigen, und ich will dich auch nicht ...«

»Du lügst!«

Sie starrten einander an. Matt ertrank in ihren Augen. Er drehte sein Gewehr um und gab es ihr.

»Hier, damit du siehst, daß ich es ehrlich meine und daß du mir vertrauen kannst. Sag mir, was ich getan habe. Warum habe ich den Tod verdient? Warum jagt ihr mich?«

Sie ergriff das Gewehr. Er hielt es noch einen Augenblick lang fest, bis sie ihm in die Augen sah, dann ließ er los. Sie richtete es auf ihn. Er sah sie immer noch auffordernd an. Ein selbstbewußter Ausdruck legte sich auf ihr Gesicht.

»Du bist mutig für einen Weißen, deshalb sollst du es

erfahren, bevor du stirbst. Denn du wirst sterben. Du hättest mir das Gewehr nicht geben dürfen …«

Sie stand auf und trat, das Gewehr im Anschlag, einige Schritte zurück, dann zielte sie auf einen Felsen, der aus dem Schnee ragte, und drückte ab. Der Schuß hallte mehrfach im Tal wider. Zufrieden lud sie wieder durch. Ihre Augen leuchteten triumphierend.

»Wie du siehst, habe ich dich nicht getäuscht.«

»Es war dumm von dir, mir das Gewehr zu geben, mehr nicht.«

»Und?«

»Was und?«

»Du hast gesagt, daß du es mir erklären willst.«

Sie antwortete nicht. Er wartete.

»Der Rat hat dich verurteilt.«

»Das ist keine Erklärung.«

»Er hat dich verurteilt, weil du in unser Land eingedrungen bist und sein Geheimnis entdeckt hast.«

»Was für ein Geheimnis?«

»Das weißt du genau: das Gold. Du willst das Gold abbauen. Hunderte, Tausende werden kommen und uns unserer letzten heiligen Stätte berauben …«

Ihre Stimme war hart geworden.

Er kombinierte schnell.

»Und deswegen hat Mersh auf das Gold verzichtet?«

»Mersh braucht kein Gold. Hier ist Gold nutzlos!«

»Das ist auch mir klar geworden.«

»Lügner!«

Er suchte ihren Blick.

»Ich schwöre es dir, Nastasia, ich …«

»Nenn mich nicht Nastasia!«

Er hob beschwichtigend die Hände.

»Ich schwöre dir, das ist die Wahrheit, die reine Wahrheit. Ich will das Gold nicht. Ich möchte diesem Land nichts wegnehmen …«

»Lügner! Die Weißen sind alle Lügner. Schmutzige Lügner, die Land stehlen und Frauen vergewaltigen.«

»Ich habe niemals eine Frau vergewaltigt… Und was das Land angeht, es stimmt, als ich hierherkam, wollte ich mir nehmen, was im Schoß der Erde liegt. Ich dachte nur an die Reichtümer, die es mir bescheren würde, und dann hat die Erde mir gezeigt, daß der wahre Reichtum woanders liegt, in der Farbenpracht eines Sonnenuntergangs oder in diesem… in einem Blick…«

Sie schlug die Augen nieder. Sie verharrten lange in Schweigen.

»Wer hat dich vergewaltigt?«

Sie zuckte zusammen, und ihre Augen verschossen Pfeile.

»Ein Weißer wie du, ein dreckiger Weißer hat vor meinen Augen meine Mutter vergewaltigt, als ich zwölf Jahre alt war, und dann hat er sie umgebracht…«

Ihr Gesicht wurde rot vor Haß und Trauer. Sie zitterte, und Tränen perlten in ihren Augenwinkeln.

»…und dann wollte er es mit mir tun und drang mit seinem widerwärtigen Geschlecht in mich ein.«

Matt starrte sie entsetzt an, stellte sich die abscheuliche Szene vor. Das hübsche Mädchen, vergewaltigt neben der Leiche der Mutter.

»Aber er konnte nicht weitermachen…«

Sie unterdrückte einen Schluchzer.

»Mersh?«

»Nein, ein anderer.«

»Hat er ihn getötet?«

»Verwundet, Mersh hat ihn später getötet. Und er hat sich dabei Zeit gelassen…«

Stille trat ein, nur gestört vom Gebell der beiden Meuten, die einander von weitem antworteten.

»Wie hast du erraten, daß ich von einem der Deinen vergewaltigt worden bin?«

Sie hatte »von einem der Deinen« betont.

»Alles an dir verrät es.«

»Hast du Angst vorm Sterben?«

»Seit ich dich kenne, ja.«

»Wie meinst du das?«

»Ich war nie wild darauf zu sterben, aber nun, da ich dich kenne, noch weniger ...«

»Trotzdem werde ich dich töten, und deine schönen Worte werden nichts daran ändern.«

Sie hatte das Gewehr wieder erhoben und umklammerte es krampfhaft. Sie wirkte zu allem entschlossen. Matt hob die Hand.

»Warte! Laß mich dir noch eines sagen.«

»Was?«

Sie schien ungeduldig. Dieses Gespräch hatte alte Wunden aufgerissen. Sie glaubte, sie wieder schließen zu können, wenn sie abdrückte.

»Auch auf die Gefahr hin, daß ich sterben muß, du sollst es erfahren.«

Mit einem verächtlichen Achselzucken bedeutete sie ihm weiterzusprechen. Ihr ganzes Wesen drückte Widerwillen aus.

Diesmal war er es, der die Augen niederschlug. Er konnte ihrem Blick nicht standhalten.

»Ich ... ich liebe dich, Nastasia, vom ersten Tag an, als ich dich sah. Ich habe so etwas nicht für möglich gehalten. Aber du gehst mir nicht mehr aus dem Sinn. Ich würde ... ich würde so gern dein Leid lindern können. Ich möchte, daß du mich verstehst, daß du mich ohne Haß ansiehst ... daß ...«

Er hob wieder die Augen, die sich mit Tränen gefüllt hatten.

»Nastasia ...«

Die Adern an seinem Hals traten wie Bogensehnen hervor und waren zum Zerreißen gespannt.

»Nenn mich nicht so, dreckiger Weißer! Kein Mann und schon gar nicht ein Weißer darf mich jemals anfassen oder so mit mir reden, wie du es gewagt hast…«

Sie drückte das Gewehr an die Schulter. Er schloß die Augen. Sie zielte auf seine Brust, dann auf seinen Bauch und schließlich auf sein Knie. Sie drückte ab.

Der Knall war ohrenbetäubend. Blut spritzte hinter Matt in den Schnee. Die Kugel hatte sein Bein knapp unterhalb des Knies durchschlagen, prallte an einem Felsen ab und flog pfeifend weiter. Auf das Brennen folgte der Schmerz, ein furchtbarer, rasender Schmerz. Er verlor die Besinnung.

Als er wieder die Augen öffnete, war Nastasia den Hang hinunter verschwunden. Auf halbem Weg hatte sie das Gewehr zurückgelassen. Es steckte mit dem Kolben im Schnee.

»Nastasia«, stieß er mühsam hervor.

Aber sie war fort.

Matt blieb lange reglos liegen und biß vor Schmerzen die Zähne zusammen. Ihm war schwindlig. Er verlor viel Blut, und das zwang ihn, sich zu bewegen, etwas zu tun. Mit seinem Messer schnitt er einen Streifen aus seinem dicken Wollhemd und band sich damit über dem Knie das Bein ab. Der Knochen war gesplittert, und die Kugel hatte viel Fleisch herausgerissen. Erneut wurde er ohnmächtig.

Als er wieder zu sich kam, wußte er nicht, wie lange er schon so dalag. Er fror und kroch zu dem Karibufell, das Nastasia zurückgelassen hatte. Er wickelte sich so gut es ging hinein und schloß vor Schmerzen die Augen.

60

VON ZEIT ZU ZEIT ÖFFNETE MATT DIE AUGEN, LOCKERTE den Stoffstreifen über dem Knie und zog ihn, sobald etwas Blut durch die Adern geströmt war, wieder an. Bald hörte die Wunde auf zu bluten, und er entfernte den Stoffstreifen ganz. Die Schmerzen kamen wieder und ließen ihn stöhnen.

Ihm wurde furchtbar heiß, dicke Schweißtropfen perlten auf seiner Stirn. Er riß sich die Jacke auf und streckte die Brust in die schneidende Kälte. Das tat ihm wohl. Dann erst kam die Erinnerung an das Geschehene wieder. Er hatte geglaubt, sie würde ihn töten, aber sie hatte es nicht getan. Hätte sie nur schlecht gezielt, hätte sie ihn nicht ins Knie getroffen. Sie hatte ihn absichtlich nur verwundet. Um ihm Schmerzen zuzufügen. Oder auch, weil sie halb von seiner Aufrichtigkeit überzeugt war.

Er sah sie wieder vor sich. Ihre tränennassen Augen, den Schmerz, den sie in sich trug, und er empfand Mitleid. Keinen Groll. Er mußte versuchen, am Leben zu bleiben, denn er wollte sie wiedersehen und sie davon überzeugen, daß dieses Land ihn verändert und ihr nähergebracht hatte.

Aber wie sollte er am Leben bleiben? Es herrschten mindestens dreißig Grad unter Null, bald wurde es Nacht, und sein Schlitten stand einen guten Kilometer von hier. Wie sollte er ihn in seinem Zustand erreichen?

Er schaute zum Himmel, der sich im Westen rosa färbte. Eine klare und kalte Nacht kündigte sich an. Bevor er hier heraufgestiegen war, hatte er seine dicke Felljacke ausgezogen und beim Schlitten zurückgelassen. Nur ein Feuer konnte ihn retten. Er blickte zum Wald. Er mußte sich irgendwie zu den ersten Tannen schleppen. Es blieb ihm nichts anderes übrig, wenn er überleben wollte.

Das verletzte Bein hinter sich herziehend, kroch er los. Die Schmerzen wurden stärker, und die Wunde brach wieder auf. Er hinterließ eine rote Spur im strahlendweißen Schnee. Um nicht zu schreien, grub er die Zähne in den Kragen seiner Jacke. Er mußte weiterkriechen, koste es, was es wolle. Wenn er innehielt, würde er liegenbleiben. Doch wieder schwanden ihm die Sinne. Als er wieder zu sich kam, mußte er sich übergeben.

»Ich kann nicht mehr ... ich kann nicht mehr ...«

Es klang fast wie eine Entschuldigung.

Er hob den Kopf, als er die Hunde in der Ferne heulen hörte, und mit letzter Kraft rief er:

»Gold! Gooooold!«

Er schöpfte Atem und rief noch einmal:

»Gold! Gold, komm! Komm, Gold!«

Und wieder wurde es Nacht um ihn.

Etwas Nasses und Warmes weckte ihn, und er spürte ein Kratzen an der Schulter. Gold stand über ihm und leckte ihm das Gesicht.

»Gold! Meine brave Gold«, sagte er mit schwacher Stimme.

Offensichtlich hatte sie den Lederriemen durchgebissen, mit dem er den Schlitten an eine Tanne gebunden hatte, und hatte das Gespann auf seiner Spur hierhergeführt. Skagway und Dyea kamen näher, winselnd und mit eingezogenem Schwanz. Matt tätschelte ihnen den Hals, lobte sie und ermunterte die anderen, die sich nicht näher heranwagten, zu ihm zu kommen. Bald lag er, von Rührung überwältigt, unter einem Haufen Fell.

»Meine Hunde! Meine braven Hunde…«

Er streichelte sie, und sie leckten ihn ab. Gerührt und vom Blutverlust geschwächt, begann er zu weinen. Das tat ihm gut und gab ihm Trost. So blieb er lange zwischen den Hunden liegen, dann setzte er sich auf. Schmerz verzerrte sein Gesicht.

»Verfluchtes Bein!«

Die Leinen der Hunde hatten sich verheddert. Er entwirrte das Knäuel, schleppte sich zum Schlitten und zog sich hoch.

»Gold, vorwärts!«

Der Ruck des anfahrenden Schlittens brachte ihn zum Stöhnen.

»Langsam!« brachte er mühsam hervor. »Langsam!«

Gold folgte der Spur, die Nastasia im Wald hinterlassen hatte, und blieb sofort stehen, als Matt, der zu schwach war, um ein Kommando zu rufen, neben einer abgestorbenen Kiefer mit dem gesunden Bein auf die Bremse trat. Verdutzt drehten die Hunde sich um und sahen zu, wie Matt zu einer Tanne kroch, die ganz in der Nähe stand, und die untersten Äste abbrach. Es fiel ihm schwer, Feuer zu machen und ein paar Holzscheite zu sägen, aber bald konnte er etwas Wasser heißmachen und Speck braten und sich ausruhen.

Das tat ihm gut. Bei Einbruch der Nacht schirrte er die Hunde aus und verteilte eine kleine Ration gefrorenes Pferdefleisch, dann widmete er sich seiner Wunde. Mit Hilfe einer kleinen Zange, die er bei der Anfertigung der Geschirre benutzt hatte, entfernte er Knochensplitter, die im Fleisch steckten. Die Kälte machte die Wunde schmerzunempfindlich, so daß er sie reinigen und desinfizieren konnte. Die Kugel hatte an der Stelle, wo sie das Schienbein getroffen hatte, Dreiviertel des Knochens weggerissen, aber er war nicht gebrochen. Er kam Matt vor wie ein Baum, in dessen Stamm man eine tiefe Kerbe geschlagen hatte: Der Knochen würde brechen, wenn er ihn noch einmal so belastete wie auf dem Weg hierher. Er mußte aufpassen.

Er nahm sein Messer zur Hand und schnitzte sich im Schein des Feuers aus einem Stück Holz, das er aus dem unteren, astfreien Stamm der abgestorbenen Kiefer gebrochen hatte, eine Schiene. Als er fertig war, kroch er todmüde in seinen Schlafsack und schlief sofort ein.

Er erwachte fünfzehn Stunden später, aß, verteilte erneut Fleisch an die Hunde und schlief wieder ein. Er kam immer wieder für kurze Zeit zu sich, fühlte sich aber zu schwach, um aufzustehen. Er litt unter Schwindel und Brechreiz. Unruhe überkam ihn. Hatte er nicht zuviel Blut verloren?

Dieser Dämmerzustand hielt drei Tage an, dann zwang ihn einsetzender Schneefall, sich zu bewegen und sein Zelt aufzubauen. Er hatte große Mühe, sich auf den Beinen zu halten, und noch größere, die Zeltstangen zu schneiden, die er benötigte. Doch die Bewegung tat ihm gut. Von da an zwang er sich, jeden Tag mehrere Stunden aufzubleiben. Da der Proviant zur Neige ging, legte er Schlingen aus und ließ die Hunde in Gruppen zu zweien oder dreien frei, damit sie in der Umgebung jagen konnten. Sie fingen ein paar Schneehühner und von Zeit zu Zeit auch einen Hasen, mußten dafür aber mehr Energie aufwenden, als sie durch ihre Beute zurückgewannen. Mit Bestürzung stellte Matt fest, daß sie abmagerten. Leider konnte er nichts dagegen tun.

Dann kam ihm ein unglaublicher Zufall zu Hilfe. Ein Fingerzeig des Schicksals, der neue Kräfte in ihm freisetzte.

Eines Abends, als er vor dem Zelt Holz sägte, schlugen die Hunde plötzlich an und blickten zum Fluß. Keine zweihundert Meter entfernt entdeckte Matt zwei Elche. Sie hatten den Fluß in ihre Richtung überqueren wollen, waren aber stehengeblieben, als sie das Gebell hörten. Matt stürzte zum Karabiner, als sie kehrtmachten, und schoß das Magazin leer, ohne nachzusehen, ob eine der fünf Kugeln getroffen hatte.

Er traf den Elch, auf den er gar nicht gezielt hatte, im hinteren Bereich der Wirbelsäule. Das Tier kam nicht mehr weit. Es versuchte vergeblich, die Uferböschung hochzuklettern, und brach an ihrem Fuß zusammen. Matt spannte an, fuhr zu ihm und erlöste es mit einem Schuß in den Hals von seinen Qualen. Er machte sich sofort an die Arbeit und zerlegte es, bis nur noch Fleischreste an den Knochen hingen. Dann ließ er die Hunde frei. Sie fielen darüber her und schlugen sich die Bäuche voll, besonders mit den Innereien, die er ihnen überließ. Nur die Leber briet er sich am Abend selbst. Er konnte mit dem verletzten Bein immer besser gehen. Der Knochen wuchs bereits wieder nach, und die Wunde, die lange geeitert hatte, begann endlich zu verheilen.

Fünf Tage lang war es windig und schneite. Dann drehte der Wind, flaute ab, und es wurde wieder kalt. Die ganze Nacht hörte Matt, wie die Bäume unter der Einwirkung des Frostes knackten und die wachsende Eisdecke auf dem Fluß knirschte.

Tags darauf zeigte sein Thermometer minus einundfünfzig Grad. Er verließ das Zelt nur, um Holz zu sammeln und zu spalten, damit er den Ofen unterhalten konnte, der im Zelt für wohlige Wärme sorgte. Stundenlang lag er reglos da und träumte von Nastasia, sah wieder den lodernden Haß in ihren Augen, der sie noch schöner machte, aber auch unnahbarer.

61

MATT BLIEB FAST FÜNF WOCHEN AN DIESEM ORT. ER ERnährte sich und seine Hunde vom Fleisch des großen Elchs, dessen Schritte die Vorsehung vor den Lauf seines Karabiners gelenkt hatte. Er wäre nicht imstande gewesen, der Fährte eines Tieres zu folgen.

Wenn er Nastasia wiedersah, würde er ihr, um sie zu beeindrucken, erzählen, daß er nur deshalb noch am Leben sei, weil er sich tagelang auf der Spur eines Elches dahingeschleppt habe. Im nächsten Moment schämte er sich dieses Gedankens. Er würde Nastasia nicht belügen, niemals. Er würde ihr die Wahrheit sagen, und sie würde darin ein Zeichen sehen, daß die Götter der Taiga ihn verstanden hatten und am Leben erhalten wollten.

Die Wunde war verheilt, und der Knochen war mit einem Kallus nachgewachsen, der seitlich am Schienbein einen länglichen Auswuchs bildete. Er konnte wieder ohne Stock gehen, hatte aber noch Schmerzen. Sie klangen ab, wenn er ruhte, und traten wieder auf, sobald er das Bein belastete.

Er schwankte, was er tun sollte. Sollte er das Bein noch schonen oder gezielt belasten, um seine Bewegungsfähigkeit wiederherzustellen? Im Grunde hatte er keine Wahl. Sein Fleischvorrat war bald aufgebraucht. In einigen Tagen würde er ohnehin auf die Jagd gehen müssen.

Er wunderte sich, daß er keinen Besuch bekommen

hatte. Eigentlich hatte er erwartet, daß Mersh kommen würde oder ein Indianer, den Nastasia geschickt hatte. Auf der anderen Seite bezweifelte er, daß sie ihn wiedersehen wollte. Er ärgerte sich, daß er ihr seine Liebe gestanden hatte. Er hatte wenig Feinfühligkeit bewiesen. Doch er wollte mit Nastasia nicht Katz und Maus spielen, wie er es vielleicht bei anderen Mädchen getan hätte. Nastasia war anders. Für sie war er zu jedem Opfer, zu jeder Verrücktheit bereit. Er würde hundert Jahre auf sie warten, wenn nötig. Er würde sein ganzes Leben in ihrer Nähe verbringen, ohne sie anzurühren, wenn sie es so wollte. Er schloß die Augen, und ein Schwindel befiel ihn. Nein, er könnte der Versuchung nicht widerstehen, sie in die Arme zu nehmen, den Geruch ihrer Haut zu atmen, ihr Haar zu streicheln, sie zu liebkosen … Die Vorstellung berauschte ihn, machte ihn fast verrückt.

»Nastasia! Wo bist du?«

Er litt. Er rief sich ihr Gespräch ins Gedächtnis und suchte irgend etwas, das ihm Grund zur Hoffnung gab. Hatte sie ihm nicht ihr größtes Geheimnis anvertraut? War das nicht auch ein Beweis, daß sie langsam Vertrauen zu ihm faßte? Niemals hätte er gedacht, daß eine Begegnung einen so nachhaltigen Eindruck bei ihm hinterlassen könnte. Dieses Mädchen brachte ihn um den Verstand. Er schrieb ihren Namen in den Schnee, schrie ihn in die Stille, die ihm unerträglich wurde. Zum Glück hatte er die Hunde, Gold, Manouane, Skagway und die anderen. Stundenlang lag er bei ihnen, erzählte ihnen von Nastasia, und sie hörten ihm zu.

»Du mußt mich verstehen, Gold«, sagte er, »ich verliere den Verstand. Ich denke Tag und Nacht an sie, ihr Schmerz ist mein Schmerz geworden.«

Gold schien seine Mutlosigkeit, seine Verzweiflung zu spüren. Sie beugte sich über ihn, legte ihm eine Pfote auf die Schulter und leckte ihn ab. Er streichelte sie, und er kraulte auch die anderen. Sie sahen mittlerweile wieder prächtig aus. Sie hatten zugenommen, und ihr Winterfell war dichter geworden. Wahre Kraftpakete, die für lange Fahrten gerüstet waren.

»Aber wohin?«

Er wollte Nastasia wiedersehen, mißtraute aber Mersh und den Indianern. Der Stamm hatte ihn zum Tode verurteilt. Aber warum hatten sie nicht versucht, ihn zu finden, als er verwundet und wehrlos war? Sie hätten leichtes Spiel gehabt.

»Ich werde noch verrückt«, rief Matt ganz laut, um den Klang seiner Stimme zu hören.

Abgesehen von der kurzen Begegnung mit Nastasia hatte er seit Monaten mit keinem Menschen mehr gesprochen, und langsam machten sich die Folgen bemerkbar. Er konnte nicht mehr klar denken und mißtraute seinem eigenen Urteil.

»Ich muß unbedingt wieder unter Menschen«, sagte er sich.

Und zum ersten Mal seit Wochen dachte er wieder an Mary. Er wunderte sich darüber, doch es war ihm nicht unangenehm. Sie würde ihm sicher helfen. Zumindest könnte er sie um Rat fragen. Er würde auf die Jagd gehen und dann, wenn er sich mit Fleisch versehen hatte, nach Dawson fahren. Ja, das würde er tun.

Schon am nächsten Tag spannte er an. Die Spur von Nastasias Schlitten war zugeschneit worden, aber Manouane konnte ihr leicht folgen, da der Wind an ihrem Rand einen kleinen Grat geformt hatte. Es war ein herrlicher, windstiller Tag. Die Hunde waren glücklich, daß sie wieder laufen konnten. Matt ließ sich von ihrer Freude anstecken und trällerte fröhlich hinten auf dem Schlitten vor sich hin. So fuhren sie stundenlang auf dem gefrorenen Fluß dahin, bis sie in einem weiten Sumpfgebiet auf die frischen Spuren einer kleinen Karibuherde stießen. Wieder stand Matt das Glück zur Seite. Kaum eine Stunde, nachdem er das Gespann zurückgelassen hatte, entdeckte er die Karibus am Rande eines kleinen Sees und pirschte sich gegen den Wind an sie heran. Er erlegte drei Tiere, die ihm Fleisch für gut zehn Tage lieferten. Genauso lange würde er für die Fahrt nach Dawson brauchen, wenn das Wetter so blieb.

Er bewahrte sein Bein vor jeder unnötigen Anstrengung und hatte das Gefühl, daß das Marschieren mit Schneeschuhen genau das Richtige war, um seine Muskeln wieder zu kräftigen, vorausgesetzt, er schritt langsam und gleichmäßig aus und überanstrengte sich nicht.

Er blieb einen Tag bei den Karibus. Die Innereien verfütterte er an die Hunde, das Fleisch und die Häute packte er auf den Schlitten. Dann fuhr er weiter auf dem Fluß nach Süden, immer Nastasias Spur nach. Irgendwann war sie auf das Ufer ausgewichen und einem Portagepfad der Indianer gefolgt. Die strenge Kälte der letzten Tage hatte die offenen Zonen, die sie hatte umgehen müssen, zufrieren lassen, so daß Matt auf dem Fluß bleiben konnte. Doch unterhalb der Stromschnellen traf er nicht mehr auf ihre Spur. Sie mußte nach Westen in Richtung ihres Dorfes abgebogen sein. Daß er ihr nicht folgen konnte, zerriß ihm das Herz. Er verweilte lange, als könnte ihm der Wind den Duft der über alles geliebten Frau zutragen. Er sprach laut zu ihr. Vielleicht, so sagte er sich, machten sich seine Worte auf die Reise zu ihr, ehe sie sich in der Stille verloren.

Dann befahl er den Hunden weiterzulaufen und gab dem Schlitten mit der Hüfte einen Stoß. Ein Schmerz durchzuckte seine Schulter und erinnerte ihn an die Verletzung, die ihm Mersh beigebracht hatte. »Das muß in der Familie liegen«, dachte Matt. »Die sind alle ganz wild darauf, auf mich zu schießen!«

Er reiste vier Tage lang, ohne sich zu beeilen. Im Tiefschnee ging er mit Schneeschuhen voraus, um es den Hunden leichter zu machen, und auf den Hochebenen, wo der Schnee etwas fester war, stand er hinten auf dem Schlitten. Er überquerte mehrere Pässe. Unterwegs sah er Karibuherden, einige Dickhornschafe und sogar Schwarzbären, die sich an unbewaldeten Bergflanken mit gefrorenen Heidelbeeren vollstopften, ihre letzte Mahlzeit vor dem langen Winterschlaf.

Matt wußte nicht mehr recht, warum er nach Dawson fuhr. Vielleicht trieb ihn das Verlangen, die Stadt ein letztes Mal zu sehen, um ihr leichter den Rücken kehren zu können, oder der Wunsch, aus seiner Hütte ein paar Sachen zu holen, die er brauchte oder gern mitnehmen wollte.

Er verweilte einen ganzen Tag am Zusammenfluß zweier Gebirgsbäche und fing zahlreiche Forellen für sich und die Hunde. Am Abend entzündete er unter dem verkohlten Stamm einer Kiefer, in die ein Blitz eingeschlagen hatte, ein großes Feuer und bewunderte den Sonnenuntergang über den verschneiten weiten Flächen. Im Osten zogen dicke weiße Wolken auf und kündigten heftige Schneefälle an. In diesem Augenblick sah er am Horizont zwei Reiter auf sich zukommen.

Er stürzte zu seinem Karabiner, lud ihn und postierte sich hinter einem der vielen Felsblöcke, mit denen die Gebirgswiese, auf der er lagerte, übersät war. Es war nur ein Reiter, der ein zweites Pferd am Zügel hielt. Und es war kein Mann, sondern eine Frau. Er hätte sie unter Tausenden erkannt. Nastasia.

Sein Herz tat einen Sprung, und ein plötzlicher Schwindel befiel ihn. Ihm schwirrte der Kopf. Was sollte er tun? Sie kam immer näher.

Nastasia hielt einige Meter von Matt entfernt an und band die Pferde an eine junge Kiefer. Die Tiere schnauften heftig wie nach einem langen Ritt und waren schweißnaß. Auch Nastasias Gesicht glänzte vor Schweiß, was das Braun ihrer Augen und das Schwarz ihrer Haare hervorhob. Sie warf den Kopf zurück und lächelte spöttisch, als sie ihn mit dem Karabiner in der Hand dastehen sah.

»Du hast also überlebt?«

»Wie du siehst.«

»Ich habe dich für tot gehalten.«

»Du wolltest mich nicht töten.«

»Der Tod ist eine Erlösung. An einer Verwundung zu sterben ist etwas ganz anderes.«

»Alle Wunden können heilen, auch deine ...«

Ihr Gesicht nahm wieder einen verächtlichen Ausdruck an.

»Woher hast du gewußt, daß ich noch lebe?« fragte Matt.

»Die Indianer wissen alles, was bei ihnen geschieht.«

»Und?«

»Eine Gruppe von Jägern hat am Siwatchii-Fluß deine Spur entdeckt.«

»Ich kenne keinen Fluß dieses Namens.«

Sie lächelte herablassend.

»Ihr habt ihm einen neuen Namen gegeben, aber er will ihn nicht.«

Sie schwieg. Er sah sie an, überwältigt von ihrer Schönheit. Ihr Blick wanderte über die Hunde, den Schlitten, das Feuer.

»Was willst du?« fragte er.

»Ich will nicht, daß du meinen Vater tötest.«

»Mersh?«

»Als er erfahren hat, daß du noch lebst, obwohl ich dich ... ist er Hals über Kopf aufgebrochen. Er glaubt, daß du wegen des Goldes nach Dawson willst, und wartet irgendwo da drüben auf dich.«

Sie deutete mit dem Kinn zu den Bergen im Süden. Matt verstand überhaupt nichts mehr.

»Aber warum bist du hier? Um mich zu warnen?« Ein Funke Hoffnung glomm in seinen Augen.

Sie reagierte mit einem Achselzucken. »Dann hat sich Mersh also nicht getäuscht. Du willst wegen des Goldes nach Dawson?«

»Nein.«

»Wozu dann?«

»Ich will etwas aus meiner Hütte holen, der Stadt Lebewohl sagen und einen Brief an meine Lieben zu Hause schicken. Ich möchte meiner Mutter erklären …«

»Ihr was erklären? Daß du Gold gefunden hast?«

»Ja, daß ich hier Schätze gefunden habe, aber ich meine nicht das Gold damit.«

»Was dann?«

»Das …«

Er machte eine halbe Umdrehung und deutete auf die Landschaft, die sie umgab. Nastasia sah ihn forschend und zweifelnd an.

»Möchtest du Tee?«

Sie antwortete nicht. Er hielt ihr einen Becher hin. Sie nahm ihn und warf ihn dann plötzlich weg. Matt zuckte zusammen.

»Ich bin wegen Mersh hier«, sagte sie. »Aus keinem anderen Grund. Ich hasse dich und deine schönen Worte und deinen Tee, der nach einem dreckigen Weißen stinkt!«

Matt konnte seine Überraschung nicht verbergen.

»Ich verstehe dich, Nas …« Er sprach ihren Vornamen nicht aus. »Ich verstehe dich. Wenn ich nur die Hälfte von dem erlebt hätte, was du erlebt hast …«

Sie schnitt ihm trocken das Wort ab.

»Dein Mitleid kannst du dir sparen, hörst du?«
Er nickte.
»Mir ist noch immer nicht klar, warum du hier bist.«
Sie zögerte einen Augenblick, ehe sie antwortete.
»Mersh ist in letzter Zeit etwas wunderlich geworden, und es besteht die Gefahr, daß du ihn tötest.«
»Deshalb also. Du bist hier, um ihn zu beschützen.«
»Oder um mich um ihn zu kümmern.«
»Wie meinst du das?«
»Er hat sich verändert. Er führt Selbstgespräche. Er redet wirr. Er ist sogar ohne Patronen aufgebrochen! Mit seinem Gewehr, aber ohne Munition. Früher wäre ihm das nie passiert. Niemals«, gestand sie ihm, als widerstrebte es ihr.
Sie wirkte jetzt hilflos und traurig, und ihr Gesicht drückte nur noch Mutlosigkeit, Sorge und Erschöpfung aus. Am liebsten wäre er zu ihr gegangen und hätte die Arme um sie gelegt. Mersh war alles, was sie hatte, und sie hatte Angst um ihn. Sie hatte Angst, daß ihm etwas zustoßen könnte. Aber warum war sie ihm, Matt, dann nicht gefolgt und hatte ihn hinterrücks erschossen? Wäre das nicht der sicherste Weg gewesen, Mersh zu beschützen?
Sie sagte es ihm, ohne daß er die Frage ausgesprochen hatte.
»Ich wollte dich töten, aber die Hunde hätten es mir schwer gemacht, nahe genug an dich heranzukommen.«
»So ist das also ...«
»Und ich wollte dir sagen, daß deine Lüge entdeckt ist.«
»Welche Lüge?«
»Du hast mir versichert, daß du das Gold nicht abbauen willst. Das war gelogen.«
»Es ist die Wahrheit. Ich gehe nicht nach Dawson, um einen Claim registrieren zu lassen.«

Sie schwieg einen Augenblick und überlegte.

»Ich glaube dir«, sagte sie schließlich.

Er hob erstaunt den Kopf, doch sie blickte zum Himmel. Er bewunderte ihr feines Profil, das sich gegen das Blau der Dämmerung abhob.

»Sieh mich nicht so an.«

»Wie?«

»Wie ein Wolf, der um seine Beute herumschleicht.«

Sie trat so nahe an ihn heran, daß sie ihn fast berührte.

»Niemals, hörst du, niemals, und das schwöre ich bei allem, was mir heilig ist, wirst du mich anfassen. Und eine Indianerin bricht nie ihr Wort.«

Matt machte eine Bewegung, um sie an den Schultern zu fassen, hielt aber im letzten Moment inne. Seine Züge wurden ernst.

»Ich will dir meinerseits ein Versprechen geben, und du kannst es glauben oder nicht, das ist ohne Bedeutung. Niemals, Nastasia«, und diesmal erlaubte er sich, sie bei ihrem Namen zu nennen, »niemals werde ich dich anrühren oder zulassen, daß ein anderer dich anrührt, wenn du es nicht willst...«

»Vielleicht wird eines fernen Tages ein Indianer dieses Recht erhalten.«

Matt konnte einen Seufzer nicht unterdrücken.

»Und was ist mit Mersh? Was soll ich tun? Mich von ihm umbringen lassen?«

»Wenn du willst.«

Er lächelte.

»Von dir gerne, aber von Mersh... davon bin ich weniger begeistert.«

Sie fand seine Bemerkung nicht lustig und gab es ihm zu verstehen, ohne ein Wort zu sagen.

»Was denkst du, wo er ist?«

»Auf deiner Route, oder er erwartet dich in deiner Hütte.«

»Ohne Munition.«

»Das ist das Problem. Wenn er Munition hätte, wäre ich nicht hier. Er hätte dich mit Leichtigkeit getötet.«

»Das hat er schon einmal versucht, und da hatte er Munition ...«

Sie zuckte verächtlich mit den Schultern.

»Früher hätte er dich mit einer einzigen Kugel aus zweihundert Metern Entfernung getötet, und du hättest überhaupt nicht gewußt, wie dir geschieht.«

Matt deutete ein Lächeln an.

»Wie der Elch?«

»Auch eine Lektion, die du nicht verstanden hast. Wir hätten es wissen müssen. Kein Weißer verdient es, daß man ihm einen Rat gibt. Sie sind alle blind.«

Matt schwieg schuldbewußt. In diesem Punkt hatte Nastasia recht. Er hatte die Lektion mit dem Elch tatsächlich nicht verstanden. Wieder nahm ihr Blick ihn gefangen. Ihre Augen glühten wie Kohlen, wenn sie in Zorn geriet.

»Ich mache dir folgenden Vorschlag«, sagte er. »Du begleitest mich zu meiner Hütte. Da er mich sucht, findest du ihn am leichtesten, wenn du bei mir bleibst.«

Sie nickte.

»Und wenn wir ihn gefunden haben, erklärst du ihm alles.«

»Was?«

»Daß es nicht nötig ist, mich zu töten, weil ich das Gold nicht will und ...«

Er zögerte.

»Und was?«

»Und weil ich keine Bedrohung für dich bin.«

»Davon bin ich ja selbst nicht überzeugt. Ein Weißer ist zum Schlimmsten fähig, wenn er etwas unbedingt haben will. Mein Vater wird es nicht glauben.«

»Doch, wenn *du* es ihm sagst.«

»Das werde ich tun, wenn du mir dein Wort gibst, daß du danach sofort verschwindest.«

»Wenn du es möchtest.«

Sie seufzte.

»Das möchte ich jetzt schon. In ein paar Tagen geht es für dich um Leben und Tod. Mach dir nichts vor.«

62

SIE HATTE IHR GEPÄCK HINTER DEM SATTEL IN EINER zweiteiligen Ledertasche verstaut, die hübsch mit bunten Fäden bestickt war.

»Wie stellt ihr diese Farben her?« wagte Matt zu fragen, bereute es aber sofort.

»Laß mich in Ruhe. Ich bin müde.«

Er stand einen Augenblick da und machte ein verdutztes Gesicht, dann kehrte er an sein Lagerfeuer zurück und beobachtete sie von dort aus. Sie legte einem der Pferde Fußfesseln an, das daraufhin, gefolgt von dem anderen, auf die Wiese ging und graste. Dann entzündete sie ein eigenes Feuer, buk ein Fladenbrot und briet sich etwas, das wie Fleisch aussah. Nach dem Essen wickelte sie sich in eine große Decke aus weißem Hasenfell. Matt frohlockte innerlich. Er würde mehrere Tage mit ihr zusammen sein, und das genügte ihm.

Er legte sich ebenfalls hin, nachdem er besorgt zum Himmel geblickt hatte. Eine dichte Wolkendecke hatte sich gebildet, und er fürchtete, daß es in der Nacht einen Schneesturm geben könnte.

Er erwachte am frühen Morgen vom Prasseln eines Feuers. Es hatte nicht geschneit. Er hätte es wissen müssen, denn Nastasia hatte keine Schutzvorkehrungen getroffen, und die Indianer verstanden es besser als sonst jemand, die Zeichen des Himmels zu lesen.

Er fragte sich, was er tun sollte. Sollte er etwas abseits ein zweites Feuer entzünden? Das wäre idiotisch, und so ging er zum Bach, füllte seinen Teekessel und stellte ihn neben den Nastasias. Sie wechselten kein Wort. Sie trank, schlang ihr Frühstück hinunter und holte dann die Pferde, die ein Stück weiter oben, wo das Gras fetter war, weideten.

Sie kam auf dem ungesattelten Hengst zurückgeritten, dessen Fell ebenso schwarz war wie ihr Haar. Ein Schwall von Gefühlen übermannte Matt. Er konnte seine Augen nicht von diesem Anblick wenden.

Sie ritt direkt auf ihn zu.

»In der kommenden Nacht wird es Schnee geben... viel Schnee. Wie weit ist es noch bis zu deiner Hütte?«

»Mit den Hunden zwei Tage, wenn man nicht trödelt.«

»Kümmere dich nicht um mich, ich werde dir folgen. Mit zwei Pferden komme ich zügig voran. Eines kann sich immer ausruhen.« Und fast vorwurfsvoll fügte sie hinzu: »Wir sollten uns beeilen.«

Sie war früh aufgestanden und hatte auf ihn gewartet. Er machte sich Vorwürfe, weil er so lange geschlafen hatte. Doch er hatte gestern abend noch wachgelegen, und als er endlich eingeschlafen war, hatte er seltsam und wirr von Mersh, Nastasia und Mary geträumt.

Er beeilte sich. Sie hatte recht. Noch war der Schnee nicht zu tief. Das mußten sie ausnutzen. Sorgfältig packte er den Schlitten, denn er wollte, daß die Hunde einen tadellosen Start hinlegten.

Offensichtlich spürten sie Matts ungewohnte Anspannung und gehorchten aufs Wort. Zufrieden fühlte er Nastasias Blick in seinem Rücken. Die Hunde jagten wie ein Wirbelwind am Bach entlang, wo der Wind den Schnee teilweise fortgeweht und so eine Art Piste geschaffen hatte. In der Talmulde wurde der Schnee tiefer. Die Hunde mühten sich eine Stunde lang ab, dann ging er mit den Schneeschuhen voraus und bahnte ihnen einen Weg. Nastasia ritt hinter ihm, bald im Trab, wenn die Hunde schnell liefen, bald im Schritt. Sie hatte sich einen großen Umhang umgelegt, in dem sie noch schöner aussah, und Matt mußte mehr als einmal an sich halten, um nicht zu ihr zu laufen, sie in die Arme zu nehmen und ihr wieder zu sagen, daß er sie liebte. Doch er blieb vernünftig und schwieg, entschlossen, denselben Fehler nicht noch einmal zu begehen. Er beobachtete die Umgebung und hielt nach Spuren oder einer Stelle Ausschau, wo Mersh im Hinterhalt liegen könnte. Doch der Alte war wohl durch ein anderes Tal zu seiner Hütte gelangt. Matt war überzeugt, daß er dort auf ihn wartete, auch wenn er nicht sagen konnte, was ihm diese Gewißheit gab.

Gegen Mittag entdeckte Matt eine große abgestorbene Kiefer und hielt an. Er fällte sie und machte Feuer. Unterdessen bereitete Nastasia mit den Vorräten aus ihren Packtaschen eine kräftige Mahlzeit. Sie bestand aus Fleischklößen und Fladenbrot. Matt nahm, was sie ihm hinhielt.

»So gewinnen wir Zeit.«

Er bedankte sich, vermutete aber, daß sie es nicht aus Gefälligkeit getan hatte.

Er verteilte etwas Fleisch an die Hunde und gab ihnen Wasser, dann brachen sie wieder auf. Gegen Abend überquerten sie einen unvollständig zugefrorenen Fluß, und Nastasia ritt voraus. Matts Gepäck wurde naß, und das zwang sie, früher als geplant zu rasten und seine Sachen zu trocknen. Kaum hatten sie angehalten, fing es zu schneien an. Matt packte sein Zelt aus und begann damit, es aufzustellen. Er hoffte, daß sie zustimmen würde, es mit ihm zu teilen, doch sie baute sich aus zwei Häuten und Ästen ein kleines Schutzdach, entzündete davor ein Feuer und machte sich etwas zu essen. Matt zog sich todtraurig in sein Zelt zurück und aß ohne Appetit. Er hatte ihr so viel zu sagen, sie so viel zu fragen, ein so großes Verlangen, mit ihr zu sprechen, sie anzusehen. Was hätte er für ein Lächeln von ihr gegeben! Er beobachtete sie durch den Spalt am Eingang und suchte nach irgendeinem Vorwand, zu ihr zu gehen. Schließlich schlüpfte er hinaus, um die Hunde zu füttern. Sie machte gerade Anstalten, sich schlafen zu legen.

»Nastasia?«

Inzwischen wagte er es, sie so zu nennen. Sie antwortete nur mit einem Murren, das ihm zu verstehen gab, daß er sie in Ruhe lassen sollte.

»Ich mache uns morgen früh im Zelt etwas zu essen. So gewinnen wir Zeit.«

»Wir gewinnen überhaupt nichts. Mein Feuer wird vor deinem brennen, und ich werde zum Aufbruch bereit sein.«

»Wie du willst.«

Sie wandte sich ab und breitete ihre Decke aus. Er kehrte enttäuscht zum Zelt zurück und haderte mit sich. Er hätte nicht zu ihr gehen dürfen.

Es schneite die ganze Nacht. Matt stand zweimal auf, um den Schnee von den Zeltbahnen zu entfernen. Dabei sah er, daß Nastasias Feuer noch immer brannte. Sie unterhielt es. Bei Tagesanbruch stand ihr Teekessel vor seinem auf dem Feuer, und sie packte schon zusammen, noch bevor er mit dem Abbauen des Zeltes begann. Er hätte schwören können, daß sie das absichtlich tat, und eine stumme Wut überkam ihn. Und diese Wut hielt bis zum Abend an.

Um sie zu beeindrucken, hatte er sich überanstrengt, und sein Bein schmerzte, dieses verdammte Bein, in das sie ihn geschossen hatte. Und er begann sie zu hassen, so wie sie ihn. Sie verhöhnte ihn, behandelte ihn wie einen nichtswürdigen Menschen. Daran würde er nichts ändern können, einerlei, was er tat. Und selbst wenn, würde sie niemals zugeben, daß sie sich getäuscht hatte. Dazu war sie zu stolz.

In der Nacht hörte es auf zu schneien, wie sie vorausgesehen hatte, und Matt hütete sich, sie darauf anzusprechen, denn er vermutete, daß er eine schroffe Antwort bekommen würde. Sie würde ihm nur wieder in Erinnerung bringen, daß er blind für die Natur sei und nichts über sie wisse. Er beschloß, gar nicht mehr mit ihr zu sprechen und sie zu ignorieren, so wie sie ihn ignorierte. Und er gedachte durchzuhalten, so schwer es ihm auch fiel.

Am übernächsten Tag vertrieb ein leichter Nordwind die Wolken, und mit der Sonne kam die Kälte zurück. Sie waren von dem See, an dem Matts Hütte stand, nicht mehr weit entfernt, als sie in der Ferne einen Schlitten bemerkten, den zwei Männer lenkten.

»Das ist nicht Mershs Gespann«, sagte sie.

»Hier ist doch nie jemand unterwegs.«

»Offensichtlich doch.«

Er zuckte mit den Schultern.

»Machst du auch mal den Mund auf, ohne zu bellen?«

Sie warf ihm einen finsteren Blick zu, und er brach in Gelächter aus, was sie völlig aus der Fassung brachte.

»Worüber lachst du?«

»Über dich.«

Sie wußte nicht, wie sie reagieren sollte. Sie deutete ein Lächeln an, dann blickte sie achselzuckend wieder zu dem Schlitten. Matt sah sie einen Augenblick lang mit unendlicher Zärtlichkeit an.

»Es sind zwei Schlitten.«

Ganz in Nastasias Anblick versunken, hatte Matt die Schlitten vergessen. Sie kamen direkt auf sie zu.

»Es sind drei«, sagte er.

Sie antwortete nicht und machte ein ernstes Gesicht. Die Männer brachten ihre Leithunde zehn Meter vor ihnen zum Stehen. Alle drei trugen Gewehre auf dem Rücken, legten sie aber weg, bevor sie näherkamen.

»Paß auf die Hunde auf ... bitte«, sagte Matt zu Nastasia und ging ihnen entgegen.

»Na so was, wir hätten nicht gedacht, daß man in dieser gottverlassenen Gegend jemandem begegnet.«

Der Mann hatte helle, tiefliegende Augen. Eine häßliche Narbe verunstaltete seinen Mund. Als er nähertrat, roch Matt seine Schnapsfahne. Matt begrüßte ihn und blickte dann zu seinen beiden Begleitern. Sie waren um die dreißig und hatten ungepflegte Vollbärte.

»Das sind meine Jungs. Sie arbeiten für mich.«

»Was für eine Arbeit ist das?«

»Wir jagen.«

»Fehlt es in Dawson immer noch an Fleisch?«

»Fleisch ist Gold wert. Und du, was machst du hier?«

Der Mann beugte sich etwas vor, um sich Nastasia genauer anzusehen. Er pfiff bewundernd.

»Ah, ich verstehe. Du hast dir auch Frischfleisch besorgt. Eine schöne Indianerin. Ist sie deine Braut?«

Matt starrte ihn drohend an, sagte aber nichts.

»He, Jungs, seht mal, das ist etwas Besseres als die Huren in Dawson, was? Vielleicht sollten wir uns auch so was besorgen. Dürfte nicht teuer sein.« Er machte ein lüsternes Gesicht und zwinkerte Matt zu. »Sie ist bestimmt gut, was?«

»Ich lasse nicht zu, daß Sie so von ihr sprechen.«

Der Mann brach in Gelächter aus, und die anderen stimmten mit ein. Plötzlich verstummte er, schob sich an Matt vorbei und ging auf Nastasia zu. Sie wich unwillkürlich zurück, und ihr Gesicht verzerrte sich.

»Das ist ja eine richtige Wildkatze. Die muß da drunter ganz schön straff sein, Jungs!«

Wieder brachen sie in schallendes Gelächter aus. Matt sprang ihm nach, packte ihn an der Jacke und riß ihn herum. Der Mann wäre beinahe umgefallen, fing sich aber und gab Matt wütend einen Kinnhaken.

»Du Hurensohn!«

Der Mann stürzte sich auf Matt, der von dem Faustschlag halb benommen war, warf ihn zu Boden und drückte ihn in den Schnee.

»Schnappt euch die Kleine, dann amüsieren wir uns ein bißchen. Der Dreckskerl hier soll uns kennenlernen!«

Die beiden Männer sprangen lachend zu Nastasia, die wie versteinert dastand und entsetzt zusah.

»Zeigt ihr, was ein richtiger Mann ist, und nachher haltet ihr den hier fest, und ich besorge es ihr nach allen Regeln der Kunst. Das hübsche Biest wird die Engel singen hören.«

Er lachte dreckig, und seine Augen glänzten schon vor Erregung. Das war mehr, als Matt ertragen konnte. Er brüllte wie ein Tier. Seine Muskeln spannten sich, und unter Aufbietung aller Kräfte warf er den Kerl ab, rammte ihm die Faust in den Magen, dann an die Schläfe, so daß er röchelnd zusammensackte. Die beiden anderen wollten sich auf Matt stürzen, doch sie kamen nicht weit. Gold und Skagway packten sie, als sie am Gespann vorbeirannten. Einer der beiden konnte sich losreißen, doch dem anderen schlug Gold die Zähne in den Arm und zermalmte ihm den Knochen. Er befreite sich mit einem brutalen Fußtritt, sprang zurück und hielt sich brüllend vor Schmerz den Arm. Matt schnellte in die Höhe und stellte sich dem zweiten entgegen. Ein Schuß krachte, und der Mann brach zusammen.

Matt fuhr herum und sah, wie Nastasia mit tränenüberströmtem Gesicht das Gewehr erneut anlegte und auf den zweiten Mann feuerte. Er stürzte, in den Rücken getroffen, zu Boden.

Der Anführer, der noch im Schnee lag, riß entsetzt die Augen auf, rappelte sich hoch und rannte zu seinem Schlitten. Eine Kugel verfehlte ihn.

»Hör auf, Nastasia! Hör auf. Das reicht. Es ist vorbei.«

Er ging auf sie zu. Das Gewehr war auf ihn gerichtet.

»Hör auf!«

Sie zitterte und weinte. Wahnsinn loderte in ihren Augen, sie war nicht mehr sie selbst.

Jetzt zielte sie auf seinen Kopf.

»Schieß nicht, Nastasia. Schieß nicht, es ist vorbei. Sieh doch, er flieht.«

Er deutete auf das Gespann. Es jagte davon, und das zweite folgte ihm ohne Schlittenlenker. Sie schien es nicht zu sehen.

»Schieß nicht!«

Sie zitterte am ganzen Leib, ließ das Gewehr aber nicht sinken. Ein Schluchzen schüttelte sie, und Matt dachte, der Schuß würde gleich losgehen.

Dennoch ging er weiter. Sie zielte noch immer auf ihn. Sie nahm sogar den Karabiner höher, um ihn im Visier zu behalten. Er entwand ihr das Gewehr ganz langsam und legte es auf den Schlitten, gegen den die beiden Männer sie gedrückt hatten. Sie sank zu Boden und kauerte sich stöhnend zusammen. Matt zögerte einen Augenblick, dann bückte er sich, um sie in die Arme zu nehmen. Sie schrie, als er sie berührte. Er zuckte zurück. Sie hob den Kopf und sah ihn an, als sehe sie ihn zum ersten Mal, dann brach sie wieder in Schluchzen aus.

»Nicht weinen, Nastasia, nicht weinen ...«

Sie zitterte furchtbar. Er streckte wieder die Hand nach ihr aus, und diesmal ließ sie ihn gewähren. Er streichelte ihr die Schulter, und sie sank schluchzend in seine offenen Arme, von Krämpfen geschüttelt, die nicht aufhören wollten. Matt wagte es nicht, sich zu bewegen. Er hielt den Atem an, und sein Herz zersprang fast vor Glück.

Ihr weiches Haar an seiner Wange, der Geruch ihres Körpers. Er spürte sie ganz dicht neben sich, verloren, zerbrechlich. Sein Herz floß über vor Liebe.

»Es ist vorbei, Nastasia, es ist vorbei«, wiederholte er beruhigend.

Mit einem Mal faßte sie sich und löste sich mit einer geschmeidigen Bewegung aus seiner Umarmung. Sie sah ihn fest an, ohne daß ihr Gesicht die geringste Regung verriet, dann blickte sie zu den Leichen der beiden Männer, die sie erschossen hatte, und Haß verzerrte ihre Züge.

Matt stand auf und ging zu ihnen. Er vergewisserte sich, daß sie tot waren, dann ging er zu seinen Hunden und lobte einen nach dem anderen. Nastasia spannte die Seile nach, mit denen das Gepäck auf dem Schlitten festgezurrt war.

Ohne ein Wort zogen sie weiter. Auf der Spur der drei Männer kamen sie zügig voran. Zwei Stunden später bogen sie in ein kleines Tal ab. Es führte zu dem Paß hinauf, den sie überqueren mußten, um zu Matts Hütte zu gelangen.

Matt ging voraus und trat mit den Schneeschuhen den hohen Schnee fest. Sie hatten noch immer kein Wort gewechselt. Nastasia war wie immer schweigsam, und Matt hatte es nicht gewagt, den Vorfall anzusprechen, oder gar das, was danach geschehen war, als sie in seinen Armen lag und sich ausweinte. Was dachte sie darüber? Er wollte so tun, als sei nichts geschehen.

Im Gehen zuckte er leicht mit den Schultern. Er war ein Idiot. Sie hatte in seinen Armen gelegen, und er hatte ihren Geruch geatmet, das Schlagen ihres Herzens gespürt. Er würde vergehen vor Verlangen, das eines Tages wieder zu erleben, und wenn er sich eine Ewigkeit gedulden müßte. Sie war es wert. Sie war sein Leben, sein ganzes Leben.

63

AM ABEND SASSEN SIE AM SELBEN FEUER, SPRACHEN aber kein Wort. Da es aufklarte, richteten sie sich aus Tannenreisig und Fellen am Feuer ein Lager her, jeder auf einer Seite.

Matt hatte einen Vorrat Brennholz gehackt und legte noch einmal nach, bevor er in seinen Schlafsack kroch. Das Feuer warf einen hellen Schein, an dessen Rand die Hunde schliefen, zu Kugeln zusammengerollt, die Schnauze sorgfältig unter den Schwanz geschoben, um sie vor der Kälte zu schützen.

Er verlegte seinen Schlafplatz ein Stück, weil ihm der leichte Nordwind den Rauch ins Gesicht blies, und legte sich wieder hin. Er schaute zu Nastasia hinüber. Ihre braunen Augen funkelten im Widerschein der Flammen. Sie sah ihn ernst an, und er hielt ihrem Blick stand. Sekunden, die ihm wie Stunden vorkamen.

»Nastasia, ich schäme mich für das, was passiert ist. Ich schäme mich, ein Weißer zu sein. Sie sind nicht alle so … Du sollst wissen, daß es mir unendlich leid tut.«

Sie drehte sich weg und vergrub ihr Gesicht in ihrer Felldecke. Bald rührte sie sich nicht mehr, und Matt lag lange da und betrachtete ihren Körper, der sich im Rhythmus ihres immer noch kurzen Atems kaum merklich hob und senkte.

Sie zogen im Morgengrauen weiter, und Nastasia bestand darauf, bis zum Paß mit den Schneeschuhen vorauszugehen. Nach zwei Dritteln der Strecke blieb sie plötzlich stehen, kehrte bis zu Gold zurück, nahm ihren Kopf in beide Hände und kraulte sie.

»Ich möchte dir danken«, sagte sie, während sie sich wieder aufrichtete. »Sie hätten dich umbringen können... Du hättest dich mit ihnen zusammentun und dich mit mir vergnügen können.«

Matt war wie vor den Kopf geschlagen.

»Das kann doch nicht dein Ernst sein!«

»Du willst es, ich weiß es.«

»Nicht aus demselben Grund wie sie.«

»Der Grund spielt keine Rolle...«

Sie ging wieder nach vorn. Matt setzte den Anker in den Schnee, lief am Gespann vorbei und holte sie ein. Er packte sie ziemlich grob an der Jacke und zwang sie, sich umzudrehen. Sie schien überrascht, wie wütend er war.

»Du hast kein Recht, so etwas zu sagen!« schrie er.

Er hielt sie an ihrer Jacke fest, und sie unternahm nicht einmal den Versuch, sich loszureißen.

»Dazu hast du kein Recht! Ich hätte niemals zugelassen, daß sich diese Bastarde an dir vergreifen. Niemals! Lieber wäre ich gestorben. Du hast kein Recht, so etwas zu sagen. Du kannst mich nicht...«

Seine Wut verflog so schnell, wie sie gekommen war, und bei den letzten Worten ging ihm die Luft aus. Sie schlug leicht beschämt die Augen nieder. Er ließ sie los und eilte mit hängenden Schultern davon. Sie lief ihm nach. Da sah sie, daß er weinte. Sie blickten einander an. Er versuchte nicht, seine Tränen zurückzuhalten.

Sie sagte nichts.

Er holte tief Luft, wie um sich Mut zu machen:

»Ich liebe dich, Nastasia. Wenn du wüßtest, wie ich dich liebe... wie ernst es mir ist...«

Sie hatte den Blick nicht von ihm gewandt, und Tränen rollten über ihre von der Kälte geröteten Wangen. So verharrten sie lange und schwiegen. Dann kläffte in der Ferne ein Fuchs, und sie lächelte. Es war das schönste Lächeln, das Matt in seinem Leben gesehen hatte. Er erwiderte das Lächeln, und sie machte sich wieder auf den Weg. Matt kehrte zum Schlitten zurück und folgte ihr.

Sie überquerten den Paß und sahen von weitem den See. Zwischen den Bäumen war die Hütte zu erahnen.

»Rauch. Er ist da«, sagte sie einfach nur.

Sie spurte die Piste weiter bis zum See. Auf der Eisdecke hatte der Wind den Schnee zusammengepreßt, und so schnallte sie die Schneeschuhe ab und stieg zu Matt hinten auf den Schlitten. Auf der harten Eisfläche fielen die Hunde sofort in Galopp.

»Sie wissen wieder, wo sie sind«, sagte Matt vergnügt.

Sie erreichten die Mitte des Sees.

»Bist du sicher, daß er es ist?«

»Ganz sicher.«

»Was willst du tun?«

»Ich werde mit ihm reden.«

Er wagte nicht zu fragen, was sie ihm sagen wollte. Ihr Lächeln hatte ihn in einen Taumel versetzt. Er konnte keinen klaren Gedanken mehr fassen. Als sie sich der Hütte bis auf fünfhundert Meter genähert hatten, erhob sich wütendes Hundegebell.

»Er ist es, ich erkenne Wild«, flüsterte Nastasia.

Sie wuchteten den Schlitten die Uferböschung hoch, und Nastasia sagte zu ihm, er solle fünfzig Meter vor der Hütte anhalten.

Mershs Meute bellte noch eine Weile und verstummte, als Matt seinen Hunden den Befehl gab stehenzubleiben. Eine beklemmende Stille trat ein.

So verharrten sie, alle Sinne angespannt. Nichts rührte sich.

Plötzlich machte Nastasia einen Satz zu Matt herüber und stellte sich vor ihn.

»Was ist ... ?«

»Nicht bewegen!«

Dann sah er, was sie gesehen hatte. In der halbgeöffneten Tür der Hütte war der Lauf eines Gewehrs erschienen.

Matt blickte um sich. Es war ein Fehler gewesen, hier anzuhalten. Mindestens fünf Meter trennten ihn von den Bäumen, die ihm Deckung bieten konnten. Bevor er sie erreicht hätte, würde Mersh abdrücken. Er würde ihn abknallen wie einen Hasen. Er hatte im Moment tatsächlich nur eine Chance. Er mußte hinter Nastasia bleiben, die ihn schützte. Nastasia schützte ihn! Wäre seine Lage nicht so verzweifelt gewesen, hätte er über die Ironie des Schicksals gelacht. Sie lud ihr Gewehr durch.

Im selben Augenblick stieß Mersh die Tür vollends auf und trat heraus.

Matt war überrascht. Der Mann war kaum wiederzuerkennen. Sein Gesicht war hochrot vor Zorn, aber da war noch etwas anderes, das noch beunruhigender war. Er hatte den Blick eines Wahnsinnigen, und seine Bewegungen wirkten fahrig.

»Was machst du da?« brüllte er und legte auf sie beide an.

»Nimm das Gewehr runter«, antwortete Nastasia mit sanfter, aber fester Stimme.

Mersh antwortete nicht und behielt das Gewehr im Anschlag. Nastasia verlagerte ihr Gewicht, um Matt, der den Geschehnissen nicht mehr gewachsen war, noch besser zu decken.

»Er will das Gold nicht abbauen. Er hat sich so entschieden wie du. Das Stammesgebiet soll verschont bleiben.«

Ein höhnisches Grinsen erschien auf Mershs Gesicht.

»Was schert mich das?«

»Deswegen wolltest du ihn doch töten, oder nicht?«

Er sagte nichts. Er ging im Bogen um sie herum, um sich in eine bessere Schußposition zu bringen. Doch Nastasia hatte seine Absicht durchschaut und bewegte sich mit.

Mersh lachte. Es war ein hämisches Lachen.

»Ich krieg euch auf jeden Fall.«

»Uns? Willst du etwa auch mich erschießen? Mich?«

Er zuckte zusammen, dann schrie er unvermittelt:

»Ja, wenn du dich weiter schützend vor ihn stellst!«

Sie war fassungslos und brauchte einen Moment, ehe sie ihm antworten konnte.

»Aber ich habe dir doch gesagt, daß er das Tal in Ruhe lassen will.«

»Was geht mich das Tal an!« erwiderte er in einem sonderbaren Tonfall.

»Ich verstehe dich nicht.«

»Aber ich verstehe dich, und ich verstehe mich sehr gut. Das genügt mir.«

»Was verstehst du?« schrie sie.

Er hob erstaunt die Augenbrauen.

»Was regst du dich auf? Es hat ja doch keinen Sinn. Ich kriege ihn, und er wird bezahlen.«

»Wofür denn bezahlen?«

Er versuchte weiter, einen Schußwinkel zu finden, doch sie ahnte jede seiner Bewegungen voraus.

»Er wird für alles bezahlen, was er uns angetan hat.«

»Aber du redest doch Unsinn. Bist du wahnsinnig? Ich bitte dich, hör auf damit. Hörst du? Ich flehe dich an, nimm das Gewehr runter.« Nastasias Stimme zitterte.

»Was hat er mit dir gemacht, dieser dreckige Chechaquo? Sag, was hat er mit dir gemacht?«

»Ich bin es, die zu ihm gegangen ist. Ich wußte, daß ich dich finden würde, wenn ich bei ihm bleibe.«

»Und weshalb wolltest du mich finden?«

»Weil du deine Patronen vergessen hast.«

Wieder lachte er. Ein gezwungenes Lachen.

»Ich habe hier eine Schachtel gefunden. Dieser Hornochse benutzt dasselbe Kaliber wie ich.«

Sie starrte auf die Waffe, die auf sie gerichtet war.

»Ich weiß.«

»Dann geh jetzt auf die Seite, und alles wird gut. Ich habe Patronen, und ich werde ihn erschießen.«

»Nein.«

»Und warum nicht?«

»Weil... weil du keinen Grund mehr hast, ihn zu töten.«

»Doch, ich habe einen.«

»Welchen?«

»Weil du ihn schützen willst.«

Sie antwortete nicht. Mershs Gesicht verzerrte sich vor Wut, und sie glaubte schon, er würde abdrücken. Sie richtete langsam ihr Gewehr auf Mersh. Matt hielt ihren Arm fest.

»Nein, Nastasia, nicht!« flüsterte er, entsetzt über die Wendung der Ereignisse. »Ich laufe zu den Bäumen. Er wird nicht genug Zeit zum Zielen haben.«

»Nein! Rühr dich nicht!« befahl sie ihm.

Mersh war erstarrt, als Nastasia auf ihn angelegt hatte.

»Du würdest auf mich schießen?« fragte er wütend.

»Ja, wenn du nicht aufhörst.«

Er schien zu überlegen. Sie weinte jetzt, und die Tränen beeinträchtigten ihre Sicht. Das Gewehr in der einen Hand, hielt sie mit der anderen Matt hinter sich.

»Schieß nicht! Schieß nicht!« sagte Matt immer wieder.

Plötzlich ließ Mersh das Gewehr sinken. Im ersten Moment glaubte Matt, er wolle aufgeben, doch dann richtete Mersh die Waffe gegen sich selbst.

»Ich zähle jetzt bis zehn. Du hast zehn Sekunden Zeit, dich zwischen ihm und mir zu entscheiden. Entweder du überläßt ihn mir, oder ich blas mir die Visage weg.«

Matt sprang auf die Seite, um zu fliehen. Doch damit hatte Nastasia gerechnet. Sie ließ das Gewehr fallen, hielt ihn fest und drückte ihn gegen den Schlitten.

»Rühr dich nicht!«

Sie hielt ihn mit aller Kraft fest, und Matt konnte sich nicht aus ihrer Umklammerung lösen. Sie weinte immer noch. Mersh hatte unterdessen zu zählen begonnen.

»... drei, vier, fünf ...«

Matt spürte, wie sie zitterte. Er konnte sich nicht bewegen. Ihre Muskeln waren gespannt wie Bogensehnen und hielten ihn fest wie in einem Schraubstock, aus dem er sich nicht befreien konnte.

»... acht, neun ...«

Sie vergrub ihr Gesicht an Matts Brust. Matt hob den Kopf und bot ein gutes Ziel. Mersh sah es. Er zögerte einen kurzen Augenblick und murmelte:

»Zehn!«

Jetzt hätte er auf Matt schießen können. Er hätte keine Mühe gehabt, seinen Kopf zu treffen, ohne Nastasia zu verletzen, die wie versteinert war.

Matt schloß die Augen. Ein oder zwei endlose Sekunden verstrichen, dann fiel der Schuß. Er öffnete die Augen wieder und sah gerade noch, wie Mersh zu Boden sackte.

Nastasia rührte sich zunächst nicht, dann drehte sie etwas den Kopf und spähte zu Mersh. Er lag im Schnee, und ein roter Fleck breitete sich unter seinem Kopf aus. Sie erschauerte, und Matt drückte sie ganz fest an sich.

So verharrten sie lange, fest aneinandergeschmiegt, als wären sie eins. Schweigend, andächtig. Ohne sich zu bewegen, das Gesicht in Nastasias dichtes schwarzes Haar getaucht, murmelte Matt:

»Nastasia, ich liebe dich. Ich liebe dich aus tiefster Seele ...«

Da endlich hob sie den Kopf, und zum ersten Mal bot sie ihm ihre Lippen dar. Er leckte behutsam ihre Tränen ab, bevor er sie mit aller Zärtlichkeit dieser Welt küßte. Sie weinte noch, als sie sich voneinander lösten, doch in ihren verschleierten Augen strahlte ein neues Licht.

BILDNACHWEIS

Tafel 1 oben: Yukon Archives/Claude B. Tidd Collection; Tafel 1 unten, 5 unten, 7 oben, 9 oben, 10 oben, 10 Mitte, 11 oben, 12 oben, 12 unten und 13 oben: D. R.; Karte Tafel 2/3: Nicolas Gille; Tafel 4 oben: Richard Cummins/Corbis; Tafel 4 unten, 8 Mitte, 13 oben, 16 oben und 16 Mitte: B.C. Archives; Tafel 5 oben, 9 unten, 15 unten: Yukon Archives/Vancouver Public Library Collection; Tafel 6 oben: Yukon Archives/Bill Roozeboom Collections; Tafel 6 unten: Yukon Archives/University of Washington Collection; Tafel 7 unten: Yukon Archives/Vogee Collection; Tafel 8 oben: Yukon Archives/Ernest Brown Fonds; Tafel 8 unten, 10 unten: National Archives of Canada; Tafel 11 unten: Yukon Archives/Robert C.W. Ward Collection; Tafel 12 Mitte: Yukon Archives/Robert Hays Collection; Tafel 14 oben, 15 oben: Bettmann/Corbis; Tafel 14 unten: Yukon Archives/Mckennan Collection; Tafel 15 Mitte: Yukon Archives/Macbride Museum Collection; Tafel 16 unten: Corbis

SERIE PIPER

Gary Kinder

Das Goldschiff

Die größte Schatzsuche des 20. Jahrhunderts. Aus dem Amerikanischen von Elke Hosfeld, Thomas Pfeiffer und Helmut Dierlamm. 592 Seiten. Serie Piper

In mehr als dreitausend Metern Tiefe, auf dem eisigen, lichtlosen Grund des Atlantischen Ozeans, liegt seit über hundert Jahren die »Central America« und in ihrem Inneren ein Goldschatz von unermeßlicher Kostbarkeit: Abertausende von Goldmünzen, Säcke voller Goldstaub und Berge von massiven Goldbarren. Das verschollene Goldgräberschiff zu finden scheint aussichtslos, bis der junge Tiefseeingenieur Tommy Thompson in See sticht, um es zu heben. – Gary Kinders Sachbuch-Bestseller ist eine fesselnde Mischung aus historischem Roman und packendem Abenteuerbericht …

»Gary Kinder ist ein Journalist, der es versteht zu erzählen. Schon nach wenigen Seiten entwickelt seine Geschichte einen Sog, der jenem Krakauers kaum nachsteht.«
Die Presse, Wien

05/1898/01/L

Nicolas Vanier

Der Sohn der Schneewüste

Roman. Aus dem Französischen von Reiner Pfleiderer. 509 Seiten. Serie Piper

Wie schon in seinem Bestseller »Das Schneekind« entführt Nicolas Vanier den Leser in die verschneiten Weiten Kanadas. In seinem packenden Roman erzählt er die Abenteuer des jungen Indianers Ohio, der mit seinem Hundegespann allein durch die Wildnis der Rocky Mountains zieht. Von seinem Stamm verstoßen und seiner Wurzeln beraubt, begibt er sich in der Welt des weißen Mannes auf die Suche nach dem Vater, den er nie gekannt hat. Doch er wird zutiefst enttäuscht – bis er der schönen Mayoke begegnet …

»Ein moderner Jack London.«
Süddeutsche Zeitung

05/1538/01/R

Nicolas Vanier

Die weiße Odyssee

Aus dem Französischen von Reiner Pfleiderer. 318 Seiten mit 42 Farbfotos. Serie Piper

Nicolas Vanier hat sich seinen Traum erfüllt, als erster allein mit seinen Schlittenhunden vom Pazifik bis zum Atlantik zu fahren: 8600 Kilometer quer über den Kontinent. Sein Bericht ist nicht nur ein packendes Leseabenteuer – es ist auch die Geschichte einer unerschütterlichen Freundschaft zwischen einem Menschen und seinen Hunden, die sich in der Auseinandersetzung mit einer gnadenlosen Natur bewährt.

»Von den Strapazen der Fahrt berichtet Vanier in seinem Buch, von ihrem beinahe fatalen Ausgang, aber auch von der Weite und Schönheit der Landschaft im Norden. Vanier ist mehr als ein Draufgänger, er kann blendend erzählen. Ein moderner Jack London.«
Focus

05/1409/01/L

Nicolas Vanier

Das Schneekind

Eine Familie unterwegs durch die Schneewüsten von Kanada und Alaska. Aus dem Französischen von Reiner Pfleiderer. 351 Seiten mit 35 Farbfotos. Serie Piper

Die Geschichte von der Erfüllung eines Lebenstraums: Der weltberühmte Abenteurer Nicolas Vanier zieht mit seiner Frau Diane und der kleinen Tochter Montaine für ein Jahr in die Wildnis von Kanada und Alaska. Sie bauen sich ein Blockhaus und ernähren sich wie die Menschen früherer Zeiten: vom Jagen, Fischen und Sammeln. Es ist ein Leben im Einklang mit der gewaltigen Natur des hohen Nordens, voller Einfachheit, Klarheit und Poesie.

»Nicolas Vanier ist ein ebenso unerschrockener Abenteurer wie einfühlsamer Chronist seiner Erlebnisse. Bei Vanier wird aus dem Trip eine große Liebeserklärung an die Natur.«
Vogue

05/1537/01/R